기독론에 대한 세계적 개관

# 예수 그리스도 이해

| 벨리-마틴 카르카넨 지음 |
| 정남수 옮김 |

쿰란출판사

Copyright © 2003, 2016 by Veli-Matti Kärkkäinen
Originally published in English under the title
***Christology: A Global Introduction,*** 2nd Edition by Baker Academic,
A division of Baker Publishign Group
P.O.Box 6287, Grand Rapids, MI 49516, U.S.A.
All rights reserved.

Used and translated by the permission of Baker Publishing Group
through rMaeng2, Seoul, Republic of Korea.

This Korean edition copyright © 2016 by Qumran Publishing House,
Seoul, Republic of Korea

기독론에 대한 세계적 개관

# 예수 그리스도 이해

| 옮긴이 서문 |

삶의 질문 속에 해답이 있다.

전두환의 서슬퍼런 80년대 독재 시대에 동아일보에 연재된 소설 중에 박범신 작가의 《불의 나라》가 있었다. 당시 그런 연재소설을 읽으려고 신문을 보는 이도 적지 않았다. 시골에서 무작정 상경하여 서울 생활의 온갖 풍상을 겪는 청년 찬규는 여대생 은하를 짝사랑한다. 어느 날 둘이 길을 걷다가 은하는 "찬규 씨는 꿈이 뭐야?"라는 뜻밖의 질문을 한다. "꿈? 내게 꿈이 있던가?" 찬규는 대답을 못한다. 그러나 그 질문을 계기로 그는 자기 삶을 진지하게 뒤돌아본다.

종교적 관점에서 보면 질문은 구원에 이르는 길이다. 오늘날 우리 크리스천들이 맘속에 품고 있는 희망이 무엇이냐고 누군가가 묻는다면 뭐라고 대답할까? 더 나아가서 내게 "예수 그리스도는 누구인가?"라고 묻는다면 가슴이 설렐까? 우리는 그런 질문을 하지 않고도 신앙생활을 그런대로 곧잘 한다. 그러나 명색이 크리스천인데 예수 그리스도가 누구인지도 잘 모르는 채 신앙생활을 한다고 말할 수는 없다. 오늘날 크리스천인 우리가 자신의 정체성에 대해 다시 생각해 본다면 그는 이미 구원의 길에 들어선 것이다. 일찍이 베드로 사도는 이렇게 말한다.

"여러분의 마음속에 그리스도를 주님으로 우러러 모시고 여러분이 간직하고 있는 희망에 대해서 설명을 듣고 싶어하는 사람들에게는 언제라도 답변할 수 있도록 준비해 두십시오"(벧전 3:15, 공동번역).

예수께서는 종종 노상에서 혹은 식탁에서 중대한 질문을 제자들에게 던졌다. 마가복음의 전체 여정의 반환점에서 예수는 제자들에게 묻는다. "사람들이 나를 누구라고 하느냐?" 그러자 제자들이 "어떤 이는 세례 요한이라 하고 더러는 엘리야, 더러는 선지자 중의 하나라고 합니다"라고 대답한다. 이에 그분은 다시 직설적으로 "그러면 너희는 나를 누구라 하느냐?"고 묻는다. 이때 베드로가 제자들을 대표하여 "'당신은 그리스도'입니다!" 하고 대답한다. 이에 예수의 반응은 뭐였을까? 매우 당황스럽게도 "나의 일(메시아)을 누구에게도 발설하지 말라"고 경고한다(막 8:27-31). 기독교 신앙과 진보는 이런 성찰을 우리의 삶속에서 자문하고 답하는 데 있다. 2천 년 전 유대 땅에 오셨던 예수가 당시와는 비교할 수 없는 이 복잡한 세계에 살고 있는 우리에게 어떤 의의와 의미가 있는가? 그게 또 사실인가? 이것이 기독론 탐구이다.

기독교의 주요 교리들을 탐구하다 보면 우리는 서울의 복잡한 지하철 연결망처럼 신학적 함의로 촘촘히 짜여 있는 미로를 걷는다고 생각될 때가 있다. 기독교 신학의 주제들이 예전이나 지금이나 교회의 영역에만 머무르지 않고 일반 철학, 인문학, 사회, 문화(타종교), 경제 나아가 정치까지 서로 연계된 사상 체계임을 알게 된다(존 헨리 뉴만). 왜냐하면 예수 그리스도가 주와 구주라면 그분은 비단 크리스천들에게만 주님일 수는 없기 때문이다.

오늘날 예수 그리스도의 인물과 사역에 대한 진지한 질문과 성찰 없이 기독교 신앙과 신학이 가능할까? 또한 이를 논리적 체계로만 다 설명할 수 있을까? 상상할 수 없을 정도로 복잡하고 다양한 현대 세계에서 우리가 감히 언어로 예수 그리스도 안에 계시된 하나님의 신비에 접근할 수 있을까?

카르카넨의 《예수 그리스도 이해》는 작금의 상황화, 세계화 이동, 그리고 혼종성의 문화(다원주의) 속에서 '예수 그리스도는 누구이신가?'에 대해 우리를 안내한다. 흔히 예수 그리스도 이해에서 그분의 인물(인격)에 좀 더 집중하여 탐구할 때 이를 기독론이라 하고, 그분의 사역을 좀 더 조명할 때 이를 구원론 탐구라 한다. 그러나 엄밀히 말해서 그분의 사역이 나와 우리에게 미치는 영향(혹은 시효)이 없다면 우리는 그리스도 예수를 알 수 있을까? 그 역도 마찬가지이다. 그러나 저자는 이 책에서 우선 예수 그리스도의 인물에 집중한다.

나는 카르카넨의 이 책 초판(2003)을 몇 해 전에 우연히 접하였다. 대학원 과정에서 기독론 개론서로 생각되어 부교재로 삼았다. 그런데 2016년에 개정판이 나왔다. 저자가 '감사의 글'에서 밝힌 대로 이 개정판은 단순히 문장 얼마를 바꾼 것이 아니라, 책의 구성 자체를 전체적으로 새로 짠 것이다. 책의 목차가 이를 잘 보여준다. 이 개정판은 처음 초판보다 무려 60쪽이 줄어 출판되었다.

그는 이 책에서 (1) 그리스도를 사복음서(마가, 마태, 누가, 요한)와 바울의 문헌에서 '통일성 가운데서 다양성'의 표제 아래서 질문하고 답하면서 탐구한다. 사복음서 존재 자체가 초기 기독론의 다양성을 보여준다고 주장한다. (2) 기독교 전통에서 그리스도를 초기 칼케돈 신조(451년)를 중심으로 한 교부들의 노력과 역사적 예수 탐구를 통해 근대의 여러 기독론을 '다양성 가운데서 통일성'의 제목 하에 소개한다(*역자의 관점에서 보면 카르카넨은 기독교 역사의 7-15c까지 기독교 신학의 사상사 기술을 상당히 생략하고 있는 듯하다. 따라서 관심 있는 독자라면 이 부분을 이해하기 위해서는 폴 틸리히의《그리스도교 사상사》제4장 '중세 교회'편을 참조하기 바란다.). (3) '다양성과 통일성'에서 저자는 우리 시대의 그리스도의 의의를 묻는다. 유럽-미주의 여러 기독론, 제3세계로부터 비롯된 기독론, 그리고 작금의 여러 '상황적 기독론'에서 현대 신학에서 제기된 그리스도의 의미를 탐색한다. 그리고 (4) '통일성 없는 다양성'에서 다원 종교 가운데서 비교 종교 혹은 비교 신학의 관점으로 예수 그리스도를 탐색한다. 유대교와 이슬람교에서의 예수와, 아시아의 힌두교와 불교에서의 예수 이해를 살핀다. 이런 탐구 과정에서 저자는 다양하고 깊은 창의력 있는 연구를 선보인다. 제3부와 4부의 주제어는 상황화, 타종교, 포용성, 대화, 다원주의, 혼종 문화, 아프리카에서 기독교의 미래, 제3세계의 기독교 도약 그리고 깊은 영성이라 할 수 있다.

제3천년기의 이런 형세에서 그는 성서와 고전적 신조에서 고백된 예수 그리스도의 규범성을 어떻게 펼칠 수 있는가를 선교적 차원에서 묻고, '기독교 신학의 미래는 기독교와 타종교들과의 만남에 있다'고 답한다. 그는 여기서 어느 학자의 말을 인용한다. "기독교 신학은 역사의 다음 단계에서 변방(邊方)에 있음을 기뻐해야 한다."

왜냐하면 이런 상황화와 타종교들의 도전은 우리에게 예수 그리스도의 길을 지속적으로 묻게 하고, 거기서 또 기독론의 다른 차원을 요청하기 때문이다. 다른 차원이란 신학 탐구가 영적인 상황에서 이뤄져야 함을 말한다. 기독론의 탐구자들은 항상 하나님에 대한 경외와 기대를 품고서 다가가야 한다. 고전 교부들에겐 탐구가 곧 예배와 기도였고 찬미였다. 역으로 기도와 예배가 탐구였다. 신학적 탐구와 영성이 상호 침투하는 방식이다. 그는 개정판 여러 곳에서 기독교 신앙과 신학의 공공성과 책임성을 매우 강조한다.

    카르카넨은 초판의 제3부 "현대 세계에서 그리스도: 서구 기독론"에서 루돌프 불트만과 폴 틸리히를 소개하였으나 개정판에서는 이 부분을 아예 생략한다. 그러나 역자는 교수법의 차원에서 불트만과 틸리히의 그리스도 이해를 그대로 두었다. 또한 동방정교회의 존 지지울러스의 '공동체 친교 신학'의 일부분도 그대로 이 번역서에 담았다. 이를 별표(*)로 표시해 두었다.

    다시금 묻는다.

    제3천년기가 시작되는 길목에서 우리는 예수를 어떻게 이해하고 진술해야 하는가? 하나님께서 성육신하신 분이라고? 타자들을 위한 인간이라고? 혹은 새로운 인간, 사회, 창조의 선구자라고? 혹은 자연 생태계의 치유자라고? 억눌린 자의 해방자라고? 저자는 작금의 시대를 상황화와 혼종 문화라고 규정한다. 기독교 계시의 특수성과 규범성은 말이나 교리나 제도에 의해서 세상에 드러나는 것이 아니라 그 계시를 품고 살아가는 그리스도인들의 삶과 행위에서 드러난다. 이것이 기독교 계시 종교의 진정한 의미이다.

    예수께서도 나무의 열매로 좋은 나무를 알 수 있다고 하였다(마 7:15-20). 2016년 11월부터 광화문과 시청 앞 광장에서 매주 토요일 오후에 세월호의 비극적 사건, 최순실의 국정농단, 그리고 정권의 불의에 대항하여 대대적인 촛불 집회가 열렸고, 다른 쪽에서는 그에 맞대응하여 태극기 집회가 적대시하면서 열렸다. 태극기는 우리 대한민국의 정체성을, 십자가는 기독교의 정체성을 상징하는데도 왜 시민들은 그런 태극기와 십자가에서 자기-희생을 엿볼 수 없는가? 한국의 기독교는 지금 어떤 가치로 무엇을 지향하고 있는가? 오늘날 교회의 십자가는 그 진의와 능력을 상실해 버린 것이 아닌가?

복음서의 예수 그리스도는 어떤가? 그분은 당시 사회 속에서 가난한 자, 약한 자, 이방인들과 능히 공감할 뿐만 아니라 또한 그들과 함께 사셨다. 그런 면에서 기독교는 단지 사적 생활의 은밀한 영역으로 축소될 수 없다. "예수는 세상에 나가 공개적으로 복음을 전파하다 죽었다. 그는 우리의 심령의 작은 구석에서뿐만 아니라 또한 사회와 우주의 주이시다"(레오나드 보프). 이 시대에도 가난한 자들에게 전해지는 기쁜 소식, 복음의 설교는 가난한 자들의 삶속에 희망의 불을 지피고 그들의 삶을 변화시킨다.

예수 그리스도는 아들에게 목사 자리를 물려주는 대형 교회와는 아무 상관이 없다. 아마도 그런 교회들은 도스토옙스키의 《카라마조프네 형제들》의 무신론자 이반이 천상의 영혼을 간직한 동생 알료사에게 들려준 극시 '대심문관의 이야기'에서처럼, 세빌랴 마을에 다시 오신 예수를 대중 선동죄로 감옥에 가두었다가 밤중에 몰래 찾아와 문을 열어 주면서, 예수를 향해 "가라! 이제 제발 다시 오지 마! 영원히 오지 마!"라고 절규하는 것은 아닐까? 그들은 예수 그리스도를 설교하나 사실은 빵, 신비, 기적으로 대중을 유혹하는 것이 목회라고 생각하는 것은 아닐까? 예수는 이것과는 정반대다. 이제 저자가 인용하는 "성령은 은총을 볼 수 있는 눈"이라는 한스 우르스 폰 발타사르의 말이 기독론 탐구에서 우리에게 필요하지 않을까?

| 목차 |

옮긴이 서문 · 4
감사의 글 · 12
약어 · 14

서론_ 기독론이란 무엇인가? 그것이 왜 그렇게 중요한가? · 15

## 제1부_ 성서 여러 증언에서 그리스도 ··· 29
### 통일성 가운데서 다양성 · 30

제1장 복음서에서 예수의 윤곽 · 31
제2장 바울 문헌에서 그리스도에 대한 해석 · 58

## 제2부_ 기독교 전통에서 그리스도 ··· 73
### 다양성 가운데서 통일성 · 74

제3장 '정통'에 대한 교부들의 노력과 신조의 형성 · 76
제4장 근대의 여러 기독론: 역사적 예수 탐구 · 124

## 제3부_ 현대세계에서 그리스도 ··· 155
### 다양성과 통일성 · 156

제5장  유럽-미주의 여러 기독론 · 158
제6장  제3세계에서 비롯된 여러 기독론 · 258
제7장  유럽과 북미에서 제기된 '상황적' 기독론 · 306


## 제4부_ 타종교 가운데서 예수 그리스도 ··· 343
### 통일성 없는 다양성 · 344

제8장  아브라함 전통에서 예수 · 346
제9장  아시아 종교 전통에서 예수 · 368


끝맺음_ 기독론의 미래 · 380


주제어 색인 · 385
성서 본문 색인 · 396

| 감사의 글 |

지난 얼마 동안 계속해서 나는 거의 10여 전에 쓴 이 책을 수정할 필요성을 느꼈다. 처음 계획은 참고문헌을 새롭게 하고, 정확하지 않거나 빈약한 어구들을 교정하고, 문헌을 좀 더 정밀하게 다듬으려는 것이었다. 그러나 이런 작업 구상을 막상 실행에 옮기자, 철저한 수정과 상당한 분량의 다시 쓰기가 절실해졌고, 그것이 보다 유익할 것이 분명했다. 왜냐하면 그동안 성서, 교회역사, 교리 연구와 관련된 분야의 학술적 문헌들이 홍수처럼 쏟아져 나왔기 때문이다.

더욱이, 기독론에 관한 나의 최근의 주요 전공 서적인 《그리스도와 화해: 다원주의 세계를 위한 건설적인 기독교 신학》(2013)은 빠르게 발전하고 있는 이 분야에서 나의 이해를 깊게 해주었고, 몇몇 논점을 더 명확하게 파악할 수 있는 기회를 제공해 주었다. 동시에 미국(패서디나의 풀러신학교)에서뿐만 아니라 유럽(핀란드 헬싱키대학교) 그리고 나아가 남반부 지구촌의 여러 지역에서 지속적으로 신학생들을 가르쳤던 경험은 나로 하여금 이 강의를 어떻게 하면 학생들과 관심 있는 다른 독자들에게 잘 전달할 수 있을까를 고심하게 하였다.

최근의 학술 문헌과 과다한 참고문헌에 대한 정밀한 조사를 포함하여 이 책의 전체 문장을 수정하는 것 외에, 나는 새로운 부분도 다음과 같이 추가하였다. 제4부는 현존하는 4대 종교 전통들(유대교, 이슬람교, 힌두교, 불교) 가운데서 예수 그리스도가 어떻게 받아들여지고 해석되는가에 초점을 맞춘다. 그리고 후기 식민주의 기독론과 동성애의 기독론에 대한 모든 새로운 토론들이 제3부에 추가되었다. 또한 나는 이 책 도처에 최근의 연구로부터 얻은 통찰과 의미 있는 기고들을 적용하였다. 그래서 현 상태로, 이 책은 지구 남반부와 북반부(앞서 말한 현존하는 종교 전통들)에서 오늘날 제기되는 기독론의 세계적 다양성에 대한 폭넓은 조사는 물론, 성서적·역사적 기독론 발달에 대한 간결한 안내를 제공한다. 내 생각에 이같이 폭넓게 다룬 기독론 교재는 아직 없는 듯하다.

나에게 재출판의 기회를 준 베이커 아카데믹 출판사의 로버트 호색에게 깊은 감사를 드린다. 최종 편집 과정에 이르기까지 줄곧 명료한 표현과 교정을 위한 출판사의 편집장 에릭 살로의 세심한 배려는 이 수정판의 정밀도와 사용자 편의를 보다 높여 주었다. 나의 한국인 학생 신종옥 박사는 모든 참고문헌을 확인해 주었으며, 또한 나의 처음 원고를 편집했던 풀러신학교의 기술 편집인이며 작가인 수잔 칼슨 우드는 나의 원고를 올바른 미국 영어체로 바꾸어 주었다.

늘 그렇듯, 지난 30년 넘는 세월 동안 나의 원고 활동을 항상 지원하고 내 생을 보다 더 행복하고 편안하게 해준, 아내 앤 파이비에게 고마운 마음을 전한다.

| 약어 |

| | |
|---|---|
| **ANF** | 《니케아종교회의 이전 교부들》 *The Ante Nicene Fathers*. Edited by Alexander Roberts and James Donaldson. 1885–1887. 10 vols. Repr., Peabody, MA: Hendrickson, 1994. |
| **COQG** | 《기독교 기원과 하나님에 대한 질문》 *Christian Origins and the Question of God series* |
| **DJG(1992)** | 《예수와 복음서 사전(1992)》 *Dictionary of Jesus and the Gospels*. Edited by Joel B. Green, Scot McKnight, and I. Howard Marshall. Downers Grove, IL: InterVaristy, 1992. |
| **DJG(2013)** | 《예수와 복음서 사전(2013)》 *Dictionary of Jesus and the Gospels*. Edited by Joel B. Green, Jeannine Brown, and Nicholas Perrin. 2nd ed. Downers Grove, IL: InterVarsity, 2013. |
| **DPL** | 《바울과 그의 문헌 사전》 *Dictionary of Paul and His Letters*. Edited by Gerald F. Hawthorne, Ralph P. Martin, and Daniel G. Reid. Downers Grove, IL: InterVasity, 1993. |
| **ET** | 《영어 번역》 English translation |
| **NPNF** | 《니케아종교회의와 이후 교부들》 *Nicene and Post-Nicene Fathers*. Series 2. Edited by Philip Schaff and Henry Wace. 1886–90. Repr., Peabody, MA: Hendrickson, 1996. |

| 서론 |

# 기독론이란 무엇인가?
# 왜 그렇게 중요한가?

예수께서 첫 제자들에게 던졌던 질문, "너희는 나를 누구라 하느냐?"는 오늘날 우리에게도 해당된다. 그분의 초기 제자들이 당시 처한 상황에서 이 질문에 답하려고 시도했던 것처럼, 우리도 오늘날 우리 시대에서 가능한 한 가장 적절한 방식으로 이에 답을 시도해야 한다. "모든 세대에 걸쳐 기독교 신학은 그가 처한 문화적 상황에 걸맞게 예수 그리스도의 진정한 의의가 지닌 성서적 전승의 통찰을 보다 명료하게 진술해야 한다."[1] 제3천년기가 시작되는 길목에서 우리는 예수를 어떻게 이해하고 진술해야 하는가? 하나님께서 성육신하신 분이라고? 타자들을 위한 인간이라고? 혹은 새로운 인간, 사회, 창조의 선구자라고?

모든 대륙과 기독교 전통으로부터 뭇 신학자들이 제기한, 다양하고도 서로 다른 견해들은 그 자체가 기독론에 대한 지속적인 과제가 우리에게 주어졌음을 보여준다. 곧 성서와 교회 역사의 발달 과정에

---

1) F. LeRon Shults, 《기독론 탐구》(Grand Rapids: Eerdmans, 2008), 1.

서 우리 시대를 위한 예수 그리스도의 의의와 의미를 바르게 해석해야 하는 과제 말이다. 초기 성서 기록 시작부터 2천 년의 꼬불꼬불한 신학적 노정을 거치면서, 기독교 신학은 예수 그리스도의 인물과 사역이 어떤 의미인가를 해명하려고 시도하였다. 모든 세대의 기독교인과 신학자들은 자신들이 처한 상황 속에서 최선을 다해 그리스도의 인물과 그분이 끼친 영향을 탐구해 왔다.

예수 그리스도의 인물은 기독교 신앙과 신학의 중심에 있다. 바로 이것 때문에 신학을 함에 있어서 기독론의 탐구는 더 이상 지체될 수 없다. "신학 자체를 배타적으로 기독론에만 제한할 수는 없지만, 기독교 신학은 예수 그리스도에 대한 진지한 성찰 없이는 제대로 완성될 수 없다."[2] 지상에서 예수의 짧은 삶, 십자가에서 죽음, 그리고 부활과 승천에 관한 제자들의 주장은 기독교에 역사적 종교적 토대를 제공한다. "수년에 걸쳐서 기독론은 영구적이고 매혹적인 탐구 대상이었다. 왜냐하면 그것은 진지한 그리스도인들을 위한 신학의 초석이기 때문이다."[3]

## 기독론의 범위

기독교의 초기부터 그리스도가 과연 누구신가에 대한 다양한 해석이 제기되었다. 어느 시대에도 하나의 지배적인 예수상은 없었다. 사실, 신약성서 자체도 예수 그리스도에 대한 여러 보완적 해석들을 보여준다. 사복음서 존재가 다수의 기독교 경전이 지속적으로 상존했음을 상기시켜 준다. 나아가 바울이나 신약성서의 다른 기자들에

---

2) J. P. Galvin, 《조직신학에서 '예수 그리스도': 로마 가톨릭의 관점》, ed. Francis Schüssler Fiorenza and John P. Galvin (Minneapolis: Fortress, 1991), 1:251.
3) William J. LaDue, 《신학자들 중 예수: 그리스도에 대한 동시대의 해석》(Harrisburg, PA: Trinity Press International, 2001), vii.

의해 묘사된 예수상은 신약성서 복음 전파자들의 독특한 증언들을 더 밝혀 준다. 그러므로 신약성서는 예수 그리스도의 무수히 많은 모습, 윤곽, 그리고 전용(專用)을 담고 있다. 그런 예수의 상들을 함께 결속시켜 주는 것은 한 사람 곧, 모든 시대에 걸쳐 모든 그리스도인들이 주와 구세주로 고백한 그분에게서 어떤 중대한 일이 발생했다는 공통된 확신이다.

4세기 들어 성서 경전이 점차 확립됨에 따라, 기독교 신학은 고전적 여러 신조의 형태를 동반하면서 당대 철학, 문화, 종교 환경에서 그리스도에 대한 명확한 이해를 공식화하려고 시도하였다. 그래서 그리스도의 신성과 인성에 관한 정확한 공식화가 더욱 가능해졌으나, 거기엔 논쟁의 여지도 남았다. 기본적으로 초기 신조들의 진술 형태는 대체로 네거티브였다. 다시 말하면, 그 신조들은 이단으로 여겨진 여러 견해를 격파하는 것이었다. 그 이후 우리 시대에까지 쭉 이어진 세기 동안에 신학은 이들 초기 그리스도의 신성과 인성의 공식화를 출발점으로 삼아 이들 공식을 더 세련되게 다듬어 왔다. 지금도 그 작업은 지속되고 있다.

20세기 들어 시작된 기독론 탐구 및 성찰의 전성기와 특히 1960년대 이후 소위 상황적 교차 문화의 여러 기독론 출현은 기독론 해석에 매혹적이고 다채로운 전개를 가능하게 하였다. 최근 신학에서 가장 흥미진진한 특징 중의 하나가 상황화 혹은 교차 문화의 여러 기독론이다. 이들 기독론은 구체적인 지역의 요구(예, 아프리카나 아시아)에 대해, 혹은 구체적인 일군의 사람의 요구(예, 여성이나 가난한 자)에 대한 진술을 시도한다.[4] 몇 기독론은 이를테면 과정철학과 같은 구체적인 철학 혹은 세계관 운동과도 또한 연계되어 있다.

---

4) 예를 들면 다음을 보라. Volker Küster, 《예수 그리스도의 많은 면모: 교차 문화적 기독론》, John Bowden 역 (Maryknoll, NY: Orbis, 2001).

그리스도에 대한 기독교의 해석에 적절한 기회가 주어지면 도전이 될 수 있는 최근의 시도는, 이를 다른 종교 전통과 비교하는 것이다. 잘 알려진 대로 이슬람교는 예수를 고상한 분으로 간주하고 이를 자신만의 '기독론'으로 전개시켜 왔다. 현존하는 다른 여러 종교 전통도 예수의 의미에 대해 또한 언급해 왔다.

그러면 보다 구체적으로, 기독론이란 무엇인가? 이는 어떻게 논의될 수 있는가? 이를 전개시킬 수 있는 특별한 방식이 있는가? 서로 밀접히 관계될 수 있는 두 가지 질문을 간략하게 살펴봄으로서 이들 질문의 지향점을 분명히 해보자. 먼저 예수의 '인물'(정체성)과 '사역' 간에 뚜렷한 구별이 있는가? 만일 그렇다면 그 관계(인물과 사역)는 무엇일까? 더 나아가, 우리는 성서 탐구에 기초하여 드러난 신학적 선포로부터 예수가 누구이신가에 대한 조사를 시작해야 하는가? 역사적 배경과 주장에 근거하여 예수를 살필 수 있는 방식이 있는가? 이들 두 가지 방법(흔히 '아래로부터'와 '위로부터' 기독론)은 상호 어떻게 관련되는가?

**그리스도의 인물과 사역 탐구는 서로 함께 연계된다**

20세기 이전에 쓰인 기독론의 여러 저술에는 '그리스도의 인물'(흔히 기독론 본연)과 '그리스도의 사역'(구원론 본연) 간에 종종 예리한 구별이 있었다. 오늘날에는 이런 구별이 그렇게 썩 분명하지 않다. 그런 구별이 덜 날카롭지 않는 데는 철학적이고 현실적인 이유가 있다(그러나 그런 명백한 구별이 신학 교육에는 도움이 된다).

초기 동방교회 교부 중 한 사람인 아타나시우스는, 그리스도께서는 우리의 구속자가 되기 위해 인성과 신성 모두를 갖추어야만 했다고 주장하였다. 곧, 우리를 구원하기 위해서 그분은 신성이셔야 하고,

동시에 우리와 같은 성정(性情)을 갖기 위해서는 인성이셔야 한다. 그리스도의 완전한 신성과 인성에 대한 그의 통찰은 기존의 추상적인 철학적 성찰로부터 나온 것이 아니라 구세주로서 예수의 역할로부터 나왔다.

흔히들 어떤 사람이 그리스도의 인물(인격)에 대해 진지한 질문을 갖게 되는 것은, 그리스도로부터 비롯된 구원과 그분을 통해서 얻는 치유 혜택 때문이다. 요한복음 5장에서 나사렛 예수가 '다리 저는 사람'을 낫게 해주었을 때, 그는 자신을 치료해 준 사람이 누구였는지 처음엔 몰랐다. 그는 예수가 누구였는가를 알고자 그를 뒤좇았고, 이후 자신을 치유해 주었던 분이 누구인지를 성전에서 알게 되었다. 이것이 바로 개신교 종교개혁 시기의 마르틴 루터의 동료였던 필립 멜란히톤이 자주 인용했던 말 "그리스도를 아는 것은 그분의 시료(施療)를 아는 것"[5]이 의미하는 바이다. 즉, 구원론을 제쳐두고는 그리스도의 인물을 알 길이 없다. 이것이 성서의 접근 방식이다. 신약성서는 그 어디에서도 그리스도의 인물을 놓고 궤변을 부리듯 철학적 논의를 부린 적이 없고, 오히려 그리스도로 말미암은 구원에 주목하였다.

지식의 조건을 탐구하였던, 18세기 유명한 철학자 임마누엘 칸트는 종교 문제에 있어서 일반적으로 우리는 사물을 직접적으로 알 수 없고 다만 그 사물의 영향을 인지하는 것에 한해서만 알 수 있다고 주장하였다. 그러므로 예수의 정체성(예수가 과연 누구이신가?)은 우리에게 미치는 그분의 영향을 통해서만 알려진다. 같은 이유로 고전적 자유주의 창설자 중 한 사람인 알브레히트 리츨은 기독론과 구원론을 구별하는 것은 부적절하다고 하였다. 왜냐하면 무엇인가 중대한 것을 인식하는 유일한 방식은 우리에게 끼치는 그 영향을 관찰하는

---

[5] Philipp Melanchthon, 《신학 논제》, in 《멜란히톤과 부처》, ed. Wilhelm Pauck (Philadelphia: Westminster, 1969), 19:21.

것이기 때문이다.

그리스도의 인물과 사역 간의 통합적인 연결에 관한 이들 근본적인 관점은 당대 신학자들로 하여금 '기능적' 기독론(그리스도께서 우리를 위해 무엇을 하셨는가?)와 '존재론적' 기독론(그리스도는 그의 인물에서 어떤 분이신가?) 간에 상호 연결이 있음을 점진적으로 깨닫게 하였다. 그러나 동시에 기독론의 여러 저술들은 이 중 어느 하나에 더 집중하려는 경향이 있다. 이 책 또한 예외가 아니다. 여기서 보다 주목하는 것은 그리스도의 인물에 대해서이다. 그러므로 구원론 질문은 그리스도의 인물에 대한 탐구와 관련해서만 단지 제기될 것이다.

그러나 우리는 '기독론'보다 오히려 '예수론'에 대해 진술해야 하는 것이 아닌가? 알다시피, 예수는 신-인간 이름 중 첫 이름이다. 이 질문 또한 우리로 하여금 기독론에서 방법론적으로 보다 더 근본적인 탐구를 하게 한다.

## '아래로부터' 기독론과 '위로부터' 기독론

원론적으로 그리스도의 인물과 사역에 관한 질문 방식에는 두 가지가 있다. 편의상 우리는 이것을 '아래로부터'와 '위로부터' 방식이라고 부른다. 소위 위로부터 기독론은 신약성서에 표현된 대로 그리스도의 신성에 대한 신앙 고백과 함께 시작한다. 아래로부터 기독론은 역사적 예수 그리고 그리스도에 대한 신앙의 역사적 기초 탐구와 함께 시작한다. 다른 말로 하면, 위로부터의 접근은 우리 시대를 위한 그리스도의 의미를 결정하는 데 있어 신약성서에서 발견된 예수 그리스도의 신학적 해석을 중요한 출발점으로 삼는다. 아래로부터 접근 방식을 취하는 신학자들은 복음서 기자들, 바울, 그리고 다른 신약성서 기자들이 보였던 신학적 해석의 그 근저를 따져 묻고 그들의 기독론 주장에 대한 역사적 사실적 토대를 확인하려고 한다. 이런 방식은 '보수'와 '진보'를 구별하는 것이 아니라 다만 하나의 방법일 뿐임을 유의할 필요가 있다(비록 대부분의 보수적인 학자들이 위로부터 접근 방식을 취하나, 위로부터의 방식을 취하는 유명 신학자 중에 진보적인 이들도 많다. 다른 신학자들은 아래로부터 방식을 옹호하지만 그러면서도 여전히 참 하나님으로서 그리스도의 '높은' 전망을 유지하고 있다).[6]

위로부터의 방식은 초기 교회 역사에서 지배적인 경향이었다. 복음서 기록의 역사적 신뢰성은 추호도 의심받지 않았다. 계몽주의 시기 이전의 기독론 전통의 전개는 단순하게 그리스도에 대한 신약성서 신앙 고백의 해석이었으며, 그것을 정확하게 철학적이며 신학적인 용어로 표현하려는 시도였다. 위로부터의 방법은 비록 그 신학적 동기가 계몽주의 이전 경향과는 상당한 차이가 있었지만, 역시 20세기에도 지지를 받았다. 거기서 신정통주의(제3부에서 살펴볼 동향)와 제휴된 에밀 브루너와 칼 바르트 그리고 실존주의 경향을 띤 루돌프 불트만과 같은 신학자들은 하나같이 그리스도에 대한 이해의 기초는 역사적 예수가 아니고, 그리스도에 대한 교회의 선포인 케리그마(헬라어로 '설교', '선포')라고 주장하였다. 다른 말로 하면, 이들 근대의 위로부터 방법 주창자들은 필연적으로 신약성서 연구의 내용이나 초기 교회의 신앙 고백을 신뢰하지 않을 뿐더러 그들은 이들 역사적 신뢰성을 검토할 이성을 고려하지도 않았다(그들은 바르트에게서처럼, 어떤 면에서 이들 역사적 신뢰성을 검토하는 것이 오히려 해가 된다고 여겼다). 진정한 의미에서 그런 접근 방식은 신앙주의라 할 수 있다(헬라어로부터 온 '신앙'은, 믿음을 이성보다 더 가치 있게 여긴다). 지상의 역사적 예수에 대해 무엇을 믿든 간에 그것은 그리스도에 대한 우리 자신의 실존적

---

6) 이들 기본적인 토론과 자료에 대해 다음을 보라. Kärkkäinen, 《그리스도와 화해: 다원주의 세계를 위한 건설적인 기독교 신학》(Grand Rapids: Eerdmans, 2013), 37-42.

관점에서는 이차적일 뿐이다.[7]

그러나 계몽주의 이후 기독론의 주요 동향은 아래로부터 방식이었다. 이것은 계몽주의와 제휴된 몇몇 지성적 전개에서 엿볼 수 있다. 특히 비평적 이성 그리고 스스로 판단할 수 있는 각기 개인의 자유의 중심성에서 그렇다(제2부에서 기독론에 대한 계몽주의 적용을 보다 상세히 탐색할 것이다). 곧 스스로 판단하려는 이런 욕구로부터 매우 영향력 있는 역사적 예수 탐구가 제기되었다. 이 같은 탐구에 참여한 신학자들은, 성서 저자들의 신앙 고백을 넘어서서 나사렛 예수가 과연 누구이었는가를 스스로 확인하려고 시도한다. 이런 의미에서 역사적 예수에 대한 19세기 탐구는 기독론 형태라기보다는 '예수론' 형태였다. 왜냐하면 그들은 초기 교회에 의해 고백된 신성의 그리스도보다는 오히려 인간 예수에 초점을 맞추었기 때문이다.[8]

그러나 아래로부터의 주창자 모두가 '예수론' 경향에 동의하지는 않았다. 그 빼어난 예외가 곧 '아래로부터 위로' 접근 방식을[9] 취했던 독일의 조직신학자 볼프하르트 판넨베르크이다. 그의 캐나다인 침례교 제자 스탠리 그렌츠는 스승인 판넨베르크를 추종하였다.[10] 판넨베르크는 기독론의 과제는 예수의 신성에 대한 신뢰를 뒷받침할 수 있는 이성적 토대를 제공하는 것이라고 주장한다. 위로부터 접근 방식은 논증을 세워 주장하기보다는 오히려 그 신성을 아예 전제하기 때문에, 그것은 유효한 방식으로 판단될 수 없다. 위로부터 접근 방식은 예수의 역사를 소홀히 하는 경향이 있어서, 예수 자료의 신뢰성에

---

7) 유용한 토론을 위해 다음을 보라. Millard J. Erickson, 《기독교 신학》, 3rd ed. (Grand Rapids: Baker Academic, 2013), 제32장.
8) 오늘날 기독론이 직면하고 있는 문제와 도전에 관련된 역사적·철학적 그리고 언어에 대한 비전문적 토론을 위해 다음을 보라. Gerald O'Collins, SJ, 《기독론: 성서적·역사적·조직신학적 예수 연구》, 2nd ed.(Oxford: Oxford University Press, 2009), 제1장.
9) Wolfhart Pannenberg, 《조직신학》, trans. Geoffrey W. Bromiley (Grand Rapids: Eerdmans, 1994), 2:279.
10) Stanley Grenz, 《하나님의 공동체를 위한 신학》(Grand Rapids: Eerdmans, 1994), 9, 10, 11장.

대한 명백한 질문 제기를 곧잘 회피한다.

그는 역사적 탐구는 공히 필요한 것이며 가능하다고 주장한다. 만일 우리가 우리의 신앙을 케리그마 하나에만 의존하고 역사적 사실에 귀 기울이지 않는다면, 우리는 성서에 나타난 증언을 따르는 것이 아니고 되레 '우리 자신의 여러 그리스도들'을 창안한 것이 된다. 그러면서도 그는 식견 있는 학자라면, 이를테면 부활의 기적 같은 '초자연적' 사건에 개방되어 있어야 한다고 주장한다. 부활이 만일 역사적 사실로 드러날 수 있다면(최소한 개연성이 있다면), 이는 '높은'(위로부터) 기독론, 곧 예수의 신성에 대한 고백으로 안내할 수 있다. 다른 말로 하면, 전형적인 아래로부터 접근 방식과는 다르게, 판넨베르크의 접근은 비평적 탐구에 기초하여 신앙 고백을 이끄는 방식으로 나간다. 그리고 전형적인 위로부터 접근 방식과는 다르게, 이때 신앙은 단순한(혹은 우선적인) 개인의 실존적 선택이라기보다는 오히려 진지한 비평적 탐구를 따른다.[11]

오늘날 신학에서 아래로부터와 위로부터의 접근 모형은 단지 관심을 높일 뿐이지, 많은 신학자들은 이를 그렇게 특별히 식별하지도 않는다. 일반적인 원리로서 그 구별은 이것 아니면 저것이 아니라 오히려 둘 다라는 방식이다. 그 방식들은 상호 보완적이다.[12] 이는 오히려 방법론적으로 높은 기독론 구성을 향한 아래로부터 방식의 중요한 시작이라 할 수 있다.[13] 예수의 역사로부터 분리된 채 이뤄진 위로부터 방식의 분명한 위험은, 하나님을 알 수 있는 길인 예수에 대한 강력한 성서 주장을 침해한다는 것이다(요 14:6). 아래로부터 방식의 일방적인 위험은 교회 신앙이 권위 있는 계시(예, 성서)나 전승에 대한

---

11) 판넨베르크 자신의 상당한 전문적 설명은 그의 《조직신학》 제2권 제9장에서 개진된다. 그의 기독론에 대한 논의는 제5장을 보라.
12) Pannenberg, 《조직신학》, 2:289; Donald G. Bloesch, 《예수 그리스도: 구주와 주》(Downers Grove, IL: InterVarsity, 1997), 57.
13) Pannenberg, 《조직신학》, 2:289.

기초도 없이 이뤄진 예측할 수 없는 인간 탐구의 결과들에 의존할 수 있다는 것이다.

언급한 대로, 기독론 방법에 대한 토론은 더 이상 기독론 서론의 중심에 있지 않다. 보다 역동적이고 관련성 있고 응용적인 기독론 구성의 새로운 방식들이 이제 다원주의 세계를 위하여 지속적으로 탐구되어야 한다. 본인은 이 책에서 이들 새로운 자극들을 간략하게 기록하고 나서, 오늘날의 여러 견해들을 보다 더 주의 깊고 상세하게 살펴보고자 한다.[14]

## 역동적이고 관련성 있는 행동 기독론의 방식들

신학이 비록 성서 계시와 점증하는 기독교 전승에 언제나 기초하여 좌우되지만, 그것은 또한 사회-경제적 정치적 현실뿐만 아니라 지역적 세계관과 문화-종교적 현실에 깊이 침투해 있다. 제3천년 벽두의 세계관은 기독교 초기 역사 시기에 형성되었던 정적이고 반(半)기계론적 실재관과는 근본적으로 다르다. 특히 고전적 기독론의 윤곽들이 더 확실히 드러날 때 그렇다. 오늘날 실재관은 포착하기 어려울 정도로 역동적일뿐만 아니라 또한 그 관계가 튼튼해서, 그동안의 전통적 성서와 전통적 공식 표기의 기독론에 새로운 방식들을 제공해 준다.[15] 정적이고 추상적 해명 방식으로 그리스도에 대한 신앙 고백을 형성했던 전통에 당당히 맞서서, 이제 기독론의 과제를 착안해 내려는 새롭고도 보완적이며 때론 경쟁적인 방식들이 나타났다.

개혁교회 독일 신학자 위르겐 몰트만의 유명한 책 제목, 《예수 그

---

14) 상세한 것은 다음을 보라. Kärkkäinen, 《그리스도와 화해》, 42-51.
15) 관계성의 부상에 대한 주의 깊은 역사적 철학적 회복에 대해 다음을 보라. F. LeRon Shults, 《신학적 인간학의 개혁: 관계성에로의 철학적 전환 이후》(Grand Rapids: Eerdmans, 2003), 제1장.

리스도의 길》은 보다 더 역동적인 행동 기독론의 방식을 보여준다. 이 기독론은 전통적인 두 본성의 정적인 접근 방식에서 탈피하여, 예수 그리스도가 "역동적으로 세계와 더불어 앞으로 나가는 하나님의 역사 속에서" 파악되는 방식으로 전개된다.[16] 결과적으로 이 토론의 윤곽은 전형적인 교의학적 주제들, 이를테면 예수의 신성, 인성 혹은 두 본성에 따라 구성되지 않고, 오히려 탄생에서 지상 사역, 십자가, 부활, 작금의 우주적 역할, 그리고 다시 오심(파루시아)에 이르기까지의 예수 그리스도의 길에 이르는 전개 과정 혹은 다양한 운동에 따라 구성된다. 이는 미래를 가리키는 종말론적 기독론이다. 이런 까닭에 하나님의 약속에 기초를 둔다.[17] 몰트만은 예수의 지상 삶이 신학에서 재발견되지 않고서는, 그가 "그리스도 실천"이라고 명명한 바가 실로 상실될 것이라고 상기시킨다. 그리스도 실천-"그리스도의 지식을 오늘날 우리를 위한 의미에서 다루는 기독론 이론"-은 제자도와 공동체에 대한 바른 인식으로 안내한다. 거기서 예수의 교훈과 삶의 모범에 대한 실천적 성찰이 실행된다.[18]

몰트만의 접근 방식은 여러 해방 기독론의 핵심 사안과 지구 남반부(예, 남미)로부터 제기된 여러 기독론을 반영한다. 이들 접근은 아래로부터이나, 그렇다고 앞에서 살폈던 그런 의미의 방식은 아니다. 몇몇 (아프리칸 아메리칸) 여성 신학자들의 의제를 살펴보라. 그들의 주요 관심은 "종교 공동체의 해방 전통들을 그대로 유지하면서 관념화된 그리스도가 아니라 역사적 예수의 행위에 둔다."[19] 이와 유사하게 아프리칸 아메리칸 선임 신학자 제임스 H. 콘은 "나사렛 예수의 구체적

---

16) Jürgen Moltmann, 《예수 그리스도의 길: 메시아적 차원에서 기독론》, trans. Margaret Kohl (Minneapolis: Fortress, 1993), xiii.
17) Ibid., xiv.
18) Ibid., 41.
19) JoAnne Marie Terrell, 《보혈의 능력? 아프리칸 아메리칸(흑인)의 경험에서 십자가》(Maryknoll, NY: Orbis, 1998), 108.

역사 속에서 형성된 기독론 논증들"의 근저를 제대로 살피지 않은 그런 신조 중심의 고전적 기독론을 매우 비판한다. 결과적으로 콘은 그런 기독론에서는 "예수의 정체성을 가난한 자에 대한 그의 사역의 중요 의미로 진술하는 게 별로 없다"고 추측한다.[20]

'옛' 접근 방식에서 '새' 방식으로의 이 같은 이동이 요구된 만큼, 몰트만은 "그런 전환을 결코 깨뜨려서는 안 된다"고 상기시킨다. "전환은 또한 여러 전승들을 새로운 정황 속에 옮김으로서 전승들을 더 넓은 지평에 배열시키고, 보다 오래된 지각을 보존시킨다."[21] 곧, 오늘날 기독론들의 윤곽은 과거 접근 방식과는 매우 현저하게 다르다. 그렇다고 이것이 종종 칼케돈 신조의 형이상학적 기독론의 측면을 배제한다는 말은 아니다. 오히려 전통 기독론을 세밀하고 주의 깊게 검토하고 재생함이 우리의 지속적인 과제이다.

### 이 책의 간략한 개관

이 책은 기독론에 대해 목차에서처럼 네 가지 서로 다른 계기에서, 철저하게 다 취급하지는 않지만 기본적으로 종합적인 안내를 제공하고자 한다. 제1부는 그리스도의 인물에 대한 주요 성서적 접근들을 개관한다. 복음서 기자와 바울에 의해 제시된 접근들이다. 제2부는 두 가지 중요하고도 결정적인 단계에 주목하면서, 교회사 전개를 탐색한다. 기독론의 안정에 기초를 제공했던 초기 5세기 기간의 전개 그리고 역사적 예수 탐구가 그것이다. 이 역사적 예수 탐구는 기독론 연구를 결정적으로 바꿔놓았던 계몽주의 결과로, 지적 분위기의 급진적인 변화와 함께 연결되어 있다. 제3부는 다양한 형태를 띠고 나

---

20) James H. Cone, 《눌린 자의 하나님》(Maryknoll, NY: Orbis, 1997), rev. ed, 107.
21) Moltmann, 《예수 그리스도의 길》, xvi.

타난 최근의 국제적 기독론의 풍경을 살핀다. 서구에서 오늘날의 해석과 유럽과 북미뿐만 아니라 또한 아시아, 아프리카, 중미에서 전개되었던 여러 상황적 접근들이 그것이다. 마지막 제4부는 현존하는 네 가지 신앙 전통들(유대교, 이슬람교, 힌두교, 불교)을 예수 그리스도에 대한 그들만의 인식과 이들 전통에 대한 예수의 의미를 관련시켜, 그 토론의 영역을 넓히겠다.

이 저술이 비록 독창성을 썩 그렇게 내세우고 있지는 못하지만(고도로 유익한 여러 개론 입문서들이 최근 몇 년 사이에 간행되었고, 이는 또한 작금의 이 책의 구성을 가능하게 하였다는 점에서 그렇다), 이 책의 뚜렷한 특성은, 과거와 현재에서 주요 기독론 전통들을 의도적으로 폭넓게 취급할 뿐만 아니라 또한 위에서 언급했던 상황화와 교차 문화적 요소들을 다루고 있다는 점이다. 분명한 방향 설정의 한 부분은 이제 다수의 종교와 다원주의 형태에로 신학의 개방이다.

1부

# 성서 여러 증언에서
# 그리스도

## 통일성 가운데서 다양성

기독교에서 가장 중요한 문서는 정경인 신구약성서다. 제3천년기의 다양한 상황 속에서 살아가는 사람들에게 예수 그리스도의 의의와 의미가 과연 무엇인가를 탐구할 때, 특히 성서가 제기하지 않았던 많은 문제들까지 제기될 때, 성서를 넘어서는 것이 기독교 신학 특히 조직신학의 과제일지라도 성서 증언들의 중요성은 결코 그것 때문에 축소될 수 없다. 모든 기독교 신학의 근본적 자료는 성서다.

성서에는 물론 조직신학적으로나 교리적으로나 예수가 곧 그리스도라는 설명은 없다. 대신에 수많은 증언, 이야기, 은유, 그리고 비슷한 여러 설명이 있다. 게다가 예수 자신의 교훈은 여러 상징과 이야기를 통해서 건네지고 있다. 그 특징은 그분의 행위에서 드러난다. 이런 의미에서 우리는 아마도 성서적 기독론을 도식화된 교리에서보다는 오히려 일종의 '그분이 사셨던' 기독론에서 설명할 수 있다.

# 1장

# 복음서에서 예수의 윤곽

## 성서의 풍부한 다수 증언들

성서에 그리스도의 다양하고 서로 보완될 수 있는 모습들이 묘사되어 있다는 사실은 사복음서 존재 그 자체에 의해 가장 쉽게 예증된다. 왜 사복음서인가? 복음서는 왜 하나가 아닌가? 이 사실은 모든 세기에 걸쳐서 기독교인들에 의해 승인되고 심사숙고되어 왔다. 이미 2세기에 그리스도의 이야기를 보다 일관성 있게 구성하기 위해, 사복음서를 전체 하나로 조화시키려는 시도들이 있었다. 최초 성서 독자들까지도 사복음서 존재 자체가 예수의 풍성한 총체적인 이야기를 더해 줄 뿐만 아니라 또한 동일한 이야기에 관련된 상세한 부분에서는 모순된 문제점을 노출시켰음을 이미 알아차렸다. 그러나 교회와 기독교 신학은 상세한 부분에서 조화를 희생시켜서라도 다양한 증언들을 그대로 보존하기로 결정하였다.

우리는 예수의 역사를 어느 만큼이나 아는가? 계몽주의 시대에 신학자들의 평가에서 극적인 변화가 일어났다. 전에는 복음서 기록들의 증언들이 액면 그대로 받아들였지만, 근대 이후 회의론은 그런 기존의 입장을 중도 포기시켰다. 이제 역사적 질문이 중심에 놓이게 되었다.[1]

성서적 기독론에 대한 가장 대중적인 접근 방식은 예수 그리스도에게 주어진 다양한 칭호들에 주목하여 다뤄졌다. 옛 라틴 잠언엔 "이름이 징조(徵兆)다"라는 말이 있다. 오늘날 세계 2/3의 많은 문화는 물론 고대 문화에서, 한 사람에게 주어진 그 이름은 아주 독특한 개성이거나 그 사람과 관련된 중요한 사건을 반영한다. 분명히 그리스도에게 주어진 다양한 칭호들은 그 기능을 충족시킨다. 비록 신약성서 중심에 딱 부러진 기독론은 더 이상 없지만, 칭호들이 지닌 신학적 함의들을 적절하게 살펴볼 필요가 있다.

보다 최근의 신약성서 기독론의 방법은 성서 각권을 탐색하는 것인데, 이것은 성서 각권의 다른 모든 자료들을 전체 하나로 일관성 있게 시도할 필요 없이 이뤄진다. 다른 말로 하면, 각 복음서의 구체적인 기여는 그 용어들을 어떻게 사용하는가에 따라 식별된다. 따라서 마태, 마가, 누가 그리고 요한복음의 기독론이 가능하다. 그러나 이들 기독론을 살피기 전에 두 가지 예비 과제가 우리 앞에 놓여 있다. 첫째, 유대교 메시아를 그 당대 세계에서 탐색하기 위해, 유대교 배경을 간략히 먼저 살펴볼 필요가 있다. 둘째, 사복음서에서 예수의 이름이 어떤 형식과 방식으로 사용되었는가를 독자들에게 소개하기 위해, 그리스도의 칭호들에 대한 간단한 일견이 필요하다. 그에 따라, 여기 대부분의 장은 각기 복음서가 어떻게 메시아를 독특하게 소개

---

1) '예수의 역사'에 대한 상세하고 훌륭한 문서이면서 접근 가능한 해설을 위해서, 곧 비신학적 자료와 관련하여 예수의 생애의 자세한 정보를 우리는 얼마나 많이 그리고 정확하게 알 수 있는가를 위해서는 다음을 보라. Hans Schwarz, 《기독론》(Grand Rapids: Eerdmans, 1998). 나사렛 예수에 관한 비성서적 자료와 의견들에 대해서는 다음을 보라. C. A. Evans, "비기독교 자료에서 예수," in *DJG* (1992), 364-68.

하고 있는가에 할애할 것이다.

## 유대인 예수 메시아

최근까지도 기독론을 논의하면서 기독교 신학은 거기에 가장 분명한 배경이 되는 유대교 메시아 환경을 소홀히 다뤘다. 비록 성서 주석 이전 탐구가 종종 메시아에 대한 구약성서 예언과 암시에 주목할 사항을 제공했지만, 예수의 유대교와의 연관성은 기독교 신학 이해를 구성하는 데서 그렇게 썩 허용되지 않았다. 더 심하게는 유대교 종교는 종종 매우 부정적으로 이해되었다. '율법주의' 용어들은 '은총'의 종교에 적대적이었다. 이런 전개는 초기에 시작되었고 이미 많은 교부 신학에서도 고스란히 드러났다. 이 같은 오해는 메시아 신학의 진정한 차원을 박탈시켰다.[2]

다행히, 일군의 성서학자들에 의해 이뤄진 최근의 예수 연구는 예수의 유대교에 대한 가지각색의 폭넓은 관심을 보여준다.[3] 이런 변화와 발견을 조직신학과 구성신학에 통합시키는 데 방해가 되었던 것은, 너무나 흔하게도 성서 및 조직신학이 우리가 바랐던 방식에서 서로 깊이 관계하지 않았기 때문이다.[4] 그러나 이런 태만은 교리신학자들 가운데서 점차로 교정되고 있다.

---

2) Jürgen Moltmann, 《예수 그리스도의 길: 메시아적 차원에서 기독론》, trans. Margarer Kohl (Minneapolis: Fortress, 1993), 69-70; Gerald O'Collins, SJ, 《기독론: 성서적·역사적·조직신학적 예수 연구》, 2nd ed. (Oxford: Oxford University Press, 2009), 제2장.
3) '20세기 [신약성서] 학문'에는 전임자들에 비해 최소한 한 가지 위대한 유리한 점이 있다… 그것은 예수가 그의 유대인 자료에서 이해되어야 한다는 인식을 갖게 되었다. 다음을 보라. N. T. Wright, 《예수와 하나님의 승리》, COQG 2 (Minneapolis: Fortress, 1996), 5; 또한 그 많은 현대 학술 문헌과 관련해서 91-98을 보라.
4) 신약성서 학자들 중에, N. T. Wright는 특히 기독교 신앙의 기원에 대한 자신의 거대한 학문의 신학적 함의들을 예리하게 보여주고 있다. 이 분야엔 이를테면 J. D. G. Dunn과 R. Bauckham도 자기들의 방식으로 그렇다.

대부분 조직신학자들과는 다르게, 몰트만은 기독론에 대한 자신의 주요 연구서를 '유대교 메시아론'을 주의 깊게 탐구하는 데서 시작한다.[5] 그의 책의 부제가 《메시아적 차원의 기독론》임을 주목하라. 몰트만은 그리스도에 대한 기독교 신학의 전제조건으로 구약성서의 메시아 희망과 여러 은유를 취한다. 그에게서 그리스도는 이스라엘의 메시아이다.

유대 신앙의 종교적 여러 범주들은 신약성서 기독론에 해석상의 뼈대를 제공한다. 그리스도를 향한 기독교인의 희망은 구약성서에서 메시아에 대한 희망과 오실 인자의 인물(특히 단 7:14)에 근거한다.[6] 다음과 같은 진술이 좀 더 안전할 수 있다. 한편에서, 유대인 메시아 기대 배후엔 너무도 뚜렷한 유대교 묵시문학이 있는 바, 이는 관례적인 언급대로, 사복음서가 예수를 메시아로 제시할 수 있는 틀을 제공해 주었다.[7] 또 다른 한편에서, 이는 작금의 학계가 잘 파악한 대로, 일반적으로 알려진 바와는 다르게, 제2의 성전 유대교에서 나타난 수많은 형태의 메시아 기대이다.[8] 결과적으로 유대교 신앙의 뿌리를 조심스럽게 숙고하는 것은 기독교 신학에, 곧 그 자체의 적절한 이해와 유대 백성과의 관계 모두에 매우 중요하다.

이 책은 한 가지 방식보다는 예수의 유대교에 대한 감각을 좀 더 찾고자 한다. 첫째, 예수의 인물과 사역의 의미를 논의하면서(예를 들면, 구약성서로부터 유래한 많은 '칭호들'에서 명백히 증명된 대로) 유대교와 구약성서 배경을 조심스럽게 주목할 것이다. 둘째, 최근의 다원주의

---

5) Moltmann, 《예수 그리스도의 길》, xv. 제1장은 구약성서 배경을 전체적으로 다루고 있다. 이 오리엔테이션에서 그는 자신의 《희망의 신학》의 체계를 따르고 있으며, 이를테면 유대인/구약성서 전망과 은유들이 모든 기독교 신학을 위한 중요한 전제를 제공하였던, 그의 《삼위일체와 하나님 나라》와 같은 그의 많은 다른 책들에서 이후 더 전개시킨다.
6) Wright, 《예수와 하나님의 승리》, 486; 주의 깊은 신학적 분석을 위해서는 다음을 보라. Moltmann, 《예수 그리스도의 길》, 5-27.
7) William C. Placher, 《기독교 신학의 역사: 개론》(Philadelphia: Westminster, 1983), 28-31.
8) 보다 상세한 논의와 문헌을 위해 Wright, 《예수와 하나님의 승리》, 제11장을 보라.

세계의 정황 속에서 기독론을 살필 때, 예수 그리스도에 대한 유대교의 해석이 어떠한가를 또한 살필 것이다.

## 예수는 성서 기록에서 어떤 이름으로 불리는가?

### 하나님 나라의 메시지

무엇보다도 먼저 사복음서의 기독론을 연구하려는 사람은 예수의 핵심선포와 주요 주제가 하나님 나라임을 상기해야 한다. 이는 주로 비유 형태로 나타났다. 많은 역사적 질문들이 복음서 학자들 가운데서 서로 논박되지만, 아무도 나사렛 예수의 선포의 핵심에 하나님의 의의 통치(곧 하나님 나라 통치)가 놓여 있음에 대해 이의를 제기하지 않는다.[9]

비록 예수께서 구약성서(특히 시편과 다른 곳)에서 선호하는 칭호로 자신의 아버지를 '왕'으로 부르지는 않았지만, 하나님의 '나라' 용어는 예수의 말씀에 자주 등장하였다. 계속되는 역사적 논의가 더 활발해지면서, 하나님 나라의 개념이 정확히 어떤 의미인가에 대해 성서학자들이 많은 저술을 내놓았다. 주류 성서학계의 추세를 고려하여 진술함이 안전할 것 같다. 한편에서 하나님 나라는 예수의 인물과 사역에서 이미 도달하였다(마 12:28; 눅 11:20, 그 밖). 또 다른 한편에서 그 나라는 그러나 최종적인 종말론적 성취에서 나타날 것이다(막 1:15, 9:1; 마 4:17; 눅 11:2, 그 밖). 하나님 통치의 도래 선포에는 회개의 촉구와 마음과 행동의 변화가 포함된다. 그 선포는 먼저는 이스라엘 그리고

---

9) 보다 상세한 논의를 위해 다음을 보라. C. C. Caragounis, "하나님/하늘 나라," in *DJG* (1992), 54-59.

이후엔 다른 이들에게 주는 "임박한 재난의 경고이며, 심령의 즉각적인 변화와 삶의 방향 전환"이었다.[10]

비유가 만일 동터 오는 의로우신 하나님 통치의 다양한 면모들을 밝혀 주는 지혜의 교훈이라면, 그분의 기적과 강력한 행위는 그것을 보증하는 또 다른 완전한 방식이다. 다음 말씀을 단지 상기해 보라. "그러나 내가 하나님의 성령을 힘입어 귀신을 쫓아내는 것이면 하나님의 나라가 이미 너희에게 임하였느니라"(마 12:28). 사복음서 모두가 수많은 치유와 병 고침의 기적을 이야기한다.[11] 공관복음서는 해방과 악귀 축출의 생생한 모습들을 덧붙여 전해 준다. 참으로 "신약성서 복음서에서 예수에게 돌려진 모든 활동 가운데서 악귀 축출과 병 치유는 가장 빼어난 행위이다."[12]

각 공관복음서는 예수의 선포와 하나님 나라의 구현을 서로 다른 형세로 조명한다. 비록 요한복음에서는 그 개념(예, 악귀 축출과 병 치유)이 거의 나타나지 않지만, 그는 이를테면 '생명'과 '영광'과 같은 세상 용어들을 사용하여 하나님의 임재와 구원을 진술한다. 비록 나라란 용어가 기묘하게도 바울 신학에서 난외로 사용되지만, 안전하게 말할 수 있는 것은, "하나님 나라나 혹은 그리스도의 왕국 개념은 그의 신학 전체에 명백한 토대이다."[13]

---

10) Wright, 《예수와 하나님의 승리》, 172.
11) 신뢰할 만한 비학술적 논의는 Harold Remus, 《치료자로서 예수》(Cambridge: Cambridge University Press, 1997)가 있다.
12) Amanda Porterfield, 《기독교 역사에서 치유》(New York: Oxford University Press, 2005), 21.
13) L. J. Kreizer, "하나님/그리스도의 나라," in *DPL*, 524.

## 그리스도/메시아

가장 중요한 기독론 칭호 중 하나는 '그리스도'이다. 이 칭호는 신약성서에 무려 500회 정도 넘게 나온다.[14] '그리스도'는 신약성서에서 매우 적합한 이름으로 사용된다고 생각된다. 신학적으로 우리는, "'예수는 그리스도이시다' 혹은 '예수는 메시아시다.'"라고 말할 수 있다.[15] '크리스토스'(Christos)는 히브리어 '메시아'(mashiach)에 대한 헬라어의 동일한 어법이다. 이는 문자적으로 '기름 부음을 받은 자'를 뜻한다. 구약성서에서 여러 중요한 인물들은-특히 왕들(삼상 9-10장에서 사울), 선지자들(왕상 19:16에서 엘리사), 제사장들(레 21:10-12)-야훼에 의해서 특별한 직무를 위해 머리 위에 기름이 부어졌다.

예수의 시대에 정치적 해방이나 세속 사회에서 지위를 갈망했던 수많은 자수성가한 메시아들도 있었다. 예수는 그런 역할을 거절하였다(요 6:15를 보라). 예수는 우선 자신의 정체성을 이런 정치적 메시아 갈망에 기대어 확인 받으려 하지 않고, 때가 차 자신이 십자가에 못 박힐 때까지 그런 정치적 종교적 지배층과의 충돌을 피하였다. 그런 상황이 우리로 하여금 캐보고 싶어하는 예수의 메시아적 형세를 이해할 수 있게 한다. 마가복음에 대한 19세기 선구자적 연구자인 윌리엄 브레데는 자신의 《복음서들에서 메시아 비밀》(1901)에서 이를 "메시아적 비밀"이라고 불렀다. 예수는 자신의 제자들(추종자들)에게 도래했던 메시아의 복음을 널리 전파하라고 격려하기보다는, 오히려 자신이 치유했던 바를 그 누구에게도 발설하지 말도록 금지시켰다(막 7:36).

그리스도/메시아 말씀이 성취되는 중요한 위치는 예수의 수난과

---

14) 이 논의는 다음 자료에 근거한다. M. F. Bird, "그리스도," in DJG (2013), 115-25; O'Collins, 《기독론》, 25-29.
15) Bird, "그리스도," 115.

관련된다. 참으로, "'우리는 그 메시아 질문들이 홍실처럼 모든 복음서의 수난 이야기를 관통하고 있다는 사실을 무시할 수 없다는 점에서' 메시아 주제들은 예수의 죽음의 설명에서 매우 분명하게 나타난다."[16] 다음을 상기해 보라! 마가복음의 중요한 전환점(8:29)에서 베드로가 '예수는 그리스도'라고 고백한다. 바로 거기서부터 십자가의 그림자가 이야기를 좌우한다. 중요하게도, 마가복음에서 '그리스도'의 최종적인 존재는 또한 십자가 상황에서 나타난다.[17] 복음서와 바울과도 유사하게, 베드로전서에서 그리스도 칭호는 예수의 수난과 연관된다(1:11, 2:21, 3:18, 기타).

모든 복음서 기자들이 자신만의 독특한 방식으로 '그리스도' 칭호를 사용하는 반면, 바울은 그 용어를 가장 현저하게 많이 사용한다. 530회 정도의 칭호 중 383회는 바울 서신에서 나타난다(270회가 나타난 그의 서신 7편은 로마서, 고린도전후서, 갈라디아서, 빌립보서, 데살로니가전서, 빌레몬서이다).[18] 가장 이른 신약성서 문서들인 이들 바울 서신 중 대량으로 이 칭호가 사용되었다는 것은, 그 용어가 매우 일찍이 기독교 신앙의 중요한 어휘로서 역할을 했다는 것을 시사한다. 그리스도는 의심할 여지없이 예수에 대해 바울이 가장 선호한 칭호이다.

바울의 여러 서신에서 '크리스토스'란 칭호를 면밀히 살펴보면, 그가 독특하게 하나의 칭호로 사용한 것이 아니라, 하나의 이름으로 혹은 예수의 이름의 한 부분으로 이를 사용했음을 알 수 있다. 따라서 이는 예를 들면 다음과 같은 일정한 방식으로 나타난다. 그리스도 예수, 예수 그리스도, 주 예수 그리스도 등이다. 이 같은 사실은 많은 학자들로 하여금 바울이 실로 그리스도 칭호를 메시아로서 예수를 이해하여 사용했는지 혹은 그것을 예수에 대한 언급을 편리하게

---

16) Ibid., 119; M. Hengel, 《초기 기독교 연구》(London: SCM, 1995), 45.
17) Bird., 119-20.
18) 보다 상세한 것은 Ben Witherington III, "그리스도," in *DPL*, 95-100.

하는 한 방식으로 사용했는지를 묻게 하였다. '크리스토스'란 칭호가 유대교적 메시아 기대에 친숙하지 않은 고대 이방인들에게는 직접적으로 종교적 용어로 의미를 부여하지는 못했을지라도, 유대인으로서 바울은 히브리/유대교 전승에 완벽하게 친숙하였다. 사실, 로마서 9장 5절에서 바울은 단지 한 이름 정도가 아니라 칭호로서 '그 그리스도'를 명백하게 언급하고 있다. 그는 그리스도란 용어를 예수의 십자가와 부활과 자주 연결시키고 있다(롬 5:6-7; 고전 15; 갈 3:13).

비록 예수께서 당대 대다수 백성의 바람과는 양립할 수 없는 방식으로 이스라엘의 메시아적 희망을 성취하였을지라도, 그분은 한낱 이방인의 메시아가 아니라(성서 용어상, 유대인이 아닌 모든 이는 이방인이다), 과거에도 그랬고 현재에도 여전히 이스라엘의 메시아이다. 전술한 대로, 기독교 신학은 역사 속에서 이런 분명한 전망을 너무나 쉽게 상실하여, 기독교-유대교 관계를 이해함에 있어서 매우 불행한 결과를 초래하였다.

**하나님의 아들**

두 가지 병행되는 이름은 처음부터 기독교 신학의 일부 용어로, 곧 하나님의 아들과 사람의 아들(인자)로 자리매김했다. 자연스럽게, 전자는 예수의 신성을 나타내고, 후자는 그분의 인성을 언급하는 것이라 여겨졌다. 이런 입장은 성서 본문에 대한 보다 주의력 있는 석의를 통해 이들 두 칭호에 관한 모호성을 드러냈던 20세기까지도 그대로 유지되었다. 사실, 성서 해석상 하나님의 아들은 신성을 의미하고 인자는 인성을 뜻한다는 이 같은 가정은 정확하지 않다.

구약성서에서 하나님의 아들(들)의 개념은 쉽게 포착하기 어렵다.

이 개념이 이스라엘 백성을 언급할 수도 있고(출 4:22), 때론 다윗 왕과 그 후대의 왕의 계승자들을 뜻할 수도 있고(삼하 7:14), 혹은 천사들을 의미할 수도 있기 때문이다. 특히 다윗 왕의 혈통에 대한 언급은 주요한 신약성서 배경이다. 그러나 이스라엘에서 아들 됨은 신성 그 자체를 뜻하지 않는다. 오히려 구약과 신약성서 모두에서 아들 됨의 개념은, 특수한 행위, 순종, 친밀한 교제, 지식, 닮음을 감당한다거나 축복과 은사를 받는다는 등 다양한 의미를 지닌다. 구약성서는 메시아를 명백하게 혹은 메시아 인물을 구체적으로 하나님의 아들로 진술하지 않는다.[19]

하나님의 아들이란 이름이 신약성서에 124회 정도 나오는데, 특히 바울 서신과 히브리서에서도 특별히 발견된다. 로마서 1장 4절에 따르면, 예수는 죽은 자 가운데서 부활하여 '하나님의 아들로 인정'되었다.

예수 자신은 그 용어를 아주 드물게 사용하였으나, 공관복음서에 따르면 예수는 자신과 자신의 사명을 신적 아들 됨의 개념에 따라 이해하였다. 어떤 학자들은 예수가 자신을 하나님의 아들로 드물게 언급하고 있는 몇몇 구절의 진정성에 의문을 제기하였다. 그러나 대다수 학자들은 적어도 몇몇 언급(마 11:27; 막 12:6, 13:32; 눅 10:22)은 예수 자신에게서 직접 유래한 것이라고 생각한다.

'아버지'와 '아들'에 관한 예수의 진정성 있는 언급을 자세히 살펴보면, 그 다음에 이어지는 강조가 무엇인가를 알 수 있다. 첫째, 거기서 예수는 아버지와의 개인적 친밀감을 주장하였다. 이는 특히 예수의 '아바'(abba)라는 언급(막 14:36)의 전면에서 드러난다. 이 같은 아람어는 '아빠'(daddy)와 같은 포근하고 친밀한 호칭을 나타낸다. 둘째, 하나

---

19) 주요 자료는 이렇다. Adam Winn, "하나님의 아들," in *DJG* (2013), 886-94; L. W. Hurtado, "하나님의 아들," in *DPL*, 900-906.

님의 뜻에 순종을 의미하는 '아들' 칭호의 사용은 겟세마네 언덕에서 예수의 간절한 기도 가운데서 (막 14:32-42) 분명히 더 드러난다. 마지막으로 '아들' 언급은 예수 자신의 독특한 신분을 나타낸다. 아버지에 대한 아들로서 예수의 관계는 매우 독점적이다. 이것은 바울이 두 가지 헬라어 용어를 사용하여 예수의 아들 됨과 우리의 아들 됨 간을 구별한 데서 명백히 드러난다. 곧, 신자들은 양자가 되어 아들들 혹은 자녀들(tekna)이라 불리나, 예수는 그 아들(huios)이다.

바울에게 있어서, 그리스도가 신적 아들이라 함은 예수 그리스도를 이해하는 그의 주요 틀이요 범주이다. 곧 이는 또한 히브리인들(유대인들)에게 중요한 역할을 한다. 로마서 1장 4절에 따르면 "성결의 영으로는 죽은 자들 가운데서 부활하사 능력으로 하나님의 아들로 선포되셨으니 곧 우리 주 예수 그리스도시니라." 동시에 그 용어의 사용은 예수의 신성뿐만 아니라 또한 하나님과의 친밀한 관계를 가리킨다. 이는 사복음서 특히 요한복음서에서도 유사하다. 그리스도 칭호 사용이 매우 독점적이면서도, 한편 바울과 복음서 기자들에게 있어서 하나님 아버지와의 예수의 관계는 또한 전래적 의미에서 아버지와 아들 등식으로 신자들에게 적용된다.

우리 시대의 관심 중 하나는 포괄적 용어에 대한 질문이다. 곧 '아들'(son)이 포괄적 의미로 사용되기 위하여 어린아이(child)란 용어로 대체되어야 하는가? 그 답은 이렇다. 아들에 대한 신약성서 용례는 성별이 아니다. 그것은 양성(남/여) 모두를 포함한다. 제7장에서 페미니스트적 토론과 그리스도의 다른 여성성 해석을 다루면서 이 문제를 더 탐색해 보자.

## 사람의 아들(인자)

예수 자신이 사용한 칭호인 '인자'보다 더 가까운 다른 직함은 없다. 참으로 이 칭호는 예수 자신에 의해서만 사용된다(비록 예수를 언급하지만, 요 12:34에서는 예외). 사복음서에서 규칙적으로 사용된 이 용어가 신기하게도 나머지 신약성서에서는 보이지 않는다(행 7:56에서는 예외).[20]

예수의 원어민 언어인 아람어에서 '인자'는 칭호라기보다는 묘사이다. 그래서 종종 '인간, 사람'으로 번역될 수 있다. 구약의 용어인 '벤 아담'('사람의 아들')은 고유명사 '아담'과 또한 사람을 뜻하는 명사 둘 다를 나타낸다. 헤브라이인(유대인) 용어는 세 가지 상황 속에서 사용된다. 첫째, 에스겔서에서 그 용어는 에스겔에게 선언하는 형식으로 무려 100회 정도 나타난다. 둘째, 시편 8편 4절의 유명한 언급에서처럼, 인간 본성의 연약함을 강조하기 위해 사용된다. 셋째, 기독론적으로 가장 의미 있는 용례는 다니엘서 7장 13-14절에서이다. 그 본문은 "인자 같은 이가 하늘 구름을 타고 와서 옛적부터" 항상 계신 분에 대해 진술한다. 그분에게 "권세와 영광과 나라"가 주어졌고, 이제 모든 백성에게서 예배를 받으실 자이다. 기독교 신학은 그동안 다니엘서의 인자 사상에서 나사렛 예수의 인물로 오셨던 메시아를 탐구해 왔다.

인자 말씀을 대략 세 가지 범주에서 분류하는 것은 통례이다. '인자' 표현은 각기 공관복음서에서 동일한 방식으로 많이 사용된다. 신약성서 학계는 기독론 칭호로 공관복음서의 인자 개념이 아래 사항

---

[20] 여기 주요 자료는 D. L. Bock, "사람의 아들(인자)", in *DJG* (2013), 894-900에 의지한다. 복음서 본문 중 다음은 (앞의 896쪽에 기술된 대로) 대표적이다. 마 8:20, 9:6, 10:23, 13:37,41, 17:9,12, 26:2,24, 45,64; 막 2:10,28, 8:31,38, 9:9,12,31, 14:21,41,62; 눅 5:24, 6:5,22, 7:34, 9:22,26,44,58, 18:8,31, 19:10, 24:6-7; 요 1:51, 3:13,14, 5:27, 8:28, 9:35, 12:23,34, 13:31.

과 관련되어 있다고 기본적으로 동의한다.

1) 예수의 현재 사역과 권위(예, 막 2:10, 28. 마태와 누가와 병행)
2) 예수의 고난과 부활(예, 막 8:31, 9:9, 10:33. 마태와 누가와 병행)
3) 예수의 영광스런 오심(예, 막 8:38, 13:26. 마태와 누가와 병행)

놀랍게도, 그 권위의 말씀에서 인자는 자신을 당대 가장 신성한 날인 안식일까지도 넘어서는 하나님의 권위로 여긴다. 수난과 관련하여 그의 말씀이 분명히 밝히는 것은, 인자로서 예수는 다른 이를 섬기기 위해 그리고 많은 사람을 위한 대속물로 자신의 생명을 내주기 위해 왔다는 것이다. '권세와 영광 중에 구름을' 타고(막 13:26) 장래에 다시 오시는 인자를 나타내는 그 말씀은 이제 하나님의 우편에 좌정해 계시는 그의 존재와 관련된다. 마가복음 13장 26절과 14장 62절은, 복음서의 인자가 그 자신을 다니엘서 7장에서 제시된 인물과 동일시한다는 의미에서, 다니엘서 7장 13-14절에 대한 분명한 회고이다. 또한 마가복음 9장 12절과 10장 45절과 같은 말씀은, 시편의 '의인의 고난'(예, 22:69)과 고난을 받으나 종국에는 하나님에 의해 정당성이 입증된 야훼의 종(사 52:13-53:12)으로서 인자를 명백하게 묘사한다. 예수가 '그리스도'(예, 막 8:29-30)로 확인될 때, 그는 '인자'가 미래에 무엇을 할 것인가(31절)를 언급하여 응대한다는 사실도 주목할 필요가 있다.

'인자'의 칭호는 요한복음에서 뚜렷한 용례를 보인다. 곧 그 칭호는 '높이 들림을 받는다'란 표현으로 쓰이는데, 이는 십자가에 달림일 수도 있고 혹은 그리스도의 현양(顯揚)을 언급할 수도 있다(요 3:14, 8:28, 12:34). 아마도 저자 요한은 독자들이 이 둘 모두를 서로 연관시키기를 원하면서, 의도적으로 그 말의 모호성을 보존했을 지도 모른다. 요한복음은 또한 하늘로서 내려오셨다가(3:13) 다시 전에 계셨던 곳에 오르시는(8:28) 인자에 관한 아주 독특한 말씀을 포함하고 있다.

## 주

초기 기독교의 신앙 고백은 '예수는 주'였다(롬 10:9; 고전 12:3; 빌 2:11).[21] 놀랍게도 이것은 구약성서에서 하나님에게 '주'(퀴리오스)로 적용되었던 동일한 이름을 예수에게도 돌린다.[22] 그러나 로마 제국의 황제를 '주'라 부른 상황에서 동시에 예수를 주라 호칭하는 것은 황제에 대한 심각한 도전이었다. 당시 자주 황제는 반(半)신으로 숭배되었다. 다양한 여러 신비 종교들도 퀴리오스(주)라는 용어를 사용하였다. 퀴리오스는 신약성서 시대에 종교적 상황이나 세속적 상황에서 아주 다양하고 광범위하게 사용되었다. 그래서 기독교인들이 당시 예수를 '주'라 호칭한 것은 모험적이고 담대했다.

예수께서 자신에게 퀴리오스 칭호를 적용한 가장 분명한 구절은 마가복음 12장 35-37절이다. 이 구절은 시편 110편 1절에 기초한다. 곧 "여호와께서 내 주에게 말씀하시기를…너는 내 오른쪽에 앉아 있으라" 하셨다. 이 구절이 만일 예수의 진정성 있는 말씀이라면 그리고 이를 부정할 만한 정당한 이유가 없다면, 그것은 예수께서 자신을 가장 높은 신분과 존경의 자리인 하나님의 우편에 앉아 계신, 구약성서의 야훼 주와 동등하게 여겼다는 것을 의미한다.

마태복음에서 예수와 관련하여 사용된 퀴리오스를 주목하여 살펴보면, 이 칭호를 사용한 사람들이 오직 제자들이었다는 것을 알

---

21) 이 부분은 다음 자료에 근거하고 있다. B. Witherington and K. Yamazaki-Ransom, "주," in *DJG* (2013), 526-35; L. W. Hurtado, "주," in *DJG*, 560-69.
22) *kyrios*는 '주'에 대한 히브리어를 헬라어로 번역한 것이다. 히브리어 용법에서 하나님의 이름을 4개의 자음인 YHWH라고 쓰인 본문을 읽을 때는 '주'라고 읽는다. 히브리 구약성서의 헬라어 번역본은 은 70인역이라 하고, 축어로 LXX로 표시한다.

수 있다. 곧 국외자들은 예수에게 곧잘 선생이나 혹은 랍비라는 중립적 용어를 선호하여 사용한다. 이는 영적 통찰을 갖고 예수가 누구였는가(예수의 인물)를 인식하게 하였다. 주라는 칭호는 그렇게 느슨하게 사용되지 않았다.

이에 대한 바울 서신의 주요 구절은 빌립보서 2장 10-11절이다. 대부분의 학자들은 이 구절을 바울 이전의 찬송시라고 생각한다. 그 본문은 하나님 아버지에 대한 그의 순종의 결과로, 그리스도는 이제 하나님과 동등한 신분을 지닌 주라는 칭호를 획득하게 되었음을 전한다.

### 예수의 다른 칭호들

#### 다윗의 아들

기독론 칭호인 '다윗의 아들'은 예수를 자연스럽게 이스라엘의 왕, 다윗의 혈통에서 왕권 메시아로 연결시킨다.[23] 예수는 자신의 인물과 사역을 통해 구약성서의 다윗의 왕조에게 주어진 하나님의 약속을 성취한다(삼하 7:12-16). 예수는 통속적 왕권의 기대들을 거부하고, 고난 받은 종으로서 자신의 생명을 다른 사람과 그들의 구원을 위해 내어 주었다. 복음서 기자들 가운에서 그 칭호는 마태복음에서 가장 위대한 역할을 한다. 마태는 여기서 유대인 청중을 마음에 두고 기록한다. 그래서 그는 자신의 복음서를 다윗의 계보(1:1-17)로 시작한다.

---

23) Y. Miura, "다윗의 아들," in *DJG* (2013), 881-86.

### 하나님

신약성서는 이스라엘의 엄격한 유일신의 배경을 두고서 기록되었다. 그러므로 하나님 이외 다른 인물을 하나님으로 부른다는 것은 그 자체가 신성모독이었다. 그러나 신약성서는 요한복음 1장 1절의 예에서 보는 것처럼 하나님이란 용어를 예수에게 적용한다. 그 본문에서 예수에 관한, 도마의 고백인 요한복음 20장 28절, 히브리서 1장 8절, 그 '말씀'인 로고스는 분명히 하나님으로 불린다. 더욱이 신약성서의 간접적이고 기능적인 말씀들은 예수가 하나님임을 암시한다. 그분은 우리 인간의 구주로 불린다(마 1:21; 눅 2:11; 행 4:12; 히 2:10). 예수를 예배한다(롬 1:23; 고전 1:2). 그리고 예수는 하나님을 계시한다(요 14:9).

### 로고스

이 칭호는 일반적으로 '말씀', '말', '이야기', '원리', 아마도 '지혜'를 뜻하는, 보통 헬라어의 문자적 번역이다.[24] 기독론 칭호로서, 이것은 복음의 주요 시작과 관련하여 요한복음에는 단 한 번 나온다(1:1, 14). 로고스는 이방 철학(플라톤)과 구약성서의 야훼의 '말씀' 개념에 기원을 두고서, 둘 다의 여러 상황에 관련되었다. 요한복음 1장 1절은 구약성서의 시작, 야훼의 창조 말씀을 분명히 암시한다. 요한은 세계가 창조될 때 그 로고스가 존재했다고 말한다. 그 로고스는 하나님과 함께 있었을 뿐만 아니라 또한 하나님이었다. 요한복음 1장 14절은 그 로고스의 성육신을 묘사하고 있다.

앞에서 신약성서의 주요 기독론 칭호들을 살펴보았다. 이제 사복음서 각각의 기독론의 특징들을 되돌아보자. 오늘날 신약성서 학계와 신학의 주요 방법은 그리스도에 대한 다양하고 풍성한 성서적 증언을 입증하기 위해, 일반적으로 각기 신약성서와 특히 사복음서가

---

24) B. E. Reynolds, "로고스," in *DJG* (2013), 523-26.

이 문제에 어떻게 구체적으로 기여했는가를 식별하는 것이다. 이 장의 후반부는 학계가 복음서들이 쓰였다고 믿는 순서대로, 곧 공관복음인 마가복음, 마태복음, 누가복음 그리고 요한복음의 순서대로 살펴볼 것이다.

## 마가복음에서 '고난 받은 종'

마가복음이 나머지 다른 공관복음서의 윤곽을 제공하고, 첫 번째로 쓰였다는 학계의 동의가 있다. 그러므로 마가의 기독론 탐구를 출발점으로 삼는 것은 적절해 보인다.

마가복음은 역설적으로 사례 연구이다. 한편에서 이 복음서는 메시아 예수를 제시함에 있어서(막 1:1) 독자들에게 숨막히는 분위기를 제공한다. 예수는 권위를 갖고, 강력한 악귀들을 축출하고 놀라운 기적들을 행하면서 가르치는 분이다. 또 다른 한편에서, 마가복음 외에 다른 복음서에서는 예수가 그렇게 오해를 사서, 당대 헌신적으로 자신을 추종하는 자들을 포함하여 모든 사람들에 의해 사납게 저항을 받은 일이 없다. 만일 초기 교회의 복음 선포-케리그마가 본질적으로 인간 고통에도 불구하고 혹은 그것을 통하여 신적 승리에 대한 이야기라면, 그땐 설득력 있게 말할 수 있는 것은, 이 같은 역설이 마가복음에서보다 더 상쾌하게 드러나는 다른 본문은 없다.[25]

마가의 예수 이야기는 그리스도의 선구자인 세례 요한의 출현과 함께 시작하여 빠른 속도로 진행돼, 결국 예수와 당대 종교적 정치

---

25) N. Perrin, "마가복음," in *DJG* (2013), 553. Perrin(553-66)에 추가하여 이 부분은 주로 다음 자료에서 얻어 왔다. Frank J. Matera, 《신약성서 기독론》(Louisville: Westminster, 1999), 5-26; Schwarz, 《기독론》, 119-20.

적 지도자들과의 갈등에서 절정에 이른다. 그 이야기의 본질은 적절히 이렇게 이해된다. "마가복음의 기독론은 그 전달하고자 하는 이야기 속에 있다."[26] 전개되는 이야기는 예수를 메시아, 하나님의 아들로 확인한다. 그러나 그분의 운명은 고난을 받아 죽고, 죽음으로부터 부활하여, 택함 받은 자들을 모으기 위해 영광스런 인자로 다시 온다.

그 첫 문장부터 마가복음은 "하나님의 아들, 예수 그리스도에 관한 복음을 시작"(1:1)하여 이야기를 기독론적으로 집중한다. 마가복음 8장 29절에 이르기까지, 그렇게 많은 반대에도 불구하고 독특한 가르침, 치유, 악귀 축출, 죄 용서의 선언과 더불어 예수의 공적 사역이 점점 상승하는 기법이다. 그 이후에 십자가의 그림자가 이야기를 지배한다.

메시아로서 예수의 역할은 하늘로서 들려오는 음성과 함께 그의 세례에서 확증된다(1:1). 대관식 시편의 반향(시 2:7)으로 하늘에서 들려오는 아버지의 음성은 또한 예수가 고난 받은 종이 되어야 함을 선언한다. 여기에 하나님께서 성령으로 함께한다(사 42:1).

그 어떤 다른 복음서 기자보다도 더욱 마가는 예수의 역할을 기적 행하는 자와 치유자로서 조명한다. 첫 세 장 시작부터 예수는 악귀 축출자, 치료자, 사람들을 옭아매는 질병의 극복자로 등장한다. 제4장에서 예수는 가르친 후에, 해방의 사역을 지속한다. 프랑크 마테라의 말을 들어 보자.

> 그 메시아는 성령이 충만한 하나님의 아들이다. 이분은 말씀과 행위로 하나님 나라의 도래를 선포한다. 그는 이제 병든 자를 치료하고, 악귀를 축출하며, 심지어 이방인들에까지 자신의 사역을 확장한다. 가장 중요한 것은, 그가 많은 사람을 위하여 자신의 생명을 대속물로 내어준다

---

26) Matera, 《신약성서 기독론》, 24.

는 것이다. 고난을 받고 죽어, 죽은 자 가운데서 부활하고, 영광스런 인자로 다시 오실 것이다.[27]

그러나 예수의 사역 가운데서 발생한 기적과 이적은 좀 모호하다. 최초로 열성적인 자들을 만나고 나서, 그 메시아는 점증하는 반대 세력에 직면한다. 그 많은 기적도 그의 인물과 주장에 분노하는 사람들, 특히 종교 지도자들을 중단시키지 못한다. 결과적으로 마가의 예수 이야기의 최종적인 초점은, 기적이나 권위가 아니라 오히려 그 메시아의 수난과 죽음이다. 이런 점에서 예수가 대담하게 메시아로 고백되어야 함은, 그가 어떤 유의 메시아(예, 수난)임을 설명한 이후에서야 오직 가능하다. 그러므로 '메시아' 칭호는 그 복음서 후반부에 가서야 분명해진다. 거기서 예수의 임박한 죽음은 마가 이야기를 어렴풋이 드리운다. 사실, 마가복음 1장 1절을 여는 말 이후 '크리스토스'란 용어는 8장 29-30절에 도달하기까지 마가복음에서 언급되지 않는다. 그 후로는 이 칭호가 특히 예수의 종교 지도자들과의 잦은 충돌 그리고 십자가에 관련하여 매우 자주 사용된다.

예수가 자신의 호칭을 지속적으로 '그리스도'와 '하나님의 아들'로 사용하면서도, 한편 그분은 '인자' 칭호를 공개적으로 자유롭게 사용한다. 이 칭호가 모호한데도 예수는 왜 이를 선호했을까? 아마도 그 이유는 그 모호성에 있다. 곧, 예수는 고난을 받아 죽음에 이를 때까지는 청중들이 자신의 역할을 분명하게 이해하기를 원치 않았다. 앞에서 언급했던 '메시아적 비밀'이란 용어를 상기해 보라. 프랑크 마테라는 마가만의 독특한 예수 상을 유용한 방식으로 이렇게 요약한다.

마가에 있어서, 예수는 메시아, 하나님의 아들이다. 왜냐하면 그는 인

---

27) Ibid., 24-25.

자의 운명을 성취하기 때문이다. 예수가 만일 이 같은 운명을 성취하지 않았다면, 그는 하나님의 메시아적 아들이 될 수 없었을 것이다. 그렇다면 마가의 기독론은 '메시아', '하나님의 아들' 그리고 '인자'라는 칭호로 요약될 수 있다. 그러나 이들 중 어느 것도 마가 자신의 이야기를 제쳐 두고는 제대로 이해될 수 없다. 왜냐하면 그의 기독론은 이야기 안에 있기에 우리는 그 이야기를 통해서만 그 칭호들을 기꺼이 해석할 수 있기 때문이다.[28]

## 마태복음에서 '유대인의 왕'

마태복음의 청중은 유대인이다.[29] 이 목적에, 그 복음서의 서두에 나오는 예수의 다윗 계보는 크게 기여한다. 참으로 1-2장에 서술된 유아기 설화는 예수를 다윗의 아들로 확인할 뿐만 아니라 또한 그분을 아브라함에까지 이어지는 이스라엘 전체 역사에 연결시킨다. 마태가 구약성서의 예언자들의 성취를 강조하고 자주 구약성서를 인용하는 것은 그리 놀라운 일이 아니다.

마태는 마가의 윤곽에 더 의미 있는 내용, 특히 예수의 다섯 가지의 큰 담화를 덧붙여서, 유대인 다윗의 초상을 자기 기법으로 그려 나간다. 산상수훈(5-7장), 열두 제자들 파송(10장), 비유들(13장), 교회(18장)와 종말론(24-25장)에 관한 설교가 그것이다. 유대인의 감성에 부응하기 위해, 하나님의 이름을 언급하는 것을 피하기 위해 그의 주요 주제이기도 한 '하나님의 나라'는 '하늘나라'로 번역된다.

토라의 가르침으로 훈육을 받았던 유대인에게 연설하기 위해, 예수의 가르치는 사역은 기적에 대한 마가의 관심과는 구별되게 마태

---

28) Ibid., 26.
29) 이 부분은 주로 다음 자료에서 얻어 왔다. J. K. Brown, "마태복음," in *DJG* (2013), 570-84; Matera, 《신약성서 기독론》, 26-48; Schwarz, 《기독론》, 120-22.

만의 초점으로 서술하고 있다. 랍비식 교육의 주요 형식은 비유이다. 예수의 가르치는 사역 중심에서 보면, 제자들이 아닌 자들만이 예수를 선생으로(8:19, 9:11, 19:16 등) 묘사하는 것은 매우 반어적이다. 예수의 제자들은 그를 결코 '선생'으로 부르지 않고 오히려 '주'나 그와 유사한 칭호로 부른다.

그러나 마태가 예수의 가르치는 사역을 강조하였다 하여, 이것이 치유, 악귀 축출 그리고 다른 놀라운 행위가 결코 기독교인의 메시아를 제시함에 있어서 그가 역할을 제대로 못하고 있다는 말이 아니다. 사실, 그는 헤아릴 수 없는 치료, 악귀 축출, 자연 기적들(이를테면, 바다 위를 걷거나 다수를 먹임)을 기록한다. 예를 들면, 8장과 9장에서 그는 8회 정도의 치유와 다른 여러 기적들을 열거한다. 그러나 이것은 청중에 대한 연민을 보임과 함께, 궁극적으로는 교육적 목적을 지니고 있다.

하늘나라의 개념을 중심에 놓는 마태복음의 배경에서, 예수는 또한 그 하늘나라의 개시자로서 행동한다. 그는 이것을 세 가지 동기에서 완수한다. 곧, 그의 공적 사역, 수난, 그리고 그의 부활의 입증에서 그렇다. 부활 이후 그리스도의 제자들은 복음을 만방에 전하도록 파송되고, 모든 종족을 주시요 교사이시며 왕이신 분에게 순종하도록 초청한다(28:18-20). 예수 사역의 우주적 범위에 대한 강조는 그 복음서의 마지막 절에서 절정을 이루나, 마태복음 2장에서 유대인의 새로운 왕의 탄생을 묻는 동방 박사들의 방문과 함께 시작하면서, 그 복음서 이야기 전체를 관통한다.

## 누가복음에서 '만인의 친구'

마가가 예수의 이야기를 극적이고 빠른 국면으로 기술해 나간다면, 마태는 메시아에 대한 유대인의 묘사를 초기 교회로부터 현재에 이르기까지 조심스럽게 구성해 가며, "누가복음은 이야기와 전경을 보세 창고처럼 사용한다. 그렇게 해서 마음에 드는 소재를 끌어 쓴다. 그 소재가 동정녀 탄생이든, 일상의 윤리이든, 또 그것이 설교자나 혹은 신학자 혹은 예술가에 의해서든 그렇다."[30] 누가의 이야기는 두 부분으로 전개된다. 곧 예수에게 주목하는 복음서 그리고 예수의 백성, 교회에 집중하는 사도행전이다. 그 이야기가 누가복음이 될 때, 그것은 (조금은 서로 다르지만) 마태의 다섯 이야기 틀로부터 온 마가의 것과 다소 유사하면서, 전체적으로 두 가지 부분으로 나뉜다. 9장 후반부에서 시작하여 예수는 고난, 죽음, 그리고 부활의 기대와 함께 예루살렘을 향해 자신의 눈을 고정한다. 마가가 이방인을 마태는 유대인을 대상으로 기록한 반면, 누가의 예수 묘사는 이들 양 그룹을 겨냥한다. 그 구성은 다음과 같다.

> 하나님의 메시아는 당신의 백성 이스라엘에게 다가온다. 그분은 은혜로운 구원의 제시, 곧 죄의 용서와 함께 성령으로 기름 부음을 받은 하나님의 아들이다. 그가 은혜를 제시했지만 이스라엘 백성은 회개하지 않는다. 그럼에도 불구하고 그들의 메시아 거부는 역설적으로 하나님의 계획을 성취시킨다. 그 계획이란 이스라엘의 회개와 용서가 그의 이름으로 만방에 전파될 수 있도록, 메시아가 그의 영광에 들어가기 위하여 고난을 받는 것이다.[31]

---

30) Joel B. Green, "누가복음," in *DJG* (2013), 540. Green(540-52)에 추가하여 이 부분은 주로 다음 자료에서 얻어 왔다. Matera, 《신약성서 기독론》, 제2장(누가복음과 사도행전을 포함하고 있다); Schwarz, 《기독론》, 122-25.
31) Matera, 《신약성서 기독론》, 51.

누가가 비록 이방인을 대상으로 기록하지만, 그는 또한 예수와 이스라엘간의 연결을 분명히 기술한다. 아기 예수를 안고 하나님을 찬양할 때, 시므온에 관한 2장 25-32절의 이야기와 '이스라엘의 위로'를 함께 참작해 보라. 이 복음서는 부활한 예수를 그리스도로 확인하면서 끝난다(24:26-27, 44-47).

예언자로서 예수의 개념은 그의 고향 나사렛에서의 첫 설교에 등장한다(4:16-30). 이 첫 번째 설교는 이사야 61장의 메시아적 본문에 기초한다. 이 메시아적 인물은 기쁜 소식을 전파하고, 죄를 용서하며, 눈먼 자를 치료하고, 포로 된 자들을 자유롭게 하기 위해 보내졌다. 구약성서의 예언자 엘리야와 엘리사는 예수에 필적한 인물로 묘사되며(4:25-27), 사람들은 곧 예수를 예언자로 인식한다(7:16, 9:7-9,19). 예수는 모든 부류의 사람에게 다가가는 친구이다. 가난한 자, 과부, 어린 아이들에 대한 특별한 이 예언자의 특성을 드러낸다. 여인들은 특히 복음서에서 크게 예수의 주목을 받는다(7:12, 36-50, 8:40-56, 10:38-42, 13:10-13, 15:8-19, 18:1-8, 21:1-4, 23:55-56 등).

누가에게 있어서 예수는 여러 다른 사람 중 한 예언자가 아니라, 하나님의 기름 부음을 받은 그리스도요 다윗 혈통의 메시아이다. 누가가 아들과 아버지와의 친밀한 관계를 제시하는 방식은 기도에서이다. 예수는 그의 세례에서부터 시작하여(2:21), 그의 사역의 중대한 전환점에서 기도하는 모습으로 그려진다. 기도는 또한 사도행전에서 그의 추종자들(제자들)의 삶을 특성 짓는다.

인자로서의 예수는 5장 24절에서처럼 초기에 소개되고, 그 칭호는 마가와 마태에서처럼 누가에서도 자주 등장한다. 누가는 예수의 사명에서 잃어버린 바 된 자들을 구원하고(19:10), 죄인들을 위해 고난을 받아 죽어야 하는(24장) 인자의 역할을 조명한다. 이 주제와 주로서 예수의 신분은 이후 복음서에서 논쟁의 초점이 된다(20:41-44, 22:67-71).

모든 복음서 기자들이 부활을 구원 역사의 중추적인 사건으로 묘사하지만, 누가만이 하늘 승천 이야기를 전하는 것은 매우 의미 있다. 이 기사는 물론 사도행전에서 오순절 사건과 교회 탄생을 연결하는 다리이다. 사도행전 이야기는 예수의 삶-탄생에서 세례 그리고 성령 가운데 사역을-(성령과 함께하는) 교회의 탄생, 세례 그리고 교회 사역에 병행시키는 방식에서 조심스럽게 구성된다. 승천하신 분으로서 예수의 현양된 신분은, 초기 공동체의 최초의 선교 연설집인 사도행전의 설교에서 여러 차례 조명을 받는다.

## 요한복음에서 '생명의 말씀'

> 예수께서 제자들 앞에서 이 책에 기록되지 아니한 다른 표적도 많이 행하셨으나 오직 이것을 기록함은 너희로 예수께서 하나님의 아들 그리스도이심을 믿게 하려 함이요 또 너희로 믿고 그 이름을 힘입어 생명을 얻게 하려 함이니라(요 20:30-31).

이 본문에 제4복음서의 목적이 명확하게 진술된다. 그 초점은 그리스도와 그의 사역과 그 중요성에 있다.[32] 비록 그 이야기의 목표가, 곧 신앙을 이끌어 내려는 목적이 분명하게 진술된다 할지라도, 예수에 대한 사람들의 반응을 요한이 묘사하는 그 특성에 (신앙 고백에서처럼) 모호성이 있다. '너희로 믿게 하여'라는 헬라어 구절이 (어느 누가 믿고 난 뒤) 회심의 희망을 언급하는 것인지, 아니면 신실한 자의 지속적인 신앙을 확언하는 것인지 우리는 좀 의아해 한다.

예수에 대한 요한의 제시는 세 공관복음서와는 극적으로 다르다.

---

32) 주요 자료는 다음에 근거하고 있다. C. S. Keener, "요한복음," in *DJG* (2013), 419-36; Matera, 《신약성서 기독론》, 215-37; Schwarz, 《기독론》, 125-29.

마가, 마태, 누가의 갈릴리보다는 오히려 유대가 사역의 중심이다. 예수의 공적 사역은 1년이 아니라 최장 3년으로 생각된다. 다른 많은 차별성 가운데서 요한 문헌의 예수는 악귀를 축출하지 않는다는 것은 매우 의미심장하다. 많은 치유 사역조차 빈약하다. 통틀어 3회 정도이고, 하나는 나사렛 소생 이야기이다(제11장). 그의 행위들은 소위 '표적'으로 불리며, 거기엔 분명한 상징적 중요성을 지니고 있다. 제4복음서의 예수는 공관복음서와는 대조적으로 제자들에게 비유로 가르치지 않는다. 예수는 7회에 걸친 "나는…이다"라는 신탁을 표명한다. 심지어 요한복음의 구조는 다른 복음서들과 비교해 볼 때 독특하다. 곧, 말씀(로고스)의 서언 후에(1:1-18), 첫 부분, '표적들의 책'(1:19-12:50)은 기적과 담화를 담고 있다. 그리고 두 번째 부분, '영광의 책'(13-20장)은 예수의 고별 설교, 십자가에서 고난, 그리고 그 이후 부활을 전해 주고 있다. 그 이후 부록이 복음서에 첨가되어 있다(21장).

마가가 그의 예수 이야기를 공적 사역에 나가는 길목으로 세례에서 시작하는 반면, 마태는 예수의 족보를 아브라함에까지 연결하며, 누가는 모든 가계(家系)를 심지어 아담에까지 추적하고, 요한은 예수를 창조와 하나님과의 일치로 연결한다. 그 서언(1:1-18)은 예수에 대한 복음서의 많은 중요한 주제들, 이를테면 빛, 생명, 진리, 말씀, 그리고 성육신을 소개한다. 가장 독특한 모습은 그리스도에게 '로고스' 칭호의 적용이다. 이 로고스는 예수를 구약성서 시작인, 창세기 1장의 창조의 힘인 말씀과 헬라어의 지혜 개념과 연결시킨다. 아버지와의 그의 독특한 친밀성은 세 용어로 묘사된다. "본래 하나님을 본 사람은 없으되 아버지 품속에 있는 독생하신 하나님이 나타내셨느니라"(1:18). 참으로, 친밀성은 중심 주제 중 하나가 된다. 요한복음 5장을 단지 떠올려 보라.

요한의 특유한 전형은 예수의 인성과 신성에 대한 그의 이중적 강조이다. 요한복음은 많은 방식으로 예수의 가장 인간적 모습을 그린다. 곧, 예수는 피곤함을 겪고(4:6), 분노한다(12:27). 그는 눈물을 흘린다(11:33). 그리고 마음을 바꾼다(7:1-10). 다른 한편, 예수는 '로고스'인, '하나님의 말씀'이다. 그는 사람들이 예전에 말하지 않았던 바를 말한다(7:46). 그는 아버지를 계시하는 자이다(1:18).

요한은 예수를 묘사하면서 수많은 독특한 은유, 칭호, 그리고 상징들을 사용한다. 이를테면, 하나님의 어린 양(1:29, 36), 랍비(1:38), 메시아(1:41), '모세가 율법에서 기록한 분, 예언자들이 또한 썼던 분-요셉의 아들, 하나님의 아들'(1:45), 하나님의 아들과 이스라엘의 왕(1:49)이 여기에 포함된다. 그때, 일곱 가지 '나는…이다'(I AM) 발언이 있다. 곧 '생명의 떡'(6:35, 48), '세상의 빛'(8:12, 9:5), '양의 문'(10:7), '선한 목자'(10:11), '참 포도나무'(15:1), '부활과 생명'(11:25), '길이요 진리요 생명'(14:6)이다. '나는…이다'라는 통칭-이는 어떤 속성도 부여하지 않은 채(4:26, 6:20 등), 극히 몇 번 나오는-은 구약성서에 나오는 야훼의 '나는…이다'를 상기시킨다. 더욱이 요한 문헌의 상징은 이름(1:42)과 수(2:1, 21:11), 특히 완벽을 뜻하는 일곱 수에 의해 더 풍성해진다.

요한은 예수를 지속적으로 모호함과 상징으로 제시하면서, 예수의 죽음과 부활까지도 모호하고 신비스런 용어들로 기술한다. 요한은 예수를 '영광을 받으시는 분'(7:39; 8:54 등), '높이 들리신 분'(12:34)-분명, 이는 십자가에 높이 달리셨으나 또한 사망에 내어주신 분, 그러나 죽지 않을 생명으로 부활하실 분으로 묘사한다. 아마도 새 창조의 7일에 부합하는 수자 7을 신기하게 사용하여, '표적'으로 묘사된 기적들은 이를 수용하는 자들 편에서 볼 때 매우 모호한 방식으로 그려진다. 예수가 이런 표적들을 더 행하면 행할수록 그는 더욱 혼란을 야기한다. 초기부터 사람들은 이런 질문을 제기한다. 그들은 "당신이 이런 일을 행하는데, 당신에게 이럴 권한이 있음을 증명해 보시오.

도대체 무슨 표적을 보여 주겠소?"(2:18), "무슨 표적을 보여 우리로 하여금 믿게 하시겠소?"(6:30)라고 따진다. 복음서의 중간 지점에서 예수의 표적들은 결코 그를 믿게 하는 데 실패했음이 저자(사 6:10에서 이사야의 경험을 확증하는 형식)에게 보다 분명해졌다(12:40).

경전으로 사복음서가 존재한다는 것은 예수 그리스도의 성서적 묘사가 다수로 풍부하게 적법한 증언 형식으로 지속되고 있음을 말한다. 이들 사복음서 모두가 역사적 신학적 기초를 공동으로 공유하면서도, 한편 이들 복음서는 예수의 정체성에 대해 억지로 획일성을 허락하지 않는다. 오히려 많은 색상을 지닌 무지개처럼, 사복음서는 주와 구세주로 계셨고 지금도 그렇게 고백되는 분의 삶, 죽음, 그리고 부활을 다양한 모습들로 특색 있게 조명한다.

# 2장

# 바울 문헌에서 그리스도에 대한 해석

## 바울의 기독론의 모체

### 바울의 기독론의 목회-선교 환경

예수 그리스도에 대한 신약성서 증언들을 식별하는 순서는 연대기적이기보다는 오히려 경전의 순서이다. 바울의 핵심 서신들은 관례적으로 가장 이른 초기의 기독교 문헌으로 인정된다. 비록 그 서신들이 경전으로 자리매김된 것은 복음서 기자들을 따랐지만 말이다. 이는 바울의 해석들이 보다 이른 초기의 사도적 권위의 계층을 나타낸다는 것을 의미한다. 이 장의 제목이 암시하는 대로, 바울은 비록 의심할 여지 없이 복음서 이야기들의 윤곽을 당연하다고 여겼지만, 나사렛 예수 그 자체에는 관심을 크게 두지 않는다. 그의 관심은 십자가에 못 박혔다가 부활하신 그리스도의 신학적 함의에 있다. 고린도 교회에 보낸 그의 주의(고전 1:22-23, 2:2)를 상기해 보라. "유대인은 표적을 구하고 헬라인은 지혜를 찾으나 우리는 십자가에 못 박힌 그리스도를 전하니 유대인에게는 거리끼는 것이요 이방인에게는 미련한 것이로되…내가 너희 중에서 예수 그리스도와 그가 십자가에 못 박히신 것 외에는 아무것도 알지 아니하기로 작정하였음이라." 아마도 세속적인 비전을 놓고 벌였던 어떤 고린도 교인들의 흥분에 대응하면서, 그가 상황적으로 내놓은 진술은 심원한 지혜이지만, 그 전반적인 메시지는 여전히 보다 넓은 의미로 적용될 수 있다.

비록 바울의 관심이 신학적이지만, 그 관심은 목회 환경에 다분히 더 둔다. 바울은 '조직'신학자가 아니며, 그의 서신들은 우선 교리적 학술 논문이 아니다. 그 서신들의 기초는 성서적이고(구약성서), 신학적으로 유대 종교와 그리스-로마 철학의 사고방식, 신비적 제의들의 지형에서 출현한 기독교 공동체의 현안들에 대해 목회-선교적 차원에서 대응하고 성찰한 것이다.[1]

바울의 기독론은 무엇으로부터 유래했는가? 그는 어떤 자료들에 근거해서 전개했는가? 이 같은 질문들에 대한 답변은 그리스도에 대한 그의 사고의 형태와 내용 파악에 한줄기 빛을 던진다. 여러 가지 제안들이 학계에 제시되었는데, 바울은 유대인이요 더욱 종교 교사인 유대인 바리새인이었기에, 그의 기독론의 기원을 유대교에 위치시키는 것은 매우 자연스러운 일일 것이다. 그러나 비록 바울 신학이, 신약성서 나머지처럼, 초기 교회의 성서는 구약성서였다는 아주 단순

---

1) 전통적으로 모든 '바울' 문헌은 바울에 의해 기록된 것으로 여겨진다. 작금의 신약성서학계는 바울의 전집 중 몇 서신들은 바울 신학의 사상 형태를 대표한다는 데 동의한다. 그러나 거의 대부분은 바울이 직접 썼다고는 생각하지 않는다. 아마도 바울의 문하생이나 젊은 동료에 의해 기록되었을 것이다. 대부분 학자들이 바울이 직접 썼다고 여기는 서신들은 로마서, 고린도전후서, 갈라디아서, 빌립보서, 데살로니가전서, 빌레몬서이다. 또한 다수의 학사은 비록 에베소서가 에베소 지역의 한 교회를 구체적으로 지명하여 기록되었다기보다는 회람용 서신일 가능성이 많지만, 골로새서와 에베소서는 바울이 썼다고 생각한다. 목회 서신들(디모데전후서와 디도서)과 데살로니가후서는 바울 신학을 반영한 후기 문서로 여겨진다. 이 부분의 주요 자료는 다음을 참고하였다. Frank J. Matera, 《신약성서 기독론》(Louisville: Westminster, 1999), 제3장과 4장; Hans Schwarz, 《기독론》(Grand Rapids: Eerdmans, 1998), 129-35.

한 이유 때문에 유대교 안에 간직되어 있었다 할지라고, 바울의 기독론은 어딘가 다른 곳에 있다. 소위 종교사학파는 바울의 기독론이, 특히 이방 종교들의 다양한 형태에서 발견되었던 그리스-로마 세계의 사상으로부터 유래한다고 주장하였다. 그러나 이 제안은 그렇게 많이 받아들여지지는 않았다.

바울의 기독론 일부는 그의 유대교 배경으로부터 기원하고, 경우에 따라 바울 자신이 그리스-로마 세계의 세속적 혹은 종교적 환경으로부터 빌려왔다는 것은 의심의 여지가 없다. 그러나 이들 영향이 바울의 기독론의 중요 뿌리와 기원을 다 설명해 줄 수 없다. 바울의 기독론의 가장 분명한 기원은 그의 회심 경험, 그 이후 소명, 그리고 초기 교회 전승이다. 그의 회심과 복음 전파 소명에서, 바울은 그가 진술한 바 그대로 '그리스도의 복음'을 받았다(갈 1:7, 11-23은 바울의 소명과 그 이후 사건들을 가장 포괄적으로 밝혀 주는 내용이다). 바울은 '하나님께서 그 아들을 이방인에게 전하기 위하여 그를 내 속에 나타내시기를 기뻐하셨다'고 진술한다(갈 1:15-16). 그의 회심과 소명의 결과로 바울은 예수가 죽은 자 가운데서 부활하셨으며, 아버지의 우편에 현양되었음을 알게 되었다. 바울은 부활하신 주를 보았다고 주장한다(고전 9:1).

로마서 1장 4절에서 바울은, 예수는 죽은 자 가운데서 부활하심으로 권능으로 하나님의 아들이 입증되었다고 증언한다. 바울은 우리가 한때 예수를 (인간의 관점대로) 육체대로 알았지만, 이제 더 이상 그렇게 할 수 없다고 주장한다(고후 5:16). 다른 말로 하면, 그와 '그리스도 안'에 있는 모든 사람은 이제 예수를 하나님의 아들로 바라본다. 바울은 자신의 문헌에서 초기 기독론 신앙 고백을, 예를 들면, 빌립보서 2장 5-11절의 유명한 그리스도 찬가를 자신의 것으로 삼는다. 그러나 이전의 기존 찬가나 신앙 고백에 근거하지 않은 그의 문헌의 이 단락까지도 기독교 교회 중에서 발생한 전승으로부터 싹튼 기독론을 나타낸다.

바울의 기독론에 대한 초기의 많은 토론과 연구가 주로 칭호들에 초점을 맞추었다면, 작금의 신약성서 신학은 설화(이야기) 접근 방식과 각기 서신의 독특한 기여를 고려하여 결합하고, 검증을 받는다. 더욱이, 바울의 관심들은 철저하게 구원론적이며 종종 칭의, 성화, 해방, 용서와 같은 주제들과 논쟁한다. 훌륭한 사례는 다음의 주장에서 엿볼 수 있다. 바울에게 있어서 그 자신의 개인 이야기, 이스라엘 이야기, 세상을 구원하시려는 하나님의 이야기는 서로 그리스도의 이야기에 함께 얽혀 있다. 다른 말로 하면, 이는 "하나님께서 당신의 아들 예수 그리스도 안에서 행하신 바의 관점에서 보면, 이스라엘과 이방인을 다루시는 하나님의 이야기이다."[2] 바울의 각 서신들은 아직 이른 1세기 교회가 직면한 여러 요구와 문제점에 비추어서 이 이야기의 형세와 관련하여 상황에 맞게 반응한다.

"네 겹의 설화" 혹은 네 가지 형세에 하나의 이야기가 있다고 그동안 제안되었다.[3] (1) "그리스도의 이야기"는 그분의 오심, 섬김, 수난, 그리고 현재적 현양을 설명한다(빌 2:6-11; 골 1:15-20; 히 1:2-5). 요한복음의 서언(1:1-18)에서 언급된 요한 이야기와 자료의 유사성이 여기에 있다. (2) 기독론 설화는 "이스라엘의 이야기" 일부로서, 그 메시아는 이스라엘과 토라의 사정 아래에서 탄생하였다(갈 4:4). 따라서 그리스도는 이스라엘의 기대와 약속을 성취한다(롬 9:4-5). (3) 보다 넓게 살펴보면, 그 기독론 설화는 "세계의 이야기"의 상황에서 또한 발생한다. 곧, 비록 작금의 세계 형태가 덧없이 사라질지라도(고전 7:31), 그리스도의 구원하시는 사역은 적어도 모든 피조물들의 갱신과 회복에 그 목적

---

2) Matera, 《신약성서 기독론》, 85.
3) Witherington, "기독론," 104-5.

에 있다(롬 8:20-22; 고후 5:17). (4) 궁극적으로, 그것은 "하나님의 이야기"다. "이제 세계의 이야기를 넘어서는 것은 하나님의 진행 중인 생명의 한 부분으로서 아들의 이야기다. 이는 아버지, 아들, 성령의 상호 관계의 이야기이다."⁴⁾

## 바울에게서 그리스도의 신학적 함의

우리는 복음서가 예수를 그리스도라 부르는 중요한 방식들에 대해 위에서 살펴보았다. 이제 여기서 이 문제에 있어 바울의 특색 있는 기여를 보다 당차게 조명해 보자.

그가 특별히 선호하는 칭호는 '그리스도'이다. 위에서 언급했듯이, 이 칭호는 사실상 그리스도에게 붙여진 두 번째 이름으로 기능한다.⁵⁾ 바울 서신들의 인사에서 이 칭호의 빈번한 등장은 그분의 현양된 신분과 하나님과의 일치 둘 다를 시사한다. 빌립보서 1장 2절을 숙고해 보라. "하나님 우리 아버지와 주 예수 그리스도로부터 은혜와 평강이 너희에게 있을지어다." 이 칭호를 사용하는 바울의 특색 있는 방식은 (십자가에 못 박힌 나사렛 예수보다는 오히려) 십자가에 못 박힌 그리스도를 말하는 것이다(고전 1:23). "그 어법은 유대인 청중들에게는 상당히 놀라운 충격을 안겨 주었으리라 본다. 왜냐하면 초기 유대인들이 십자가에 못 박힌 메시아를 감히 기대했다는 결정적인 증거가 없기 때문이다."⁶⁾ 십자가 처형은 하나님에게 저주를 받은 신성 모독자들에게나 해당되었다(신 21:23; 갈 3:13을 보라). 비록 바울에게서 '그리스도' 칭호는 '메시아'가 신성하게 기름 부음을 받은 인물(그러나 신적 존재는 아님), 곧 유대인임을 의미할 뿐만 아니라 또한 십자가에 못 박

---

4) Ibid., 105.
5) Ben Witherington III, "그리스도," in *DPL*, 95-100.
6) Ibid., 97.

히고 종래에는 부활하신 분의 신성을 분명하게 나타내지만(롬 1:3-4; 빌 2:11), 바울은 '그리스도' 칭호를 추가로 그분의 인성과 연결시킨다(롬 5:17-19; 빌 2:7).

'그리스도 안'(en christō)이라는 학술상의 이 공식은 바울에게 있어서 주요 구원론 이해 범주로 기여한다. 비록 개인적으로 종종 해석되기는 하지만, 바울에게 있어서 이 공식은 철저하게 공공의 개념이다. 이는 그리스도의 전체 몸, 곧 교회를 나타낸다. 개인들과 (지역) 교회들 모두 그리스도 안에서 세워져 살아갈 수 있다. 바울에게서는 그 공식이 빈번하게 사용되는 반면, 다른 신약성서 어디에서도 그 어법이 사실상 부재한다고 보면, 이는 매우 인상적이다. 신학적으로 가장 의미심장한 진술은 고린도후서 5장 17절이다. "그런즉 누구든지 그리스도 안에 있으면 새로운 피조물이라 이전 것은 지나갔으니 보라 새 것이 되었도다." 이는 명백히 공적일 뿐만 아니라 곧 다가올 완전한 성취에 대한 종말론적 기대에서 피조물 전체와 관련된다. '구세주' 칭호가 신약성서 그 어디에서보다도 바울의 문헌에서(폭넓게 이야기하면, 목회 서신에 집중해서) 자주 등장하는 것은 그리 놀라운 일이 아니다.[7]

바울에게서 그리스도 이름을 부르는 가장 고유한 방식 중 하나는 '마지막 아담'이다(롬 5장; 고전 15장). 여기 아담은 분명히 한 개인이 아니라 인간에 대한 전형적인 대표이다. 앞의 성서 구절에서 그리스도와 아담은 인간의 '기원'과 타락과 죄의 본질에 관해서 서로 대조를 이룬다. 이런 까닭에 후자 고린도전서 15장은 그리스도의 부활에 기초한 종말론적 희망을 논의한다.[8]

---

7) A. B. Luter Jr., "구세주," in *DJG*, 867-69.
8) L. J. Kreitzer, "아담과 그리스도," in *DJG*, 9-15; Gerald O'Collins, SJ, 《기독론: 성서적·역사적·조직 신학적 예수 연구》, 2nd ed. (Oxford: Oxford Univeristy Press, 2009), 30-35.

## 서신들 가운데서 그리스도에 대한 특색 있는 증언들

바울의 핵심 문헌들에서 그리스도의 의미와 신학적 함의를 고찰할 수 있는 독특한 방식과 설화를 존중하기 위해, 그의 서신들의 연대기적 순서에 따라 몇 가지 일반적인 초상들을 스케치해 보도록 하자.[9]

### 종말론적 그리스도: 데살로니가전후서

핍박, 아마도 박해에 직면한 이방인 기독교 공동체를 위로하고 권면하는 한 방식으로서, 바울은 목회 종말론을 제시한다.[10] 예수의 지상 생활에 대해 거의 침묵하면서, 그는 파루시아-곧 자신의 백성을 구출하기 위해 종말론적 구세주와 심판관으로서 주님의 오심에 집중한다. 이들 신자들은 참 하나님을 예배하기 위해 온갖 우상들로부터 이미 돌아서서, 하늘로부터 오는 그의 아들의 재림을 기다린다(살전 1:9-10). 이를테면, 그 교회는 선택된 공동체로서 이스라엘의 이야기에 공감하여 가담하고 있다(1:4-5, 2:11-12, 5:9).

### 하나님의 지혜 그리스도: 고린도전서

고린도 교회에 보낸 첫 번째와 두 번째 편지 모두는 분열과 부도덕한 행위들로 점철된 은사 중심의 교회에 대해 기독론적으로 충만한 목회 반응이다. 바울은 카리스마적 사역과 은사들을 지지하면서도,

---

9) *DPL*에 나오는 표제 항목에 추가하여 나는 다음 자료에서 이 부분을 얻어 왔다. Matera, 《신약성서 기독론》, 제3장과 4장; Luke T. Johnson, 《신약성서의 문서: 해석》(Philadelphia: Fortress, 1986), 제4부: 바울의 전승; Schwarz, 《기독론》, 129-35.
10) 데살로니가후서는 대체로 후기-바울 문헌으로 여겨진다. 나는 여기서 바울 서신의 저작권 문제를 지금 논의하는 것은 아니다.

세속 지혜에 대한 (영지주의 같은) 반(半) 비전적 호소와 하나님의 참 지혜로서 그리스도 간에 분명한 대조를 내세운다. 오직 십자가에 못 박힌 그리스도, 곧 '넘어지게 하는 장애물'(거리끼는 것)만이 약함 가운데서 드러나는 참 지혜와 하나님의 능력으로 증명된다(1:23-24). 사실, 그리스도의 십자가는 바울의 설교와 신앙의 초점이다(1:17). 인간의 지혜로부터는 감추어진 이 지혜는 그리스도 안에서만 발견된다(2:1-9). 그 십자가에 의해, 그리스도는 우리의 지혜일 뿐만 아니라 또한 우리의 의로움이고 거룩함이며 구속이다(1:30). 15장에서 바울은 자신이 받았다는 초기 기독교 신조를 다음과 같이 기록으로 남긴다. '예수 그리스도는 우리의 죄를 위해 죽어, 땅에 묻히고, 제삼일 되는 날에 부활하여, 수많은 증인들에게 나타나셨다. 그분의 부활은 우리의 부활을 위해서만 아니라 또한 일반적으로 기독교 신앙을 위한 근거이다.' 이 서신은 그리스도의 선재(先在) 개념으로까지 또한 전개한다(8:6, 10:4,9).

### 화해자 그리스도: 고린도후서

그 사이에, 분열은 고린도 교회에서 점차 더 악화되었다. 바울은 심오한 구약성서 해설에 근거하여 자신의 기독론을 펼치면서도, 그는 이 편지의 초점을 화해의 대리자로서의 그리스도에 맞추어 해설해 나간다. 그리스도 안에서 하나님은 죄로 인해 당신과 원수가 된 이 세상을 자신과 화해시켰다. 그래서 우리는 이제 하나님의 의로움이 된다. 그리스도는 우리의 죄를 짊어질 뿐만 아니라 또한 우리의 구원을 위해서 '죄인이 되었다'(5:17-21). 화해의 이런 모형은 교회에서 분열을 극복하는 모범으로서 제시된다(6:1-9).

### 언약 창시자 예수: 갈라디아서

갈라디아서의 목회 문제는, 그리스도를 믿는 신앙 대(對) 유대교 배경으로부터 온 얼마간의 기독교인들과의 율법주의이다. 바울은 유대인 메시아 그리스도를 믿는 신앙이 비록 구약성서에 근거한다 할지라도 신앙은 또한 그것을 넘어서고 제한한다고 주장한다. 종교적으로 그리고 사회적으로 기독교 교회들은 모세 율법의 규정으로부터 자유의 삶을 살도록 부름을 받았다. 다시금, 바울의 기독론적 강조는 그리스도의 죽음에 있다(3:1에서 강력한 호소를 보라). 그는 이방인 기독교인들과 유대인 기독교인들 모두를 격려하면서, 목회적 이용에 맞게 이(그리스도의 죽음)를 설명한다. 이들 두 기독교인들 그룹은 바울에게 있어서 아브라함에까지 거슬러 올라가는 언약에서 연합되고 다시금 그리스도 안에서 성취되어야 할 공동체이다. 오직 그리스도를 통해서만 참다운 의로움은 획득될 수 있지, 율법을 통해서는 아니다(2:21). 이와 유사하게, 바울은 아브라함을 통해 모든 민족에게 주어진 축복의 원래 약속이 성취되는 것은(창 12:15) 오직 그리스도 안에서 그리고 그분을 통해서만 이라는 것을 독자들에게 또한 상기시킨다. 왜냐하면 그리스도는 율법의 저주를 역전시켜 그것을 축복으로 변화시켰기 때문이다(3:13-14).

### 우리의 의로움 예수: 로마서

교리 논문이라기보다는 오히려 또 다른 선교 편지인 로마서에서, 바울은 스페인에까지(15:14-33) 이르는 자신의 전도 여행에 지원을 받고자 하여, 그리스도의 복음에 대한 자신의 이해를 밝힌다. 자신의 호소를 다지기 위해, 바울은 자신의 신학과 기독론에 대해 아주 자세하게 해설해 나간다. 여기서는 특수한 목회 문제와 논쟁하지 않는다. 정당한 전망에서 십자가 위의 그리스도의 행위를 설명하기 위해, 바울은 죄의 결과로 유대인과 이방인 모두에게 미친 인간 상황의 절망을 드러낸다(1-3장). 사실, 그들이 희망 없는 처지인 것은 사망만이 오직 예상된 결과이기 때문이다(5장).

이에 대한 대책으로, 그는 칭의의 유일한 근거로 그리스도의 십자가를 제시한다(3:21-31). 아브라함의 이야기를 다시금 자신의 용례로 삼아서, 바울은 그리스도의 이야기에 근거해서 아브라함의 신앙까지도 그리스도의 오심에 방향이 설정되었고, 거기서 성취되었다고 주장한다(4장). 그리스도는 이제 율법의 '마침'(헬라어 텔로스, *telos*는 또한 '목표'를 뜻하기도 한다)이 되어, 이방인의 구원을 위해 문이 개방되었다(10:4). 그러나 이스라엘의 이야기는 포기되지 않았다. 곧 숙달된 방식으로, 바울은 그리스도의 이야기의 관점에서 이방인의 이야기와 이스라엘의 이야기를 관련시킨다(9-11장). 6-8장에서 바울은 그리스도에 대한 신앙에 기초하여 세워진 삶의 가능성을 좀 더 해설한다. 매우 치열하게 논쟁된 7장의 의미가 무엇이든 간에-바울이 자신의 이야기를 회심 이전에 혹은 이후에 말하는 건지 어떤지 간에-오직 그리스도가 보여준 신의에 기초해서만 율법의 요구는 충족되었다는 것은 분명하다.

**겸손한 종 그리스도: 빌립보서**

흔히들 빌립보서의 기독론은 2장 5-11절에서 표명된 그리스도에 대한 예전적 찬가의 렌즈를 통해서만 고찰된다. 그러나 이는 빌립보서가 진정 그리스도에 대해 말하는 바 전부가 아니다. 빌립보서는 바울이 세웠던 교회에게 보낸, 우정 깃든 옥중의 격려의 편지이다. 이 서신의 주요 목적은 빌립보 교우들이 그리스도의 복음에 맞는 방식에서, 나아가 복음의 선포에서 자신들의 삶을 잘 감당하도록 권고하고, 바울 자신에게 보여준 그들의 은사(선물)에 대해 그 교우들에게 감사하는 것이다. 바울은 '그리스도의 날'인, 다가올 파루시아(재림)의 관점에서 그들의 구원의 확실성을 빌립보 교우들에게 다시금 안심시킨다(1:6). 자주 그랬듯이, 이들 기독교인들의 이야기는 그리스도의 이야기의 관점에서 보면, 이스라엘과 민족들의 보다 넓은 이야기에 포함된다.

> 하나님께서 옛 이스라엘을 신성하게 하였던 것처럼, 이제 그리스도를 통하여 그분은 빌립보 교우들을 당신 자신에게 신성하게 함으로서, 그들을 의로움 가운데 세우기 시작하였다. 그러나 신성하게 하는 이 행위는 오직 그리스도의 파루시아에서 하나님에 의해서 완성될 수 있다. 그 사이에 성화된 빌립보 교우들은 그날을 위해 스스로 준비해야만 한다. 그렇게 하여 그들은 순결하고 흠 없이 설 수 있다. 이 이야기의 제1의 행위자는 아버지이신 하나님이시고, 구원의 대리자는 주님이신 예수 그리스도이시며, 그 수혜자들은 빌립보 교우 같은 이방인들이다. 이제 그들은 옛 이스라엘을 대신하여 이전에 예비된 선택된 신분을 누리게 되었다.[11]

바울 자신의 이야기는 그리스도의 이야기에 연결된다. 곧 그리스도는 그의 생명이고 죽음이다(1:21). 바울의 죽음과 부활은 그리스도의 사망과 부활의 일부이다(3:9-11). 그리고 그리스도를 바르게 아는 것이 그의 최상의 목표이다. 그러므로 그는 이제 그리스도를 위하여 모든 것을 버릴 준비가 되어 있다(3:7-8).

---

11) Matera, 《신약성서 기독론》, 121.

## 충만의 구현 예수: 골로새서

골로새서에 따르면, "오직 그리스도는 만유시요 만유 안에 계시니라"(3:11). 1장 15-20절의 찬가의 본문은 그리스도에 대해 진술하는 바, 모든 만물이 오직 그분 안에서 그분을 통해서 그분을 위하여 창조되고 평화를 누리게 되었다고 기술한다. 15-18절은 그리스도는 보이지 않은 하나님의 형상이고, 모든 피조물의 시작이라고 말한다. 왜냐하면 만물이 그분 안에서 창조되었기 때문이다. 그리스도는 또한 교회의 머리이다. 1장 18절 후반부-20절은 그리스도를 보이는 것과 보이지 않은 것 모두의 기원으로, 죽은 자의 첫 열매로, 그리스도의 충만이 거기 내주하시는 분으로 확인한다. 그리스도의 보혈을 통해 하나님은 전체 우주 곧 세상을 당신 자신에게 화해시켰다.

바울의 심중에서 그 목회 심려는, 골로새 신자들이 인간의 지혜와 전통에 호소할까봐였다. 이런 것들은 그리스도의 충만과 비교하면(2:1-5) 인진한 도대에 훨씬 미치지 못히는 것이다(2:6-23). 신약성서에서 가장 독특한 기독론 주장 중 하나에서, 바울은 그리스도의 충만의 관점에서 모든 인간의 지혜와 전통의 불충분을 드러낼 작정이다(2:6-23). 바울은 '그리스도 안에 신성의 모든 충만이 육체로 거한다'라고 진술한다(2:9 또한 1:19를 보라). 그리스도의 현양뿐만 아니라 그분의 성육신에서 그리스도는 신성의 충만을 나타냈다.

## 하나님의 신비 예수: 에베소서

에베소서에서 그리스도의 이야기는 '그리스도 안에서' 발견된 축복의 확장된 이야기로 시작한다(1:3). 곧 거기로부터, 이를테면 그분의 보혈을 통한 구속(1:7)은 물론 선택(1:4) 그리고 은총과 용서(1:6)와 같은 축복의 다양한 면모들이 흘러나온다. 게다가 참 지식과 지혜는 그리스도 안에서 발견된다. 실상 하나님 자녀로서의 양자도 그렇다(1:9-12). 그리스도와 구원에 대한 바울의 이해는 매우 포괄적이다. 그는 비길 데 없는 어법을 이렇게 사용한다. 곧 하나님의 구원 계획은 그리스도 안에서 요약된다(혹은 모인다)(1:10).

이와 유사한 포괄적 용어가 에베소서 2장 14절에서 나오는 바, 여기서 그리스도는 우리의 '화평'으로 불린다. 곧 화평을 가져올 뿐만 아니라 또한 그분 자체가 평화이다. 이 어법은 구약성서의 샬롬(shalom) 개념에까지 거슬러 올라간다. 구약의 그 개념은 단순한 화평이 아니라 완전, 행복, 복리를 뜻한다. 첫 장 말미의 놀라운 기도는 그리스도를 '모든 통치와 권세, 주권과 지배를' 지닌 분 그리고 '이 세상뿐 아니라 다가오는 세상 모두에서 모든 이름 위에 뛰어난' 분으로 말한다.

그리스도는 교회를 포함하여 만물을 떠맡고 있으며, 만물을 다스리는 권능을 갖고 있다(1:20-23). 그리스도의 지배에 관한 언급은 악령의 권세에 저항하는 그분의 우주적 승리를 포함한다(또한 2:1-2를 보라). 참으로, 에베소서의 기독론은 교회론과 밀접하게 연결되어 있다. 여기서 교회에 대한 바울의 전망은 유대인과 이방인이 서로 같이(2:11-22) 구성된, 새로운 인간성이다. 이는 이제 장차 '그리스도의 충만'에 이르는 과정에 있다(4:13).

## 후기

　예수에 대한 바울의 해석의 기본적 윤곽을 요약해 보면, 이는 복음서의 이야기와 더불어 그 이후에 발생한 교리 발달에 중요한 토대를 놓았음을 알 수 있다. 다음 '네 단계 설명'은 유용하다. "예수 그리스도는 (1) 탄생 이전에 하나님과 함께 계셨으며, 그 후에 (2) 지상의 삶을 사셨다. 그리고 지금은 (3) 하늘에서 하나님과 함께 거하시며, (4) 다시 오심을 기다린다."[12] 이 같은 해설은 복음서의 윤곽에 근거하고 있으나, 이는 또한 선재설과 종말론을 포함하여 정교한 형태의 교리로 확장되고 있음을 쉽게 알 수 있다.

---

12) William C. Placher, 《기독교 신학의 역사: 개론》(Philadelphia: Westminster, 1983), 39.

2부

# 기독교 전통에서 그리스도

## 다양성 가운데 통일성

이 책의 두 번째 부분은, 기독론적 전통이 시대 속에서 어떻게 발생하여 전개되었는가에 대한 여러 질문을 탐구한다. 그러나 이런 역사적 개관은 포괄적이기보다는 선택적이다. 두 시기로부터 나온 두 주요 주제들을 좀 더 자세하게 살필 것이다.

첫 번째 주제는 성서 정경이 나타나던 시기, 곧 교회의 첫 6세기 동안에 발생한 기독론 발달에 집중한다. 이 기간 동안에 예수 그리스도의 인물과 사역에 대한 주요 질문들이 제기되었고, 거기에 다양한 근본적인 답변들이 제시되었다. 물론 이 같은 답변들조차도 최종적인 형태는 아니었다. 기독론의 이후 모든 발달들은 우리 시대의 것을 포함하여 여전히 첫 6세기 동안에 제공되었던 답변들을 다시금 평가할 필요가 있다.

두 번째 부분은 역사적 예수 탐구이다. 이 탐구는 18세기에 시작해서 마침내 계몽주의와 다른 세계관 변화의 결과로서, 예수에 대한 해석 전체 과정을 바꾸어 놓았다. 계몽주의는 기독교 신학과 서구의 지성사적 환경을 위한 분수령이었다. 근대에 이르자 새로운 철학과 과학의 발달에 의해서 다뤄지지 않고 그대로 남아 있는 것은 아무것도 없었다. 그러므로 예수 그리스도에 관한 현대 사상의 전망을 갖기 위해서는 그 배경 지식이 절대적으로 필요하다.

이 역사 부분은, 성서 해석의 전문가인 20세기 학자들 가운데서 이뤄진 예수 그리스도에 대한 지속적인 탐구를 일견하면서 마친다. 이는 세계적인 신학적 학계에서 다양하게 이뤄진 예수 그리스도에 대한 신학적 해석에 주목했던, 이 책의 세 번째 주요 부분을 탐색하는데 길을 열어 줄 것이다.

# 3장

## '정통'에 대한 교부들의 노력과 신조의 형성

### 역사적 논쟁에서 무엇이 그렇게 문제가 되었는가? 왜 소동인가?

종종 신학의 초년생들은 두 가지 적법한 질문을 곧잘 제기한다. 왜 우리는 오늘날 우리의 관심사항에 잘 어울리지도 않은 과거의 무수한 골동품 같은 기독론 문제 논의 때문에 스스로 고민해야 하는가? 그리고 이들 논쟁이 정교하게 함축하고 있는 핵심은 무엇인가? 이들 논쟁은 결국 어떤 차별성을 가져오는가? 예를 들면, 교회가 그리스도의 신성과 인성 간의 개념적 구별을 둘러싸고 벌어진 논쟁에 왜 휘말렸는가에 우리는 놀란다. 왜 그런 주제가 성서에 딱 꽂히지 않는가?

이것은 일반적으로 신앙과 세계관의 본질에 속한다. 물론, 우리는 종종 그런 주제들에 대한 명쾌한 성찰 없이도 우리의 신앙과 세계관의 교의를 단순하게 받아들인다. 그러나 또한 우리는 믿는 바에 대한 의미를 본래부터 설명하려 든다. 그러므로 교회가 세워지기 시작하고 유대교와는 구별되게 자신의 뚜렷한 정체성을 확립하려할 때, 유대교에서 나온 그리스도인들이 교리적 질문을 제기하게 된 것은 매우 자연스럽다. 이 예수가 결국 누구신가? 예수가 가져왔다고 주장하는 구원의 본질은 과연 무엇인가? 그는 우리와 어떻게 다른가? 그리고 그는 또한 우리와 어떻게 유사한가?

이런 질문이 제기될 때, 그리스도인들은 자연스럽게 성서에 먼저 다가갔다. 심지어 바울과 다른 기독교 지도자들의 문헌이 예수 그리스도의 죽음과 부활 뒤에 회람되기 시작했음에도 불구하고, 신약성서는 당시에는 존재하지 않았다(4세기까지는 신약성서 내용은 최종적으로 공인되지 않았다). 곧이어 이들 문헌과 작성된 설교들은(예를 들면, 히브리서와 베드로전서 등은 원래부터 설교였다)은 가치 있게 여겨졌다. 그러나 이들 문헌까지도 모든 질문들에, 특히 그리스도의 신성과 인성의 본질과 그 관계에 관련된 질문에 본격적으로 대처하지 못했다.

그리스도에 대한 사유는 신약성서의 확정과 병행하여 교회 확장의 다양한 방향에서 전개되었다. 처음 6세기의 기독론 발달-이 책의 제2부의 첫 부분에 해당됨-은 기본적으로 성서의 기독론과 별반 다르지 않다는 사실을 주목하는 것은 의미심장하다. 비록 기독교 교회가 신약성서 경전에 처음 6세기의 교회 전승보다도 더 높은 신망을 부여하지만, 우리는 신약성서 시대에 가까이 살았던 사람들이 그리스도 사건을 해석하는 데 있어 결정적으로 유리한 위치에 있었음을 기억할 필요가 있다.

신학자들 중에 고전적 기독론 교의의 발달과 전개에 대해, 곧 신조들에 대해 다른 평가를 내리는 사람도 있다. 몇몇 학자들은 교리 발달을 그리스도의 인물과 사역에 대한 철학적 성찰로 시도하여, 결과적으로 신약성서 기독론을 대체한 상궤 일탈로 생각한다. 이런 관점을 지닌 사람들은 교부 시대의 기독론을 기독교의 헬라화로 생각하고서 이를 거부하였다. 이들은 헬라의 형이상학적 사색과 추론이 성서적 역사적 사고 모델을 대체했다고 생각한다. 위대한 역사신학자 아돌프 폰 하르낙은 자신의 기념비적 저술 《기독교의 본질》에서 이런 시각을 분명히 드러냈다. 그는 그런 교리 발달을 나사렛 예수의 단순한 메시지로부터 퇴보 혹은 일탈로 여겼다.[1] 다른 많은 사람들이 이에 동의하였다.

이런 입장과는 대조적으로 기독론에 대한 교의적 접근이라 불렸던 구상이 있다. 이 견해에 의하면, 기독론 교리의 발달은 신약성서의 기능론적 기독론(그리스도께서 우리를 위해 어떤 일을 성취하셨는가? 즉, 구원론 관심)으로부터 이제 신조들의 존재론적 사고(그리스도 자신, 즉, 그리스도의 인물에 대한 관심)로 이동하였다. 이 운동은 교리 발달 과정이었다. 이런 신조학파의 신학자들은 사유에 있어 이 교리 발달이 유용하고 필요하다고 믿는다. 따라서 그들은 신조들의 철학적 기조를 보다 환영한다.

그러나 또 다른 입장은 초기 종교회의 교리가 그리스도의 실재를 진정으로 표현하는 것이라고 판단하나, 그럼에도 불구하고 점진적이고 제한된 질문 과정을 거쳐서 기록된 교리 발달임을 확인한다. 예를 들면, 그리스도의 신성과 인성을 둘러싸고 제기된 질문들이 심각하게 받아들여져야 하면서도, 한편 오늘날은 그것들이 고려되어야 할 유일한 질문도 아니고 그리 중요한 것도 아니다. 따라서 이들 초기 교리 발달은 그 배경에 비추어 볼 때 적법했지만, 철저한 것도 아니고 최종적인 명확한 체계도 아니다. 각 시대마다 그리스도인들은 이들 문제를 보다 신선하게 탐구하면서, 비록 전통에 대한 비평적 시각을

---

1) 그의 다작 《교의의 역사》에서 매우 훌륭하게 제시되고 주장되었다. 종종 인용되기도 하고 오역을 불러 일으키는 하르낙의 가장 유명한 진술은, "예수가 선포했던 복음은 오직 아버지에 관한 것이지 아들에 관한 것이 아니다"이다. Adolf von Harnack, 《기독교의 본질》, trans. Thomas Bailey Sanders, 2nd rev. ed. (London: Williams and Norgate; New York: G. P. Putnam's Sons, 1902, 1957), 154.

들이댔지만, 자신의 방식으로 대답하려고 시도하였다. 이 마지막 견해는 가장 일관성 있는 방식으로 여겨져 대다수 신학자들이 이를 채택하였다.

이것은 다시 한 번 이들 교리적 질문들이 우리 자신의 필요와 상황에 어떻게 관련되는지를 묻게 한다. 요즈음 우리는 신학이 보다 더 상황적이어야 한다고, 그래서 특수한 상황에서 제기되는 문제에 관련되어야 한다는 많은 충고를 듣는다. 우리는 이들 초기 기독론 논쟁들이 그 자체로 원래 당대의 문화, 헬라/헬레니즘 문화에 대한 상황적 대응이었다는 사실을 이해해야만 한다. 그 헬라/헬레니즘 문화는 신적 실재에 대해 히브리/유대 문화와는 대조적으로 철학적이고 개념적이었다. 그에 비해 히브리/유대 문화는 상대적으로 덜 철학적이고 보다 통전적이었다. 초기 기독교 사상가들은 구약성서의 증언에 기초하여 기독론 신념을 표현하려고 애썼고, 새롭게 출현한 기독교 문헌은 당대 교육받은 사람들에게도 납득될 수 있는 이해 방식으로 그 사상 체계가 기록되었다.

우리가 오늘날 기독론에 제기하는 질문들은 초기 기독교 세기의 질문과는 너무나 다르다. 그러나 우리 또한 동일한 질문을 계속 제기한다. 이 예수가 누구인가? 그의 인성이 제3천년기에 어떠한 의미가 있는가? 이분의 신적 구세주를 믿는다는 것은 어떤 의미인가? 이를테면 우리는 이런 질문들을 지속적으로 제기한다. 곧 오늘날 남성과 여성이 그리스도에 대한 신앙을 동일하게 고백할 수 있는가? 그리스도가 남성이라면 그의 남성성이 어머니임이나 남녀동등권에 대해 배타적인가? 해방자로서 그리스도의 개념은 어떻게 사회적 불의에 관련되는가? 우리는 그리스도 존재가 창조의 기원과 목표라는 관점에서 어떻게 피조물과 세계 과정을 이해해야 하는가? 이들 질문과 많은 다른 것들은 여전히 잠정적일 수밖에 없어, 때로는 우리의 부모 세대들이 신앙에서 제시했던 해답과 충돌한다.

길고 굽이진 기독론 전통들의 역사의 길은 여기서 두 주요 부분으로 나뉜다. 첫째, 우리는 초기 교부 및 신조 형성 시기를 탐구할 것이다(이는 대체로 기독교 역사의 초기 6세기에 해당된다). 이어서, 몇몇 주요한 중세와 종교개혁 발달을 간략하게 토론한 후, 두 번째 주된 부분의 탐색은 계몽주의와 현대의 출현 시기(이는 다음 두 세기의 전성기와 함께 16세기의 종반에서 시작한다)에 맞추겠다. 교부와 신조 형성 시기가 모든 교리적 확립에 토대를 마련해 준 반면, 계몽주의/현대의 반박과 도전은 그런 교리들 대부분을 교정하거나 혹은 거부한다. 이장의 첫 주된 부분은 대체로 연대순에 따라, 편의상 두 국면으로 나뉜다.

가. 아버지와 아들의 관계: 니케아에 이르는 길에서
나. 그리스도의 신성과 인성: 니케아에서 칼케돈에까지[2]

## 아버지와 아들의 관계: 니케아에 이르는 길에서

### 예수는 참 인간이었는가?

유대교의 엄격한 단일신론으로부터 유래하고 그 기초에 세워진 초기 기독교 신앙의 핵심에는, 하나님의 일치성과 단일성에 대한 믿음

---

[2] J. N. D. Kelly, 《초기 기독교 교리》, rev. ed. (San Francisco: Harper, 1978) 그리고 William C. Placher, 《기독교 신학의 역사: 개론》(Philadelphia: Westminster, 1983). 이 자료들을 신뢰할 만한 것으로써, 내가 역사적 근거를 제시할 때 늘 토론, 강의실 그리고 접근 가능한 곳에서 그동안 광범위하게 사용하였다. 이 자료들은 기독론의 전체 역사를 다루고 있다. 또한 다음을 참고하라. G. W. Bromiley, "기독론," in International Standard Bible Encyclopedia, ed. G. W. Bromiley (Grand Rapids: Eerdmans, 1979), 1:663-66; Colin Brown, "그리스도의 인물," in ibid., 3:781-801; Hans Schwarz, 《기독론》(Grand Rapids: Eerdmans, 1998), 137-200; Gerald O'Collins, SJ, 《기독론: 성서적·역사적·조직신학적 예수 연구》, 2nd ed. (Oxford: Oxford University Press, 2009), 158-228.

이 있었다. 그러므로 "신학의 분명한 문제는 명확한 기독교 계시의 신선한 논거를 가지고 이를 지적으로 통합하는 일이었다." 주장된 그 핵심은 "하나님은 당신 자신을 메시아인 예수의 인물 안에서 계시하셨다. 하나님은 예수를 사망으로부터 일으켜 그를 통해 인간에게 구원을 제시하셨고, 나아가 당신의 성령을 교회위에 넘치게 부어 주셨다."[3] (아직 신학적으로 더 발달되어야 했지만) 새로 나타난 관련된 주장들은 그리스도의 선재(先在), 창조 시 그분의 공동 현존, 그리고 세계의 섭리 등을 다뤄야 했다.[4]

이 심오한 질문들이 서로 맞붙어 논쟁될 때, 다소 반어적으로 말하면, 신약성서에서 이미 발견된 주요 논쟁은 그리스도의 인성에 관한 질의였다. 요한 문헌의 공동체에서 그리스도의 인성에 대한 신앙은 참 정통의 기준이 되었다. 이는 요한1서 4장 2-3절에서 분명히 한다. "이로써 너희가 하나님의 영을 알지니 곧 예수 그리스도께서 육체로 오신 것을 시인하는 영마다 하나님께 속한 것이요 예수를 시인하지 아니하는 영마다 하나님께 속한 것이 아니니." 이것이 의미하는 바는, 예수가 신성을 지녔다는 사실을 요한 공동체 사람은 분명한 진리로 받아들였으나, 요한이 편지의 대상으로 삼았던 그리스도인들은 그리스도의 참 인성과 그리고 외관상 그분의 신성과 인성 간의 상반됨을 놓고 여전히 갈등했다는 것이다.

2세기에 이르러, 기독론 논쟁은 그리스도의 신성에 대한 질문에 집중되었다. 가장 이른 초기의 교부들은 그리스도가 인간이었다는 사실을 당연한 것으로 여겼다. 보다 명확한 해명이 요구되었던 것은 그분이 어떻게 다른 인간들과 다른가였다. 이런 논의 중에 요한의 로고스 개념이 도입되었고, 이어 보다 개선된 기독론을 위한 의미가 검

---

3) Kelly, 《초기 기독교 교리》, 87.
4) Ibid.

토되었다. 그리스도의 인성의 구체적인 본질에 관한 두 가지 이단 견해가 거부되었다. 에비온주의(肉說)와 가현설, 이 두 견해는 예수의 인성을 정의하려고 시도하였으나, 이는 방식에서 정통에 의해 부적당한 것으로 판단되었다.

### 에비온주의: 높이 올려진 인간

'에비온주의자'란(히브리어에서 온 것인데 '가난한 자'를 뜻한다) 원래, 초기 2세기 동안에 예수를 마리아와 요셉의 아들로, 곧 평범한 인간으로 여겼던 유대교의 한 종파였다. 구약성서의 단일신을 신앙 전통으로 물려받은 이들 유대교 신자들은, 이스라엘의 하나님 이외 다른 신이 존재한다는 것은 상상할 수 없었다. 그 같은 신앙은 자연히 다신론으로 기운다고 여겼다.

에비온주의자들과 그들의 신념에 대해 우리가 아는 정보는 사실 산발적이고 빈약하다. 다음의 예를 숙고해 보라! 순교자 저스틴은, 에비온주의자들이 예수를 메시아인 그리스도로 여겼지만 그를 여전히 한 처녀가 낳은 인간으로 생각했다고 했다. 3세기 경 초기 교회 역사가인 유세비우스에 의하면, 실제로 당시 두 부류의 에비온주의자들이 있었다. 두 그룹 다 모세 율법의 준수를 주장하였다. 첫 번째 그룹은, 예수는 자연 출생자지만 비범한 도덕적 특성을 지니고 있다고 주장하였다. 다른 그룹은 예수의 동정녀 탄생을 수용하였지만, 하나님의 아들로서의 그리스도의 선재 개념을 부정하였다. 그러나 어떤 유형의 그리스도이어야 했는가? 가장 개연성 있는 설명은, 대부분 에비온주의자들은 예수를 지혜와 의로움에서 타자들을 능가하는 분이지만 여전히 신이라기보다는 인간으로 인식하였다.[5] 에비온주의는 기독교 신학에서 서둘러 거부되었다. 왜냐하면 예수를 단지 인간으

---

5) Ibid., 139-40.

로 여기는 것은 그리스도와 구세주로서 예수의 개념을 양보해야 하기 때문이었다.

### 가현설: 그분은 단지 참 인간처럼 보였을 뿐

특히 2~3세기 동안 현저하게 비정통 방식으로 예수의 인성을 정의했던 초기 다른 견해는 소위 가현설로 불린다. 이 용어는 '무엇처럼 보인다' 혹은 '무엇으로 나타나다'를 뜻하는, 헬라어 '도케오'(*dokeō*)에서 유래한다. 이런 이해에 의하면, 그리스도는 완전한 신성이나 그의 인성은 단지 출현일 뿐이다. 그리스도는 참 인간이 아니었다. 결과적으로 그리스도의 수난은 실재가 아니었다.

가현설은 영지주의라는 포괄적인 용어 아래 종종 한 묶음으로 형성된 일단의 다른 철학적 종교적 개념과 관련되었다(영지주의란 말은 '지식'을 뜻하는 헬라어 '그노시스'(*gnōsis*)에서 유래한다).[6] 이 용어는 파악하기 어려워서 여러 가지를 뜻한다. 영지주의를 가현설과 관련시켰던 가장 중요한 기여는 물질과 영의 이원론 개념이다. 이 사상은 물질이 덧없음과 심지어 죄악을 나타내는 것에 비하여, 영은 피조물의 가장 높고 순수한 구성요소로 여긴다. 영지주의에서 종교는 눈에 보이는 물질세계로부터 벗어나 영의 피난처로 들어가는 의식(儀式)이다. 이런 유형의 동향(動向)이 어떻게 가현설과 연계되는가를 아는 것은 어렵지 않다. 곧, 그리스도를 실제로 '육체'로(참고, 요 1:14) 여기는 것은 자칫 그의 신성과 '영성'을 양보하는 것이 된다.

기독교 신학은 가현설과 에비온주의 둘 다 거부하였다. 가현설은 인간과의 실제적인 연결이 없는 신적 구세주를 허용하는 반면, 에비온주의는 도덕적 모범자로서 한 인간만을 허용했기 때문이다.

---

6) 영지주의의 기본 설명에 대해서는 다음을 보라. Placher, 《기독교 신학의 역사》, 45-49; 가현설에 끼친 영향과 가현설의 의미에 대해서는 68-70을 보라.

그리스도를 한 인간과 신적 인물로 나타낸 신약성서의 이중적 강조를 보다 정밀한 언어로 표현하였던 첫 번째 주요 시도는, 로고스 기독론으로 알려졌다. 그것은 초기 교부들이 요한의 로고스 개념을 채택하였다는 단순한 이유 때문이었다.

**초기 로고스 기독론들: 예수 안에서 신성의 현존에 대한 설명**

2세기경 가장 중요한 기독교 변증가 중 하나인 순교자 저스틴은 헬라 철학과 유대교(혹은 기독교) 간의 상호관계를 바로 세우려고 노력하였다. 이것은 오늘날도 현대의 문화와 철학을 상대하여 기독교 신앙을 합리적으로 방어하려는 기독교 사상가들에게서도 엿볼 수 있다.[7] 지혜, 배움, 철학, 신적 통찰 등을 언급하는 로고스 개념은 원래가 헬라 문화에 기원을 두었지만 유대인들에게 그리 낯설지는 않았다. 이집트 알렉산드리아에서 살았던 필로는 예수의 동시대인으로서 영향력 있는 사상가였으며 역사가였다. 그는 로고스와 구약성서 말씀 혹은 하나님의 지혜와의 연결을 찾아 나섰던 유대인 작가들에 대해 글을 썼다. 그 같은 연결은 하나님의 말씀이 구약성서 안에서 한 역할을 고려해 본다면 타당하다. 그 말씀 로고스는, 예를 들면 창조의 도구이다(창 1).[8]

저스틴은 기독교 변증을 위해 당대의 지적 요소들, 특히 스토익과 플라톤 철학을 창의적으로 사용하였다. 그는 요한복음 1장 14절을 중요한 본문으로 삼아, 이방 철학(헬라 철학)에 잘 알려진 동일한 로고스가 이젠 나사렛 예수의 인물을 통해 나타났다고 주장하였다. 저스틴에 의하면, 철학자들은 모든 인간 존재에 내재해 있는 그 이성

---

7) 기본적 설명을 위해 ibid., 59-64를 보라.
8) Ibid., 41-42, 58; Kelly, 《초기 기독교 교리》, 9-11.

이 보편적 로고스에 참여한다고 가르쳤다. 요한복음은 예수 그리스도 안에서 그 로고스가 육체가 되었다고 가르친다. 그러므로 사람들이 자신의 이성을 사용할 때마다, 로고스이신 그리스도는 이미 거기에 활동하고 있다. "우리는 그동안 그리스도가 하나님의 첫 아들이라고 가르쳤다. 우리는 그분이 모든 인류가 참여하는 분, 말씀임을…나타냈다. 이성으로 살았던 그 사람들은, 비록 무신론자들로 여겨질지라도, 그들은 그리스도인들이다."[9]

예수 그리스도를 통하여, 기독교인들은 로고스의 참다운 의미를 안다. 이에 비해 이교도들은 그 로고스에 지극히 부분적으로만 접근한다. 더욱이 초기 변증가들에 따르면, 그 신적 로고스는 인간 역사를 통하여 로고스 씨앗들을 심었다. 그러므로 그리스도는 비-그리스도인들에 의해 어느 정도 알려진다. 이 개념을 우리는 '로고스 스페르마티코스'(세상 안에 있는 로고스 씨앗들)라고 한다. 자신의 《두 번째 변증학》에서 저스틴은 기독론에 대해 충분히 개진(開陳)한다.

> 우리의 종교는 이 점에 있어서 다른 어느 인간의 가르침보다 분명히 더 숭고하다. 곧, 우리 인간 존재를 위해 나타났던 그리스도는 만유 가운데서 완전하게 로고스 원리를 나타낸다…왜냐하면 철학자들과 입법자들은 그들이 도달하였던 일부 그 로고스와 일치하여, 이제 연구와 지각을 통해 진정한 것이 드러났음을 선언하거나 혹은 발견하였다. 그러나 그들(철학자와 입법자들)이 그리스도이신 그 로고스 전체를 채 알지 못했기 때문에, 그들은 종종 상호 간에 반대 주장을 펼쳤다.[10]

변증가들은 구약성서에서 인간의 형태를 띠고 그 로고스가 존재한

---

9) Justin Martyr, 《첫 번째 변증학》, 46, in *ANF* 1:178.
10) Justin Martyr, 《두 번째 변증학》, 10, 다음에서 재인용된 것이다. Alister McGrath, 《기독교 신학: 개론》, 5th ed. (Oxford: Wiley-Blackwell, 2011), 274. 순교자 저스틴과 다른 중요 인물들에 대한 상세한 논의를 위해 Kelly, 《초기 기독교 교리》, 9-11, 95-101을 보라.

다는 기미를 발견하였다. 대표적인 예로, '신현'(神顯, 이 용어는 '하나님'을 뜻하는 'theos'와 '출현'을 뜻하는 'phaneō'라는 헬라어로부터 유래한다)은 창세기 18장에서 아브라함과 그의 아내 사라에게 나타났던 야훼의 천사다. 2~3세기의 동방교회의 선도적인 교부 오리겐은, 이레네우스[11]와 변증가들의 신학적 유산에 기초하여 로고스 기독론을 최고조로 발전시켰다.[12] 오리겐의 사상에 따르면, 성육신 사건에서 그리스도의 인간 혼은 그 로고스와 연합되었다. 이 밀착된 연합에 근거하여, 그리스도의 인간 혼은 로고스의 속성에 참여하게 된다. 오리겐은 일상의 삶으로부터 생생한 모습의 도움을 받아 다음과 같이, 이 같은 이해를 한층 더 확신시켰다.

> 만일 철 덩어리가 계속해서 불속에 있으면, 그것은 모든 작은 구멍과 암맥을 통하여 그 열을 다 흡수할 것이다. 만일 불이 계속 남아 있다면 철은 제거되지 않는다. 다른 어떤 것으로 완전히 전환된다…그때는 불속에 있는 철처럼, 이 방식으로, 그리스도의 인간 혼은 말씀 안에, 지혜 속에 영속적으로 그리고 하나님 안에 영속적으로 남아 있다. 그 혼은 활동하고 느끼고 이해하는 만유 가운데 있는 하나님이다.[13]

로고스와 나사렛 예수간의 이 같은 일치의 결과로, 예수는 참 하나님이다. 그러나 하나님 아버지의 탁월성을 보호하기 위해서, 오리겐은 자신의 추종자들에게 엄밀히 말해서 하나님 한 분만을 뜻하는 '자존의 신'의 원리를 일깨워 주었다. 오리겐은 그리스도의 신성을 감소시키지 않고, 하나님 아버지의 우선성을 그렇게 확보하였다.[14]

---

[11] 2세기의 기독론 발달에서 이레네우스의 역할과 기여에 대해 Kelly, 《초기 기독교 교리》, 104-8, 145-49를 보라.
[12] Placher, 《기독교 신학의 역사》, 61-63; 보다 상세한 것은 Kelly, 《초기 기독교 교리》, 126-32, 154-58.
[13] Origen, 《원리론》(De principiis) 2.6.6, in ANF 4:283.
[14] 아버지를 삼위일체의 '근원'으로 파악하는 것은 기독교 동방에서는 흔한 관례이다(그에 비해 이레네우스에 의해 표현되었던 대로 아들과 성령은 '아버지의 두 손들'이다).

오리겐의 가장 심오한 기여 중 하나는, 그리스도의 선재 개념의 확립과 그에 대한 명확한 설명이다. 이 개념은 소위 사도적 교부들 가운데 이미 있던 확신이었다.[15] (첫 번째 후기 성서신학의 권위는 2세기의 전환기였다). 오리겐은 하나님 아버지가 영원한 행위로 아들을 낳으셨다고 믿었다. 그러므로 그리스도는 영원부터 존재했다. 사실, 아들을 낳는 데는 두 가지 형식이 있다. 하나는 (동정녀 탄생에 의해) 시간 속에서 낳음이고, 다른 하나는 아버지에 의한 영원 속에서 낳음이다. 자신의 핵심을 설명하기 위해 오리겐은 요한복음 1장 1절에 주목하였다. 이 본문 "이 말씀[로고스]은 곧 하나님이시니라"는 헬라어 표현에는 정관사가 없다. 따라서 이 본문은 '그 말씀이 한 하나님'(혹은 '신성')으로 번역될 수 있다. 오리겐의 석의의 근거가 현대 해석자들에게 그리 확신을 주지 못하지만, 그의 로고스 기독론은 기독론 전승의 발달에 있어서 중요한 전환점을 타나낸다. 로고스 기독론은 그리스도의 성육신을 해석하는 데 있어서 가장 유력한 방식이 되었고, 그것은 역사 속에서 다양한 형태를 띠게 되었다.

### 아들과의 관계에서 아버지의 고유한 위치

신학 연구도 다른 학술적 영역에서처럼 기본적 어휘의 숙련이 필요하다. 어떤 용어들은 일상의 언어(예, 사람, 인격)를 사용한다. 그러나 신학은 종종, 엄격하게 정의해서 말하면, 다른 의미를 지닌다. 또 신학적 정밀성을 위해 신조어를 만들어 사용한다. 이런 후자의 용어 중 하나로, 아버지 하나님의 지고성을 보장했던 삼위일체 위격들 간의 관계를 설명하기 위해 신조어가 만들어졌다. '절대주권'을 의미하는 용어가 '군주론'이다. 이 견해에는 두 가지 하위 범주가 있다. 곧 '역동적' 군주

---

15) Kelly, 《초기 기독교 교리》, 90-95.

론과 '양태론적' 군주론이다.[16] 이 둘 다 2세기 후반에서 3세기 초에 생겨나서, 예수는 하나님이라는 기독교 신앙 고백의 관점에서 하나님 자신의 고유성과 일치성을 강조하였다. 오리겐의 주장과 유사한 이 견해들은 결과적으로 기독교 정통에 의해 거부되었다.

하나님 아버지의 고유성에 대한 관심이 기독교 신학이 유대교 토양으로부터 비롯되었음을 고려한다면, 이것은 타당하다. 구약성서에서 유대교의 주요한 주제는, 신명기 6장 4절과 다수의 다른 본문에서 표현된 대로 한 분 하나님에 대한 신앙이었다. 이들 두 가지 군주론 견해는 거부되었지만, 그것들은 나름대로 유대교 신앙과의 연대를 간직한 채, 그리스도의 신성의 함의를 충분히 설명하기 위한 기독교 신학의 논쟁 과정에서 주목할 만한 전환점을 드러냈다.

### 역동적 군주론: 하나님은 예수 안에서 역동적으로 현존

역동적 군주론의 어원에 그 자체의 의미가 담겨 있다. 아버지의 '절대주권'은 하나님이 예수 안에서 역동적으로 현존하기에 예수가 다른 어떤 인간 존재보다 위대하지만 하나님은 결코 아니라는 사상에 의해 보존되었다. 다른 말로 하면, 하나님의 능력(헬라어, *dynamis*)이 예수를 거의 하나님이 되게 하였다. 결과적으로 아버지의 고유한 신성은 확보되었다.[17]

비잔틴 동로마의 가죽 상인이었던 테오도투스는 2세기 말경에 기독교의 주도인 로마로 이주해 왔다. 그는 예수가 세례 받기 전에는 비록 완벽한 덕망을 갖춘 사람이었으나, 역시 평범한 인간이었다고

---

16) 엄밀하게 말하면, 두 가지 형태의 군주론 그 이상이 있다. 이들 군주론의 역사적·신학적 본질은 복잡하고 종합적인 이슈이다. 더욱이, 종종 바르게 지적되어야 할 것은, 현재 가장 잘 알려진 형태인-역동적 그리고 양태론적 군주론은 사실상 하나의 우산 아래서 펼쳐진 다른 형태의 이단들을 나타낸다는 것이다. 그건 그렇다 치고, 기독론 역사의 개론적 지식을 위해서는 분명한 자료의 유사성 때문에 이들 이설들은 함께 논의되는 것이 관례적이다.

17) Kelly, 《초기 기독교 교리》, 115-19.

했다. 그러나 세례 시에 성령 혹은 그리스도가 그 위에 임재하여 그에게 기적을 행할 수 있는 능력을 주었다고 가르쳤다. 예수는 여전히 평범한 인간이었다. 그러나 그는 성령으로 영감을 받았다. 테오도투스의 몇몇 추종자들은 이에서 더 멀리 나가, 예수가 실제로 그의 세례 시에 혹은 그의 부활 후에 하나님이 되었다고 주장하였다. 그러나 테오도투스 그 자신은 이런 주장에 동의하지 않았다.

3세기 중반쯤에 사모사타의 바울은, 말씀(로고스)이 인격적 자립의 실체를 언급하지 않고 단지 하나님의 계명과 규정을 나타내는 것이라고 주장함으로서, 역동적 군주론의 개념을 더욱 발전시켰다. 곧 하나님은 당신 자신이 인간 예수를 통하여 의도하였던 바를 명령하고 성취하였다. 사모사타의 바울은 예수가 말씀인 로고스라는 사실을 받아들이지 않았다. 대신에 로고스는 예수의 삶 안에 있는 역동적 힘이라고 했다. 그 힘이 하나님으로 하여금 역동적으로 예수 안에 현존케 한다. 이 견해는 268년 안디옥 종교회의에서 정죄되었다.

### 양태론적 군주론: 신성 안에 진정한 구별이 없음

양태론적 군주론에 의하면, 삼위일체의 세 위격들은 자체-생존인 '인물'(혹은 인격)이 아니고, 다만 동일한 하나님의 '양태' 혹은 '이름'이다. 그 위격들은 경우에 따라 다른 모습을 취한 하나님의 세 가지 '얼굴'일 뿐이다. 역동적 군주론이 예수는 하나님보다 좀 덜한 존재임을 지적하면서 삼위일체를 부인하려는 것이라면, 양태론적 군주론은 삼위일체를 긍정하려는 것처럼 보인다. 그러나 둘 다 다른 방식으로 하나님 아버지의 단일성을 보존하려고 시도하였다.[18]

이를테면 서머나의 노에투스, 프락세아스(아마도 '참견하기 좋아하는' 뜻의 별명), 사벨리우스 같은 초기 3세기의 여러 사상가들은 아버지,

---

18) Ibid., 119-23.

아들, 혹은 성령이라 지칭할 수 있는 한 분 신성이 존재한다고 주장하였다.[19] 그 이름들은 삼위일체의 실재적인 구별을 나타내지 않고, 다만 다른 시대에 점유되어 효력이 있는 이름뿐이다. 다른 말로 하면, 아버지, 아들, 그리고 성령은 동일한 인물(인격)을 드러내는 연속적 계시다. 이 견해는 때때로 초기 옹호자 중 한 사람의 이름을 따서 사벨리우스주의라고 부른다. 이에는 부수적인 추론이 뒤따른다. 아버지는 그리스도와 함께 수난(고통)을 받았다는 것이다. 왜냐하면 하나님 자신이 실제로 그 아들 안에 현존하였고, 인격적으로 그와 동일하기 때문이다. 이 견해는 흔히 '성부수난설'로 알려진다(이 용어는 두 가지 라틴어인 '아버지'와 '수난'의 의미로부터 유래한다).

양태론적 군주론은 심지어 아버지 하나님의 단일성을 보존하려는 그 기본 동기가 타당함에도 불구하고, 교회에서 이단으로 정죄 받았다. 초기 기독교 신학자들은 이 군주론의 중요 문제점을 곧 알게 되었다. 삼위일체의 세 위격들(혹은 두 위격들)이 단지 한 분 동일한 존재의 세 이름뿐이거나 양태라면, 어떻게 구원의 사역에서 동시에 나타날 수 있는가? 예수의 세례에 대한 설명, 곧 거기서 아버지는 아들에게 말씀하셨고 성령이 그 아들에게 강림하셨다는 해설은 양태론 그 자체에 상호 모순처럼 여겨졌다.

그러나 정통 교회 입장도 그 문제와 씨름해야만 했다. 만일 그리스도가 하나님이신데 아버지는 아니라면, 두 하나님이 있다는 것인가? 유능한 초기 기독교 신학자 중 하나인 테르툴리아누스는 삼위일체의 많은 어휘를 새로 만들어 냈다. 그는 이 문제를 연속적인 은유들을 사용하여 명료하게 설명하려고 했다.

---

19) 양태론과 관련시켜서 이들 다른 인물들을 함께 섞어 취급하는 것은 단지 교육적 교수법을 위해서이다. 대학원 정도의 신학생들은 그들 인물들의 차이점을 명심할 필요가 있으며, 또한 양태론(들)의 형태에서 다소 차이 나는 경향들도 알고 있어야 한다.

뿌리와 나무는 분명히 구별되는 두 사물이나 상호 연합돼 연결되어 있다. 수원과 강 또한 두 형태이나 분할할 수 없다. 이와 같이 태양과 광선은 두 형태이나 밀착되어 있다. 중요한 무언가로부터 비롯된 모든 것은, 중요한 그것에 버금갈 수 있다. 그러나 그것이 서로 분리되어 설명될 수 없다.[20]

이처럼 유비를 사용하여, 테르툴리아누스와 다른 사람들은, 자신들이 두 신들을 믿는 데로 빠지지 않고 신약성서가 아버지와 아들 간을 구별했던 바를 더 분명하게 하였다고 믿었다. 그러나 혹자는 이 유비가 거기에 해당되는 경우인가라고 심각하게 물을 수 있다. 아버지를 태양으로 아들은 광선으로 묘사하는 그런 은유는, 그리스도는 아버지보다 열등하다는 종속설을 암시한다. 사실, 테르툴리아누스는 이를 인정하였다. "아버지는 전체 실체이다. 그러나 아들 자신이 인정하고 있는 것처럼, 아들은 그 전체의 파생이며 부분이다. '나의 아버지는 나보다 크다.'"[21] 사실, 그리스도를 아버지와 정확히 관련시키려 할 때 나타나는 이들 개념과 거기 관련된 문제들은 결과적으로 다량의 새로운 질문을 양산시켰다.

### 그리스도의 신성을 정의하는 방식: 아리우스주의 도전

기독교 신학이 이들 군주론의 두 가지 이설(異說)과 싸워 승리하자마자, 알렉산드리아의 한 사제인 아리우스의 이름을 딴 아리우스주의라는 더 심각한 문제와 직면하였다. 비록 역사적으로 아리우스 자신이 아리우스주의와 관련된 그런 개념을 표현했는지 여부는 분명하

---

20) Tertullian, 《프락세아스에 대한 반박》(*Against Praxeas*), 제8장, in *ANF* 3:603; 테르툴리아누스와 그의 순교 당한 동료 히폴루토스에 대한 상세한 논의는 Kelly, 《초기 기독교 교리》, 110-15, 149-53을 보라.
21) Tertullian, 《프락세아스에 대한 반박》, 제9장.

지 않다 할지라도, 예수의 신성과 아버지와의 관계를 표현하였던 그 방식을 놓고 3~4세기에 주요한 논쟁이 벌어졌음은 분명하다. 아리우스주의는 예수의 신성에 대한 의문이라기보다는 오히려 아버지의 신적 신분을 감소시키지 않고서 예수의 신성을 어떻게 표현해야 하는가였다. 따라서 많은 방식으로 군주론과 아리우스주의는 동일한 문제에 접근하고, 그 배경에서 동일한 관심 사안을 지닌다. 아리우스주의에 의해 제기된 문제는 325년 니케아회의에서 애매하게 다뤄졌다. 그러나 어느 다른 교리 공식화처럼, 니케아 신조 또한 새로운 문제와 질문을 제기하였다.

우리는 아리우스가 무엇을 가르쳤는지는 분명히 알 수 없기에 그의 반대자들의 문헌에 의존할 수밖에 없다. 그의 반대자들에 따르면, 아리우스의 사고의 기본적인 전제는 다음과 같다. '아버지 하나님은 절대적으로 고유한 분이시고 초월해 계신 분이다. 그리고 하나님의 본질(헬라어 '우시아'(ousia)는 '본질'과 '실체' 모두를 의미한다)은 다른 누구와도 공유될 수 없으며 다른 누구 곧 그 아들에게도 전가될 수 없다.' 결과적으로 아리우스에게 있어서 아버지와 아들 간의 구별은 곧 실체(우시아)의 구별이다. 아버지와 아들이 만일 동일한 실체라면 두 신이 있을 수 있다. 그래서 아들은, 아버지와 함께 동일한 '본질'을 공유하기 보다는 하나님의 첫 번째의 고유한 피조물이다. 아리우스의 한 진술은 그리스도의 기원에 대한 그의 주요한 명제를 강조한다. "그가 없을 때[a time]가 있었다." 이 견해는 문제가 많았다. 왜냐하면 이 말은 그리스도가 일체 영원부터가 아니라 시간의 한때에(in time) 하나님에게서 태어났다는 것을 의미하기 때문이었다. 그러므로 그리스도는 비록 다른 피조물보다 위대할지라도 창조의 한 부분이며 하나님보다 열등하다.[22]

---

22) 정확한 역사적 신학적 논의를 위해서는 Kelly, 《초기 기독교 교리》, 226-31을 보라.

아리우스주의의 관심과 논리를 파악하기란 그리 어렵지 않다. 한편에서 아리우스주의는 다른 인간 존재와 관련하여 예수의 신성을 혹은 최소한 그의 최상의 신분을 확보하려고 시도하였다. 그러나 다른 한편에서 그 사상은 예수를 아버지와 동등됨으로 삼지 않았다. 어떤 의미에서 예수는 신성과 인성의 중간에 있다.

주류 기독교 신학은 이런 도전에 대응해야만 했다. 왜냐하면 아리우스주의는 그리스도의 신성에 대한 기본 신앙 고백을 양보하는 것처럼 보였기 때문이다. 그리스도의 완전한 신성을 방어했던 유능한 신학자는 당시 동방교회 교부인 아타나시우스였다. 그는 아리우스에 대응하여, 아들이 높은 수위에도 불구하고 피조물이라는 견해는 구원에 있어 결정적으로 중대한 일일 수 있다고 주장하였다. 첫째, 피조물이 구원을 받아야 할 필요성이 있다면 오직 하나님만이 구원할 수 있다. 따라서 예수가 만일 성육신 하나님이 아니라면 그는 우리를 구원할 수 없다. 그러나 신약성서와 교회 전례(典禮)는 예수가 하나님이라 가리키면서 그를 '구세주'라 부른다. 하나님보다 열등한 예수를 예배한다든가 혹은 그에게 기도한다는 것은 그리스도인들로 하여금 신성모독의 죄를 짓게 할 것이다.[23]

아타나시우스의 대응은 초기 기독교 신학이 발전시켰던 모범적인 한 방식을 제시한 셈이다. 그리스도의 신성과 인성의 문제를 놓고 벌였던 논쟁이 비록 고도의 세련된 수준으로 진행되었을지라도, 학문적 혹은 지성적 관심이 우선은 아니었다. 구원의 문제, 곧 구원론 관심이 신학적 전개 이면에 중요한 추진력이었다. 기독론은 구원론의 진열의 한 예일 뿐이었다. 초기 기독교 신학자들은 연구실에 편히 앉아서 그리스도에 대한 어떤 참신한 것을 생산하려고 하지 않았다. 그

---

23) 간략하고 이용 가능한 설명을 위해서는 Placher, 《기독교 신학의 역사》, 72-75; 아타나시우스와 그의 니케아 신조의 방어에 대한 상세한 논의는 Kelly, 《초기 기독교 교리》, 240-47, 284-89를 보라.

들은 목자와 설교자로서, 그들의 우선 관심은 어떻게 구원을 받을 수 있는가를 명확히 하려는 데 있었다. 교회 예배에서 고백되었던 바가 교리적으로 체결되었다는 사실은 강력한 고대 규칙의 면모(기도의 원리는 신앙의 원리)를 보여준다. 곧, 믿는 바와 예배하는 바가 교리의 고백이 된다.

아리우스에 대한 아타나시우스와 다른 주류 신학자들의 대응의 정신에서, 325년의 니케아회의(이는 381년 콘스탄티노플 신조에서 공식 표기됨)[24]는 그리스도가 아버지 하나님과 동등하다는 방식으로 그리스도의 신성을 정의하였다. 그 고백문은 이렇다.

> 우리는 아버지가 낳으신 분, 하나님의 아들, 한 분 주 예수 그리스도를 믿는다. [그분은 하나님의 하나님이요, 아버지의 본질로부터 낳으신 독생자이며] 빛 중의 빛이며, 참 하나님의 참 하나님이며, 아버지와 한 실체[호모우시오스, *homoousios*]의 한 분이나 창조되지 않으신 분이다. 그분으로 말미암아 만물이 [하늘에서나 땅에서도] 다 창조되었다. 우리 인간을 위하신 분, 우리의 구원을 위하신 분, 그분이 오셔서 성육신하여 인간이 되었다. 그분은 고난을 받고 3일에 부활하시어, 하늘에 오르셨다. 이[하늘]로서 그분은 산 자와 죽은 자를 심판하러 오실 것이다.

이 본문의 끝자락 부록에 아리우스의 교의가 거부되어야 함을 이렇게 적시하였다.

> 그러나 다음과 같이, '그가 없을 때가 있었다', '그가 창조되기 전에는 그가 없었다' 또는 '그는 무로부터 창조되었다' 혹은 '그는 또 다른 실체이다. 다른 본질이다' 혹은 '하나님의 아들은 창조되었다' 또는 '변화할 수 있다' 혹은 '변경될 수 있다'고 말하는 사람들은 거룩하고 보편적이며

---

24) 니케아 신조로 언급된 신조 본문은 최종적 공식 표기를 갖추었던 381년 콘스탄티노플 회의로부터이다. 따라서 이는 종종 니케아-콘스탄티노플 신조로 불린다.

사도적인 교회에 의해서 정죄된다.[25]

이 신조는 그리스도가 피조된 것이 아니라 '하나님의 실체로 낳아졌다'고 진술하였다. 그 핵심 단어는 큰 논쟁에 불을 지폈던 헬라어 '호모우시오스'다. 이는 그리스도가 신성에서 아버지와 동등하다는 것을 나타내면서, 문자적으로 하나님과 '동일한 실체' 혹은 '동일한 본질'을 의미한다. 모든 신학자가 이런 정의에 다 만족한 것이 아니었다. 앞에서 언급한 대로, 모든 사람이 실제로 그리스도의 신적 본질을 고백했다 할지라도, 문제는 이를 어떻게 정의할 수 있는가였다. 특히 동방교회 측의 신학자들은 '유사 본질'을 뜻하는 헬라어 '호모이우시오스'(homoiousios)를 더 선호하였다고 보인다. 그 차이점은 실은 이오타(헬라어, ι) 한글자지만, 그 의미에서는 큰 차이가 있다. '호모'(homo)는 '동일'을 뜻하는 반면, '호모이'(homoi)는 '무엇과 유사하다'를 뜻한다. 다른 말로 하면, 이 공식화는 그리스도가 아버지와 동일하다는 것이 아니라 아버지와 유사하다는 것이다.

헬라의 신학자들은 보다 엄격한 체계화에 관심을 두었다. 왜냐하면 그들은 이것은 성서적이 아니어서 양태론으로 빠질 수 있다고 생각했기 때문이다. 동방 신학에 있어서 아버지와 아들의 뚜렷한 구별의 '인격 됨'(개성)은 그 밖에 또 아버지의 특권 신분을 확보하는 데 있어서 중요했다. 라틴어를 사용한 서방교회 신학자들은 그것(호모이우시오스)은 자칫 아들의 종속설로 나가는 방식으로 해석될 수 있다고 보고, 그 '무엇에 유사하다'를 반대하였다. 그렇게 되면 아들은 (이 경우에 약간) 아버지와 다르기 때문이다. 그러면 아들은 아버지보다 좀 열등

---

25) Philip Schaff, ed., 《기독교 세계의 신조》, 6th ed. (1931; repr., Grand Rapids: Baker, 1990), 1:28-29. 그리스도와 삼위일체의 니케아 신학을 한정적이고 상세하게 취급한 Kelly, 《초기 기독교 교리》, 231-37을; 비전문적이고 이용 가능한 설명은 Placher, 《기독교 신학의 역사》, 75-79를 보라.

하다(이것은 자칫 아리우스주의가 주장하던 바로 되돌아가는 꼴이 된다).

헬라어를 사용하는 동방교회와 라틴어를 사용하는 서방교회 간의 이런 의견 차이는, 분열로 내몰거나 한쪽을 이단이라는 영속하는 딱지를 붙이지는 않았으나, 동방 기독교와 서방 기독교간에 점증하는 틈을 더 두드러지게 하였다. 비록 이들 전승들이 최소한 그 형식에서 니케아 신조와 일치하였다 할지라도, 이들 전승들은 그리스도에 대한 자신들만의 구별된 접근 방식을 가지게 했다. 즉 안디옥 학파와 알렉산드리아 학파로 전개시키기 시작했다. 이들 각 학파는 뚜렷한 기독론을 내놓았으나, 이후 번갈아가며 또한 뚜렷한 기독론 이단들을 발원시키기도 하였다. 융기했던 그 이단들은 얼마간 각기 이들 학파의 관심을 위험스럽게 이끌어서, 신학적 합의가 물건너갔다고 할 때까지 경계선들을 서로 확장하였다.

## 그리스도의 신성과 인성: 니케아회의에서 칼케돈회의까지

### 두 가지 기독론의 방향

주후 325년의 니케아회의에 이를 때까지, 그리스도를 둘러싸고 제기된 주요 질문은, 그분이 신성인지 여부와 아버지와 관계에서 그의 신성을 어떻게 정확하게 정의할 수 있는가에 초점이 모였다. 니케아회의 이후 이들 질문은 그 배경에서 어렴풋이 나타났으나, 그 초점은 이제 부수적인 문제로 이동하였다. 곧, 그리스도가 만일 하나님이시라면 그리스도의 두 본성-신성과 인성은 어떻게 되는가? 곧 두 본성 간에 관계는 어떠한가? 그리스도는 인간이며 그리고 그가 하나님이라고 고백하는 것은 한 가지 사안이다. 이들 뚜렷한 반대 주장들을 어떻게 함께 유지할 수 있는가를 결정하는 것은 또 다른 사안이다. 만일 한 인물이 완전한 신성을 지녔다면, 정의상 그 사람은 당연히 완전한 인간이 아니라는 말이 아닌가? 그 역도 그렇다.[26]

두 가지 대응 방향이 기독교 교회 가운데서 나타났다. 얼마간은 문화적 지리적 차이 때문에 그렇고, 또 얼마간은 당시 사회와 종교를 둘러싸고 있던 영향 때문에 그랬다. 이들 두 가지 방향을 지적하기 위하여, 동방 기독교의 두 학파들, 즉 알렉산드리아(주로 이집트)와 안디옥(주로 시리아) 학파를 이 책에서 언급하는 것은 통례라 할 수 있다(동방 기독교의 중심의 콘스탄티노플과, 다른 학파들 가운데 서방에서는 로마와 더불어). 이들 두 학파는 당시 기독교 교육과 권위에서 주도적인 중심에 있었다. 비록 지리학적으로 이들 두 도시가 동방 기독교에 속하지만, 여러 세기를 거치면서 이들은 헬라 기독교와 라틴 기독교 공동체(혹은 동방 기독교와 서방 기독교)간의 분열을 촉진시켰다(이들 두 기독교 공동체는 각기 저마다 학파를 형성했다가 이후 1054년에 공식적으로 분열하였다).

이집트의 알렉산드리아는 헬라어를 사용하는 신학 교육의 중심지였다. 알렉산드리아의 기독론은 구원론 질문을 더 강조하였고, 신격화 혹은 신성화(헬라어 *theosis*)라는 용어를 사용하여 구원론, 즉 신성과 인성간의 연합(구별을 흐리지 않고, 곧 범신론에 굴복하지 않고)을 표현하였다. 이를 수행하면서 알렉산드리아 학파의 주요 초점은 (물론 인성을 부정하지는 않았지만) 자연스럽게 그리스도의 신성에 맞춰졌다. 그들은 (안디옥 학파의 '두 본성' 기독론과 비교해 볼 때) '한 본성/단성 기독론'을 강조했다.[27] 아리우스에 대한 아타나시우스의 반박은 알렉산드리아 학파의 공개적인 실례(實例)이다. 이와 대조적으로, 안디옥 학파

---

26) 니케아 이후의 이슈, 논쟁, 해결에 대한 상세한 논의를 위해 Kelly, 《초기 기독교 교리》, 237-47; "니케아 이전"은 247-51을 보라.
27) 학술적으로 단성론으로 불린 이 용어는 '하나'와 '본성'을 뜻하는 헬라어로부터 유래한 것이다.

는 알렉산드리아 학파에 비해 후자 곧 인성의 신학적 중요성에 보다 주의를 기울이면서도, 그리스도의 신성과 인성을 함께 주장하려고 노력하였다. 안디옥에게 있어서, 그리스도의 지상 생애와 순종의 삶은 신학적으로 보다 중요한 역할이었다.[28]

우리는 이들 두 동방교회의 대응 방향이 어느 한쪽에 극단적으로 쏠려 강조될 때, 거기서 뚜렷한 형태의 이단 견해들이 나타날 수 있었음을 쉽게 상상할 수 있다. 곧, 알렉산드리아 쪽에서 단성론에 강하게 쏠린 것은 예수의 인성에 대한 사실상의 부정으로 나타났고, 안디옥 쪽에서는 반대자들에 의해 두 본성간의 구별이 주장되었다. 이는 결국 그리스도의 신성과 인성 간의 분리로 나타났다.

### 그리스도의 신성과 우리의 신성화: 한 본성(단성론) 이단들의 도전

앞에서 언급한 대로, 알렉산드리아 학파의 초점은 하나님의 생명에까지 현양된(신성화) 예수의 인간 생명(요 1:14의 '육체')의 의미에서의 구속에 집중되었다. 만일 인간 본성이 신성화되어야 할 것 같으면, 그것은 신적 본성과의 일치를 이뤄야만 한다. 이런 일이 일어나기 위해서는 하나님은 인간 본성과 하나 되어야 한다. 그런 방식에서 인간 본성도 하나님의 생명에 참여한다. 이는 성육신 안에서 그리고 그 사건을 통해서 발생한다. 이것은 그리스도의 신성과 인성간의 관계에 대한 문제를 제기하였다.

선도적인 알렉산드리아 신학자인 알렉산드리아의 시릴은 성육신

---

28) Kelly가 이를 부르는 방식은 (알렉산드리아의) '말씀-육신'과 (안디옥의) '말씀-사람' 기독론이다. 전자는 인간 '육체'와 결합하는 로고스/말씀/신적 본성의 연합을 강조하였다. 이에 비해 후자는 구주의 신성과 인성 모두의 연합을 강조했다(《초기 기독교 교리》, 281; 모든 중심적 이슈에 대한 권위 있는 상세한 논의를 위해서는 제11장 전체를 보라). 간략하고 비전문적인 논의는 Placher, 《기독교 신학의 역사》, 79-84(그는 이를 알렉산드리아의 '로고스-육체' 기독론과 안디옥의 '두 본성' 기독론이라 부른다).

에서 두 본성의 연합의 실재를 강조하였다. 그 로고스는 인간 본성과 연합하기 전에 이미 '육체 없이' 존재하였다. 그 연합 이후에야 한 본성이 존재하였다. 왜냐하면 로고스가 그 자체에 인간 본성을 연합시켰기 때문이다. 시릴은 안디옥 학파와 병치하여 다음을 주장하였다.

> 우리는 로고스의 본성이 변화를 겪어 육체가 되었다든가 혹은 그 로고스가 육체와 몸으로 구성된 완벽한 인간으로 변형되었다는 데에 동의하지 않는다. 오히려 우리는 살아 있는 혼을 지닌 인간 본성에 자신을 한 인간으로서 연합되었던 그 로고스가…한 인간이 되었고, 이제 이를 사람의 아들(인자)이라 부르지 단순한 의지나 혹은 호의라고 부르지 않았다.[29]

이는 어떤 유형의 인간 본성을 떠올려야 하는가에 대한 질문을 야기하였다. 그리스도의 본성은 모든 인간의 본성을 다 포함하였는가? 아폴리나리우스주의라 불린 이단의 견해는 썩 만족스럽지 못한 방식으로 이들 질문들에 답하려고 시도하였다. 초기 기독교가 직면한 많은 이단들 중에, 누구도 고도의 소양과 뉘앙스로 아폴리나리우스주의 보다 더 뛰어나게 설명하지 못한다. 라오디게아의 감독인 아폴리나리우스는 그 로고스가 완벽한 상태로 인간의 본성을 떠맡는다는 신념이 점차로 확산되는 것을 염려하였다. 그 같은 확신은 로고스가 인간 본성의 약함에 의해 오염되었다는 신념을 혹시 초래하지 않을까 의심하였다. 만약 그렇게 된다면, 그리스도의 무흠(無欠)은 위태로워진다. 이 받아들일 수 없는 견해를 피하기 위해서, 그는 만일 예수 안에 있는 참 인간의 정신(mind)이 순수한 신적 정신에 의해 대체된다면, 바로 그럴 때만 그리스도의 무흠이 유지될 수 있다고 제안하였다. 그래서 그는, 인간 정신으로부터 오는 죄로 인한 신적 로고스

---

29) Cyril of Alexandria, 《네스토리우스에게 보낸 시릴의 서신》(Peabody, MA: Hendrickson, 1994); 시릴의 기독론에 대한 매우 유익한 논의는 Kelly, 《초기 기독교 교리》, 317-23에서 얻을 수 있다.

의 오염을 방지하기 위해, 순수한 인간 정신과 혼(soul)이 [로고스 형태로] 신적 정신과 혼에 의해 대체되었다고 주장하였다.[30]

이 같은 개념은, 결국 그리스도의 인간 본성이 불안전하다는 말이 된다. 알렉산드리아 신학자들은 이런 방식으로 예수의 무흠을 방어하려는 일의 대가가 너무나 크다는 것을 곧 눈치 챘다. 나지안젠의 그레고리(카파도키아 교부 중 한 사람, 나지안주스의 그레고리라고도 불린다)가 주목하였듯이, 아폴리나리우스주의는 예수의 역할을 구세주로 절충하였다. 만일 인간 본성 중 일부가 로고스에 의해 취해진다면, 인간 본성은 어떻게 구속될 수 있는가?

> 실제로 그(로고스)가 (인간 본성을) 취하지 않았다면, 그는 (인간을) 치유하지 않았다. 그러나 그분의 신성에 연합된 자는 또한 구원을 받는다. 만일 아담이 절반만 타락했다면, 그땐 그리스도가 취하고 구원한 바도 또한 절반만이었으리라. 그러나 만일 아담의 본성 전체가 타락했다면, 그땐 그 본성은 (하나님이) 낳으신 분의 전체 본성과 연합됨이 분명하고, 그렇다면 구원을 전체로 받는다. 그들로 하여금 우리의 온전한 구원을 시기하지 않게 하라. 다시 말해, 구세주를 단지 인간의 뼈와 신경과 외상으로만 뒤덮지 않게 하라.[31]

나지안젠의 그레고리는 오리겐과 다른 학자들의 동방교회 견해에 기초하여 자신의 사상을 세웠다. 그 견해에 따르면, 성육신은 인간 역사의 '총괄'(머리의 복원)을 성취하였다. 하나님-인간인 예수는 탄생에서 성인기 그리고 사망에 이르기까지 인간 삶의 모든 단계를 경

---

30) 아폴리나리우스주의 기본 신학적 주장들을 위해서는 Kelly, 《초기 기독교 교리》, 289-95를 보라.
31) Gregory Nazianzen, 《아폴리나리우스를 반대하는 사제 Cledonius에게 보낸 편지》, epistle 101, in *NPNF*(2) 7:440. 아폴리나리우스주의에 대한 (두 명의 카파도키아 교부들인 닛사와 나지안주스에 초점을 맞추면서) 정통의 반응에 대해서는 Kelly, 《초기 기독교 교리》, 295-301을 보라.

험하였을 뿐만 아니라, 또한 죄를 짓지 않고 아담의 유혹에 직면하여 인간의 역사를 회복시켰다. 그레고리는 만일 인간의 본성 전체가 그리스도의 인성 안에서 취해져 받아들여지지 않았다면, 그땐 구세주로서 예수의 역할이 불안전하다고 주장하였다.

동방교회의 기독론의 논리는 구원론적 동기들에 의해 지배되었다. 그리스도는 구세주의 능력에서 섬기기 위해 완전하고도 순전한 신성을, 그리고 완전하고도 순전한 인성을 취해야만 했다. 만일 그리스도가 인성에서 뒤진다면 그는 우리와 같은 성정일 수 없다. 최악으로 생각한다면, 우리의 인간 본성은 그의 신성화된 인성 안으로 취해지지 않는다. 다른 한편, 만일 그리스도가 신성에서 뒤진다면 그가 우리에게 깊은 연민을 품었다 할지라도 우리를 구원하기 위한 권세와 권위를 갖지 못한다. 동방교회는 정확한 신학적 용어로는 그리스도의 두 본성 간의 관계를 결코 정의할 수 없었다. 앞에서 일찍이 언급한 대로, 동방교회는 그리스도의 신성을 강조했다. 그러면서도 구원론을 뒷받침할 수 있는 기본적 기독론의 신념을 굳게 주장하였다.

이에 아폴리나리우스의 제안은 수용되지 못했다. 성육신에서 그리스도의 신성에 집중되는 사이, 다른 방식들이 그리스도의 무흠을 확보하기 위해 채택되었다. 알렉산드리아의 또 다른 한 본성 이단(단성론, 유티키즈주의)을 간략하게 살펴보기 전에, 우리는 유티키즈주의 자국과 관련된 안디옥의 '두 본성' 이설을 먼저 살펴볼 필요가 있다.

## 그리스도의 인성과 우리의 순종: 두 본성 이단

### 그리스도의 '두 본성'에 초점

안디옥의 기독론은 구원론보다 그리스도의 생애(예, 제자도)의 도덕적 측면에 초점을 둔다. 그리스도의 신성 이외에 그분의 인성을 주장하는 것이다. 특히 아폴리나리우스주의에 대응하여 "인간 삶, 성육신의 경험, 그리고 그분의 인간 영혼의 신학적 의미에 대해 철저하게 현실적으로 용인"할 필요가 있었다. 그런 의미에서 안디옥 학파는 "역사적 예수를 회복시키는 데 있어서 신뢰를 준다."[32] 이 학파는 인간은 자신들의 불순종 때문에 타락의 상태에 있으며, 거기서 인간은 스스로를 구원할 수 없다고 가르쳤다. 구속은 인간 편에서 순종이 요구된다. 인간은 죄의 속박으로부터 벗어날 수 없기 때문에 하나님은 개입할 수밖에 없다. 이것은 구속자의 오심을 요청한다. 그 구속자는 인성과 신성을 결합하여 하나님의 순종하는 백성을 곧추세운다. 이 견해는 그리스도의 두 본성을 방어한다. 그는 한때[성육신 이전]에도 그리고 동시[성육신 이후]에 하나님이며 인간이다. 알렉산드리아 학파는 안디옥 학파가 그리스도의 신성과 인성의 연합을 부인한다고 비난하였다. 이런 비난에 대하여 안디옥 사람들의 반응은 그리스도의 인성과 신성간의 '완전한 결합'을 주장하였다.

안디옥의 선도적인 신학자 몹수에스티아의 테오도르는 그리스도는 순전한 몸과 '영혼'(의지와 합리성) 모두를 취하였다고 강조하면서, 알렉산드리아 사람들이 그리스도의 인성을 무시한 견해를 강력하게 반대하였다. 성서의 가르침에 근거하여 테오도르는 예수가 인성을 취한 경우에도 거기에 죄의 본성은 포함되지 않았다고 생각하였다. 그는 또한 그리스도의 두 본성(신성과 인성) 간의 연합을 포기하지 않는다고 진술한다. "거주하기 위해 이 땅에 오시면서 그 로고스는 자신이 취하였던 [인간 본성](human being)을 완전하게 그 자체에 결합하였다. 그리고 그 로고스는 하나님의 아들 안에 거주하고 그분을 품고 있는 자와 이를 모든 위엄을 지니고 공유한다."[33] 그렇다 해도, 테오

---

32) Kelly, 《초기 기독교 교리》, 302; 안디옥의 기본적인 교훈에 대해서는 301-9를 보라.
33) Theodore of Mopsuestia, 《성육신에 대하여》, McGrath, 《기독교 신학》, 279에서 인용 (테오도르의 《성육신》(*De Incarnatione*)은 단편적으로만 이용될 수 있다. 그들의 편찬의 역사

도르가 그리스도의 두 본성의 분리 쪽으로 기울어 두 본성을 구별하려고 할 때, 혼란을 더 가중시킨다. 윌리엄 프래처가 말한 것처럼, 이는 테오도르가 마치 "각기 '본성'을 서로 다른 속성들로 충당할 수 있는 주제로 취급한 것처럼 보인다. 예를 들면, 그리스도가 눈물을 흘리거나 혹은 염려할 때, 이는 곧 인성이었다. 그분이 기적들을 행하거나 죄를 용서할 때, 이는 곧 신성이었다."[34] 의심의 여지없이, 테오도르는 "마침내 두 본성간의 실제적인 이중성을 전제한다는 강한 인상을 남긴다."[35] 알렉산드리아 학파가, 두 본성에 대한 강조는 '두 아들'의 교리, 곧 그리스도는 한 사람으로 생각되지 않고 오히려 두 인격, 한 분은 인간 그리고 한 분은 하나님에 대한 교리로 결국 이르게 한다고 생각하면서, 이를 의심하고 공격한 것은 조금도 놀랍지 않다.[36] 안디옥 학파의 한 갈래는 사실상 두 본성을 강조하였으나, 실체들을 다소 분리함으로써, 인성과 신성을 각기 서로 분리시키는 것처럼 보였던 견해를 다시 확언하였다. 이 견해는 흔히 네스토리우스주의로 불린다.

### 네스토리우스주의: 본성들의 분리?

네스토리우스주의란 딱지는 좀 의심스럽다. 왜냐하면 5세기 첫 상반기의 콘스탄티노플의 대주교인 네스토리우스가 실제로 그런 교리

---

는 553년 콘스탄티노플 회의에서 테오도르의 견해를 불신하기 위하여 그들 문서가 수집되었음을 시사한다). 테오도르는 안디옥의 또 다른 주요 기독론자인 Diodore의 제자였다. 이 견해를 더 살펴보려면 Kelly, 《초기 기독교 교리》, 302-3을 보라. 또한 테오도르와 그의 적대자, 알렉산드리아의 시릴을 살펴보려면 303-9쪽을 보라.

34) Placher, 《신학의 역사》, 81. 테오도르 자신의 논평에 의해 이런 유의 해석은 수정되어야 할 것이 확인된다. "우리의 생각을 본성들의 구별에 적용해 보자. [인성을] 취했던 그분은 하나님이며 독생자이나, 종의 형태를 취했다. [인성이] 취해진 그분은 인간이다." Theodore of Mopsuestia, Catechetical Homilies 8.13, 이는 Kelly, 《초기 기독교 교리》, 305쪽에서 인용.

35) Kelly, 《초기 기독교 교리》, 305.

36) 테오도르의 스승인 Diodore는 두 본성들의 분리는 결국 '두 아들들'(Kelly, 《초기 기독교 교리》, 303)에 해당한 것이라고 가르쳤다고 보인다. 그러나 이 개념은 그의 제자에 의해 거부되었다(305).

를 가르쳤는지 여부를 우리는 확신할 수 없기 때문이다. 그러나 우선 여기서 이 견해의 기원에 대한 질문을 좀 제쳐두고 당시 이 견해가 정통에 제시했던 그 도전을 단지 살피는 것은 가능하다. 네스토리우스주의를 둘러싸고 벌어졌던 그 논쟁은 마리아에게 '테오토코스'(하나님을 낳은 자)라는 용어를 사용하는 것을 두고 제기되었다. 예수의 어머니 마리아가 하나님의 어머니였는가? 보다 큰 그룹의 대변인이었던 네스토리우스는 '테오토코스'란 용어는 '안트로포토코스'(인간을 낳은 자)란 용어와 보완하여 사용하는 한 적절하다고 진술하였다. 그러나 네스토리우스 자신이 선호한 용어는 '크리스토토코스'(그리스도를 낳은 자)였다.[37]

이들 전문 용어들을 뚜렷하게 구별하는 데 있어 무엇이 핵심이었는가? 네스토리우스와 그의 적대자들의 관심은 무엇이었는가? 네스토리우스는 하나님에게 어머니가 있다고 믿는 것은 불가능하다고 주장하였다. 어떤 여성도 하나님을 낳을 수 없다. 그 대신에 마리아가 낳은 자는 하나님이 아니라 일종의 신성의 도구인 인간이었다. 네스토리우스는 만일 '테오토코스'란 용어가 제한(적절한 규정) 없이 마리아에게 적용된다면, 이는 예수가 하나님과 동등하지 않다고 하는 아리우스주의로 기울거나 혹은 예수의 인간 본성이 참이 아니라고 하는 아폴리나리우스주의에 빠질 것을 염려하였다. 그러나 동방교회에서 '테오토코스'는 알렉산드리아 학파에 의해 광범위하게 사용되었다. 이것은 종종 또 다른 고대 그리스도인들이 사용했던 개념, 곧, 역사 속에서 다양한 교리적 상황에서 중요한 역할을 했던 용어인 '속성의 교류'와도 한 쌍을 이루어 사용되었다. 예수의 두 본성과 관련하여, 그 표현은 하나의 본성에 속한 것은 또한 다른 본성에 속한다는 것을 의도한다. 다른 말로 하면, 마리아는 인간 아기 예수를 낳았다

---

37) 상세한 논의를 위해서 Kelly, 《초기 기독교 교리》, 310-17.

고 말할 수 있기 때문에, 우리는 또한 동시에 마리아는 신적 인간 그리스도를 낳았다고 말할 수 있다.

그렇다면 무엇이 네스토리우스의 교리를 비정통으로 만들었는가? 여기서 우리는 네스토리우스의 견해를 정확하게 입증하는 데 어려움이 있다. 네스토리우스의 적대자들 중, 특히 동방 신학자 알렉산드리아의 시릴은 분명히 네스토리우스가 예수는 진정한 '속성의 교류' 같은 방식이 아니라 순수한 도덕적 일치에서 결합된 두 본성을 지녔음을 믿고 있다고 말하면서, 네스토리우스의 견해에 이단이라는 딱지를 붙였다. 네스토리우스의 견해에 대한 시릴의 해석은 소위 네스토리우스주의라 불린다. 곧 그리스도는 실제로 하나는 하나님 그리고 다른 하나는 인간으로 뚜렷하게 구별된 두 인물이었다.[38] 네스토리우스 본인은 이런 식의 해석을 거부하였으나, 이런 해석은 431년 에베소 회의에서 거부될 때까지 지속되었다.

네스토리우스의 견해를 극단적으로 보고 거부하면서, 신학자들은 '속성의 교류' 개념을 도입하여 예수의 인성과 신성 교의를 보다 상세하게 논의하였다. 만일 예수가 완전한 인간이요 완전한 하나님이라면, 그땐 그의 진정한 인성이 곧 그의 진정한 신성이고 그 역도 그렇다. 이 원리가 마리아에게도 적용되었다. 예수 그리스도는 하나님이다. 마리아는 예수를 낳았다. 그러므로 마리아는 하나님의 어머니다. 이 견해는 얼마 안 가서 정통의 기준이 되었다. 그러나 이 정통 견해가 너무 강조될 때 또 다른 문제를 야기하는 것을 우리는 쉽게 알 수 있다. 예수는 십자가에서 고난을 받았다. 예수는 하나님이다. 그러므로 하나님이 그 십자가에서 고난을 받았다.

---

38) 시릴의 상세한 공격에 대해 ibid., 317-23을 보라.

### 알렉산드리아의 또 다른 한 본성 이단: 유티키스주의

아폴리나리우스주의뿐만 아니라 네스토리우스주의에 의해서도 제기되었던 문제에 대한 논쟁은 신학적 정통을 식별하기 위해 계속되었다. 이에 대해 에베소회의(431)는 단지 잠정적이고 포착하기 어려운 해법을 내놓았다.[39] 언급한 대로, 그 해법은 또한 유티키스주의로 알려진, 알렉산드리아에서 또 다른 이단을 일으키는 데 일조하였다. 유티키스의 애매하고 미발달한 그러나 극단적 단성론은, 그리스도는 성육신 이전에는 두 본성을 지녔으나 성육신 이후에는 오직 한 본성만 취하였다고 기묘하게 주장하였다.[40]

그러나 그의 견해가 정확히 어떤 것인가를 입증하기는 어렵다. 그리스도가 어떤 유형의 '한 본성'을 성육신 이후 지녔단 말인가? 유티키스가 그리스도의 인성을 부인하는 점에서 또 다른 가현론이었나? 혹은 그리스도의 인성이 그의 신성에 의해 꿀꺽 삼켜졌나? 그 경우가 도대체 무엇이든, 최종적으로 유티키스주의는 한 본성 기독론의 형태 때문에 거부되었다(이후 449년 에베소의 유명한 '강도회의'처럼 로마, 알렉산드리아, 안디옥, 콘스탄티노플의 주교들 간의 알력으로 연이은 종교/정치적 사건들이 뒤따랐다). 그리스도의 두 본성에 대한 최종적인 결정은 451년 칼케돈회의에서 이뤄졌다.

---

[39] 에베소 회의의 파란만장한 역사 주변을 살피기 위해서는 표준이 될 만한 교회 역사 교재를 참고하라. 신학적 발전과 함의를 위해서 ibid., 323-30을 보라. 보다 간략한 것은 Placher, 《신학의 역사》, 82-83.

[40] 원로 수도사이며 대수도원장의 이 견해들은 448년 콘스탄티노플의 정회원 회의에서 첫 번째로 거부되었다. 이후 (일명 강도회의라고 부르는) 449년 에베소 회의에서 두 본성의 반박과 함께 승인되었으나, 몇 년 후 451년 칼케돈회의에서 다시 반박되었다. 상세한 유티키스주의에 대해 Kelly, 《초기 기독교 교리》, 33-34를 보라.

## 칼케돈회의의 '해법': 그때와 지금의 의미

### 칼케돈의 '정의'와 주장들

기독론(그리고 삼위일체론) 논쟁의 처음 400년 동안에 제기되었던 문제들에 대한 중대한 해결(비록 최종적인 것은 아니지만)이란 점에서 그리고 작금의 시대를 포함하여 이후 기독교 역사에 지속적인 의의란 점에서 칼케돈회의는 중요성을 지닌다. 칼케돈의 성취와 도전들을 보다 세심하게 살펴보자. 이후 기술할 사항은 그 회의의 의미에 대한 오늘날의 '포괄적인'인 평가와 지속적인 수정 작업의 필요성을 담고 있다.

칼케돈회의(451)는 알렉산드리아와 안디옥 학파 모두에서 받아들일 수 있는 방식으로 기독론 논쟁을 해결하고자 시도하였다. 우리는 칼케돈회의에서 그리고 그 진술 준비 과정에서 급속도로 성장한 라틴 기독교의 중심인 로마의 중요성을 주목해야만 한다. 로마의 기독론 기여는 테르툴리아누스를 제외하고는 현저하게 빈약했다.[41]

칼케돈회의는 고상한 목표에 결코 도달하지 못했으나, 정통에서 일탈한 주요 여러 견해들과 맞서 싸울 수 있었다.[42] 그 회의는 니케아(325)-콘스탄티노플(381) 신조를 재확인하고, 네스토리우스주의와 유티키스주의 둘 다를 거부하였다. 그 회의 본문은 이렇다.

---
41) 서방 기독교의 견해들, 특히 테르툴리아누스, 푸아티에의 힐라리오, 아우구스티누스(그리고 안디옥 기독론의 유산을 포함하여)의 견해들은 칼케돈회의 공시 표기에서 관찰된다. 특히 중요한 것은 교황 레오의 《학술 서적》이다. 보다 자세한 것은 Kelly, 《초기 기독교 교리》, 334-38을 보라.
42) 두 기독론 학파들 간의 복잡한 요소들은 (서방에서 로마의 부상을 포함하여) 정치적 권력 문제들뿐만 아니라 언어(대부분의 헬라어 사용자들은 라틴어 사용에 친숙하지 못했고 그 역도 그랬다)와 관련되어 있었다. 단지 아우구스티누스만을 상기해 보라. 그는 비할 데 없는 학습에도 불구하고, 헬라 신학에 대한 그의 식견은 당황할 정도로 산만하다.

우리는 거룩한 교부들을 따라, 한마음으로 동의하여 사람들이 한 분이요 동일한 주 예수 그리스도를 고백하라고 가르친다. 그는 신성에서 동일하시며 완전하시며 또한 인성에서도 완전하시며, 참 하나님이며 이해 가능한[이성적] 혼과 몸으로 오신 참 인간이시며, 신성에 따라 아버지와 같은 실체시며[공동의 본질이시며] 인성에 따라 우리와 같은 실체이시며, 만유에서 우리와 같은 분이시되 죄가 없으시며, 신성에 따라 아버지의 모든 세대 이전에 탄생하셨고, 훗날에는 우리를 위해 그리고 우리의 구원을 위해, 인성에 따라 하나님의 어머니, 동정녀 마리아에서 나셨다. 한 분이요 동일한 그리스도, 아들, 주, 독생자는 두 본성으로 다음과 같이 고백될 수 있다. 서로 혼합되지 않고, 변환되지 않고, 나뉘지 않고, 단절되지 않는다. 두 본성의 구별이 결코 그 본성의 연합에 의해 제거되지 않고, 오히려 각기 본성이 보존되며, 한 인물과 한 존재 안에서 [협력하여] 연합한다. 그리하여 두 인물로 나뉘거나 분리되지도 않는다. 오히려 한 분으로 그리고 동일한 아들, 독생자, 하나님 말씀, 주 예수 그리스도시다. 이는 예언자들이 처음부터 그분에 관하여 선언했던 바이다. 그리고 주 예수 그리스도께서 친히 우리에게 가르쳤던 바이다. 그리고 이는 거룩한 교부들의 신조가 우리에게 전해 준 바이다.[43]

칼케돈의 주요 관심은, '나뉘지 않고' '단절되지 않는' 두 본성을 분리시켰던 네스토리우스주의 위험과, '혼합되지 않고' '변환되지 않는' 두 본성간의 구별을 제거하였던 아폴리나리우스주의(그리고 유티키스주의)의 위험 사이에서 중간을 취한 것이다. 비록 그 회의가 두 본성의 연합이 어떻게 일어나는지를 분명하게 진술할 수는 없었지만, 그 회의는 두 본성의 연합이 어떻게 표현될 수 없는가(부정적 표현-역자 주)를 전할 수 있었다. 칼케돈의 지배적인 원리는, 만일 예수 그리스도가 참 하나님이며 참 인간이라면 이것이 명료하게 표명되거나 혹

---

43) Schaff, 《기독교 세계의 신조》, 2:62-63; 칼케돈 신학의 간략하고 중요한 논의를 위해 Kelly, 《초기 기독교 교리》, 338-43을 보라.

은 탐구되는 정확한 방식은 그렇게 근본적으로 중요한 것은 아니라는 것을 내세운다. 모리스 와일스는 칼케돈의 목적과 성취를 산뜻하게 다음과 같이 요약한다.

> 한편에서 구세주는 완전한 신성이어야 한다는 확신이 있었다. 다른 한편에서는 인간의 모습을 취하지 못하면 구원을 할 수 없다는 확신이 있었다. 혹은 이 문제를 다른 말로 표현하면, 구원의 원천은 하나님이어야 한다. 구원의 중심 자리는 인간이어야 한다. 그래서 이들 두 원리는 종종 반대 방향에서 서로를 끌어당긴다는 것이 분명하다. 칼케돈회의는 교회가 그 긴장을 어떻게든 해결하려 했던 것 혹은 긴장과 함께 지낼 수밖에 없음을 인정하려는 시도였다. 초기 교회가 그랬던 것처럼 두 원리를 대담하게 수용하는 것은 이미 칼케돈 신앙을 수용하는 것이다.[44]

한편에서 칼케돈은 올바른 방향에서 이정표로서 역할을 하였으며, 다른 한편에서 그것은 정통과 이단을 가르는 방책이었다고 말할 수 있다.[45]

### 오늘날 다원주의 세계를 위한 칼케돈의 의미와 부채

비록 칼케돈회의가 교회일치운동 합의를 제시한다 할지라도(우리는 그 복잡한 형태의 진술에 관해서는 합의를 말할 수 있다)[46] 그것은 또한 작금의 세계적 및 다원주의 세계에서 신랄한 비평을 받고 있다. 그 같은 이유들은 무엇인가? 추론해 볼 수 있는 질문들은 이렇다. 우리는 '정통'이 되기 위해 그런 신조의 공식 표기들을 고집해야 하는가?

---

44) McGrath, 《기독교 신학》, 284에서 인용.
45) 나의 이런 표현은 풀러 신학교의 동료인 콜린 브라운 명예교수에게 신세를 졌다.
46) 가장 적합한 표현으로, 유명한 교회사가인 J. 펠리칸은 칼케돈 신조를 "불일치에 대한 일치"라고 부른다. in 《가톨릭 전통의 출현》(100-600), 《기독교 전통: 교리 발달의 역사》 1권 (Chicago: University of Chicago Press, 1971), 266.

칼케돈의 발달은 필연적으로 무엇을 수반했는가? 비록 이것이 이런 질문들의 세세한 면을 탐색하고자 하는 이 개론서의 과제에 속하지 않는다 할지라도, 건설적인 제안을 한번 시도해 보자. 간략한 방향 설정은 아래 순서에 있다.[47] 흔히 두 본성 문제를 칼케돈의 '성육신' 기독론이라 불렀던 것에 대한 많은 불평과 비평들은 아래 다섯 가지의 범주들로 분류될 수 있다.

첫째, 칼케돈 기독론이 당시 정치적 경향을 나타냈는지의 여부, 곧, 교회가 콘스탄틴 제국의 권력과 동맹을 맺으면서 거기서 어떤 사상적 특성을 이끌어 냈는지의 여부를 많은 이들이 의아해 한다.[48] 여타 학자들 가운데 여성 신학자 로즈메리 R. 류터는 첫 기독교 세기들의 '정통 기독론'은 당시 변방의 종교적 종파로 하여금 '기독교 신성 로마 제국의 새로운 제국 종교'로 발전할 수 있게 하였다는 주장을 명확하게 표현하였다.[49] 그러나 그런 주장은, 지상의 권력 지지와 의제를 기대하기 쉬웠던 것은 비-칼케돈의 아리우스파였다는 역사적 관찰에 의해 훌륭하게 논박되었다.[50] 칼케돈의 로고스 기독론이 '기독론의 족장 제도화'를 이끌었고, 번갈아가며 성직 계층의 견해를 갖게 하였으며, 거기서 '이제 하나님의 로고스가 우주를 지배하자, 그만큼 기독교 로마 황제들도 기독교교회와 함께 현실 정치의 세계를 지배한다'는 주장은 더 이상 설득력이 없다.[51] 이 주장은 순진하고 어떤 색조도 없어 보인다. 이는 또한 많은 기독교 교리의 길고 장황한 과정을 무시한다. 이들 정치적으로 추진된 권력-역할 주장들은 또한 다음 사실을 간과

---

47) 상세한 논의와 건설적인 제안에 대해서는 Kärkkäinen, 《그리스도와 화해: 다원주의 세계를 위한 건설적인 기독교 신학》(Grand Rapids: Eerdmans, 2013), 제5장을 보라.
48) J. Denny Weaver, 《비폭력 속죄》(Grand Rapids: Eerdmans, 2001), 특히 86-91.
49) Rosemary Radford Ruether, 《성차별과 하나님-진술: 페미니스트 신학을 향하여》(Boston: Beacon, 1983), 122.
50) George Huntston Williams, "4세기에 기독론과 교회-국가 관계," *Church History* 20, no. 3 (1951): 3-33; 20, no. 4 (1951): 3-26.
51) Ruether, 《성차별과 하나님-진술》, 125.

하고 있다. 즉, 비록 기독교교회가 지상의 권력 역할을 위해 로마 제국에 의해 이용되어 왔고 교회가 복음에 근거하여 그런 요구에 항상 저항해 오지 못했다 할지라도, 그 같은 남용이 교리적·성서적 혹은 신학적 주장에 근거를 둘 수 없다는 사실을 무시한 것이다.

둘째, 보다 심각하게 제기된 도전들은 두 본성 기독론의 한계와 처리하지 못한 잠정적인 부채에 집중한다. '본성'의 개념을 예수 그리스도에게 적용할 때, 과연 그 개념이 무엇을 뜻하는지를 그동안 정당하게 물어 왔다. 삼위일체론 신학의 핵심에 놓여 있는 위격간의 상호관계, 친교, 특징과 관련되었던 실체적 개념은 원래 어떠한가? 혹은 본성의 용어 사용이 피조성을 띤 인성과 그리고 신성과의 관계에서 이들 인성과 신성이 각기 어떻게 서로 양립할 수 있는가 혹은 양립할 수 없는가?

셋째, 많은 사람들은 두 본성 기독론에 대해 떠올릴 때 그의 '낮아짐', 그의 고난과 고뇌에 초점을 두는 것이 아니라, 이제 그의 신성, 현양, 그리고 승리에 초점을 두게 된다.[52] 영원한 로고스에 의해 취해진 그 인성이 사사로운 것이 아닌(비개인적인) 인성으로 이해되는 한, 이를 특정한 인물로 생각하는 것은 곤란하다. 일종의 그렇게 '취해진' 인성은 '영원한 아들의 인간 치장'과 크게 다르게 보이지 않는다.[53] 다른 말로 하면, 일반적인 인성과 우리의 인성 사이에서 어떤 정체성의 유형을 확인하려는 것은 문제의 소지가 있다는 것이다. 한 추론 질문은 예수의 인성의 무흠과 관련이 있다. 예수의 무흠은 여전히 진짜일 수 있는가?

넷째, 칼케돈 기독론의 중요한 약점은 예수 그리스도의 전체 역사에 초점을 맞추지 못한 것이다. 언급한 대로, 신조들은 예수의 지상 생애와 사역-복음서 기자들의 주요 초점-에 대한 모든 언급을 거

---

52) Jürgen Moltmann, 《예수 그리스도의 길: 메시아적 차원에서 기독론》, trans. Margaret Kohl (Minneapolis: Fortress, 1993), 52.
53) Ibid., 51.

의 대부분 간단하게 생략한다. 위르겐 몰트만이 바르게 지적하듯이, 신조들에는 "아예 아무것도 없거나 아니면 실제로 겨우 문장 사이에 구두점(,)뿐이다. 이를테면, '그리고 사람이 되어서, 그분은 고난을 받아' 혹은 '태어나서' 그리고 '고난을 받았다' 등이다."[54]

다섯째, 다양한 부류의 해방 신학자들은 이들 고전 기독론 신조 표기를 거칠게 비판하여 왔다. 왜냐하면, 그들은 "하나님과의 예수의 관계, 그분의 인물 안에 있는 신성과 인성의 의미를 탐구하였으나, 이들 기독론 주제들을 사회 속에서 시름하는 노예와 가난한 자들의 해방에 관련시킬 수 없다고 보았기 때문이었다."[55] 선도적인 흑인 신학자 제임스 콘에 따르면, '신성'과 '인성'의 일반적인 범주는 사회 윤리적 내용이 결여되었고, 제국의 패권을 떠받쳐 주는 종교 형태를 쉽게 가져올 수 있다. 그런 일이 역사 속에서 콘스탄틴 제국의 기독교에서 발생하였다.[56] 다른 많은 해방 신학자들이 이런 주장에 공명하였다.[57]

칼케돈의 다른 비평은, 이 세계를 방문하는 신들의 신화를 담은 몇 가지 그 진술의 유사성을 포함하여, 부언될 수 있다(이를테면, 비슈누와 다른 신들이 형상화된, 아바타의 많은 힌두교 신화들). 칼케돈과 그의 비평을 원근법에 의해서 평가하기 위해 몇 가지 논평을 간략하게 곁들여 보겠다.

대다수 신학자들은 이들 약점과 누락이 확인되었다 할지라도 그것이 칼케돈 방식의 해명 뒤에 남겨 둔 것을 다 정당화하지 못한다고 생각한다. 오히려, 현대 신학의 과제는 전통의 기초에 비평적으로 접근하고, 또한 칼케돈 신조 표기를 여타 인간의 장치처럼 상대

---

54) Ibid., 150.
55) James H. Cone, 《눌린 자의 하나님》, rev. ed. (Maryknoll, NY: Orbis, 1997), 114.
56) Ibid., 117.
57) Kelly Brown Douglas, 《그리스도의 흑인》(Maryknoll, NY: Orbis, 1994), 111-13.

적으로 최소 기준으로 사용하여 기독론을 수정하고 확장하고 재교육시키는 일이다. 위에서 언급된 많은 문제점은 인물(인격)과 본성이라는 용어가 추상적인 의미로 되돌아가서 사용되는 데 있다. 그러나 그 용어들은 교회의 견지에서 그리고 신학적으로 정의되고 규정되어야 한다. 이들 어휘는 특유한 의미와 상황에서 구체적으로 사용되고 이해될 수 있어야만 한다. 이들 어휘는 "이것이 기독교 교회들이 그리스도에 대해 진술한 바 전부다"란 식으로 나타내려던 것이 아니다. 그래서 건설적인 신학이 지속적으로 필요하다. 이것은 모든 사람들이 이들 용어들로 동일한 것을 나타내려던 것도 아니며, 원래 그랬던 것도 아니다. 디트리히 본회퍼가 말한 바를 주목해 보자. "그 칼케돈의 어의는 객관적이나, 모든 사상-형식을 거쳐서 파열하는 살아 있는 진술이다."[58]

통찰력을 발휘하여, 케임브리지대학교의 신학자 사라 코클리는 칼케돈 신조를 통례적인 정의(definition)보다는 지평선(horizon)이란 표현을 써서 진술하기를 선호한다. 정의를 나타내는 헬라어의 어원은 '호로스'(horos)다. 이 어원으로부터 지평선이란 용어를 알 수 있다.[59]

'호로스'와 관련된 다른 의미들은 경계, 한계, 표준, 견본 그리고 규칙이다. 특히 그 마지막 것(규칙)은 우리에게 초기 기독교가 신조의 진술들을 이해했던 방식을 상기시켜 준다. 그 진술들은 실상 '신앙의 규칙'이었다. '규칙'이라는 용어는 안내와 경계 같은 중요한 것을 뜻한다. 이 규칙으로 신앙 공동체가 때론 이단의 견해들을 판정하여 처낼 수 있고, 모든 것 혹은 많은 것이 그 규칙에서 정확하게 정의되지

---

58) Dietrich Bonhoeffer, 《그리스도 중심》, trans. John Bowden (New York: Harper & Row, 1960), 92; 나는 여기서 다음 분에게 신세를 졌다. Donald G. Bloesch, 《예수 그리스도: 구주와 주》(Downers Grove, IL: InterVarsity, 1997), 70.

59) Sarah Coakly, "칼케돈은 무엇을 해결하고 무엇을 해결하지 못하는가? 칼케돈의 '정의'의 상태와 의미에 대한 성찰," in 《성육신: 하나님의 아들의 성육신에 대한 다른 학문 분야와의 심포지움》, ed. Stephen T. Davis et al. (Oxford: Oxford University Press, 2004), 160.

않을 때조차도, 그것은 공유된 합의를 나타낼 수 있다.[60]

이는 칼케돈의 정의의 장르(형식)가 '본성'이나 '연합' 혹은 유사한 핵심 용어들을 이해하는 세부 방식에서 고립된 채 '객관적'으로 설명하는 체계가 아님을 뜻한다. 오히려 신앙의 규칙으로서 하나의 '격자'(格子)이다. 이를 통해 그리스도의 인물에 대한 반사(反射)는 틀림없이 통과될 것이다. 이 신앙의 규칙은 그 나름대로 단지 많은 것을 표현하며, 윤곽을 그리는 데 중요하다고 여기는 것들까지도 표현한다. 그렇다고 이것이 모든 것을 다 표현하는 것은 아니다. 실제로 가장 분명한 것까지를 포함하여, 여러 논제들을 그대로 남겨 놓는다. 곧 '인성'과 '신성'이 구성하는 그 실체는 무엇인가?[61] 칼케돈 뒤에는 초기 기독교에서 신앙의 모든 규칙과 유사하게 구원론적 의도가 있다. 하나님-인간, 예수를 구세주로 신앙 고백하면서, 기독교인들은 자연스럽게 자신들이 그 구세주의 인물과 '본성'에 대해 고백할 수 있는 만큼, 진술하기를 원했다. 코클리는 이를 잘 요약하고 있다.

> 신앙의 규칙은 기독론에 대해 완전한 체계를 갖추어 설명하려는 것이 아니다. 그리스도의 형세를 덜 완전하고 덜 정밀하게 묘사한 형이상학이다. 오히려 그것은 무엇을 말할 수 있는지, 무엇을 말할 수 없는지를 가르는 하나의 '경계'를 설정한다. 그 규칙에 의해 첫째, 그리스도에 대해 정도를 벗어난 세 이단적 해석들(예, 아폴리나리우스주의, 유티키스주의, 그리고 극단적인 네스토리안주의)을 배제시킨다. 둘째, 그리스도 안의 신성과 인성의 이중성과 연합을 식별하기 위하여 언어(예, *physis*와 *hypostasis*)의 추상적인 규칙을 제공한다. 그리고 셋째, 부정적인(네거티브) 것의 '수수께끼'를 제시한다. 이 수단을 통해서 (비록 확정적으로 정의된 것은 아니지만) 보다 위대한 실재가 암시될 수 있다. 동시에

---

60) 초기 신조들에 사용되었던 '상징'(symbol)이란 용어는 동일한 기능을 하였다(그러나 이 용어는 오늘날의 어법과는 다르다).
61) Coakly, "칼케돈은 무엇을 해결하고 무엇을 해결하지 못하는가?" 161-63.

그것은 니케아-콘스탄티노플 신조에서 진술된 구원의 행위들에 대해 요점을 되풀이하고, 이를 취한다.[62]

## 칼케돈에 대한 후기(後記): 몇 가지 세계적인 함의

칼케돈의 논쟁에 대한 중요한 후기는 세계 기독교를 위한 함의들이 과연 무엇일까를 다룬다. 교부 시대 이후로, (다소 부정확하지만) 비-칼케돈의 사람들이라 불린 교회들이 있었다. 이것은, 그들이 예수 그리스도에 관한 고전적 기독교 신앙을 지지하면서도 한편, 그 신앙을 그동안 칼케돈과는 다르게 정의하였다는 것을 의미한다. 위에서 언급했던 두 '이단'-네스토리우스주의와 단성론-은 가장 중요한 사례로 꼽힌다. 아시아의 기독교, 특히 인도와 중국의 기독교는 이들 '이단'과 친밀하게 연루되어 있다. 잘 알려진 대로, 비-칼케돈의 두 전통은 중국과 인도에서 자신들의 영향력을 지속적으로 확장시켜, 거기서 가히 자신들이 '표준'을 대표한다고 말한다.

기독교는 당나라의 강력한 태종의 통치하에서 7세기 초반에 네스토리안주의자들에 의해 소개되었다. '두 본성' 기독론은 9세기 중반에 당시[63] 가장 영향력 있는 나라에서 전파되었다. 이때 제국의 칙령은 기독교(그리고 불교)를 실제로 금지하였다.[64] 네스토리안주의 두 본성 기독론이 주장한 바에 의하면, 그들은 그리스도의 인성에 크게 관심을 가졌다. 왜냐하면 "가난한 자와 굶주린 자를 위한 돌봄 때문

---

62) Ibid., 161.
63) 물론, 아랍 제국은 당시 다른 세계 강국 세력이었다.
64) Kenneth Scott Latourette, 《기독교의 역사》, 제1권, 《시작에서 1500년까지》, rev. ed. (New York: Harper & Row, 1975), 324-25. 중앙 및 동아시아의 수많은 기독교 공동체들이 몽골과 이슬람의 세력으로 넘어가는 동안, 기독교 교회는 11세기경 네스토리우스파와 함께 서서히 중앙아시아, 인도, 중국에 걸쳐서 많은 지역에 교회들을 세웠다. Samuel Hugh Moffet, 《아시아에서 기독교의 역사》, 제1권, 《시작부터 1500년까지》(San Francisco: HarperSanFrancisco, 1992), 401-2.

에 오래 동안 알려졌고" 따라서 "오직 완전하게 인간 그리스도만이 윤리적이며 도덕적 모범이었기에" 그것은 그리스도의 인성을 강조하는 데 딱 들어맞는다고 생각했기 때문이다.[65] 13세기에 네스토리안주의자들은 북경(이후엔 수도 몽골)에 대주교를 두었고, 14세기 초에 네스토리안주의의 감독이 중국, 인도, 투르키스탄, 카슈가르 등에 25개 대도시에 상주하였다는 보고가 있다.[66] 이것이 진짜 말해 주는 바는, 그리스도에 대한 네스토리안주의 해석이 세계의 대륙의 역사에서 광대하게 영향을 미쳤다는 사실이다.

인도에서는 기독교가 단성론적 기독론의 형태를 띠고 들어왔다. 단성론의 후기 통합에 있어 주된 역할은 8~9세기 서시리아 야곱 교회들에 의해 이뤄졌다. 그들은 초기 선교 본거지를 아프리카(이집트와 에티오피아)에 두었다. 단성론자들은 곧 아시아 지역의 시리아를 넘어 아르메니아와 심지어 페르시아에도 강력한 교회 형태로 영향을 미쳤다. 이는 마치 네스토리안주의 영향이 페르시안 아시아에까지 뻗쳤던 것과 같다.[67] 그 단성론은 17세기에 (자코바이트) 시리아 정통 교회의 형태를 띠고 인도에서 활로를 찾기 시작하였다.

이들 두 사례만으로도 우리의 다원주의 세계에서 교리적 문제가 언제나 새롭고 복잡한 환경에서 나타난다는 것을 알 수 있다. 그리스도에 대한 서로 다른 해석들을 절충하며 이끌어 내는 것은 지금 세계적 교회에 주어진 과제이다. 앞서 말한 이들 두 사례는 주요 전통에 의해 이단으로 딱지가 붙었음에도 불구하고 그랬다.

---

65) Moffet, 《아시아에서 기독교의 역사》, 1:171.
66) Latourette, 《기독교의 역사》, 1:591.
67) 페르시아에서의 단성론자들의 확산에 대해서 ibid., 1:243-47을 보라.

## 그 후의 여러 발달들

### 후기-칼케돈의 문제들

비록 개신교 종교개혁의 여파로 근대가 출현하기까지 칼케돈 이후 (곧 15세기 이후) 그리 많은 일들이 발생하지 않았다는 주장은 좀 순진하고 무식할지라도, 한 개론서가 여기서 논점을 (격돌과 도전들을 통하여) 기존의 정통의 교부 시대의 말기로부터 근대 혹은 계몽주의에서 시작된 급진적인 수정 시도들로 이동하여 기술하려는 것은 정당해 보인다. 7세기 말 이후 구원론 곧 구원의 교리를 제외하고는, 좀 과장해서 말하면, 아주 극소수, 발달성의 기독론 쇄신 혹은 논쟁들이 발생하였다. 곧 제2천년기의 시작을 기점으로 혁신적인 '속죄 이론들'이, 전에 받아들여졌던 첫 1천년기의 '총괄 개념'과 '속전' 견해들에 이의를 제기하고, 풍성하게 새 형태로 만들기 위해 출현하기 시작하였다. 그러나 이 책에서 이를 다 취급할 수는 없다.

이것이 의미하는 바는, 초기 역사 말기 부분을 다루면서 칼케돈 이후 몇 가지 주목해야 할 논쟁과 발달들을 그렇게 세밀하지는 않지만 기록할 수는 있다는 것이다. 종교개혁기의 발달을 포함하여 이들 논쟁들의 배후에서, 칼케돈은 매우 중요한 표준과 이정표로 서 있었다.

밝혀진 세계적 함의들에 대해 위에서 토론한 대로, 많은 동방교회 신학자들이 두 본성에 초점을 맞춘 채 칼케돈의 공식 표기를 입으로는 찬성하면서도, 한-본성 기독론에 대한 자신들의 선호를 결코 포기하기를 원하지 않았다.[68] 6세기 들어, 동방 진영으로부터 칼

---

[68] (황제 율리아누스의 비호 아래) 제2차 칼케돈 회의가, 안디옥의 가장 거대한 기독론자인 몹수에스티아의 테오도르를 걸어, 두 본성에 너무 급진적으로 강조한 것 때문에 이를 빌미로 정죄까지 하였지만, 정작 단성론자들의 지지는 얻지 못했다. Pelikan, 《가톨릭 전통의 출현》, 277.

케돈에 반대 목소리를 내면서 단성론 교회들의 운동이 일어났다. 이것은 동방 지중해 연안의 기독교 교회(콥틱, 아르메니안, 시리아 교회) 중에 있는 알렉산드리아의 직관력의 급진적 개혁이며 동시에 지속이었다. 비록 반대자들이 있었지만, 이들 단성론 교회들은 정통 무리에 다 포함된다.

그리스도의 본성들에 관한 논쟁에서 이에 관련된 문제가 다시 발생하였다. 곧 그리스도의 의지(들)에 관한 질문이었다. 안디옥의 마카리우스는, 자신이 심지어 "몸이 갈기갈기 찢기어 바다에 버려진다 하여도" 그리스도가 "두 자연[독립된] 의지"를 지녔다고 결코 말할 수 없다고 확고히 선언하였다.[69] 단일의지론('단의'(單意)를 의미하는 두 개의 헬라어에서 유래한 말) 곧 그리스도는 두 가지 의지보다는 오직 하나의 의지만 지니고 있다는 이 신념은 곧 심각한 반대에 직면하게 되었다. 첫째, 이것은 성서와 모순되는 것처럼 보였다. 왜냐하면 겟세마네 언덕에서 예수는 "아버지여! 내 뜻대로 마시고 다만 아버지의 뜻대로 이루어지게 하소서!"라고 기도했기 때문이다. 이 성서 본문은 분명히 그리스도가 그의 두 의지들을 구별했다는 것을 나타낸다. 더욱이 단일의지론은 구원론과 배치되는 것으로 보였다. 일찍이 나지안젠의 그레고리는 자신의 유명한 격언에서도 이를 지적했다. "제 것(인성의 의지-역자 주)으로 취하지 못한 자는 인간을 구원할 수 없다."[70] 만일 그리스도가 진정한 인간 의지를 지니지 못했다면, 그때는 하나님에 대한 모든 죄와 반역의 뿌리인 인간 의지는 분명히 구원받지 못했다. 같은 논리로, "만일 그가 참 인간의 의지를 취하지 못했다면, 그것은 우리 안에서 첫째로 고난 받은 자는 치유(구원) 받을 수 없었다."[71] 결

---

69) Jaroslav Pelikan, 《동방 기독교 세계의 정신(600-1700)》, 제2권, 《기독교 전통: 교리 발달의 역사》(Chicago: University of Chicago Press, 1974), 70.

70) Gregory Nazianzen,《아폴리나리우스를 반대하는 크레도니우스 사제에게 보낸 편지》, in NPNF(2) 7:440.

71) Ibid.

과적으로 681년, 콘스탄티노플 제3차 회의는 그리스도는 두 본성의 의지들을 지녔다고 선언하였다. 그럼에도 불구하고 단성론자들은 그런 선언에 결코 동의하지 않았다.[72]

우상파괴주의 논쟁과 관계 있는 한 토론은, 특히 기독교의 동방 진영에서 생각을 분열시켰다. 그 토론은 그리스도와 성자들의 형상 숭배와 관계를 맺고 있었다. 그 기독론의 출발점은 간단하게 말하면 다음과 같다. 만일 그리스도가 (인성과 함께) 신성이라 한다면, 우리는 그리스도의 형상을 숭상함으로서 성서에서 엄격하게 금지시켰던 하나님의 형상을 만드는 위험한 일에 빠질 수 있다. 선도적인 동방신학자 성 다마스쿠스의 요한은, 여타 신학자들 가운데서, 이 민감한 문제에서 조심성 있고 차별성 있는 안내를 제공하였다.[73]

## 종교개혁 시기의 기독론

개신교 종교개혁자들은 기독론보다는 다른 주제들, 이를테면 권위, 성서, 교황의 역할, 구원론과 같은 문제에 관심을 가졌기 때문에, 그리고 그들이 고전적 신조와 신앙 고백들의 터전을 세우려고 많은 노력을 기울였기 때문에,[74] 그들은 어떤 것을 혁신하는 데 매우 조심스러워했다. 그들은 성례론같이 자기들에게 친밀한 다른 주제들과 관련된 점에서만 철두철미한 기독론 주제들에 손을 대기 시작했다. 성육신에 대한 신학적 성찰에 있어서, 그들은 '속성의 교류' 표어 아래 종종 언급되었던 고대 논쟁을 수정하였다. 논의했던 대로, 그 개

---

72) Placher, 《기독교 신학의 역사》, 91-92.
73) Schwarz, 《기독론》, 159-60; Placher, 《기독교 신학의 역사》, 91-94.
74) 루터교의 신앙 고백의 모음집, 《합의서》(Book of Concord)가 세 가지 고전적 신조, 곧 사도신경, 니케아-콘스탄티노플 신조, 그리고 아타나시우스 신조와 함께 등장한다. 루터교의 가장 중요한 단일한 신조 '아우크스부르크 신앙 고백' 제2항은 기독론에 대한 신조의 진술을 조심스럽게 다시 진술한다.

념은 네스토리안주의의 발흥과 더불어 발생하였고, 이후 심각한 토론이 벌어졌다.[75)]

루터교회와 개혁주의교회 간에 서로 다른 동향이 나타났다. 일반적으로 말해서, 루터교회는 두 본성의 연합을 강력하게 확언하였다. 그 학술 용어는 "유한이 무한을 수용한다"인데, 이를 풀어 말하면, 유한한 예수의 인성이 무한한 신성을 감당할 수 있다는 것이다. 각기 서로 혼합(이는 필연적으로 아폴리나리우스의 단성론의 형태를 수반한다)되지 않으면서도 두 본성은 완전히 연합된다. 개혁주의 진영의 "유한은 무한을 수용하지 못한다"는 표어는, 물론 서로 분리됨(네스토리안주의를 뜻할 수 있다) 없이, 어떻게든 이 두 본성을 뚜렷이 구별하려 한다.[76)]

이런 점에서 루터가 자신의 논법을 그리스도의 수난과 십자가에서의 죽음의 문제에 적용했던 것은 이해할 만하다. 잘 알려진 대로 ('영광의 신학'과 정반대인) 그의 '십자가의 신학'은 그의 모든 사상 체계에서 주요한 주제이다.[77)] 몇 가지 진정한 의미에서 루터교회의 개혁자들은 하나님이 십자가 위에서 고난을 받아 죽었다고 주장하였다. 그리스도가 만일 인간이자 하나님 둘 다라면, 십자가에서 죽었던 그 인물은 인간 예수요 신적 하나님 둘 다이다. 루터의 말을 빌리면, "신성과 인성이 그리스도 안에서 한 인물이기 때문에, 성서는 그분에게 신성을 돌린다. 이 인격적 연합 때문에, 그 인물에게서 발생한 모든 일이 하나님에게서 일어난 일이다. 그 역도 그렇다…그러므로 하나님의 죽음에 대해 진술하는 것은 정확하다."[78)] 이 견해는, 하나님이 진

---

75) Placher, 《기독교 신학의 역사》, 83-84; Pelikan, 《가톨릭 전통의 출현》, 249-51, 270-74.
76) 상세한 논의를 위해서 Bloesch, 《예수 그리스도》, 62를 보라.
77) 상세한 개론을 위해 Kärkkäinen, 《하나님과 함께 하는 자: 신성시(성화)와 칭의로서 구원》(Collegeville, MN: Liturgical Press, 2004), 제4장을 보라.
78) 다음에서 인용. "[신앙의] 합의 공식 표기," 제8항, in 《합의서》, ed. Theodore G. Tappert (Philadelphia: Fortress, 1959), 599.

정한 방식에서 고난을 받았다는 의미에서, 때로 '신(神)수난설'로 불렸다(이것은 양태론 형태같이, 아버지로서 하나님이 고난을 받았음을 뜻하는 성부수난설과는 같다고 할 수 없다). 개혁주의 존 칼빈과 울리히 츠빙글리는 당시 이해할 만하게도 이에 동의하지 않았다. 츠빙글리는 이렇게 주장했다. "엄밀하게 말해서, 그 고난은 오직 인간 예수에게만 속한다."[79] 이 점에서 매우 조심스러워했던 칼빈까지도 '속성의 교류' 공식의 적용에 대하여 강한 염려를 나타냈다. "확실히 하나님은 피를 흘리지 않고, 고난을 받지도 않고, 인간의 손에 접촉될 수도 없다."[80] 루터교회와 개혁주의교회는 이런 결말에 서로 동의할 수 없었다. 그러나 루터교회가 네스토리안 경향의 개혁교회를 비난하고, 개혁교회 역시 단성론 경향의 루터교회를 비난하였지만, 양편 모두 이단이라는 딱지를 감히 서로 붙이지 않았다.

개혁교회와 루터교회 개혁자들 가운데서 충돌하여 갈라진 추론 문제는, 성만찬에서 그리스도의 임재를 어떻게 최상으로 이해할 수 있는가와 관련하여 발생하였다. 가장 뚜렷한 견해는 츠빙글리에 의해 제시되었다. 그에게 있어서 하늘에 계신 현양된 그리스도는 주의 식탁에서 오로지 영적으로만 임재하실 수 있다. '속성의 교류'의 원리를 보다 엄격하게 따랐던 루터는 심지어 지상에서까지 그리스도의 임재를 이해하는 방식으로 보다 문자적으로 해석하였다. 다음의 본문 "이것은 너희를 위하는 내 몸이니"(고전 11:24)를 숙고해 보라. 이 본문은 사실 ('하나님의 손'에 대한 이해 방식의 유비에 기초하여 세워진) 주의 만찬의 신학적 해설이다. "하나님의 오른손은, 이를테면 금관 위에 무엇이 놓일 수도 있는 그런 구체적인 위치가 아니라 하나님의

---

79) Ulrich Zwingli, 《주의 만찬에 관하여》, Library of Christian Classics 24 (Philadelphia: Westminster, 1953), 213.
80) John Calvin, 《기독교 강요》, ed. John T. McNeil, trans. F. L. Battles (Philadelphia: Wsetminster, 1960), 2.14.2.

전능이다. 하여 한 번에 혹은 동시에 아무데도 위치할 수 없지만, 그러나 어디든 계신다."[81] 교리를 고도로 학술적으로 제시한 후기 종교개혁의 루터교회 스콜라주의 손에서, 위 견해는 그리스도의 '편재'의 원리로 발전하였다. 곧 모든 신적 속성들은 또한 그리스도의 인성에게 그 속성상 돌려질 수 있다. 이를 또한 편재라 할 수 있다. 다른 말로 하면, 그리스도의 '신체상'의 임재는 모든 성만찬 식사에 현존할 수 있다.[82]

종교개혁 교회들의 다양한 진영 간에서뿐만 아니라 또한 단일의 전통의 대표들 간에서도 서로 다른 신학적 동향들이 있었다. 훌륭한 실례가 성육신에서 자신을 스스로 비운 그리스도의 행위를 놓고서 루터교회 신학자들 간에 벌어진 17세기의 논쟁이다(빌 2:7은 그리스도께서 스스로 자신을 비운 바([헬라어 '케노시스'])에 대해 진술한다). 모든 루터교회 신학자들은 사복음서가 지상에서 자신의 모든 속성들을 사용하고 있는 그리스도에 대해 언급하고 있지 않다는 데 다 동의하였으나, 이를 설명하는 방식에 있어서는 서로 달랐다. 두 진영이 출현하였다. 한 진영은 그리스도가 비밀리에 자신의 신적 능력을 사용하였다고 주장하였고, 다른 진영은 그분이 그런 능력을 사용함을 전체적으로 삼가하였다고 내세웠다(이를 케노시스 기독론이라 한다. 이는 이후 많은 방향으로 발전하였다).[83] 양 진영은 그리스도가 신적 속성들을 지녔음을 믿었다. 곧 문제는 그 속성들의 사용에 관한 것이었다.

종교개혁과 그 초기에 기독론 이해에서 중요한 차이점을 놓고 진행된 토론들이 비록 주목할 가치가 있다 할지라도, 그런 논쟁들은

---

81) Luther, 《이것은 내 몸이다》(1527), in 《루터 전집》, 제37권, "말씀과 성례전[I]" (Philadelphia: Augsburg Fortress, 1961), 57.
82) 상세한 것은 Schwarz, 《기독론》, 170-75를 보라.
83) 상세한 것은 Kärkkäinen, 《그리스도와 화해》, 167-68을 보라.

그리스도에 대한 보다 더 넓은 기독교의 합의 가운데서 여전히 검토될 수 있다. 그러나 이성에 대한 계몽주의의 강조가 '실재' 예수에 대한 날카로운 비평과 탐구를 시작하면서, 곧 근대의 시작 이후에, 그런 합의 자체는 서로가 황폐시키는 비평을 맞이하게 되었다. 그 주제를 다음 장에서 다뤄 보자.

# 4장

## 근대의 여러 기독론
### 역사적 예수 탐구

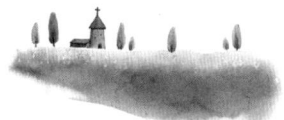

### 계몽주의: 독립된 이성의 시대

**계몽주의와 근대는 무엇인가?**

종교개혁 시대는 프로테스탄트 교회와 로마 가톨릭 형태에서[1] 새로운 종교를 가능하게 하였을 뿐만 아니라, 또한 지성적·문화적·사회적 전반적인 영역에서 중요한 개혁을 주도하였다. 인쇄술의 발명은 루터의 베스트셀러 《소교리문답》을 보통 사람들의 손에 쥐어 줄 수 있도록 문서들을 보급시켰다. 개인주의와 다른 인문학적 가치에로 방향 전환은 계몽주의와 이후 근대 형세에서[2] 출현하여 그 전성기

---

1) 프로테스탄트 종교개혁과 반(反)종교개혁이라고 말하기보다, 이 표현은 프로테스탄트 공동체들의 과거에서 관례적이다. 보다 적절하고 간단한 일련의 용어는 프로테스탄트와 가톨릭 종교개혁이다.
2) 16세기의 종교전쟁을 포함하여 계몽주의 발흥을 가능케 한 다른 관련 요소들을 간략하게 살펴보기 위해서는 William C. Placher, 《기독교 신학의 역사: 개론》(Philadelphia: Westminster, 1983), 236-37를 보라. 프랑스, 독일, 영국에서 '계몽주의'에 대한 보다 정확한 표현은 다양하다. 계몽주의에서 우리는 '현대성'이 나타내고자 한 경쟁력 있고 상충되는 전망을 발견한다. 이에

를 맞이하였다.

선도적인 독일 근대 철학자 임마누엘 칸트는 계몽주의 정신적 성향을 다음과 같은 인용문으로 표현하였다:[3]

> 계몽(Aufklärung)은 우리 스스로가 떠맡긴 후견으로부터 벗어나 우리 스스로가 방면되는 것이다. 즉, 다른 어떤 이의 지도 없이는 우리 자신의 이해력을 사용하지 못했던 무능력의 상태로부터 이제 우리 자신이 해방되는 것이다. 이 후견은 자신의 이성을 의지하지 않고, 다른 이의 지도 없이는 그 이성을 사용하려는 용기조차 결여한 데서 기인한다… "그대 자신의 이성을 사용하려는 용기를 가져라!" 그것이 곧 계몽의 표어다.[4]

18세기 시작부터 전통 혹은 신념보다는 오히려 이성이 이들 다양한 운동들을 사고함에 있어서 권위의 주요한 위치와 출발점이 되었다.[5] 그러나 계몽주의를 단지 '이성의 시대'라고 부르는 것은 충분한 설명이 될 수 없다. 많은 이른 세기에서도 유사하게 이성의 시대라고 불렸다. 이를테면 캔터베리의 안셀무스나 혹은 토머스 아퀴나스와 같은 대가들을 떠올리면서 숭고한 중세를 한번 생각해 보라. 그 계몽주의를 독특하게 만든 것은 이성 사용의 독립성이다. 교회 전통, 신적 계시, 그리고 다른 사람의 후견으로부터 독립된 이성은 그 자체로 계몽주의의 본질이다.

계몽주의 사상가들은 합리성과 지식을 구체적으로 알고 있었다.

---

대한 간략한 논의를 위해서는 James Schmidt, "계몽주의는 무엇을 예측하는가?" *Political Theory* 28, no. 6 (2000): 734-57을 보라. 보다 철저한 취급은 다음을 보라. Louis K. Dupre, 《현대 문화의 계몽주의와 지성적 토대들》(New Haven: Yale University Press, 2004).

3) 칸트가 독일에서 선도적인 계몽주의 사상가라면, 프랑스에서는 철학자 르네 데카르트와 지성적 작가 볼테르(프랑수아 마리 아루에)를, 그리고 영국에서 존 로크 등을 들 수 있다. 이들은 현대성을 위한 발판을 놓았다.

4) Alister E. McGrath, 《현대 독일 기독론의 형성, 1750-1990》, 2nd ed. (Grand Rapids: Zondervan, 1994), 14에서 인용.

5) 어떤 분석가들은 계몽주의 시작을 종교전쟁이 끝나는 17세기 중반으로부터 도출한다.

그들은 과학이 세계와 인간 존재에 대한 지식을 습득하는 데 있어서 유효하고 늘 누적된 방법들을 발전시켜 왔다고 믿었다. 세속적이든 혹은 교회적이든 상관없이 그들이 고대 미신, 전통적인 종교적 확신, 그리고 권위들을 이제 대체함으로서, 과학의 새로운 방법들은 세계의 신비들을 드러내고, 무지와 가난과 아마도 심지어 전쟁의 조건들까지도 줄일 수 있다고 약속하였다. 최종적으로 과학은 필요하면 자신의 문제들을 추적하는 자유까지도 누리게 되었다. 이성에 의해 증명될 수 있는 것은 다 유효한 지식으로 채택되었다. 고대든 현대든 신앙에 기초한 의견들은 이제 근대성에 의해 단지 '청산되어야 할' 환상으로 여겨졌다.[6]

### 전통 기독론들에 대한 비평

종교의 개념과 역할은 이제 비평적 관찰과 급진적인 수정을 맞이할 수밖에 없었다. (신적 영감을 받은 경전-그것이 성서이든 혹은 코란이든 상관없이) '계시된' 종교 대신에 '자연' 혹은 '이성' 종교가 전면에 나서게 되었다. 두 명의 영국 사상가들의 저술의 제목만을 떠올려 보라. 존 로크의 《기독교의 합리성》(1695)과 존 톨런드의 《기독교는 신비종교가 아니다-복음서에는 이성에 반하거나 이성을 넘어서는 것은 아무것도 없다: 기독교 교리는 결코 신비라고 불릴 수 없다》(1669)이다.[7]

프로테스탄트 신학은 로마 가톨릭 신학보다는 계몽주의 사상의 영향에 좀 더 개방적이었다. 이는 프로테스탄트 사상이 성서를 그 스

---

6) 간결하면서도 비전문적인 논의를 위해서는 Placher, 《기독교 신학의 역사》, 238-42를 보라.
7) 기독교 신학에서 계시론과 성서 권위에 관한 세부적인 논의는 Kärkkäinen, 《삼위일체와 계시: 다원주의 세계를 위한 건설적인 기독교 신학》, 2권(Grand Rapids: Eerdmans, 2014), 1장을 보라.

스로 해석하려는 개인의 자유를 더 선호하여 집단적 의사 결정을 제거하려는 욕구에 더 관여했다는 사실에 비추어서 볼 때 이해될 만하다. 프로테스탄트는 항상 제도적으로 덜 지배되고 개인의 독창력에 좀 더 개방적이었다. 그래서 이는 많은 다양한 민주적 교회 형태들을 가져오게 하였다.

성서 비평은 인간 이성의 독립된 사용에 대한 이런 새로운 개방성 때문에 자연스러운 결과였다. 과거엔 성서 본문이 신뢰할 만한 역사적 설명으로 받아들여졌다면, 이제는 막 제기되는 의심과 여러 부정에 직면하게 되었다. 성서는 당대 다른 역사적 저술들 탐구에 적용되었던 동일한 방식과 원리에 따라 하나의 역사적 문헌들로 연구되어야 했다. 성서 본문이 믿을 만한 것인지 여부는 이제 성령에 맡기지 않고 인간 정신과 인간 이성에 맡겨졌다.

계몽주의는 복음서 기자들의 많은 기적 이야기나 혹은 나머지 신약성서에 나오는 그런 유의 이야기에 신뢰의 여지를 두지 않았다.[8] 비록 데이비드 흄의 《기적들에 대한 논문》(1748)이 기적에 대한 모든 개념을 부득이 없애지는 않지만, 그것은 전통적인 개념들이 실제로 놓쳤던 그들의 권위 문제를 결정함에 있어서 엄격한 기준을 들이댔다. 위대한 프랑스 사상가 드니 디드로는 "설혹 파리 시민 모두가 나서서 죽은 자가 다시 살아났다고 내게 확실히 말한다 할지라도, 나는 그 말을 한마디도 믿지 않을 것이다"[9]라고 주장하기까지 했다. 유사한 논법이 원죄와 타락, 삼위일체론 등과 같은 전통적인 교리들에 적용되었다. 결과적으로 모든 기독교 교리들에 대한, 특히 니케아-칼케돈의 기독론-삼위일체론 전통에 대한 전반적인 재평가가 필요하다고 생각되었다.

---

8) 이 부분은 매우 뛰어난 McGrath, 《현대 독일 기독론의 형성》, 23-28에 거의 신세를 졌다.
9) 《드니 디드로와 백과사전 편집자들》, ed. John Morley (London: Chapman and Hall, 1878), 1:54.

나사렛 예수의 의미와 기독론 출현-'역사적 예수 탐구'라 불렸던 시도에 대한 완전한 재고는 이제 조금도 이상한 일이 아니었다. 첫 7세기 동안에 모든 기본적인 기독론 교리들이 확립되었고, 그중 많은 교리들은 다소 구속력 있는 신조 형식으로 설명된 반면에, 17세기 종반부터 시작하여 그 교리들은 모두 거부되거나 혹은 수정되기에 이르렀다.[10]

## 역사적 예수에 대한 독창적인 탐구: '역사의 예수' 혹은 '신앙의 그리스도'

신학적 용어들을 정의하면서 '역사적 예수 탐구'란 용어가 대두되었다. 위대한 신약성서 학자 앨버트 슈바이처가 1906년에 《역사적 예수 탐구: 라이마루스에서 브레데까지 그 탐구 과정에 대한 비평》를 출판하면서 신조어의 가늠자가 되었다.[11] 그런 탐구를 시도하게 된 근본적인 배경은, 교회나 신학이 그동안 제공했던 신앙적 해석을 멀리하고 예수 자신이 실제로 어떤 분이었나를 발견하려는 생각이었다. 이런 탐구에 참여했던 사람들은 예수의 기원에 대한 과학적 연구가 결국 역사의 예수는 성서, 신조, 기독교 경건과는 달랐다는 것을 보여줄 것이라고 기대하였다. 훌륭하게도, 이 의제는 (탐구의 초점으로서) '역사의 예수'와 (전통 기독론의 중심으로서) '신앙의 그리스도'간의

---

10) 현대 시기가 그리스도 신앙에 관한 회의론의 시작을 절대적으로 표시했다는 것은 물론 아니다. 그 회의론엔, 예를 들면, 스페인의 이단자요 박식가 M. 세르베투스, (반(反)삼위일체론자 파우스투스 소키누스에 의해 주도된) 소시니안들, 유니테리안들, '탐구 전에 탐구자들'에 참여했던 비(非)삼위일체론자들이 있었다. Colins Brown은 *DJG* [2013], 720-24에서 이를 '역사적 예수 탐구'라고 말한다. 그러나 이들 회의론의 시도들은 정통과 관련하여 완전히 가장자리에 머물게 되었다.

11) 첫 번째 영어 번역본 A. Schweitzer의 《역사적 예수 탐구》는 William Montgomery에 의해 번역되어 1910년에 영국의 A. & C. Black 출판사에서 나왔다.

구별(그렇다고 분리는 아님)에서 명확히 표현되었다. 콜린 브라운이 이를 간결하게 설명하고 있듯이, 계몽주의 이전 신학에서는 '신학적 예수를 위한 탐구'가 있었던 반면에, 이제는 이것이 역사적 예수 탐구가 되었다.[12]

슈바이처의 책이 뒤덮고 있던 시기는 흔히 역사적 예수 초기 탐구로 불린다. 그 탐색은 20세기 전환점에서 슈바이처 자신의 비평과 건설적인 제안과 함께 절정에 이르렀다가 또한 그에게서 종지부를 찍었다. 1950년대에 에른스트 케제만의 제창으로 또 새로운 탐구가 시작되었다. 이는 이후 1980년대에 시작된 세 번째 탐구로 이어졌다. 작금에 우리는 이미 네 번째(혹은 세 번째 그 후의) 탐구에 관해서 이야기한다.

《역사적 예수 탐구》의 서두에서, 슈바이처는 동양 언어의 독일 학자 헤르만 S. 라이마루스에 의해 촉발된 새로운 기독론 탐구 방법들이 보인 최고의 중요성에 대해 이렇게 서술한다. "라이마루스 이전에는 아무도 예수 생애의 역사적 개념을 구상하려는 시도를 하지 않았다…따라서 라이마루스의 그런 역작을 위한 준비가 학계에 전무하였다."[13] 비록 그리스도에 대한 '세속적' 학자라기보다는 오히려 신앙심 깊은 교인인-라이마루스의 생각이, 당대 비슷한 생각을 지닌 학자들 중에서[14] 그렇게 독창적이지는 못했지만, 그의 크고 두꺼운 책, 1778년 판 《하나님을 이성적으로 예배하는 자의 변호와 방어에 대한 논문》, 특히 마지막 장의 제목 "예수와 그의 제자들의 목적(혹은 목표)"는 전통적 기독론 신념들에 대한 중상적인 공격일 뿐이다.[15]

---

12) Brown, "역사적 예수 탐구," 719. 그의 논문(718-56)은 뛰어나고 간략하고 균형을 잘 유지한 채 모든 역사적 질문 사안을 탐색한다. 나의 설명은 여기에 많이 의존하고 있다.
13) Schweitzer, 《역사적 예수 탐구》, 13.
14) 같은 생각을 지닌 영국 이신론자들과 다른 자들을 위해서는 Hans Schwarz, 《기독론》(Grand Rapids: Eerdmans, 1998), 8-9.
15) 《라이마루스의 단편들》, trans. & ed. Charles Voysey, 1권 (London and Edinbuegh: Williams and Norgate, 1879), 제2장.

라이마루스의 주요 요지는, 나사렛 예수 자신의 의도와 그의 제자들과 사도들의 의도 간에는 근본적인 차이가 있다는 것이다. 그의 목표는 신약성서의 신학적 설명을 넘어서 있는 그대로 그리고 후기 해석의 층이 없는, '진정한' 역사적 예수로 돌아가는 것이었다. "만일… 우리가 예수 교훈의 역사적 이해를 얻기를 원한다면, 우리는 형이상학적 신적 아들, 삼위일체, 그리고 유사한 교리적 개념을 취급한 우리의 소교리문답에서 익히 배웠던 바를 뒤에 두고, 전적으로 유대인의 사상 세계로 철저하게 들어가야만 한다."[16] 라이마루스는, 복음서와 나머지 신약성서의 칭호 혹은 명칭들, 이를테면 '하나님의 아들'과 '메시아' 속성을 부인하지 않으면서도, 그런 칭호들이 어떤 신성의 개념도 암시하지 않다고 생각하였다. 라이마루스는 인자 칭호를 예수가 가장 선호하는 것으로 확신했다(그는 그 칭호가 그리스도의 인성을 나타내고 있다는 전통적인 이해에 동의하면서도 그랬다. 위에서 토론한 것처럼, 지금은 이는 그리 신뢰하지 않은 견해이다).

처음엔 예수와 그의 제자들 모두는 예수를 정치적 메시아로 여겼다. 곧 자신들의 지도자의 죽음 때문에 실망한 이후에서야 '영적 구속자'의 시각이 출현하였다. 라이마루스는 복음서 이야기들을 역사적 사건으로 능히 발생할 수도 있었다는 제자들의 신념에 맞게 변경하는 것이 그들의 관심이었다고 생각하였다. 라이마루스는 제자들이 기적, 심지어 부활과 승천을 나사렛으로부터 온 그 남자에게 돌릴 때는, 그런 의식을 지닌 제자들 자신이 사기꾼들로 탄로가 날 것이라고 확신하게 되었다. 요컨대, "제자들에 의해 개발된 그 새로운 체제, 기독교 신앙은 대부분 문학적 고안이며 역사적 뒷받침이 결핍된 것이다." 그에 의하면, 이를테면 삼위일체, 성례, 그리고 두 본성 기독론 같은 교리들은 실상 예수에게서가 아니고 그의 추종자들에게서 유래

---

16) 라이마루스의 견해는 Schweitzer, 《역사적 예수 탐구》, 17에 잘 요약되었음.

한다.[17]

　기독론에 대한 라이마루스의 평론을 사후에 출판하였던 라이마루스의 동료 고트홀트 E. 레싱은 역사적 예수에 대한 초기 탐구의 또 다른 선구자이다. 원래 그는 유명한 극작가였으며 볼펜뷔텔의 도서관 사서였다(그의 이름은 라이마루스의 《변증학》에 관해 도서관에서 우연히 발견한 '볼펜뷔텔의 단편들'이란 일반 학명으로 인해 붙여졌다). 그는 동료의 사상을 확고하게 지지하면서-대신하여 그런 단편의 출판을 도우면서도-기독론에 대한 그의 관심은 얼마간 다른 방향으로 나갔다. 짧은 표제 논문, "성령과 그의 능력의 증거에 대하여"에서, 그는 "역사의 우연한 진리들은 결코 이성의 필연적 진리의 증거가 될 수 없다"라는 유명한 주장을 내세운다.[18] 이것이 내세우고자 하는 바는, 비록 그리스도가 죽음으로부터 부활했다고 우리가 믿는다 할지라도, 그 자체로는 기독교 전통의 '신앙의 그리스도'를 확증하지 못한다는 것이다. 레싱 자신이 비록 "그리스도를 통하여 예언들이 성취되었고…[그리고] 그리스도가 기적들을 행하였음을 한순간도 부인하지" 않지만, 그러한 일들이 오늘날의 경험보다는 오히려 (신약성서) 당대의 여러 보고에 근거하기 때문에, 그것들은 현대인들이 예수의 가르침과 기독교 교리들을 적용하는 데 구속력을 지니지 못한다.[19] 이것은 신앙과 역사 간의 "추악한 넓은 도랑"이다.[20] 여기서 우리는 라이마루스와 레싱 간의 차이를 쉽게 알 수 있다. 전자는 역사성의 문제(복음서에 보고된 사건들의 사실의 본질)가 주요 관심인 반면, 후자는 이성과 합리성의 논점이 중심에 있었다.[21]

---

17) Schwarz, 《기독론》, 9-14, 특히 13에서 인용.
18) Gotthold E. Lessing, "성령과 능력의 증거에 대하여," in 《레싱의 신학 저술》, trans. Henry Chadwick (London: Adam & Charles Black, 1956), 53.
19) Ibid.
20) Ibid., 55.
21) 유익한 논평에 대해서는 Schwarz, 《기독론》, 14-15를 보라.

앨리스터 맥그래스는 레싱의 논문(그리고 그의 작은 평론, "그리스도의 종교", 1780[22])에서 드러났던 그의 문제점을 설명하기 위하여 유용한 교수법 장치를 이용한다. 신앙과 역사/이성 간에 놓여있는 그 "불쾌한 넓은 도랑"의 세 가지 밀접한 관계의 측면들은 다음과 같이 식별될 수 있다. 첫째, "과거를 현재로부터 분리하는 연대순의 도랑"이다. 신약성서 복음서의 현재의 독자는 최초의 목격자(증인)에 달려 있다. 그리고 그런 점에서 독자 자신의 이성적 판단에 의해서보다는 오히려 다른 사람의 권위 하에 좌우된다. 둘째, "우연한 역사적 진리들을 보편적이고 필연의 합리적인 진리들로부터 분리하는 형이상학적 도랑"이다. 비록 논증을 위하여 (레싱이 믿었던 바가 예수의 사건에서 발생했던 대로) 죽은 자가 부활했을 수도 있다 할지라도, 그것은 부활의 보편적 법칙을 거의 구성할 수 없다. 셋째, "현대 인간 존재를 과거의 종교적 메시지로부터 분리하는 실존의 도랑", 다시 한 번, 논증을 위하여, 만일 우리가 복음서 보고들이 신빙성 있을 뿐만 아니라 또한 그리스도의 부활이 다른 사람들의 부활에서 보편적인 확신을 보증한다고 가정한다면, 지금 여기 현대인에 대한 그 관련성은 무엇인가?[23] 우리가 쉽게 파악할 수 있듯이, 이것들이 실제로 현대성이 안고 있는 문제들이다. 그 문제들이란, 기독교인들이 20세기와 21세기에 예수 그리스도를 믿는다고 할 때 그 의미는 무엇이고 지금 여기서 그 관련성은 또한 무엇인가에 대한 깊은 회의가 중심에 있다.

---

22) 《레싱의 신학 저술》, 106.
23) McGrath, 《현대 독일의 기독론 형성》, 28-33, 특히 29에서 인용.

### '예수의 생애'에 대한 진보적 비평적 연구들

　레싱과 라이마루스의 영향으로 두 가지 형태의 문학이 풍부해졌고, 그중 각기 문학은 예수의 생애를 독특한 관점에서 접근하려고 시도하였다. 합리주의자의 예수의 생애에 대한 접근과 보수주의자의 접근이다.

　예수의 생애에 대한 합리주의자의 접근은, 이상한 사건들에 대해 자연 법칙의 설명을 제공하면서 진보하는 독립된 인간 이성을 종교에 대한 안내로 여겨 계몽주의 의제를 지속시키고자 모색하였다. 이들 합리주의자들은 예수의 인물과 행위에 대해 이성적인 설명을 제공하고자 시도하였다. H. E. G. 파울러스는 자신의 책 《초기 기독교의 순수 역사를 위한 근거로서 예수의 생애》(1828)에서 예수에 대한 참된 기적의 본질은 그의 거룩한 성향에 있다고 주장하였다. 각기 기적 이야기들은 이성적 설명이 가능하였다. 예수는 바다 위를 걷지 않았고 단지 해변가에 서 있었다. 광야에서 5천 명이 먹을 수 있었던 것은 사람들이 여분의 식량을 지참했기 때문이다.[24]

　이성적인 비평과는 대조적으로 보수적인 성향의 사람들은 기독교 신앙의 전체 토대의 붕괴를 우려하여, 성서의 역사적 신빙성의 증거로서 복음서들의 전통적인 조화를 이루려고 시도하였다. 기독론에 대해 보다 보수적인 성향의 이들 연구생들은 예수의 생애에 대한 수많은 명상과 영성 저술들을 또한 창작해 냈다. J. J. 헤스의 3권으로 된 대중적인 책 《예수 생애 마지막 3년의 역사》는 기독교인의 경건을 위한 예수의 고난의 의미를 강조하면서 1772년에 완결되었다. 한편, F. V. 라인하르트의 《인류의 유익을 위하여 기독교의 창시자에 의해 개발된 구원의 계획에 대한 논문》(1781)은 예수의 교훈의 윤리적 기여에

---

24) Brown, "역사적 예수 탐구," 726을 보라.

초점을 맞추었다.[25]

비록 예수 생애에 대한 조사에서 비평을 형성한 목소리가 '순수한 역사적 예수 탐구인지 순수한 초자연적 예수 탐구인지[26] 둘 중 하나를 강요했던' D. F. 스트라우스였지만, 《예수 생애》(1820)에 대한 강의와 전면적인 전공 서적을 쓴 최초의 인물은 '근대 프로테스탄트 신학의 아버지'이며 19세기의 선도적 자유주의 신학자 프리드리히 E. D. 슐라이어마허였다.

오늘날 우리 시대의 학문과는 다르게, 슐라이어마허는 요한복음을 예수에 대한 역사적 윤곽으로 채택하고, 거기에 다른 복음서들에서 온 자료들이 삽입되었을 것이라고 보았다. 게다가 예수 생애의 의미에 대한 그의 취지는 인간의 '종교적 경험'을 통해 철저하게 걸러졌다. 앞에서 언급했던 최초의 계몽주의 사상가인 칸트가 종교를 윤리적 영역에 설정하였다면, 슐라이어마허는 종교를 인간 경험과 '감정'에 두었다. 사실, 칸트는 《순수 이성 비판》(1781)에서 자신의 이성적 종교 신념을 위한 어떤 근거도 세우지 않았고, 다만 《실천 이성 비판》(1788)에서 그랬다. 그리고 대부분 다른 계몽주의 주장은 종교의 이성적 본질을 주장하였다. 그러나 '감정'(das Gefühl)으로 번역된 독일 용어는 실상 영어 용어보다도 더 넓은 의미이다. 이 용어는 세계의 모든 인간 경험 바로 그 밑에 그리고 그것을 넘어서 종교적 직관을 근원적으로 비-이성적으로 인식함을 뜻한다. 슐라이어마허는 이를 보다 기술적으로 이렇게 설명한다. 종교란 "무한자 안에서 그리고 무한자를 통해서 모든 유한한 것들의 보편적 존재에 대해, 영원한 것 안에서 그리고 그 영원한 것을 통해서 모든 일시적인 것들의 보편적 존재에 대해 직접적인 의식을 다룬다."[27] 슐라이어마허는 이를 "절대

---
25) 상세한 것은 Colins Brown, "역사적 예수 탐구," in DJG (1992), 327.
26) Brown, "역사적 예수 탐구," 726.
27) Friedrich Schleiermacher, 《종교에 대하여: 문화 비평자들에 대한 반응으로서 제언》, trans.

의존의 감정"(혹은 이상하게도 "경건")이라고 불렀다.[28]

그는 이후에 이런 골격에서 기독론을 포함하여 모든 전통 신학을 재해석하였다. 성서론과 계시론에 관련하여 한 예를 들어보자. 전통 신학에 있어서 성서는 신적 영감을 받은 권위여서 그 명제에서 참되고 오류가 없는 것이었다면, 계몽주의 '자유주의자들'에게 성서는 비평적 방법들로 조사되어야 하는 인간적 저술 이야기들의 오류의 모음집이었다. 슐라이어마허는 세 번째 방법을 택하였다. 그에게 있어서 성서(무슬림이든 힌두교이든, 거기도 중요한 경전이 있음)는 궁극적인 자(기독교는 다른 유일 신앙과 더불어 이를 '하나님'이라 부른다)에 대한 진정한 인간의 의존의 경험들을 공유하기 위한 귀중한 모음집이다. 예수 안에서 절대 의존의 감정, 종교적 '자아-의식'은 그 정점에 도달했다. 성육신이나 혹은 칼케돈의 두 본성 기독론을 문자적으로 이해하는 것이 아니라 하나님의 이런 심오한 인식에 직면하는 것은, 예수가 누구이셨는가를 이해함에 있어서 결정적이다. 곧 예수의 '신성'의 이야기는 그가 하나님-의식을 최고도로 점유하고 있음을 의미하였다.[29] 이런 까닭에, 예수의 구속적 역할은 우리로 하여금 이런 하나님-의식을 깨닫게 하고 배양하게 한다.

D. F. 스트라우스는 슐라이어마허의 기독론 저술 《예수의 생애》를 읽고서, 이 내용을 자신의 사후 저술에서 날카롭게 비평하여 《신앙의 그리스도와 역사의 예수》(1865)로 출판하였다. 스트라우스는 슐라이어마허가 자신의 모든 자유주의 관점을 지니고서 여전히 '초자

---

Terrence N. Tice (Richmond: John Knox, 1969), 36. 다음에서 인용. Stanley J. Grenz and Roger E. Olson, 《20세기 신학: 과도기 시대에서 하나님과 세계》(Downers Grove, IL: InterVarsity, 1992), 44; 기독론을 포함하여 슐라이어마허의 신학적 전망에 대한 접근 가능한 설명은 39-51을 보라.

28) 그 자신의 고전적 설명을 위해서는 Friedrich Schleiermacher, 《기독교 신앙》, ed. H. R. Mackintosh and J. S. Stewart, 2nd ed. (London: T & T Clark, 1999), ∫ 4 (특히 12-18쪽).

29) 슐라이어마허가 《기독교 신앙》의 별칭 ∫ 94(385쪽)에서 이를 서투른 방식으로 설명하고 있다. "그땐 구속자는 인간 본성의 정체성 덕분에 모든 인간과 같다. 그러나 구속자 그 안에 있는 신의 진정한 존재인, 그의 신-의식의 지속적인 효력에 의해 그들과는 구별된다.

연주의' 견해들을 얼마간 견지하고 있다는 사실에 대해 의심쩍어 했다. 슐라이어마허의 비평 방식과 다르게, 스트라우스는 복음서의 '신비적' 요소들, 특히 기적들을 전면적으로 거부하는 것에 동의하지 않았다. 비록 스트라우스가 그 기적 이야기들이 역사적으로 참이라는 것을 물론 믿지 않았지만, 그는 이런 설화들을 사기로 여겼던 제자들을 심각하게 고려하지도 않았다. 오히려 효과적인 이야기들의 신비적인 방식은 고대 문화에서 적법한 방책이었다. 곧 그것은 예수의 추종자들로 하여금 자신들의 심오한 경험을 공유하게 하였다. 스트라우스는 발생된 부활이 그렇게 중요한지 여부를 생각하지 않았다. 중요한 것은 원시 사람들의 문화적 의식을 표현한 부활에 대한 신앙이었다. 더욱이 스트라우스는 유명한 철학자-교사인 G. W. F. 헤겔의 가르침을 비평하기도 하고 이를 다시 사용하기도 했다. 그의 분석에서 헤겔은 신-인의 결합 사상은 성육신의 필연적인 개념이었고, 그것은 합리적으로 정당화될 수 있다는 결론에 이르렀다.[30] 스트라우스는 그의 스승과 일치하였으나 명백한 질문을 다음과 같이 제기하였다. 성육신 사상이 구체적인 한 사람 개인에게서 필연적으로 실현되어야 하는가? 왜 전체 인류나 혹은 인간 존재의 한 그룹은 아닌가? 다른 말로 하면, 성육신은 스트라우스에게 있어서 나사렛 예수 같은 특수한 한 사람에게만 제한되지 않는다. 오히려 성육신은 일반적으로 인성을 지닌 신(신의 의식)의 현존을 뜻한다. 예수는 그런 현존을 나타낼 수 있는 하나의 구체적인 '집중된' 표현일 뿐이다.

예수의 생애에 대한 연구에 끼친 스트라우스의 주요 공헌은 두 권으로 된 그의 책, 《비평적으로 조사된 예수의 생애》(1835~36)이다. 모

---

30) 헤겔의 논리는 역사의 우연한 사건들을 해명하는 (절대) '정신'의 자아-의식에 대한 그의 고유하고 복합적인 개념에 근거하였다. 그 과정의 절정은 정신과 (역사적) 육체가 함께 앞으로 나가는 것이어야 했다. 이 분야의 초보자는 McGrath, 《현대 독일의 기독론 형성》, 50-55를 보라.

든 비평을 가하면서, 스트라우스는 복음서들에서 묘사된 대로 예수의 생애의 기본적인 역사적 구조를 받아들였다. 곧 나사렛에서의 어린 시절, 세례 요한에게 세례 받음, 가르침의 공적 사역, 종교지도자들과의 충돌, 최종적으로 십자가상에서 죽음 등(그는 초기 교회의 창의적인 상상력으로부터 추론된 이런 윤곽이 예수의 생애를 구약성서 예언의 성취로 해석하려는 목적에서 비롯되었다고 주장하였다). 비록 그게 사실이더라도, 그 역사적 기초 자체가 스트라우스에게 중요한 열쇠는 아니었다. 왜냐하면 기독교 선포는 역사와 관련이 없었기 때문이었다. 중요한 것은 예수의 의미에 대한 철학적 해석이다. 물론, 스트라우스의 설명에 따르면, 신학적 해석에 신앙의 근거를 두었던 초기 교회로부터 이 문제에 있어서 그는 급진적으로 일탈하였다(초기 교회는 교회에서는 선포된 내용이 곧 역사적으로 확실하다고 믿었다). 초기 교회의 이런 '신화적' 신학적 해석은 이제 역사적 예수를 최종적으로 신적 인물로 바꾸어버렸다. 스트라우스는 생애 말기에 《옛 신앙과 새 신앙》(1872)이란 또 다른 책을 출판하였다. 이 책은 예수는 기독교에 대한 특별한 관련성을 지니고 있지 않다고 전한다. 중요한 것은 순수한 인간적 윤리다. 이 책은 곧 스트라우스의 영향력을 끝까지 지속시켰다.[31]

## 고전적 자유주의의 '이 세상' 예수

알브레히트 리츨이 관례적으로 슐라이어마허와 함께 연결되어 있지만, 중요한 차이도 있다. 후자에게 종교적 경험이 중요한 열쇠였다면, 전자에게는 기독론의 윤리와 도덕적 함의가 중심에 있었다. 그런 의미에서 리츨은 합리주의와 윤리적 동향에 더 가까웠다. 결과적으

---

31) 명쾌한 설명을 위해 McGrath, 《현대 독일의 기독론 형성》, 58-63을 보라.

로 리츨과 그의 학파에게는 종교의 실용적 의미가 가장 중요하였다. 이는 리츨이 슐라이어마허의 경험 중시의 사고방식으로의 전환을 공유하였다는 것을 말한다. 그에게 있어서 예수의 의미에 대한 이해의 열쇠는 "예수 자신은 아직까지 알려지지 않은 하나님과의 새로운 관계를" 즉 최상의 신-의식을 "지니고 있었다"는 데 있다. 그리고 이것이 바로 예수께서 그의 제자들과 함께 공유하였던 바였다. 이는 "예수의 목적은 그의 제자들이 자신처럼 세상에 대해 동일한 태도를 갖게 하는 데 있었으며, [그리고] 하나님의 나라에 대한 폭넓은 세계 선교에 제자들이 다 자진하여 가담케 하는 데 있었다."[32] 그러나 "하나님의 나라 개념은 종말에 세상을 변화시키기 위해 기대되었던 하나님의 초월적·내세적 통치가 아니고, 오히려 인류 간에 삶의 가치와 사랑을 이 세상에서 함께 공유하는 것이다. 더욱이 예수의 신성은 전통적인 칼케돈의 교리와는 거리가 아주 멀고, 앞에서 언급한 대로 이는 신-의식의 최고 수준과 관련이 있다. 십자가상에서 예수의 죽음은 전통적 의미에서 대속이 아니라 오히려 그것은 "그분의 사명에 대한 신실함의 최상의 증거"이다.[33]

세 권으로 된 《칭의와 성화의 기독교 교리》 중, 특히 마지막 저술에서 리츨은 더욱이 구원론뿐만 아니라 또한 모든 기독론의 윤리적-도덕적 동향을 분명하게 선언한다. 자신의 신-의식을 추종자들과 함께 공유했던 예수의 요구에 근거하여, 기독교 메시지의 그 "선교의" 힘은 "공동체의 최초의 의식의 표현이기도 한, 기독교 공동체의 신앙"에서 발견될 수 있다.[34] 그것은 윤리적 소명이다.[35] 이는 "리츨에게

---

32) A. B. Ritschl, 《기독교의 칭의와 화해론: 교리의 긍정적인 발달》, trans. H. R. Mackintoch and A. B. Macaulay (Edinburgh: T & T Clark, 1900), 3:386; Schwarz, 《기독론》, 26-28.
33) Ritschl, 《기독교의 칭의와 화해론》, 3:447; Schwarz, 《기독론》, 27.
34) Ritschl, 《기독교의 칭의와 화해론》, 3:3; 본인은 McGrath, 《현대 독일의 기독론 형성》 84에 많이 의존하고 있다.
35) Ritschl, 《기독교의 칭의와 화해론》, 3:446.

있어서 자명한 공리(公理)는 신자와 하나님 간에 직접적인 혹은 즉각적인 관계가 없다는 것이다. 그래서 하나님 혹은 예수 그리스도의 현존은 항상 신앙의 공동체를 통해서 중재된다."[36]

20세기 전환기에 또 다른 선도적인 자유주의자요 베를린대학교의 교회사가인 아돌프 폰 하르낙은 《기독교의 본질》(1902)를 출판함으로써 이 부분에서 기품 있는 과제를 보여준다.[37] 이 저술에서 그는, 후대의 신학적 전개와 상관없이 예수의 마음에 자리잡았던 기독교는 원래 무엇이었는가라는 아주 기본적이고 간단한 질문에 대답한다. 하르낙은 예수의 교훈에는 대략 세 가지 기본 원리들이 있었다는 결론에 이르렀다. 하나님의 (윤리적) 나라, 하나님의 부성(父性), 그리고 인간 영혼의 무한한 가치이다.[38] 하르낙의 견해로는, 예수의 설교는 독점적으로 개인에 대한 관심이었고, 각 개인의 회개를 촉구하는 것이었다. 모든 기독교 교리는, 특히 삼위일체론과 기독론은, 그리스도의 단순한 복음에다 후기 헬라철학의 옷을 입힌 것이었다. 이런 의미에서 그는 '교리의 퇴화'를 말한다. 곧, 그는 교리 발달을 일종의 만성적 질병으로 생각했다. 교리의 개념은 예수에게서 비롯된 것이 아니라, 유대 세계에서 헬레니즘 세계에로 복음의 전이(轉移)의 결과였다.

잘못된 해석이지만 종종 인용되는 하르낙의 가장 유명한 진술은 이것이다. "예수가 당대에 선포했던 복음은 아들에 관한 것이 아니라 하나님 아버지에 관한 것이었다…[비록 예수가] 인간적 실현이고 정신적인 힘이었지만, 그는 이를 지금도 지속적으로 느낀다."[39] 이 진술

---

36) McGrath, 《현대 독일의 기독론 형성》, 84; 리츨의 《기독론》의 유익한 설명을 위해서는 82-87을 보라.
37) 부제와 더불어, 《겨울학기 1899~1900 기간에 베를린 대학교에서 행해진 강좌들》, trans. Thomas Bailey Saunders.
38) Adolf von Harnack, 《기독교의 본질》, trans, Thomas Bailey Sanders, 2$^{nd}$ rev. ed. (London: Williams and Norgate; New York: G. P. Putnam's Sons, 1902, 197), 55.
39) Ibid., 154.

이, 예수가 자신의 소명을 의식하지 않았으며 그의 메시지와 삶의 전체 핵심이 그의 아버지 하나님 나라만을 섬기는 것이었다는 것은 아니다. 하르낙의 이 같은 시도의 핵심은, 고전적 기독론에 대한 거부이자 성서해석학이 역사적 예수 탐구, 윤리적 하나님 나라의 이미지에 도달할 수 있다는 주장에 대한 거부였다. 자유주의와의 맥락에서 그는 복음서들의 묵시문학적 요소들을 지우고, 교리를 부차적인 것으로 보았다. 왜냐하면 복음이란 다름 아닌 예수 그리스도 그 자신이기 때문이다. 복음은 예수에 관한 교리가 아니라 예수라는 인물 자체이다.

고전적 자유주의는 더 이상 논리적 질문을 제기할 수 없게 되었다. 나사렛 예수의 삶과 심리 상태에 대한 일반 탐구에 참여했던 사람들은 소박한 편이었다. 그들은 예수의 추종자들의 해석을 넘어서기를 희망하였다. 자유주의 정신에서 훈련을 받았던 학자들-주로 신약성서를 연구하던 학자들-은 곧 자유주의가 시도하였던 그 가능성에 의문을 품고, 그 운동이 더 이상 씨름할 수 없었던 것에 대해 연속적인 질문들을 제기하였다. 이 주제는 이제 다음 장에서 다룬다.

## 최초의 역사적 탐구와 자유주의의 '예수론'의 붕괴

리츨과 하르낙이 자유주의 제안들을 왕성하게 제기한 이후, 곧 그 방법론의 적절성과 초기 탐구의 목적에 대한 심각한 의문들이 제기되었다. 예수의 진정한 심리학적 생애를 윤리적 교사와 의인의 모델로 구축하려고 했던 고전적 자유주의의 목적은 다양한 형태의 학문 비평의 발생으로 끝이 났다. 점증하는 회의주의의 결정적 시작은 알브레히트 리츨의 사위인 요한네스 바이스의 저술《하나님 나라에 대한 예수의 선포》가 1892년에 출판되면서부터이다. 바이스의 기본 전제는, 현대 독자들이 묵시문학이나 세계의 임박한 종말과 같은 그런 개념에는 호소하지 않은 채 성서를 대하는 그들의 태도가 잘못되었다는 것이다. 바이스는 예수의 설교의 철저한 종말론적 본질을 부정하는 일도 없었다. 후기 유대교의 묵시문학과 임박한 세계 종말의 기대 그리고 메시아의 도래와 하나님의 나라는 근본적으로 내세적이다. 바이스에게 있어서 예수에 의해 선포되었던 하나님의 나라는 "이 세계와 정면으로 대립되어 있는, 급진적이고 초월적인 실재이다."[40] 예수에 대한 이 세상의 자유주의적 초상은 단지 예수 탐구의 첫 세대로부터 비롯된 잔유물인, '칸트 철학의 이상'일 뿐이다.[41] 만일 종말론이 그의 설교로부터 제거된다면, 예수는 나사렛의 '진짜' 예수와는 아무 상관없는 교양 있는 교사로 바뀐다.[42]

알베르트 슈바이처는 바이스의 기본 전제를 채택하여 그것들을 논리적 귀결로 이끌어냈다. 슈바이처에게 있어서, 예수에 대한 자유주의의 초상은 묵시문학 성향과 종말론 성향을 무시하는 거짓 형태의 현대화에 지나지 않았다.[43] 여전히 그는 역사적 예수 탐구가 가능할 것으로 믿었다. 그러나 그것은 우리가 복음서에 나타난 대로 예수의 설교에 전적으로 주의를 기울일 때만 그렇다. 종말론적 개념들이 예수의 가르침의 핵심에 자리잡고 있다. 예수는 윤리적 삶을 사람들에게 가르칠 요량으로 열두 제자들을 파송하지 않았다. 제자들이 세상 끝까지 복음을 전파하기까지는 선교 여행에서 돌아올 거라고 기대하지도 않았다. 오히려 그들은 임박한 세계의 종말과 심판을 경고하기

---

40) Johannes Weiss, 《하나님의 나라에 대한 예수의 선포》, trans. R. Hyde and D. Holland(1892; repr., Minneapolis: Fortress, 1971), 114.
41) Ibid., 133.
42) 상세한 것은 McGrath, 《현대 독일의 기독론 형성》, 102-4를 보라.
43) 《역사적 예수 탐구》를 내기 전에, 슈바이처는 덜 유명한 저술 《하나님 나라의 신비: 예수의 메시아직과 수난의 비밀》(1901)로 예수 생애 탐구 문화생의 반열에 이미 합류하였다. 이에 대한 개론을 위해 Schwarz, 《기독론》, 30-31을 보라.

위해 파송되었다. 제자들은 이 마을에서 저 마을로 서둘러 다니면서 회개를 촉구하였다(마 10장 등). 그들은 하나님의 나라를 선포하고 메시아적 환란을 자극했던 '침노하는 자'(마 11:12)이었다. 그러나 그 끝이 예수 자신의 당대에 오지 않자, 예수는 하나님 나라의 도래를 자극하기 위해 자신의 생명을 많은 사람의 대속물로 내어 주기로 결심하였다(막 10:45).

이 같은 설명에 의하면, 예수의 초상은 현대인들에게 동떨어지고 낯선 인물로 다가온다. 오히려 그분은 윤이 나는 교양 있는 윤리 교사라기보다는 "우리에게 잘 알려지지 않은 자로 다가온다."[44] 예수는 인자로, 또는 구름 타고 오시는 심판자 메시아로 기대되었다. 그는 이것이 자신의 소명이라고 진실로 믿었다. 초기 제자들의 모습에서 엿볼 수 있는 것과 유사하게 예수의 근대 추종자들도 예수의 윤리적 교훈만을 취하고, 그 여분을 다듬기보다는 오히려 무한한 가치가 서려 있는 하나님 나라를 위하여 모든 것을 버려야만 한다. 슈바이처 자신은 몸소 그렇게 했다. 그는 비록 유명한 의사요 (J. S. 바흐에 있어) 음악 숙련가, 그리고 문화적 상징이었지만, 의료 선교를 수행하기 위해 아프리카로 떠났다!

그렇다면 슈바이처의 소명은 전통적인 신념에 따른 것인가? 천만에! 그렇지 않다. 얄궂게도 바이스와 유사하게, 그는 예수의 종말론적 메시지가 역사적 진실이라고 믿지 않았다. 종말은 조만간 결코 일어나지 않을 것이다. 예수는 아주 나쁘게 틀렸다. 종말은 오지 않았다. 그는 자신의 희망을 오해했다. 다음은 세례 요한을 따른 한 사람에 관해 이야기하면서, 슈바이처가 종종 인용했던 말이다.

---

44) Schweitzer, 《역사적 예수 탐구》, 403.

예수가 온 직후, 그는 자신이 오실 인자로서 세계의 수레바퀴를 한손에 쥐고 모든 일상의 역사를 폐쇄시키는 마지막 혁명으로 몰고 간다는 것을 안다. 일상의 역사는 이제 되돌리기를 거부하고, 예수는 그 바퀴에 자신을 내던져버린다. 그 후에 역사는 방향을 바꾸어, 그를 눌러 부순다. 그는 종말론적 상태들을 몰고오는 것 대신에 그것들을 파괴하였다. 그 수레가 앞으로 굴러오자, 당신 자신을 인류의 영적 통치자로 생각하고 역사를 자신의 목적에 숙이게 할 만큼 강한 자로 여겼던 자의 매우 위대한 인간의 몸은 이제 [그 수레바퀴에] 난도질 당한 채 그 역사에 여전히 단단히 매달려 있다. 그것이 그의 승리이고 그의 통치이다.[45]

그렇다면 우리를 위한 예수의 의의와 그 가치는 무엇인가? 역사적 사건들 혹은 사실성과 관계없이, "그분으로부터 나와서 또한 우리 시대를 관통하여 솟아나오는 강력한 영적 힘"과 전적으로 관련된다. 그리고 그 의의와 가치는 세계 속에서 여전히 활동하는 그분의 성령과의 접촉에 의해서만 이해될 수 있다.[46] 슈바이처는 예수의 가치는 '영적인' 신비적 만남에서 그분을 앎을 통해 살아난다고 했다. 우리가 예수를 제자도로 따를 때, 그분은 여전히 우리에게 '다가온다.' 이 같은 만남을 통하여 우리는 진정한 삶을 살아갈 수 있고, 예수의 고결한 교훈과 삶의 모범을 능히 실천할 수 있는 영감을 얻는다.

바이스와 슈바이처가 최초로 역사적 탐구를 하고 그 후의 자유주의 기독론의 붕괴를 촉진했던 유일한 인물은 아니었다. 다시금 맥그래스는 가장 유용한 교육적 장치를 사용하여, 다음 네 그룹 하에서 자유주의 기독론을 붕괴시켰던 자들을 제시한다. 여기에서는 간략한 해설과 함께 기록하는 것으로 충분하다. 관심 있는 독자들은 어딘가 다른 곳에서 자세한 자료들을 쉽게 찾을 수 있을 것이다.

---

45) Ibid., 370-71.
46) Ibid., 399, 401.

1. 위에서 분석했던 바이스와 슈바이처의 묵시문학적 비판.
2. 회의주의적 비판. 이는 먼저 예수에 대한 어떤 견고한 역사적 정보가 실제로 이용가능한가 여부를 심각하게 의심한다. 특히 여기서 중요한 것은 마가복음 연구가 윌리엄 브레데인데, 그는 심지어 이 가장 짧은 복음서까지도(전에는 이 성경이 예수의 생애와 사역에 대한 신학적 설명이 비교적 적었다고 여겼다) 중립적 이야기보다는 오히려 신학적 이야기임을 입증하였다.
3. 마르틴 캘러와 제휴된 교의적 비판. 캘러에게는 그것이 유효할지라도, 역사적 정보는 거의 가치가 없다. 교회가 실로 필요로 하는 것은 '역사적 예수'가 아니라, 오히려 '신앙의 그리스도'이다(그래서 역사적 탐구에 의해 신앙의 그리스도는 매우 조롱을 받았다). 그의 연구서적 《소위 역사적 예수와 역사상의, 성서적 그리스도》(1892)의 다소 반어적인 제목을 눈여겨보라.
4. (종교사학파의) 역사주의 비판. 이는 예수의 의의와 의미를 작금의 종교-문화 모체의 상황과 관점에서 고찰하였다.[47]

## 20세기 들어 예수에 대한 여러 가지 탐구(들)

### 20세기 중반의 새로운 탐구

1950년대 들어 초기 역사 탐구의 의제를 수정하기를 원했던 루돌프 불트만의 제자 에른스트 케제만이 역사적 예수를 새롭게 탐구해 나갔다. 케제만은 초기 탐구가 희망했던 대로 예수의 전기를 쓰는 일은 가능하지도 않다고 믿었으며, 또한 예수의 지상 생애에 대한 상세

---

47) McGrath, 《현대 독일의 기독론 형성》, 제5장; 보다 자세한 것은 101-2를 보라.

한 역사적 기술이 신앙의 그리스도(초기 탐구와 정반대 입장)에 2차적이라고 한 불트만이나 다른 사람들에게 동의할 수 없었다. 그럼에도 불구하고 케제만은 예수의 공생애의 주요 내용은 재구성될 수 있다고 믿었다. 복음서의 이용 가능한 자료가 예수의 생애와 교훈을 기술하는 데 분명하고 충분하게 제공한다.

이 '새로운 탐구'의 의제를 식별하기 위하여, 이따금 루돌프 불트만의 기독론에 대한 간략한 고찰이 필요하다. 두 번째 역사적 탐구를 시작하는 과정에서, 주로 불트만의 연구가들이 한 가지 이상의 방식으로 자신들의 스승을 비판했다. 불트만이라는 인물과 그의 사상을 그렇게 매혹시킨 것은 불트만이 신정통주의, 실존주의(특히 마르틴 하이데거), 자유주의, 심지어 자신을 그 운동의 비판자로 여겼던 것까지 포함하여, 많은 다른 자료들로부터 이끌어 냈던 것이다. 칼 바르트의 동시대인 불트만은 바르트의 사상에 빚을 졌고 동시에 비판적이었다.

불트만은 역사적 예수의 자유주의적 탐구가 붕괴된 여파를 다뤄야 했다. 그러나 그는 이를 빠르게 발전하는 신약성서 방법론의 관점에서 다루었다. 그의 가장 경쟁력 있는 방법론적 선택들 중 하나는 이중적 부동성(不同性) 원리이다. 곧, 유대교 배경과 발전하는 기독교 특성 둘 다와 닮지 않은 예수의 교훈의 모습들만이 오직 진정한 것으로 간주되는 것이다. 불트만은 복음서 연구에 대한 새로운 접근, 즉 양식비평의 주요 개척자 중 한 사람이었다. 양식비평을 수행하면서, 그는 또한 복음서들이 기독교 공동체들에 의해 형성되었을 때, 그 복음서들 뒤에 놓여 있는 전통을 자세하게 분석하기를 원했다. 이런 전망에서 예수의 역사적 생애보다는 오히려 초기 교회의 '삶의 정황'은 이제 주요 해석학적 단서가 된다. 그렇다면 예수에게 돌려진 많은 말들은 그의 추종자들의 신학적 해석으로 여기는 것이 수긍이 간다. 더욱이, 불트만은 또한 종교 해석사를 지속적으로 연구하였다. 이에 따르면, 예수의 칭호를 포함하여 신약성서의 주도적 개념들은 고대 문화의 비-유대교 자료에까지 거슬러 올라간다.[48]

요컨대, 신앙에 중요한 것은 예수의 역사라기보다는 오히려 복음 선포인 케리그마이다. 예수의 부활은 역사적 사건이라기보다는 오히려 당시 새로운 희망과 영감을 불러일으켰던 초기 교회의 신앙과 선포에 속한다. 이런 목적에서는 스트라우스가 전개하였던 신화의 범주를 이해하는 것이 유익하다. 신화의 퇴거(혹은 신화 사용에 대한 비판)보다는 신화가 신약성서의 현대적 독자들에게 의미를 제공하기 위해 제대로 밝혀지고 비신화되어야 한다. 불트만의 '비신화화' 개념은 그만의 잘 알려진 공헌이라 할 수 있다. 그런 의미에서 신화의 개념은 대부분 사람들에게 부정적이지만, 불트만에게는 부정적인 의미가 아니었다. 대부분 사람들은 역사와 신화 간에는 갈등이 있다고, 신화는 무언가 부정적인 것을 표현한다고, 무언가 발생하지도 않았던 것이 신화라고 생각한다. 그러나 신화란 역사의 언어나 과학적 관찰의 한계로 도저히 다룰 수 없는 사건들을 전달하기 위한 불트만의 방책이다. 그러나 불트만은 문화적 패권의 영향에 의해 곤란에 처해지지는 않은 것 같다. 그는 엘리트주의 기미인, 계몽된 현대인들과는 대조적으로 원시 사람들의 신념을 신화적인 것으로 간주하였다.[49]

위에서 언급한 대로, 불트만의 많은 연구가들은 이제 그를 비판하였다. 케제만은 복음서에서 예수의 공적 사역의 기본적 윤곽을 획득할 가능성에 대해 더 낙관적이었다. 이중적 부동성 원리의 비난을 부인하지 않으면서도, 복음서들이 케리그마만이 아니라 역사와 케리그마 둘 다를 포함하고 있다고 믿었다. 다른 말로 하면, 비록 역사의 예

---

48) Wilhelm Bousert의 선구자적 《기독론》은 그의 넓은 호평은 받은 "*kyrios Christos*"(1913)에 잘 표현되었다. 1970년 그 영어 번역 서문을 루돌프 불트만이 썼다. Brown, "역사적 예수 탐구," 731.

49) J. D. G. Dunn, "신화," in *DJG* (1992), 567-68.

수와 신앙의 그리스도가 동등하다고 생각할 수는 없지만, 이것들은 함께 연계되어 있으며 케리그마는 이미 역사 안에 제시되어 있다는 것이다. 그 역도 그렇다. 케제만의 이해에 따르면, 예수의 설교와 예수에 대한 설교(그분의 추종자들에 의한 설교) 간에 역동적인 연속성(불트만과는 대조적으로)이 있다. 게다가 예수에 대한 설교는 예수의 역사를 위한 유일한 자료이다.

케제만의 동료인 게르하르트 에벨링은 케제만과 유사하게, 기독론이 만일 역사적 예수에 기초하지 않고 오히려 예수에 대한 오역이라면 기독교의 전체 개념은 붕괴될 것이 분명하다고 주장하였다. 다른 말로 하면, 그리스도를 제대로 고백하기 위하여 우리는 역사의 예수에 대한 중요한 것을 알아야만 한다는 것이다. 불트만의 또 다른 유명한 문하생 군터 보른캄은 《나사렛의 예수》(1956)에서 상당히 유사하게도 이렇게 주장하였다. "복음서들이 예수의 메시지, 행위, 그리고 역사에 관하여 분명하게 보고한 내용은, 교회의 부활절 신앙에 의해 희미해졌던 어떤 방식에서가 아니라, 복음서에서 발견되는 진정성, 생생함, 그리고 특수성에 의해 여전히 구별된다. 이들 특색들은 예수의 지상의 면모들을 우리게 직접적으로 보여준다."[50]

그 이중적 부동성 원리는 높이 솟아오른 불트만의 인물에 의해 영향을 받았으나, 동시에 꽤나 급진적인 견해를 주장했던, 보다 전통적인 학자들에 의해 상식선에서 거부되었다. 이들 중 빼어난 학자들은 독일인이다. 요아킴 예레미아스는 "비록 예수의 사실적 말씀들을 복구하는 것이 가능하지 않을지는 몰라도, 독특한 어조를 지닌 그분 자신의 목소리를 듣는 것은 가능하다"고 주장하였다.[51] 또 다른 중

---

50) G. Bornkamm, 《나사렛 예수》, trans. I. McLuskey, F. McLuskey, and J. M. Robinson (New York: Harper, 1960), 24. Brown, "역사적 예수 탐구," 733에서 인용; "새로운 탐구"에 대한 상세한 논의는 733-34를 보라. 유익하고 접근 가능한 설명은 Schwarz, 《기독론》, 48-51을 보라.
51) Brown, "역사적 예수 탐구," 734.

요한 인물은 오스카 쿨만이었다. 그의 《신약성서 기독론》(1957)은 예수의 칭호들에 근거하여 기능론적 기독론을 구성하였다.52)

그리 놀랄 것 없이, 불트만은 느슨하게 연결된 '새로운 탐구' 운동에서 이들 학자들과 이전 자신의 다른 문하생들에 대해 가혹한 비평으로 대응하였다. 1960년대 초반에 그런 진취적 정신은 기본적으로 차츰 희미해졌고, 얼마 지나지 않아 새로운 탐구들이 이전의 두 탐구 방식과는 아주 다르게 나타났다. 동시에 세계화와 급격한 다양성은 여전히 지속되고 있는 이들 탐구들을 특성화하기 시작했다.

### 제3의 탐구와 그 넘어서

그러나 더 살펴보아야 할 것은 제3의 탐구의 미래이다. 이것이 우리가 이전 탐구들에서 발견했거나 수용했던 것보다 예수에 대해 더 알 수 있는 것인지 혹은 그렇지 못할지 여부는 여전히 공동의 의제로 남아 있다. 비록 이 탐구의 최근 단계에서 공동의 '결과물'을 제시하는 것이 그리 쉽지 않다 할지라도 대부분 이 탐구에 참여한 사람들은 예수가 자유주의 개신교의 그 인물은 아니었으며, 또한 새로운 탐구의 인물도 아니었다는 확신을 공유한다. 오히려 예수는 역사적 인물로서 그의 생애와 행위는 당대의 특수한 종교적·사회적·경제적·정치적 조건들과 더불어 1세기 유대교에 깊이 뿌리박고 있었다.

제3의 탐구의 세 가지 주요한 다양성은 급진적인 전망, 보수적인 전망, 그리고 '새로운 전망'으로 뚜렷이 구별되었다.53) 예수 연구에 대한 가장 급진적인 접근 방식은 로버트 W. 펑크와 존 도미닉 크로산이 설립한 미국의 예수 세미나의 예에서 특히 찾아볼 수 있다. 이것

---
52) 독일 학계와 더불어, 영국과 미국은 일반적으로 선도적인 독일 학계보다는 보다 전통적인 견해를 나타내면서 이 분야에 공헌하였다. 또한 Brown, "역사적 예수 탐구," 735-38을 보라.
53) Brown, "역사적 예수 탐구," 737-40에 의해 제시되었다. 보다 최신의 설명은 738-48이다.

은 예수가 실로 누구였는가를 결정하기 위한 유효한 근거를 발견하기 위하여, 신약성서와 예수 말씀의 경전 외의 설명에 담겨 있는 그 전승의 층들을 살피려고 시도한다. 예수 세미나는, 이를테면 1988년에 출판된 《예수의 비유》에서처럼, 예수의 말씀을 붉은 글씨체로 연속 기획하여 편집한 것 때문에 유명해졌다. 다양한 색상을 사용하여 이 특수한 학자군의 일치된 의견은 예수의 말씀이 가장 그럴듯하게 예수 자신으로부터 왔다고 여겨지는 곳에 붉은 색상으로 표시하여 자신들의 의사를 전달한다. 교회의 경전 원리를 논의하면서, 그 예수 세미나는 또한 '제5번째 복음서'로 여겨진 묵시문학적 도마복음을 취급한다.

예수 세미나와 관련하여 학술적 기독론을 성공적으로 대중화시킨 마르쿠스 J. 보그를 들 수 있다. 그의 기독론의 주요 주장은 비-종말론적 예수이다. 그는 (종말론적 도래를 언급하고 있는) '인자' 어록의 진정성을 논의한다. 그리고 구 자유주의와 나란히 이 세상의 실재로서 하나님의 나라를 고찰한다.[54] 보그의 제안은 수긍할 만하게도 거친 반대에 직면하였다. [구 자유주의의] 전통적인 입장과 미묘한 차이를 보이는 방어는 벤 위더링턴 3세의 "종말론적 예수이지 묵시문학적 예수가 아니다"라는 경우다.[55] 다른 말로 하면, 위더링턴은 보그의 비-종말론적 해석이 종말을 언급하는 너무 많은 복음서 본문들과 양립할 수 없기 때문에 이를 퇴거시킨다. 동시에 그는 이생의 관심사를 희생하면서까지 내세적 기대에 거의 배타적으로 초점을 둔 신구약 중간시대의 극단적 묵시문학주의의 연결로부터 차단하여 예수를 구

---

54) 비종말론적 이해를 내세우는 강력한 논증은 다음을 보라. Marcus J. Borg, 《오늘날 학계에서 예수》(Valley Forge, PA: Trinity Press International, 1994), 47-68. 그의 기독교의 "새로운 비전"에 대해서는 《예수, 새로운 비전: 성령, 문화, 그리고 제자도의 삶》(San Francisco: Harper & Row, 1987)를 보라.
55) Schwarz, 《기독론》, 64; 보다 상세한 것은 64-65를 보라.

하기를 원한다.[56]

보수적인 전통은 영국 학자 C. F. D. 모울과 그의 저술 《기독론의 기원》으로 대표된다.[57] 모울은 종교사학파 이후, 진화 과정의 개념을 연구한 사람이다. 이 학파는 신적 인물로서 그리스도에 대한 신앙을 주변의 둘러싸인 신화적 신비적 종교로부터 비롯된 개념에 연결한다. 하지만 모울은 역사의 예수가 신앙의 그리스도가 되었던 그 발전 과정은 예수 자신에게까지 거슬러 올라가며, 그 과정은 적법하였다고 생각한다. 이와 관련하여 모울은 인자, 하나님의 아들, 그리스도, 그리고 주 같은 여러 칭호들이 역사적 예수와 관련되며 그에게 결코 이질적인 것이 아니었다는 증거를 내보이고 있다. 다른 말로 하면, 이들 신약성서 칭호들은 예수에 대한 후대의 해석들이 아니라, 예수 자신의 생애와 사역에 확고하게 근거를 두고 있다. 이 동일한 원리가 바울의 기독론 발전 연구에 적용된다.

'새로운 전망'(말하자면 '제3의 탐구')에서 선도적인 인물은 영국 학자 N. T. 라이트이다. 연속되는 여섯 권의 제목, '기독교 기원과 하나님의 질문'은 기독론과 복음서들에 초점을 맞춰서 이제까지 네 편의 연구 서적을 발표하였다. 《신약성서와 하나님의 백성》(1992), 《예수와 하나님의 승리》(1996), 《하나님의 아들의 부활》(2003), 그리고 《바울과 하나님의 신실성》(2013)이다. 불트만의 이중적 부동성 원리로 선회하면서, 라이트는 그 이중적 부동성 원리를 관련된 곳에 적용한다. 예수의 오심을 고찰함에 있어서 그의 전체적인 구조는 바빌론 유수와 복원에 대한 구약성서의 주제이다. 비록 이스라엘 백성이 그 유수에서 돌아왔지만, 제2성전 유대인 가운데서 전제는 이스라엘 백성의 하나님이 아직 귀환하지 않았다는 것이었다. 기독교의 기여는, 나사렛 예

---

56) Ben Witherington III, 《예수의 기독론》(Minneapolis: Fortress, 1990).
57) C. F. D. Moule, 《기독론의 기원》(Cambridge: Cambridge University Press).

수에게서 이스라엘의 하나님은 오셨고, 이제 새로운 미래가 밝아왔다는 바로 그 주장이다. 죽음으로부터 예수의 부활은 그런 신적 정강(政綱)의 고지이다.

또 다른 매우 칭송 받는, 제3의 예수 탐구의 형성적 인물은 영국의 작은 섬에서 온 J. D. G. 던이다. 그의 성숙한 학문 세계에서 그의 대량의 연구서 《기억된 예수》(2003)[58]의 제목에서 알 수 있듯이, 그는 예수의 기억의 중요성을 폭넓게 살폈다. 그는 초기의 예수 탐구와 불트만에게도 완전한 불일치를 보이면서, 교회 공동체와 그 이후 추종자들에 의해 수집된 예수의 기억을 그분을 알 수 있는 열쇠로 채택한다. 그의 설명대로, "그 탐구는 예수가 그의 선교의 시초부터 신앙을 일깨웠으며, 이 신앙은 역사적 실재의 가장 확실한 표시이며 그분의 선교의 효과임을 인식하는 데서 출발해야만 한다."[59] 더욱이 이중적 부동성 원리와는 정반대로 예수의 유대인다움은 역사적 지식에 장애물이 되기보다는 오히려 높이 바르게 평가된다.

제3의 탐구의 가장 특징적인 동향은 소위 '새로운 전망'이라 불렀는데, 이는 예수를 종교, 사회, 경제, 그리고 유대교의 정치 세계의 상황 속에 위치시켜서 탐구하려는 입장이다. 이 방식은 이렇게 묻는다. 예수는 왜 당시 유대인의 정치적·종교적 기존 세력들의 반대를 유발시켰는가? J. C. G. 몬티피오리를 포함하여, 다수의 유대인 학자들은 여기서 그런 탐구에 합류하였다. 이와 유사하게 존 K. 리치스와 그의 저술 《예수와 유대교의 변화》에서처럼 여러 비-유대교 학자들은 예수 사건의 유대교 배경과 조건들이 과연 무엇인가를 살피려고 시도

---

58) J. D. G. Dunn, 《기억된 예수》(Grand Rapids: Eerdmans, 2003); Dunn, 《예수에 대한 새로운 전망: 역사적 예수를 위한 탐구가 무엇을 놓쳤는가?》(Grand Rapids: Baker Academic, 2005).

59) J. D. G. Dunn, "기억하는 예수: 역사적 예수 탐구는 어떻게 그 방법을 상실했는가?" in 《역사적 예수: 다섯 가지 견해들》, ed. J. K. Beilby and P. R. Eddy (Downers Grove, IL: InterVarsity, 2009), 203; Brown, "역사적 예수 탐구," 751에서 인용.

하였다.[60]

제3의 탐구의 아주 특별한 관심은, 예수와 당시 정치, 특히 당대의 혁명 운동과의 예수의 관계이다. 예를 들면, 학자들 간에 예수는 당시 공격적인 민족주의 운동인 열심당 운동의 목표와 서로 공감하였으나 복음서 기자들에 의해 그런 공감이 경시되지 않았나 하는 제안이 있었다. 그러나 이런 제안은 대부분의 학자들이 거부하였다.

역사적 예수의 초기 탐구가 시작된 이후, 논의되었던 기적의 주제는 최근 몇 십 년 동안 생생한 토론의 주제가 되었다. 가장 급진적인 입장은 기적 이야기들은 예수가 마술사였으며, 복음서들은 그 사실을 일부러 애매하게 표현하려고 했다는 사실을 가리키는 것이라고 주장하였다. 이것은 몰튼 스미스에 의해 토론되었던《예수 마술사: 협잡꾼 혹은 하나님의 아들?》(1978)의 주장이었다.[61] 보다 균형 잡힌 전통적인 견해는 그레이엄 H. 트웰프트리에 의해 제시된다.《악귀 축출자 예수》(1993)를 포함하여 기적, 치유, 악귀 축출의 주제들에 대한 그의 많은 출판물은 예수의 사역과 하나님 나라의 고지에 있어 '표적과 기사들'과의 절대 필요한 관계를 지지한다.[62]

역사적 예수 탐구가 그 자체로 관심 사항에서 역사의 한 장(章)이었다고 모든 사람이 생각하자마자 그것을 제대로 보여줄 수 없다는 것이 역사 혹은 신학계의 풍자적인 모습 중 하나다. 그 결과 새로운 탐구의 물결이 1950년대에 출현하였다. 이것은 제3의 탐구 중, 그러나 전례가 없는 또 다른 물결에 의해서 이뤄졌다. 비록 이들 다양한 물결들 간에는 급진적이고 양립할 수 없는 차이가 있다 할지라도-거의 대부분은 그 차이를 학술적 용어로 연결할 수 있는 지혜를 찾는다.-

---

60) John K. Riches,《예수와 유대교의 변형》(1980; repr., New York: Seabury, 1982).
61) Morton Smith,《마술사 예수: 협잡꾼 혹은 하나님의 아들?》(Berkeley: Ulysses Press, 1998[1978]).
62) G. H. Twelftree,《악귀 축출자 예수: 역사적 예수의 연구에 대한 기여》(Tübingen: Mohr Siebeck, 1993).

이들 물결은 2천 년 넘게 기독론을 놓고 벌였던 교회와 신학의 신조 공식화의 많은 부분을 서로 공유하고 있다. 제3의 탐구는 생기가 넘치고 잘 진행되고 있으며, 작금에는 이후 이어진 탐구들(예, '제4의 탐구')에 불을 지피고 있다. 이 탐구에 참여한 사람들은 이제 조직신학과 교의신학과 더불어 더 넓게 대화를 시작하기를 희망한다.

**3부**

# 현대세계에서 그리스도

**다양성과 통일성**

이 책의 제3부에서는 위에서 살펴봤던 역사적 성서적 발달에 근거하여 20세기에 발생한 다양한 기독론의 해석들을 소개한다. 20세기는 기독교 신학 역사에서 그 어느 시기보다도 더 많은 기독론의 해석들이 나왔다. 그리고 이 주제에 대한 지속적인 새로운 연구서와 논문들의 발행은 결과적으로 어느 누가 감히 그 모든 발달을 다 취급할 수 없도록 하였다. 그러나 기본적인 탐구의 일환으로서 여기 취사선택한 논의만으로도 충분하다.

해석들의 폭넓은 네트워크는 세 부분으로 나눠서 살피겠다. 먼저, 그리스도에 대한 많은 세계적 사유(思惟)에 토대를 여전히 제공하고 있는 유럽-아메리카 기독론들을 정밀하게 기술하겠다. 다음 장은 아프리카, 라틴 아메리카, 그리고 아시아 신학자들 중 지구 남반부에서 일어났던 그리스도에 대한 풍부한 해석들을 깊이 파고들겠다. 그 후 다음 장은 다양한 형태의 여성 신학자들(페미니스트, 흑인 여성 신학자, 뮤헤리스타[남미 여성 해방 신학자], 그리고 기타), 흑인 신학자들, 히스패닉 혹은 라티노, 그리고 아시안 아메리칸들, 또한 후기 식민주의자들과 동성애 학자들에 의해 제시되었던 '상황적' 기독론들을 소개할 것이다. 이들 해석들은 주류와 전통적인 유럽-아메리카 신학계에 새로운 도전을 제기한다.

  첫 번째로 포함되어야 할 '주류' 유럽-아메리카 기독론자들의 폭넓은 진영 중에 다음 (*) 11명의 신학자들이 덜 비교파적이면서 다양성과 관련된 '의제들'을 품었다는 점에서 선별되었다. 선별된 모든 인물들은 또한 20세기의 교부로 불렸던, 스위스 개혁교회 신학자 칼 바르트를 시작으로, 자신들의 분야에서 잘 알려진 이름들이다. 자신만의 공동체 친교 신학을 지닌 그리스의 존 지지울러스는 서구 기독교인들에게는 그리 잘 알려지지 않은 동방 정교회의 전통을 대표한다. 20세기 선도적인 로마 가톨릭 신학자인 독일의 칼 라너는 세계 최대의 기독교 전통을 상징한다. 두 독일인, 루터교회의 볼프하르트 판넨베르크와 개혁교회의 위르겐 몰트만의 취급은 주요한 프로테스탄트 견해들을 다루기 위한 자명한 결정이다. 이들 둘 다 일반적으로 건설적인 신학에 그리고 특히 기독론에 영속적인 영향을 끼쳤다. 종종 사회적 외각의 두 신흥교회 전통들-침례교와 재세례파/메노나이트 전통들-은 캐나다인 스탠리 그렌츠와 미국인 노르만 크라우스에 의해 대표된다. 세계의 선도적인 다원주의 신학자 존 힉스와 미국인 과정신학자 존 캅 Jr.은 자신들 각자의 동향에서 가장 명성 있는 대원로이다. 유감스럽게도, 몇몇 주요한 기독교 전통들은 지면 관계상 생략되었다. 더 이상 감리교들이라 할 수 없는 영국 성공회나 오순절/카리스마 계열들은 이 목록에서 다루지 않는다.

# 5장
# 유럽-미주의 여러 기독론

## 칼 바르트: 변증법적 기독론

### '전적 타자'의 신학

칼 바르트만큼 20세기 초에 고전적 자유주의에 맞서서 그렇게 격렬하게 반항하고 대단한 영향을 끼친 다른 신학자도 없다. 아돌프 폰 하르낙을 포함하여 19세기 말엽에 굴지의 자유주의 학자들에 의해 교육을 받았던 바르트는, 자신의 목회 사역 때문에가 아니라 자유주의 신학 때문에 완전히 좌절을 겪었다. 그는 스위스의 자신의 고향에 있는 아주 작은 시골 마을 자펜빌 사람들에게 매주일 설교하면서, 성서가 현대 자유주의자들의 손에서 삶의 변화 능력을 상실하게 한다고 느꼈다. 독일과 자신의 고향에서 나치의 강력한 추세의 발흥과 함께, 바르트는 또한 자유주의가 지닌 현세의 의제들에 대해 깊은 우려하였다. 이에 그는 '전적 타자'의 신학을 제안하고, 이를 자유주의 신학에 맞서 병치시켰다. 거기서 그는 이런 질문을 제기하였다. '자유주의 신학은 과연 하나님의 신성을 알고 있는가? 그리고 그 신성에 대해 무엇을 진술했는가?' 그리고 그는 그 수사학적 질문에 꾸짖는 논평으로 대답하였다.

> 이런 신학에서, 하나님에 대해 사유한다는 것은 거의 가까스로 베일에 싸인 방식으로 인간에 대해 생각한다는 것을 의미하였다…하나님에 대해 진술한다는 것은 인간에 대해…그분의 계시와 이적들, 그분의 신의(信義)와 행위들에 대해 고상한 어조로 진술한다는 것을 의미하였다. 이에 대해 더 이상 질문이 없다. 여기서 인간은 하나님의 희생으로 위대해졌다. 신성의 하나님은 인간에 대해 타자이며, 주권자로 인간을 마주 대하고 있으며, 그 인간에 맞서서 확고하게 주권적으로 주로, 창조자로, 구속자로 계신다. 이 하나님이 경건의 개념으로…축소될 위험에 처해 있었다. 그리하여 경건이 인간과 그분의 정신적 높이와 깊이 간의 신비적 표현과 교류의 상징으로 전락되었다.[1]

적합하게도, 바르트의 신학은 종종 '변증법적 신학' 혹은 '위기의 신학'이라고 불린다. 그의 신학은, 인간과 하나님 간에는 건널 수 없는 틈과 양립할 수 없음 둘 다를 전제한다. 오직 하나님만이 당신 자신의 사랑과 자유로 그 나누어진 경계에 도달하여 건널 수 있다. 이는 물론 인간 경험에 근거한 자유주의의 [신과 인간 간의] 연속성의 원리와 하나님과 그리스도의 내재론에 정면으로 반대된다. 바르트 신학의 이 같은 프로그램은 1919년에 최초로 출판되었다가, 3년 후 완벽하게 개정된, 그의 《로마서》 주석에서 강력하게 제시되었다. 그는 지속적인 프로테스탄트 종교개혁을 위한 형성 작업으로 로마서를

---

1) Karl Barth, 《하나님의 인간성》, trans. Thomas Wieser and John Newton Thomas (Louisville: John Knox, 1960), 39-40; 이 인용문은 1956년 것.

읽으면서, 로마서가 거룩하시고 초월적인 하나님과 죄악에 찬 타락한 인간에 대해 진술하고 있음을 발견하였다. 오직 신-인간인 그리스도 때문에, 그 깨진 관계와 하나님의 실종된 지식이 회복될 수 있다.

바르트의 신학을 위한 또 다른 서술적 학명은 '신-정통주의'이다. 한편에서 바르트는 신적 계시, 하나님의 신성, 두 본성의 그리스도, 동정녀 탄생, 성육신, 십자가 위에서 죽음, 부활, 승천을 확언하면서, 신학이 계몽주의 이전 시대로 돌아가도록 하였다. 그는 그리스도의 신성에 대하여 어떤 의심도 하지 않았다. 그리고 그는 또한 (서론에서 토론한 대로) '위로부터 접근' 방식에서 예수 그리스도의 인성을 기꺼이 인정하면서도 역사적 예수 탐구에는 관심을 두지 않았다. 중요한 것은 신앙의 결단이었다.[2] 다른 한편, 신학에 미치는 현대의 영향에 온 힘을 다해 반대하면서도, 또한 계몽주의 자녀로 남았다. 이는 그의 계시신학에서 가장 잘 예시되고 있다. 자신의 사랑과 자유 가운데서 인간(이는 '옛' 사람의 범주를 나타냄)을 향한 하나님 당신 자신의 고유한 생명과 목적을 계시하기 위한 필요성을 주장하면서도, 성서는 그것 자체로 신적 계시가 아니라 오히려 그 계시의 증언이며, 어찌 보면 그것은 잘못을 저지르기 쉬운 인간의 문서일 수 있다고 하였다.

### 중재자로서 그리스도

바르트는 자신의 전적 타자의 신학을 구성할 때, 삼위일체 신학의 부활을 지속적으로 강조하였다. 삼위일체론은 당시 자유주의에 의해 퇴거된 또 다른 주제이기도 했다.[3] 전체가 4부 13권으로 된 그의 기

---

2) 바르트로부터 유익한 논평과 인용문은 Hans Schwarz, 《기독론》(Grand Rapids: Eerdmans, 1998), 192-93을 보라.
3) 800쪽에 이르는 슐라이어마허의 기념비적인 《기독교 신앙》을 참고하라. 삼위일체는 단지 부록에 나타나고, 그것도 10쪽 정도이다.

념비적인 《교회교의학》(1968년 그의 사망으로 인해 당시 출판되지 못했음)에서는, 심지어 계시론 바로 앞에서 삼위일체론 서문을 구성한다. 이는 단독으로 바르트의 기독론을 완전히 전통적인 것으로 만든다. 그리하여 우리는 신-인간인 예수 없이는 하나님에 대한 고전적 삼위일체론을 거의 펼칠 수 없다.

그리 놀랄 것 없이, 그땐, 그리스도가 하나님의 계시에 대한 열쇠이다. 계시는 그리스도의 중재에 의해서만 가능하다. 토머스 아퀴나스와 다른 중세 신학자들은 '존재의 유비' 개념을 사용하여, 하나님을 아는 지식이 가능한 것은 인간의 경험이나 혹은 인간의 본성 안에 타고난 능력 때문이라고 가정하였다. 다른 말로 하면, 그들은 피조물과 창조자 간의 연속적 유비를 가정하였다. 바르트는 이런 개념을 거부하고 '신앙의 유비'의 원리를 제안한다. 하나님과 신앙의 지식은 하나님께서 신이요 인간이신 예수 그리스도 안에서 그것을 은혜로 허용하시기 때문에 오로지 가능하다. 계시에 대한 바르트의 단순한 공식은 이를 이렇게 설명한다. "*하나님은 당신 자신을 계시한다. 그분은 당신 자신을 통하여 자신을 계시한다. 그분은 당신 자신을 계시한다.*"⁴⁾ 로마 가톨릭 주석가인 한스 우르스 폰 발타사르는 바르트의 신학에서 그리스도를 '모레시계'라고 멋지게 불렀다. 모레시계의 제일 윗부분과 가장 아래 부분 간에는 다른 어느 접촉점도 없다. 삼위일체 하나님의 모든 거래는 그리스도를 통하여 여과된다.⁵⁾ 영국 성공회 주석가 앨리스터 맥그래스도 이와 유사하게 말한다. "《교회교의학》에서 그 교의학이 예수 그리스도에게서 출발점을 삼는다는 점에

---

4) Karl Barth, 《교회교의학》, ed. Geoffrey William Bromily and Thomas Forsyth Torrance, trans. G. W. Bromily (Edinburgh: T & T Clark, 1956-75; 온라인에서는 Alexander Street Press, 1975 편집), I/1, 296.
5) Hans Urs von Balthasar, 《칼 바르트의 신학》, trans. Edward T. Oakes, SJ (San Francisco: Ignatius Press, 1992), 197.

서, 그의 모든 신학적 제안은 기독론적으로 평가된다."⁶⁾ 결과적으로, 바르트는 그리스도 밖의 '계시들'에게는 그 어떤 신뢰도 허용하지 않았다. 그가 물론 여타 종교와 문화 가운데 종교적으로나 심지어 구원을 가져오는 통찰들이 있음을 순진할 만큼 일축하지는 않았지만, 그는 그런 것들을 '계시'라 부르는 것을 거부하였다. 계시는 오직 그리스도 안에서만 그리고 그분을 통해서만 획득된다.

바르트의 칼빈주의-개혁교회 전통에서, 그리스도는 중재자로 불린다. 이는 종종 세 가지 직무 중재자, 곧 예언자, 왕, 제사장으로 표기되었다. 초월적 하나님과 인간 간의 중재자로서 그리스도의 역할은 계시와 화해자의 발동자(혹은 대리자)로서 그의 이중 역할에 초점이 맞춰진다. 성육신 덕에 하나님과 인간은 연합된다. 그분의 신성에서 예수는 하나님을 인간에게 나타낸다. 그분의 인성에서 예수는 인간을 하나님에게 나타낸다. 그의 성육신 덕에 인간 존재는 하나님이 호의를 베풀 수밖에 없었던 그 언약에 참여할 수 있게 된다. 이 언약을 통해 하나님은 그리스도를 통하여 그리고 그 안에서 인간을 대신하여 행동한다. 그의 그리스도 중심주의 때문에, 바르트는 그리스도의 특징을 정의하면서 그리스도의 범주를 해석한다. 그는 이를 아래에서 간결하게 설명한다.

> 성서가 하나님에 대해 진술할 때 우리의 주의력과 생각을 오직 하나의 점에만 집중시킨다…제1인칭 단수로 족장들과 모세 그리고 선지자들과 이후 사도들에게 말씀하셨던 이는 하나님이다…우리는 좀 더 가까이 가서 이렇게 물을 수 있다. 성서가 우리의 주의력과 생각을 집중시키고 있는 바로 그 점에서 알게 된 하나님은 누구시며 어떤 분인가? 처음부터 마지막까지 성서는 우리의 시선을 예수 그리스도의 이름에 집중시

---

6) Alister E. McGrath, 《현대 독일의 기독론 형성, 1750~1990》, 2nd ed. (Grand Rapids: Zondervan, 1994), 131.

킨다. 이 백성을 향한 그분의 활동의 호의에서 신적 결단을 우리가 식별하는 것은 바로 그 이름에서이다…그리고 그 이름에서 우리는 이제 신적 결단을 인간 역사에서 발생한 한 사건으로, 그렇기 때문에 그 결단을 이스라엘의 모든 선행(先行)하는 역사의 실체로 그리고 교회의 모든 선행하는 역사의 희망으로 식별할 수 있다.[7]

## 선택하시는 하나님과 선택된 인간

칼빈주의-개혁교회 신학에서 형성된 또 다른 범주는 선택론이다. 성 아우구스티누스의 유산을 발판 삼아, 칼빈은 양편을 다 허용하는 하나님의 선택론을 견고하게 수립하였다. (고유의) 선택으로 얼마간은 영원부터 구원하고, 반대로 다른 자들은 유기(遺棄)하여 파멸시킨다. 후기-종교개혁 시대의 개혁교회 정통(때때로 개혁주의 스콜라 철학이라고 불림)은 칼빈의 가장 유능한 후계자, 테오도르 베자 아래서 이 선택론을 상당한 지적 소양을 겸비한 채 학술적 교리로 만들었다. 바르트 자신은 당대의 그 전통의 가르침을 긍정하기도 하고 동시에 이를 근본적으로 수정하기도 하였다.

바르트가 보증한 칼빈주의의 선택론에서 그는 그리스도의 중재자 역할을 새롭게 해석한다. 하나님의 모든 거래는 그리스도를 통과한다. "하나님과 인간 사이에 예수 그리스도의 인물이 있다. 그분은 당신 자신이 하나님이며 당신 자신이 인간으로서 이 둘 사이를 중재한다…그분 안에서 하나님은 인간 앞에 서 있고, 인간은 하나님 앞에 서 있다. 이는 하나님의 영원한 의지(뜻)이며, 이 의지에 따라 하나님이 인간을 향해 내린 영원한 포고(布告)이다."[8] ('포고'란 용어는 고전 신

---

7) Barth, 《교회교의학》, II/2, 52-53.
8) Ibid., 94.

학에서 선택하기로 한 하나님의 예정된 의지를 뜻한다.) 바르트가 그 자신의 전통으로부터 날카롭게 벗어나는 곳은 그리스도를 선택하시는 하나님과 선택된 인간 존재로 파악하려는 그의 참신한 생각이었다. 그리스도는 "선택된 분일뿐만 아니라 또한 그분 자신이 선택하시는 분이다."⁹⁾ 이것이 '이중 예정론'에 대한 바르트의 새로운 수정이다. 이것은 또한 우리 모두의 선택을 위한 근거이다.

> 하나님이 만일 우리를 선택하였다면, 그때 그것은 예수 그리스도 안에서 그리고 그분과 함께 된 일이다. 그것은 또한 그분의 아들 편에서 볼 때 자유로운 순종의 행위 안에서 그리고 행위와 함께 된 일이다. 그분과 우리 사이에 세워진 언약의 호의 속에서 하나님과 아들과 성령의 결정, 곧 신적 결정의 확실하고 구체적이고 분명한 형태는 그분이다. 시간과 우리의 소명과 신앙의 요구에서 그 영원한 선택이 일어날 때, 즉시로 그리고 직접적으로 우리 자신의 선택의 약속이 되는 것은 그분 안에서이다…우리가 그 신적 선택의 실재가 무엇이냐고 물을 때, 우리는 이런 순종의 행위를 수행하신 바로 그 한 분만을 단연 바라볼 수 있다. 그분 자신이 이 순종의 행위이다. 그분이 무엇보다도 이 선택의 주체이다.¹⁰⁾

다른 말로 하면, 전통적인 개혁주의 입장과는 대조적으로 선택의 그 대상은 개인 각자가 아니라 오히려 그리스도 예수이다. 그리고 바르트는 자신의 신학적 논리를 사용하여, 칼빈주의와는 다르게 이 두 운명론을 끝내고, 대개 구원의 보편주의 입장을 지지하는 것처럼 보인다. 우리를 대신하여 죽음('유기, 파멸, 사망'을 선택하고)¹¹⁾에 넘겨졌다가, 새 생명으로 부활하신 그리스도 안에서 이제 모든 이는 선택되었다. 누구도 다시는 심판받지 않을 것이다. "예정론의 교사들이 선택

---

9) Ibid., 105.
10) Ibid., 105-6.
11) Ibid., 163.

과 유기에 대하여, 구원 혹은 파멸의 예정에 대하여, 생명 혹은 사망에 대하여, 이런 이중성에 대하여 항상 진술했을 때, 우리는 하나님의 영원한 의지이신 예수 그리스도의 선택 안에서 이미 말한다고 할 수 있다. 하나님은 우리 인간에게 전자, 즉 선택, 구원, 생명을 돌리셨고, 당신 자신에게는 후자, 곧, 유기, 파멸, 사망을 돌리셨다."[12] 기독교인과 비기독교인들 간에 놓인 차별성은, 전자가 자신들은 선택되었음을 아는 반면 다른 이들은 선택되었음을 모른다는 것이다. 비록 바르트의 연구가들 사이에서 상세한 의견이 다양할지라도, 교회교의학에서 바르트가 보여준 기독론의 표면상의 연출은 그 같은 성격을 함축한 것으로 보인다.

## *루돌프 불트만: 비신화적 기독론

### 복음서와 예수 연구에 대한 새로운 접근

무엇이 루돌프 불트만의 인물과 사상을 그렇게 매혹적으로 만드는가? 그는 다른 많은 자료들로부터 특히 신정통주의, 실존주의 그중에서도 마르틴 하이데거, 그리고 심지어 그 자신이 자유주의 운동의 비평가이면서도 그 자유주의로부터 얻은 자료에 근거하여 자신의 신학을 세웠다. 칼 바르트의 동시대인으로서 불트만은 바르트 사상에 빚을 졌으면서도 동시에 그의 비평가였다. 또한 흥미로운 것은, 그는 조

---

12) Ibid., 162-63, 306. "하나님께 대항하는 고립된 인간은 그것으로 하나님에 의해 거부된다. 그러나 이런 사람으로 그가 존재하는 것은 신을 믿지 않은 그 자신의 선택에 의해서만 그렇다. 모든 각 개인에 대한 하나님의 공동체의 증언은 이렇다. 곧 신을 믿지 않은 사람의 이 같은 선택은 무효이다. 그러므로 영원히 예수 그리스도에게 속한 자는 거부되지 않는다. 그러나 이는 예수 그리스도 안에서 하나님에 의해 선택된 것이다. 그의 상식 밖의 선택 때문에 그가 감당할 수밖에 없는 거부는 예수 그리스도에 의해 건네져 취소된다. 곧 그는 의로움에 기초하여 하나님과의 영원한 생명을 약속받는다. 이것이 신적 결정이다."

직신학자가 아니었다는 사실이고, 오히려 신약학자로서 다른 기독론 논쟁가처럼 이 논쟁에 가담하였다는 것이다. 그럼에도 불구하고 조직신학에 대한 그의 생각은 의미심장하다. 신학에 대한 그의 큰 기여 중 하나는 체계(조직)신학과 성서신학의 분리를 거부하였다.

불트만은 역사적 예수 탐구의 붕괴 이후의 여파를 다뤄야만 했고, 신약성서 방법론의 신속한 발전을 통하여 그런 일을 수행하였다. 불트만은 복음서 연구 곧, 양식비평에 대한 새로운 접근 방식을 세웠던 주요한 학자 중 하나였다. 양식비평의 기본 개념은 복음서 이야기들의 구조가 그 복음서 당대의 구체적인 목적을 위해 저자에 의해 작성되었다는 것이다. 따라서 복음서는 역사적 탐구 대상이 아니라 오히려 신학적 해석의 대상이다. 불트만은 기독교 공동체(교회)에 의해 형성되었던 복음서가 놓여 있는 전승을 자세하게 분석하기를 원했다. 그는 예수와 그의 생애에 관해 진술하고 있는 복음서들은 예수의 역사적 삶보다는 초기 교회의 '삶의 자리', 삶의 정황에 보다 밀접히 관련되어 있다는 결론에 이르렀다. 예를 들면, 예수에게 돌려졌던 많은 경구는 실은 그의 추종자들의 신학적 해석이었다.

불트만은 또한 신약성서의 많은 주류 개념이 비-유대 전승에까지 거슬러 올라간다고 주장한 종교사학파의 장구한 전승을 지속적으로 찾아 나섰다. 다른 말로 하면, 신약성서 사상은 이를테면 이집트 신비주의, 헬레니즘 철학, 다양한 신비 종교들과 같은, 동시대의 국가들의 주변 종교나 신화에서도 찾아볼 수 있다. 신약성서에서 예수에게 돌려진 '주'라는 칭호는 주변에서 차용해 온 자료의 대표적인 예이다.

양식비평의 기초와 역사적 예수 탐구에 대한 실망으로, 불트만은 마르틴 캘러에 공감을 표시하였다. 캘러는 예수의 생애에 대해 역사적으로 유효한 정보를 얻을 가능성에 회의를 품고, 그러한 역사적 정보가 비록 그리스도에 대한 우리의 신앙에 도움을 제공하지 못할지라도 우리는 그리스도에 대한 신앙을 가질 수 있다고까지 주장하였다. 그러나 불트만에게 있어서 역사의 예수에 관한 지식의 결핍은 기독교 신앙의 손상이 아니었다. 그에게 있어서 신앙에 중심적인 것은 예수의 역사라기보다는 오히려 신약성서의 복음 선포인 케리그마이다. 불트만의 견해에서 보면, 그것은 신약성서 자체의 접근 방식이다. 신약성서는 사실적인 예수의 생애에 관한 것이 아니라 그분에 대한 신앙 고백이다. 신앙은 역사적 사실의 지식이 아니며, 오히려 그리스도에 대한 인격적 결단이다.

불트만이 또한 캘러로부터 차용해 왔던 중요한 신학 용어는, 원래 독일어를 사용하여 그가 표현하려 했던 역사에 대한 그의 두 가지 관점이다. 곧 '히스토리에'와 '게쉬히테'이다. 히스토리에는 과거의 사건 그대로임을 뜻하고, 게쉬히테는 과거의 사건이 오늘 우리의 삶에 어떤 의미와 관련성이 있는가를 뜻하는 용어이다. 예수의 부활에 관해서 말한다면, 불트만에 따르면 그것은 제자들의 마음에서 일어난 게쉬히테에서 '역사적'이지만 실제 히스토리에서는 일어난 것이 아니었다.

### 신화의 렌즈를 통해 본 예수

불트만은 D. F. 스트라우스에 의해 창안된 신화의 개념을 이어받아 신약성서 해석을 위한 중요한 방식으로 사용하였다. 불트만의 견해에서 문제가 되는 것은, 그가 신화 개념을 계속해서 사용하지 않고 때론 매우 느슨하게 사용한다는 점이다. 그러나 신약성서의 그리스도에 대한 탐구에서 그의 신화 개념이 비록 꽤 모호하게 사용될지라도 그의 전체적인 경향은 상당히 타당하게 이뤄질 수 있다.

불트만의 신화 개념은 그의 선임자들이 사용한 것보다 더 훨씬 넓다. (스트라우스에게 있어서) 신화는 단순한 기적이나 그 기적에 관한 이야기가 아니다. 오히려 신화를 통해서 실재 자체가 전체적으로 파악될 수 있는 방식이다. 신화는 실재를 구체적으로 개념화하기 위한 과학 이전의 방식이다. 그것은 인간 실존에 영향을 미치고 결정짓는 세력을 구체화하는 원시적인 수단으로서, 인간 실존에 관한 통찰을 전달한다. 따라서 신화를 이야기한다는 것은, 그 이야기가 사실이 아니라는 것을 의미하지 않고 오히려 초월적 실재를 세속적 용어로 설명하는 방식이다.

물론, 신화의 이런 정의는 '원시' 혹은 '미개발'된 세계관을 지니고 있는 성서 시대를 뛰어넘는 일종의 현대의 최고의 우위를 나타낸다. 사실, 불트만은 자신의 흔한 인용구에서 이를 분명하게 설명한다. "전깃불이나 무선을 사용하는 것이나 우리 자신이 현대 의학이나 수술 진척을 유용하게 사용하면서, 마귀나 귀신에 대한 신약성서 세계를 동시에 믿는 것은 불가능하다."[13] 불트만은 고대인들이 우주를 땅과 하늘을 지속적으로 왕래하는 삼층 구조로 인식하는 것을 상식이 벗어난 것으로 생각하였다. 질병과 정신병을 마귀의 활동으로 돌리려는 그들의 경향은 또한 이 같은 원시적 전망에 속한다.

그러나 신약성서 연구와 관련하여 주목해야 할 중요한 일은, 이 같은 신화적 세계관이 비록 오래토록 남아 있었다 할지라도, 그것은 예수에 대한 성서적 설화에 접근할 때는 무시되거나 혹은 제거될 수도 없고 그렇게 되어서도 안 된다는 사실이다. 앨버트 슈바이처와 함께 불트만은 예수의 메시지가 지닌 철저 종말론적 경향을 확인하였다. 그는 성서의 묵시문학과 기타 신화적 요소들을 철저히 제거하려했던 자유주의 접근 방식을 비평하였다. 가장 중요한 신화는 종말론적 신

---

13) Rudolf Bultmann, "신약성서와 신화학," in 《케리그마와 신화》, ed. H. W. Bartsch (London: SPCK, 1953), 5. (불트만의 논문은 최초로 1941년에 나왔다).

화다. 심판이나 혹은 상급을 내리는, 신적 개입을 통한 세계의 임박한 종말이다.

제임스 D. G. 던이 적절히 인용한 대로, 불트만의 저술에는 숨겨진 변증법적 동기(주제)가 있다. 그는 예수의 이야기를 신화적 요소로부터 떨어져서 의미 있는 방식으로 현대인들에게 전달하기를 원했다. 그러나 이런 변증법에서 불트만 역시 20세기 전반부 시대, 곧 당대의 사람이었다.

> 불트만이 비판이 없는 방식으로 우주는 원인과 결과의 닫힌 연속체라는 아인슈타인 이전 물리학의 가정(假定), 곧 원인과 결과의 모든 비밀이 과학 탐구의 결과에 다 내주어야 하는 그런 세계관을 공유하였다는 것은 분명하다. 고대 세계관을 신화로 해석한 그의 지적은 원시를 얕잡아 본 현대인들의 단순한 반영이 아니었다. 그것은 어찌 보면 과학과 객관성의 영역으로부터 신화적 영역으로 이동하는 방식이었다. 복음서 기적들이 만일 질병이나 치료에 대한 과학적 묘사가 아니라면, 그땐 그것들은 무엇인가 다른 것, 곧 객관적 분석이나 과학적 환원법에 매우 취약한 것들이다. 불트만의 시도는 그러므로 이 '무엇인가 다른 것'을 상세히 설명하려는 데 있었다.[14]

이것 때문에 우리는 불트만의 가장 유명한 개념인 '비신화화' 연구 과제를 주목하게 된다. '비신화화'는 마치 이것이 당대 예수의 진면목을 보여줄 수 있다거나 혹은 발생한 일에 대해 '순수한' 관점을 제공이나 하는 것처럼, 자유주의 정신에서 복음의 신화적 표현을 다 제거하는 것을 뜻하지 않는다. 그렇지 않다. 그것은 과학적 조사에 다시 한 번 복음서를 노출시키는 것이다. 비신화화는 자칫 신화의 본질과

---

14) J. D. G. Dunn, "신화," in 《예수와 복음서의 사전》, ed. Joel B. Green and Scot McKnight (Downers Grove, Ill.: InterVarsity, 1992), 567.

기능을 놓칠 수 있고, 나아가 복음서의 문학적 특질을 침해할 수도 있다. '비신화화'란 오히려 오늘의 사고에서 복음을 다시 한 번 경험하자는 것이고 그것을 다시 재구성하여 표현하자는 것이다. 비록 그 방식에서 복음이 그렇게 단순히 객관성을 띨 수는 없지만 말이다."15) 자유주의와는 다르게, 불트만식 접근은 신화를 제거하자는 것이 아니라 오히려 그것을 재해석하자는 것이다. 신화를 제거함으로서 우리는 오히려 신약성서 메시지의 핵심을 함께 없앨 수 있다고 불트만은 경고한다.

비신화화의 목적은 신화를 실존주의 방식으로 재해석하는 것이다. 그 한 예가 예수가 선포했던 종말-시간 신화이다. 세계가 비록 그 끝을 맞이하지 않을지라도 그 신화가 여기서 지금 인간 실존을 언급한다는 의미에서 그것은 여전히 '진실'이다. 그 이유는 인간 존재는 자신의 죽음의 실재에 직면해야 하기 때문이고, 거기에 따라 자신의 실존적 결단을 내려야 하기 때문이다. 이와 유사하게 '심판'도 미래의 어떤 일에 관한 것이 아니라, 오히려 그것은 우리들 자신의 심판의 현재적 사건에 관한 것이다.

불트만에게 있어서 비신화화의 도움을 받아, 신약성서의 메시지는 현대인들에게 지적으로 타당한 것이 될 수 있다. 이런 종류의 비신화화는 이미 요한복음서에서 일어난다. 요한복음은 세상이 비록 그 때의 과정을 지속하고 있을지라도, 영생이 이미 여기 있으니 세상의 끝은 이미 도래했다고 가르친다. 불트만은 요한복음과 바울의 문헌들을 신약성서의 가장 중요한 부분으로 평가하였다. 왜냐하면 그 문서들은 우리를 위한 예수의 생애의 의미와 중요성에 있어서 그의 지상 생애에 그리 관심을 두지 않았기 때문이다. 그리스도는 복음 선포인 케리그마에서 우리를 만난다. 그 외 다른 곳이 없다. 케리그마를 넘

---

15) Ibid.

어서 예수의 역사적 지식으로 나가는 방법이 없다.

이런 의미에서 대부분의 사람들이 생각한 것처럼, 신화의 개념은 불트만에게 있어서 소극적인 것이 아니었다. 사람들 대부분은 역사와 신화 간에는 갈등이 있기 때문에, 신화는 소극적인 것이나 발생하지 않은 어떤 것을 표현한다고 생각한다. 물론, 불트만의 신화에 대한 개념에 있어서 '실재 역사 속에 발생하지 않은' 요소들이 있다. 예를 들면, 예수의 기적들은 실제로 발생하지 않았다. 예수의 부활은 죽은 사람의 실제적인 소생이 아니었다. 그러나 이는 여전히 부정적인 측면에서 불트만의 비신화화의 연구 과제에 대한 엄청난 오해이다. 과학적 탐구로서 역사가 만일 그 정의상 관찰 가능하고 수치 가능한 방식으로 제한된다면, 그땐 그 관찰 가능한 것을 넘어서 진술할 필요가 있는 그 무엇이 있다. 불트만의 동시대인 언어 철학자 루드비히 비트겐슈타인이 우리가 (과학적 언어의 한계 때문에) 진술할 수 없는 무엇이 아마도 진술할 수 있는 것보다 더 중요하다고 지적했을 때와 (비록 다른 의제였지만) 같은 원리이다.

신화는 역사와 과학적 관찰의 언어 한계로는 다룰 수 없는 어떤 것을 진술하는 범주이다. 그때 신화는 과학과 역사의 한계를 넘어선다. 신화는 우리가 복음서와 나머지 성서의 시대에 뒤떨어지고 이해할 수 없는 언어를 다른 방식으로 이해할 수 있게 한다. 예를 들면, 역사 탐구자가 기적들에 대해 이야기하는 것은 이해할 수 없다. 그러나 복음서 이야기는 많은 기적들을 담고 있다. 자유주의나 계몽주의 경향이 그랬던 것처럼, 신화들을 제거하는 것은 예수가 누구셨는가와 그가 무엇을 믿었는가에 대해 엄청난 오해를 야기한다. 신화는 일종의 자료로서 복음서에 본질적인 자료서 취급될 수 있다.

던이 지적한 대로, 비신화화의 의제는 거기에 내재된 문제와 취약성과 함께 복음을 이 문화에서 저 문화로 소통시키려는 적법한 '선교'

요청을 내포하고 있다.

비신화화에 대한 불트만의 과제는 또한 실질적인 정당성을 지닌다. 그것이 한 문화와 의미의 세계에서 다른 문화와 세계로 전환(번역)시키는 문제를 강조하는 한에서 그렇다. 복음서들의 번역은 단순히 원어인 헬라어에 가장 근접한 단어를 찾거나 혹은 영어 용어를 발견하는 일이 아니다. 그것은 (설교단과 그룹별 성서 연구에서) 단순히 표현되지 않았으나 실재를 개념화하는 방식으로 표현된 것을 동시대의 경험으로 (종교적 경험을 포함하여) 표현하고자 하는 전환 작업이다.[16]

## 인간의 실존과 그리스도에 대한 신앙

창의적이고 자주성 있는 사상가로서 불트만은 자신의 창발적인 신학과 기독론을 위해 다양한 자료에서 차용하였다. 특히 마르틴 하이데거에 의해 주도된 형식, 곧 실존주의 철학은 불트만이 기독교 신앙을 현대인들이 이해할 수 있는 방식으로 전달하는 데 중요하게 기여하였다. 곧 그는 그의 기독론을 실존주의 정신에 조화시켰다. 그래서 그는 실존주의가 신약성서의 핵심을 거의 다 반영한다고 말할 정도로 나갔다. 불트만 자신은 실존주의에서 특히 하이데거에게서 연결점을 분명히 찾았다. "마르틴 하이데거와의 토론을 통해서 내가 알게 된 실존주의 철학은 이제 내게 결정적인 의미가 되었다. 나는 거기 실존의 개념을 통해서, 인간 실존에 대해 또한 신자의 믿음의 실존에 대해 적절히 진술하는 것이 가능하다는 것을 발견하였다."[17]

실존주의는 우선 인간 실존에 대한 분석에 초점을 둔다. 인간 존재를 흔히 자연의 일부로 인식하는 그런 존재에 대한 '객관적' 시각과

---

16) Ibid., 568.
17) Rudolf Bultmann, "자서전적 성찰," in 《실존과 신앙: 루돌프 불트만의 간략한 저술》, ed. Schubert M. Ogden (Cleveland: Word, 1960), 288.

는 정반대로, 실존주의는 인간 실존을 그 역사성의 구체적인 관점에서 접근한다. 특히 인간 각기 개인은 그 자신의 인격적 결단을 통해서 자신의 실존적 삶을 결정할 수 있는 존재로 파악한다. 하이데거는 실존을 일반적 혹은 보편적인 것에 맞추지 않고, 항상 그 개인과 인격에 초점을 맞춘다. 이것은 개인이 결단하는 바 형성된다. 하이데거는 인간 '실존'(자신의 주체적 선택으로 목적을 지닌 의미 있는 인간 삶)과 '다른 모든 사물'의 '잔존하는'(단지 거기 존재하는) 것을 서로 개념적으로 뚜렷이 구별하였다.

하이데거에 따르면, 두 종류의 실존이 있다. 하나는 '진정한 실존'으로서 거기서 사람은 자신을 세계에 '던져진 존재'로 받아들여, 자신의 삶의 의미를 발견해 나간다. 다른 하나는 '비진정한 존재'로서 자아와 세계와의 구별을 상실한 채 존재한다. 실존주의에게 있어서 인간 존재는 단지 객체가 아니라 주체와 객체 모두이다. 동시에 각기 인간 존재는 미리 결정된 현실태가 아니라 오히려 가능태이다. 만일 어떤 사람이 자신의 잠재성을 견지하고 있다면, 그 결과는 진정한 실존이다.

불트만은 자신의 기독론을 형성하는 데 있어서 실존주의의 기본 개념을 창조적으로 사용하여, 현대인들에게 그 기독론의 의미를 전달하였다. 그의 견해에 의하면, 신약성서는 두 양식의 인간 실존을 인정하고 있다. 첫 번째 양식은 '불신자이며' '구속받지 못한 자이다.' 그는 이를 또한 비진정한 실존으로 부른다. 이런 종류의 사람은 자기-만족에 현혹된 자이며, 가시적이고 덧없는 세상에 집착하는 자이다. 실존의 다른 유형은 '믿고' '구속 받은 자이다.' 다른 말로 하면 진정한 실존이다. 이 양식에서는 인간은 자신이 창조된 바의 목표 혹은 목적이 그들 자신의 노력에 의해서 성취되는 것이 아니라, 자신의 삶을 그리스도에 대한 믿음에 둠을 통해 이뤄지는 것을 안다. 이것은 하이데거의 세속적 실존주의와 불트만의 기독교 번안과의 주요 차이를 드러낸다. 하이데거에게 있어서 진정한 실존이란 인간 노력의 결과이다. 불트만에게 있어서 실존은 그리스도에 대한 의존이다.

루터교 신학자로서 불트만은 칭의에 대한 표준적 루터교 개념을 실존주의적으로 재해석하였다. 그의 목적은 선한 행위(공로)에 기초한, 혹은 논쟁의 여지가 없는 혹은 사실에 기초한 그런 '지식을 객관화'하여, '구원의 확신을 얻으려는 모든 갈망을' 파쇄하려는 것이었다. 그것은 인간이 '진공 상태'라는 사실을 강조할 뿐이다. 인간이 살아갈 수 있는 것은 전적인 믿음의 헌신을 통해서뿐이다. 왜냐하면 신앙은 그 자체가 하나님의 선물과 하나님의 은총이기 때문이다. 인간은 이런 신앙을 신약성서의 케리그마에 귀를 기울임으로서만 가질 수 있다.[18]

불트만은 예수의 십자가 죽음을 역사적 사건으로 받아들이는 데 문제는 없었다. 그러나 그는 그것을 죄인들을 위한 속죄하는, 하나님의 아들의 행위로는 보지 않았다. 더욱 중요한 것은, 그는 죽은 자 가운데에서 살아난 예수의 실제적 부활을 믿지 않았다는 것이다. 그럼에도 불구하고 예수 그리스도의 죽음과 부활은 불트만 자신에게 실존적으로 중요한 사건이었다.

불트만에게 끼친 신정통주의 영향은 그리스도 안에서 하나님의 계시에 대한 그의 이해에서 발견된다. 그리스도 안에서 하나님의 결정적인 자기-계시가 하나님의 말씀인, 성서에서 발견된다고 주장하였던 고전 신학과는 다르게, 불트만은 역사적 예수 자신이 하나님의 계시의 초점이라고 믿었다. 하나님의 계시는 그리스도에 관한 설교에서 각기 개인의 현재적 만남 속에 있다. 칼 바르트처럼, 불트만은 성서 자체가 하나님의 말씀이 아니라, 그 성서를 읽고 그 성서에 기초한

---

18) Rudolf Bultmann, 《예수 그리스도와 신화학》(New York: Charles Scribner's Sons, 1958), 84.

설교를 듣고 사람들이 하나님을 인격적으로 결단하여 만날 때 성서가 하나님의 잠재적인 말씀이 된다고 생각하였다. 여기서 분명한 것은 하나님은 예수 안에서 구속적으로 행동한다는 것이다. 그러면 그같은 일이 어떻게 일어났는가? 혹은 얼마나 많은 사람들이 그것을 알고 있는지 여부는 불트만에게 그리 흥미가 없었다. 왜냐하면 그리스도에 대한 믿음은 그런 역사에 의존하지 않기 때문이다. 그가 언급했던 것처럼, "예수의 메시지는 신학 그 자체의 일부가 아니라 오히려 신약성서의 신학을 위한 하나의 전제이다."[19]

## *폴 틸리히: 실존주의적 기독론

### 상관관계 방법

폴 틸리히는 자신을 지성인을 위한 사도로 이해했다. "나의 신학 작업 전체는 세속 사람들이-우리 모두는 세속적이다-이해할 수 있고, 그 종교적 상징들에 의해 움직일 수 있는 방식에서 상징들의 해석에 맞추어져 있다."[20] 칼 바르트와는 다르게, 그는 현대 세속적 철학과 기독교 신학 간에, 종합이 아닌 상관관계를 시도하였다. 틸리히에게 있어서 신학의 과제는, 변증학의 의미로서가 아닌, 신학의 존재 이유나 혹은 구체적인 과제를 수행하는 의미에서 '변증법적'이어야 한다는 것이었다. 곧, 현대인들이 기독교 신앙을 이해할 수 있고 그 신앙을 자신들의 필요에 관련시킬 수 있는 그런 방식으로 기독교 신앙을 구체적으로 제시하는 것이다.

---

19) Rudolf Bultmann, 《신약성서 신학》, 제1권 (New York: Charles Scribner's Sons, 1951), 3.
20) D. MacKenzie Brown, ed. 《궁극적 관심: 대화의 틸리히》(New York: Harper & Row, 1956), 88-89에서 인용.

틸리히를 딱 부러지게 분류하는 것은 쉽지 않다. 왜냐하면 그는 매우 독창적이고 창의적인 사상가이기 때문이다. 그는 신정통주의 성향을 지니고 있었다. 그는 마지막 자유주의 신학자들로부터 교육을 받았다. 그는 특히 실존주의 철학에 강한 영향을 받았다. 틸리히에게 가장 정당하게 붙일 수 있는 호칭은 '신-자유주의'이다. 틸리히 같은 몇 명의 사상가들은 고전적 자유주의에 대한 신정통주의의 비평에 상당히 공감하였다. 그러나 그들은 바르트나 다른 신정통주의자들이 너무나 거칠게 한쪽으로 치우치지나 않을까 염려하였다. 어쩌면 신정통주의는 자유주의 신학이 하나님을 하늘에서 땅의 인간 수준에까지 끌어내렸다는 두려움 때문에, 하나님의 초월성 개념에 너무나 몰두하게 되었다. 틸리히는 결코 신정통주의에로 회귀하기를 원하지 않았던 20세기 중반의 사상가들 중 탁월한 위치에 있었다. 이들 사상가들은 신정통주의는 그대로 놔두고, 철학, 사회과학, 과학의 놀라운 발전을 주목하면서, 동시에 고전적 자유주의의 의제들을 수정하고 쇄신하기를 희망하였다. 틸리히는 비록 무신론자나 불가지론자였던 장 폴 사르트르나 마르틴 하이데거와 같은 실존주의 철학자들의 많은 기초 교의와는 거리를 두었지만, 결국은 자신의 주요 대화 상대로 실존주의를 택하였다.

그의 신학 작업의 방법을 잘 표현하면 '상관관계'로 묘사할 수 있다. 그 기본 개념은 간단하다. 신학은 철학과 상호 관계하여 이뤄져야 한다. 거기서 철학은 관련된 질문을 제기하고, 신학은 기독교 신앙의 전망에서 답변을 제공한다. 틸리히는 질문과 대답 간의 용어로 그의 상관관계 방법을 정교하게 다듬었다. 그의 방법에 관하여 틸리히는 이렇게 진술한다. "철학은 인간 실존에 내포된 질문들을 명확하게 나타내고, 신학은 인간 실존에 내포되었던 질문들의 안내를 받아

신의 자기-계시에 내포되었던 대답들을 명료하게 나타낸다."[21] 그의 주요 신학 작업의 구조, 곧 세 권으로 된 《조직신학》은 이 방식을 따른다. 첫째, 인간 지성과 문화 상황에 관련된 질문이 있다. 그리고 거기에 따른 신학적 대답이 주어진다. 틸리히에게 있어서 이성은 결코 계시를 무시하지 않고 오히려 그것을 요청한다. 계시는 이성의 재해석을 의미한다.

틸리히는 근본주의와 신정통주의의 케리그마 신학 모두엔 극도로 비평적이었다. 근본주의는 자신들이 매긴 권위에 기초하여 고대 교리를 단순히 재건하려고 하였기 때문이고, 신정통주의는 자신들의 주장을 위해 어떠한 역사적 혹은 문화적 토대 탐구도 거절하였기 때문이다. 틸리히가 '초자연주의자들'이라고 딱지를 붙였던 이들 두 접근 방식은 현대인들의 실존적 질문들을 사실상 외면한다. 그러나 자유주의의 자연주의자들이나 인본주의 접근이라 해도 성공하지 못했다. 왜냐하면 그들에게는 "모든 것들이 인간에 의해 진술되었지만 정작 인간 자체에 대해 진술된 것은 아무것도 없었기"[22] 때문이었다. 틸리히 자신의 변증법적 신학 방법은 기독교 메시지와 동시대의 문화 간에 놓여 있는 공통의 근거를 전제한다. 철학은 그의 신학에 대한 접근 방식에서 중요한 역할을 하였다. 틸리히는 아브라함, 이삭, 야곱의 하나님과 철학자들의 하나님이 마치 2세기의 순교자 저스틴에서처럼 동일한 하나님이라고 주장하였다.

## 신: 존재의 근거

실존주의에 대한 틸리히의 가장 큰 빚은 신학적 과제를 수행하기

---

21) Paul Tillich, 《조직신학》, 제1권 (Chicago: University of Chicago Press 1951), 61.
22) Ibid., 65.

위한 필요조건들을 특징짓는 데서 분명히 드러난다.

> 우리의 궁극적 관심을 다루는 신학은, 모든 문장에서 존재의 구조, 그 범주, 법률, 그리고 개념을 다 전제하였다. 그러므로 신학은 철학이 그랬던 것처럼 존재의 질문을 더 이상 쉽게 피할 수 없다. 비-성서적·존재론적 용어들을 회피하려는 성서주의의 시도는 그와 비슷한 철학적 시도만큼이나 확실히 실패할 수밖에 없다.[23]

틸리히는 실존주의자들과 함께 존재론적으로 인간 실존의 구체적인 특성을 강조하기를 원했다(존재론이란 존재의 본질과 가능성 혹은 실존에 대해 묻는 철학의 한 분야다). 인간 존재는 다른 모든 생명의 형태와는 다른 '소우주'이다. 인간 실존 하에 놓여 있는 존재 구조는 여타 피조물과는 다르다. 틸리히의 하나님과 예수 그리스도 이해의 통로는 바로 그 존재론적 질문이다. 다시 말하면, 어떤 것은 있고, 곧 존재하고, 또 어떤 것은 없다고 하는데, 과연 이것이 무엇을 의미하는가?

틸리히의 견해를 포착하기 위해서 우리는 그의 독특한 용어들을 집중하여 살펴볼 필요가 있다. 틸리히는 대부분의 그렇고 그런 조직신학적 사상가가 아니었다. 그의 용어 정의는 항상 빈틈없는 것만은 아니었다. 그는 신약성서 기독론과 구원론의 실존적 의미를 끌어내는 시도에 있어서 어느 정도는 루돌프 불트만을 따랐다. 불트만이 사용했던 신화라는 용어를 쓰는 대신에, 틸리히는 상징이라는 용어를 더 선호하였다. 그러므로 틸리히에게 있어서, 예를 들면 타락은 하나의 상징이다. 공교롭게도 틸리히의 상징 사용은 그렇게 일관된 것은 아니다. 그래서 그것을 정확히 정의하는 것은 어렵다.

만일 존재에 대한 질문(존재의 질문)이 철학과 신학의 기본적인 질

---

23) Ibid., 21.

문이라면, 그에 상응하는 한쪽은 비존재(예, 죽음)에 대한 질문이다. 이 질문은 유한한 모든 것 안에 내재해 있다. 틸리히에게 있어서 비존재의 질문은 그 비존재의 위협을 극복하고, 생명을 지탱시키는 그 존재의 힘에 대한 질문을 하게 한다. 이것(존재의 힘)은 '존재 그 자체' 혹은 '존재의 근거'이어야 한다. 이 존재의 근거 없이는 유한한 모든 것은 비존재 혹은 무(無)로 돌아갈 수밖에 없다.

틸리히의 분석에는 본질과 실존, 이 두 용어가 절대적으로 중요하다. 이 두 용어는 실재의 전체 구조를 설명해 준다. 그리고 이 용어는 모든 존재에 적용된다. 틸리히에 따르면, 본질이란 용어는, 아직 존재하지 않은 것 같은, 사물의 잠재적(잠세적)이고 아직 실현되지 않은 온전한 상태를 나타낸다. 실존이란 용어는 그 본질로부터 '타락한 것' 혹은 어떤 의미에서 온전한 것으로부터 단절된 것, 그래서 현실적 존재를 가리킨다. 틸리히의 사고에 있어서 실존은 항상 유한한 것이며 타락한 것이다. 그것은 또한 참 존재, 그 본질로부터 단절된 존재의 조건들에 의해 제한된 것이며 왜곡된 것이다.

하나님이 모든 타자들의 존재를 받쳐 주고 지탱해 주는 존재의 근거이기 때문에, 신은 우리와 같은 수준에서 존재할 수 없다. 틸리히의 가장 논쟁적이고 때로는 오해를 불러일으키는 진술이 파란(波瀾)을 가져오는 것은 바로 이 점에서이다. "하나님은 실존하지 않는다. 그는 본질과 실존을 넘어서는 존재 그 자체이다. 그러므로 하나님은 실존한다(살아 있다)고 주장하는 것은 그를 부정하는 것이다."24)

존재 그 자체를 가능케 하는 존재의 근거가 있어야 한다. 그러나 무엇인가에 실존을 허락하는 것은 유한한 존재의 양식(樣式), 곧 타락 혹은 소외의 조건을 띠는 것이다. 그러므로 만일 하나님이 실존한다면, '하나님 위의 하나님'이 필요하다. 틸리히에게 있어서 존재 그 자

---

24) Ibid., 205.

체 혹은 존재의 근거인 그 신은 추측하건대 전통적인 기독교 유신론의 유한한 하나님 보다 더 넘어선다.

## 새로운 존재

틸리히 자신은 정작 조어(造語)하지 않았으나 그의 독특한 사고의 영향력을 이해하고 그의 기독론 개념을 파악하는 데 있어서 도움이 되었을 성싶은 상관관계를 우리가 어쩌면 떠올릴 수 있다. 틸리히의 용어인 '본질'은, 마르틴 하이데거가 사용한 진정한 '실존'의 개념과 어의상 다소 일치한다(진정한 실존이란 말은 실존주의에 대한 자신의 기독교적 설명에서 루돌프 불트만이 또한 사용한 바 있다). 틸리히의 용어인 실존은 대략적으로 하이데거의 비진정성 실존과 유사하다. 그러나 틸리히에 따르면, 우리가 알고 있는 유일한 실존은 본질의 완전한 상태로부터 일탈한 비진정성, 타락이다. 하이데거와의 유사성이 붕괴되기 시작한 곳은 바로 이 점에서다. 우리는 어떻게 본질에서 실존이 되었단 말인가? 이 질문에 대한 틸리히의 대응방식이 우리로 하여금 틸리히 신학의 '회복시키는 원리'인 '새로운 존재'로서 그리스도의 개념, 곧 그의 기독론의 핵심을 다루게 한다.

그의 《조직신학》 제2권 제3부의 주목할 만한 제목 "실존과 그리스도"에서 틸리히는 인간의 실존적 소외의 상황과 그에 따른 구원을 위한 탐색을 분석한다. 그는 타락에 대해 재해석할 것을 제안한다. 타락은 본질에서 실존으로 나가는 보편적 전이(轉移)다. 물론, 틸리히에게 있어서 이것은 문자적 혹은 사실적 사건이 아니다. 그러나 그것은 그 효력에 있어서는 '실재'다. 어떤 의미에서 틸리히는 타락을 거의 필수적인 것으로 받아들인다. 자유 의지의 실행인 '실현된 창조'가 있자마자, 인간은 '몽상적인 순진'의 상태(하나님과 연합되어 있는 본질적 존재)

를 상실하고, 소외된 실존이 시작된다.

이런 곤궁성은 그 소외 상태를 타파하고 본질과 실존 간의 구별을 극복할 수 있는 누군가의 도래를 요청한다. 이것이 틸리히의 체계가 그리스도를 소개하는 지점이다. 새로운 존재로서 그리스도는, 실존의 타락한 조건 하에서 자신을 발견하고 있는 인간 존재를 위한 대답이다.

틸리히에게 있어서 기독교가 근거하고 있는 그 사건은 두 측면을 지니고 있다. 첫째, 나사렛 예수의 사실과 둘째, 예수를 그리스도로 믿고 받아들이는 사람들에 의한 그 사실의 수용이다. 사실적이고 역사적 예수는 그를 그리스도로 수용하는 일이 없이는 신앙의 토대가 진정 될 수 없다. 실존주의, 신정통주의, 불트만의 방식에서, 틸리히는 예수의 역사와 그의 생애는 그리 중요하지 않다고 주장한다. 많은 학계의 비평이 그동안 복음서 이야기의 신뢰성을 무너뜨린 것과는 상관없이, 새로운 존재에 대한 틸리히의 신뢰는 흔들리지 않는다. 틸리히가 예수에 대해 확언하려 했던 모든 것은 예수는 한 "개인의 삶"이었다는 것이다. 나사렛 예수의 상세한 생애가 무엇이든 간에, 새로운 존재가 바로 이 사람(예수) 안에 있었고, 현재도 이 사람 안에 있다.

틸리히에게 있어서 '그리스도'라는 상징은 '사물의 새로운 상태를 가져오는' 자이다. 예수 그리스도의 의미는 그가 새로운 존재의 드러냄(계시)이라는 사실에 있다. 그 새로운 존재는 실존의 모든 조건에 자신을 내어 주고, 또 그렇게 함으로서 실존적 소외를 정복한다. 틸리히는 "옛 사람(존재)으로부터, 곧 실존적 소외로부터, 그리고 그 소외에 따른 파괴적 결과로부터 인간을 구원하는, 새로운 존재를 가져오는 이는 그리스도"라고 말한다. 나사렛 예수의 한 개인 삶에서 '본질적 인간성'이 그 자체를 드러냈다.[25]

---

25) Paul Tillich, 《조직신학》, 제2권 (Chicago: University of Chicago Press, 1957), 150.

그렇다면 틸리히에게 있어서 예수는, 고전적 정통주의가 고백했던 인간이 되신 하나님이 아니라 "실존적 소외의 조건 하의 한 개인의 삶에 나타난 본질적 인간"이다.[26] 소외 상태의 실존에 자신을 내맡기는 그리스도의 복종은 십자가에서 극명하게 상징되고, 그의 정복은 부활에서 상징된다.

예수 그리스도는 하나님이 아니었고, 신적 본성을 지닌 것도 아니었다. 그러나 오히려 그의 인성 안에서, 그 인성을 통하여 존재의 전반적인 새로운 질서-본질적 인성을 명백히 드러냈다. 예수 안에서 인간의 원래 본질이 새로운 차원의 본질로 변화하였다(본질화되었다). 이것은 위대한 역설이며, 필연적인 인간 타락이 역전된 것이다. 이 기독론은 소위 적절하게 '등급' 기독론으로 불릴 수 있다. 예수는 실체에 있어서는 우리와 다르지 않지만 그 등급에서 우리와 달랐다.

기독론이 구원론의 기능이라고 주장하는 틸리히의 말은 그리 놀라울 것도 없다. 다른 말로 하면, 구원의 질문은 기독론적 질문을 야기한다. 그것은 틸리히에게 예수의 상세한 생애를 다룰 필요성을 자연스럽게 제공한다. 심지어 그것은 새로운 존재인 예수 그리스도가 전통적인 용어상, '신'이 될 필요성도 없다고 주장하게 한다.

만일 예수가 정통주의 입장이 내세운 그런 하나님이 아니라면, 그때, 틸리히의 신학 체계에서 나사렛 예수의 계시 역할은 무엇이란 말인가? 전통적으로 기독론은 한두 가지 방식에서 하나님의 계시와 연결되어 있었다. 자신의 계시론에서 틸리히는 계시된 말씀이나 혹은 계시된 명제의 개념을 거부하였다. 그는 계시가 정보(지식)의 전달이 결코 아니라, 오히려 자연, 역사, 사람, 그리고 언어를 포함하여 다른 많은 매체를 통하여 발생하는 사건 혹은 경험이라는 주요 신정통주의 견해와 같이 하였다. 그러면, 성서는 하나님의 말씀이 아니다. 틸

---

26) Ibid., 95.

리히는 성서를 하나님의 말씀과 동일시하려는 전통적인 견해가 계시에 대한 혼란을 가중시켰다고 주장한다. 성서는 단지 계시[시간]에 참여할 뿐이다. 틸리히는 존재의 능력이 발생하는 곳이면 어디서든 의미 충만하게 그 능력을 가감 없이 드러내는 모든 사건과 경험인 '현실적 계시'와 예수 그리스도 안에서 발견된 최종적이고 비할 데 없는 의미 충만한 계시인 '궁극적 계시'를 뚜렷이 구별한다. 따라서 새로운 존재인 그리스도 안에는 하나님의 최종적인 계시가 있다.

그러나 그 계시는 성서의 증언과 결코 그대로 동일시될 수 없다. 아마도 계시에 대한 틸리히의 특징을 설명해 주는 최상의 방식은 다음과 같은 진술이다. "나사렛 예수의 역할은 존재의 신비를 밝혀 드러내 주는 것이며, 소외의 상태를 극복할 수 있다는 가능성을 가리키는 것이다." 존재의 신비를 밝혀 드러내 주는 다른 자료도 역시 유효할 수 있다. 틸리히는 이런 의미에서 예수를 인간 상황을 계몽시켰던 다른 많은 사람 중 하나로 이해한 고전적 자유주의 사상에 공감한다. 의미심장하게도, 틸리히는 '그리스도'는 한 개인의 이름이라기보다는 한 기능 혹은 역할이라고 했다. 그 그리스도라는 사실을 강조하기 위해 그리스도에게 정관사 '더'(the)를 붙여서 언급한다.

**타락 설화는 필요한 사건인가?**

우리의 고찰을 본질에서 실존으로, 곧 그 타락의 개념을 유한하고 소외되고 파열된 실존 개념으로 이동시키자마자, 틸리히에게 그 타락 설화가 꼭 필요한 것인지 여부를 우리는 묻게 된다. 그것은 틸리히가 그동안 '죄를 존재론적으로' 파악했다는 것을 의미한다. 다른 말로 하면 그는 원죄를 존재론적 필요성으로 다룬다. 이 해석은 "인간은 자기의 자유를 실현하려는 욕망과 자기의 꿈 같은 순진함을 보존하려는 요구 사이에 붙잡혀 있다"는 틸리히의 단언에서 확인될 수 있다. "인간은 자신의 유한한 자유의 능력에서 자신의 실현을 위하여 결단한다."[27]

틸리히는 그 타락을 '실현된 산물' 곧, 잠재적(잠세적) 본질이 실존에 도달하는 것과 동일시한다. 이 전이(轉移)는 자유의지의 실행과 일치하며, 쇠얀 키에르케고르로부터 차용해 온 용어 '꿈 같은 순진한' 상태에서 타락으로 이르게 한다. 꿈 같은 순진한 상태는 하나님과 연합이다. 그 상태를 떠나는 것은-의지의 자유를 지닌 인간 실존의 필연적 결과는-염려, 절망, 죄의식, 긴장을 의미한다.

그러나 틸리히는 그 타락을 종족이나 혹은 개인이든 역사 안에서 발생한 사건으로 이해하지 않고, 오히려 보편적 인간 상황의 상징으로 이해하고 있음을 주목해야 한다. 틸리히는 그 타락이 인간의 책임성을 위해 본질상 비이성적 도약을 나타낸다고 진술함으로서, 그 타락의 필연성을 좀 더 유연하게 이해하려고 시도한다. 이것은 한 개인의 즉각적인 책임을 뛰어넘는 사건 혹은 영향력일 수 있는, 원죄 개념에 대한 틸리히의 진술 방식이다.

구세주로서 예수의 역할은 인간 상황에 대한 존재론적 분석에 비추어 보면 더 두드러진다. 하나님 자신은 소외된 실존의 조건 하에서 나타날 수 없기 때문에, 새로운 존재의 도래에 대한 필요성과 가능성이 있다. 새로운 존재는 하나님으로부터 와야만 하되, 그가 꼭 하나님일 필요성도 없고 하나님일 수도 없다. 이런 주장은 예수가 비록 비범한 인물이어서 본질-실존의 이중성을 극복할 수 있었고, 모든 다른 인간 존재와 연대할 수 있게끔 하나님과 연합을 이루었을지라도, 피할 수 없게도 예수는 인간 존재였다는 결론에 이르게 한다. 새로운 존재로서 예수는 우리에게 '존재에로의 용기'를 제공한 인물이다.

---

27) Ibid., 35.

그렇다면 틸리히에게 있어서 구원은 무엇인가? 그는 구원을 나타내는 헬라어와 라틴어(각각 저마다, sōtēria와 salus)는 우선적으로 '치료'를 의미함을 우리에게 상기시킨다. 우리가 치료의 능력을 덧입게 되는 것은 새로운 존재를 통해서이다. 그것은 우리에게 비존재의 위협에도 불구하고 존재에로 용기를 제공한다. 구원과 치료는 본질과 실존 간의 균열에 하나님의 참여와 또한 그 균열의 극복에 우리의 참여를 수반한다. 그것은 또한 하나님, 세계, 그리고 인간 그 자체로부터 떨어져 나간 인간의 소외를 극복하는 새로운 존재에로 참여이기도 하다. 구원은 또한 우리에 대한 하나님의 수용과 화해를 우리가 스스로 수용하는 것을 뜻한다. 이것은 희망을 품고 우리의 사람됨과 공동체에서의 변화를 이끈다. 고전적 구원론을 나타내는 세 가지 근본적인 용어들-중생, 칭의, 성화를 틸리히는 이제 "참여, 수용, 변화"란 용어로 수정하여 진술한다.[28]

결국, 우리는 기독론에 대한 틸리히의 기여를 어떻게 평가해야 하는가? 여러 질문과 비평들이 예수에 대한 그의 뚜렷한 접근 방식에 관하여 그동안 제시되었다:

> 틸리히는, 이를테면 양자설, 가현설, 네스토리우스주의, 단성론 등 고대 기독론의 이설에 빠지지 않고 어떻게 그것들을 피할 수 있는가? 비록 이들 관점들이 전반적으로 양립할 수 없다 할지라도, 틸리히는 이 이설들의 경계를 넘지 않고, 그것들을 잘 결합해 냈다. 예수에 대한 그의 견해는 양자설에 가깝다. 예수는 무엇인가 중대한 일을 성취하였던 인간일 뿐이다. 그리스도에 대한 그의 견해는 가현설에 가깝다. '그리스도'는 인간 예수와 같지 않으며 전혀 예수일 필요로 없다. 왜냐하면 예수의 인성과 특수성은 그리스도에게 불필요한 것처럼 보인다. 그리스도로서 예수에 대한 틸리히의 전반적인 모습은 예수의 본성을 둘로 나누

---

28) Ibid., 165.

었던 네스토리우스주의로 보인다. 그러나 동시에 단성론적 이설의 기미가 있다. 왜냐하면 틸리히는 딱히 그리스도를 무언가 순수한 영적 존재로 만들거나, 인간 예수의 역사적 개성을 찾으려고 시도하지 않기 때문이다.[29]

분명히, 기독론에 대한 틸리히의 특유의 접근 방식은 정통 기독론 체계의 관점에서 보면, 심각하게 고려해야 할 사항들을 야기한다. 그의 신학은 그가 자신의 조직신학 서두에서 설정했던 긴장과 도전에 의해 철저하게 그 특성이 드러난다. "신학은 두 극점 사이를, 곧 신학 토대의 영원한 진리와 그 영원한 진리가 받아들여져야 하는 현세적 상황 사이를 앞뒤로 왔다갔다 한다."[30] 그의 사고에서 하나님과 그리스도에 대한 '영원한 진리'의 의미는 여전히 개방적이다. 그래서 많은 사람들은 그가 이 변증법의 현세적 극점을 주시하였다고 주장한다.

## 존 지지울러스: 친교 기독론

### 친교로서 존재

그리스의 페르가몬의 감독, 존 지지울러스는 오늘날 동방교회의 가장 중요한 신학자에 속한다. 지지울러스는 (영국의 티모시 웨어에서 태어났던) 칼리스토스 주교처럼 동방과 서방 교회 간에 다리를 놓았고, 서방에 동방교회의 특색 있는 신학적 유산들을 소개하였다. 그러나 그 자신의 전통에 대한 신실한 해석자요 교사일 뿐만 아니라 또한 세계교회운동(에큐메니컬) 영향을 받아 동방신학을 교정하는 데 두려워

---

29) Stanley J. Grenz and Roger E. Olson, 《20세기 신학: 전환 시대에서 하나님과 세계》(Downers Grove, ILL.: InterVarsity, 1992), 129.
30) Tillich, 《조직신학》, 1:3.

하지 않았던 자아 비평의 건설적인 신학자이기도 하다. 그의 전체 생애 활동이 서방교회에서 이뤄졌기에, 그의 사고는 서구 신학의 단체에 쉽게 접근할 수 있었다. 그러나 다는 아니지만, 서방의 일반 신학 개론은 지지울러스의 신학과 동방교회 전승의 기여를 다 무시한다.

그의 신학과 그리스도에 대한 견해에 스며든, 지지울러스의 가장 두드러진 개념은 친교, 곧 '코이노니아'다. 그의 주저의 제목이 그의 사상의 기본적 동향을 반영한다. 《친교로서 존재》가 그것이다. 그의 신학 일반과 특히 기독론은 삼위일체 하나님의 존재를 깊이 숙고함으로서 얻은 인간성의 존재론에 기초한다. 지지울러스는 공동체에 파괴적인 어떤 형태의 개인주의도 반대한다. 공동체의 친교, 관계성 없이는 진정한 개인의 존재도 없다. '개인적인 것' 그 자체로는 아무것도 존재하지 않는다. 심지어 하나님도 친교 속에서 아버지와 아들과 성령의 영원한 교제로서 존재한다. 또한 공동체 친교, 관계 없이는 하나님을 알 수 있는 길도 없다. "하나님의 존재는 오직 인격적 관계와 인격적 사랑을 통해서만 알려질 수 있다. 존재는 생명을 의미한다. 그리고 생명은 공동체 친교를 의미한다."[31]

*지지울러스는 고대 헬라의 존재론을 비판한다. 그런 존재론에서 하나님은 첫째 (그의 실체로서) 하나님이고, 그 이후에 세 위격들로서 삼위일체로서 존재한다. 그의 개념은 오히려 하나님의 인간성이 세 위격들의 친교로 구성되어 있다고 주장했던 헬라 교부들의 개념이다. 그 삼위일체 밖에서는 하나님도 존재하지 않는다. 다른 말로 하면 하나님의 존재는 하나님의 인간성과 일치한다.

*지지울러스의 주요 개념은 '인간'이다(그의 주저의 부제가 "인간성과 교회에 대한 연구"이다). 타자를 떠난 개인은 심지어 인간으로 존재할

---

31) John Zizioulas, 《친교로서 존재: 인간성과 교회에 대한 연구》, trans. John Meyendorff (Crestwood, NY: St. Vladimir's Seminary Press, 1997[1985]), 16.

수 없으며, 그리스도까지도 그렇다. 다른 한편, '인간은 더 이상 존재에 부속물이 아니다. 우리는 인간에게 무엇을 더 추가하여 범주로' 이해해서는 안 된다. 오히려 인간은 그 자체로 존재의 본질이다(여기서 지지울러스의 본질의 용례는 '본질' 혹은 '실체'를 뜻하는 헬라어로부터 온 '하이포스타시스에 대한 고대 삼위일체와 기독론 언어를 이어 받는다).

지지울러스는 하나님의 존재와 인간 존재 간의 유비를 이끌어 낸다. 하나님의 가장 고유한 특성은 바로 관계성 안에 있는 그의 존재다. 삼위일체로서 신성의 세 위격들은 상호 관계를 갖는다. 그 세 위격들은 삼위일체의 내적 사랑의 관계이다. 이 동일한 사랑으로 삼위일체 하나님은 인간 존재와 세계와 관계하고, 신-인 '코이노니아'(친교) 속에서 그들을 감싼다. 따라서 지지울러스의 기본적 논증은 다음과 같이 이어진다.

> 인간 존재는 교회의 구성원이라는 사실에서, 그는 '하나님의 형상'이 되어, 하나님 자신이 존재하는 것처럼 그도 존재한다. 그래서 그는 하나님의 '존재 방식'을 띤다. 이 존재 방식은…세계와 타자와 하나님과의 관계 방식이고 친교의 사건이다. 그리고 그것은 개인의 성취로는 왜 실현될 수 없고, 오직 교회 공동체 사실로서만이 실현될 수 있는가에 대한 이유이다.[32]

사실 지지울러스는 친교가 개인이든 혹은 교회 공동체이든 존재를 기술하는 단순한 또 다른 방식이 아니라 존재를 위한 존재론에 속한다고 주장한다. 따라서 우리는 현실적인 '친교의 존재론'에 대해 진술해야 한다. 이 개념은 흥미롭게도 로마 가톨릭교회가 제2차 바티칸 공회(1962~65)에서 공동체의 관점을 정의하였던 방식과 같은 방향이다. 그 주요 교회 문서인, 제2차 바티칸 공회 헌장의 '인류의 빛'(#9)

---
32) Ibid., 15.

은 이렇게 기술한다. 하나님은 "그러나 인간을 거룩하게 하여 그들을 구원하기로 하였다. 그런데 그것은 어떠한 유대도 없는, 혹은 그들 간에 연결도 없는 개인이 아니다. 오히려 그들이 하나님을 알고 거룩함으로 그분을 섬기려는 사람들로 삼는 방식이다."

지지울러스는 무엇보다도 먼저 교회의 신학자이다. 그가 다른 주제들을 다룰 때조차도 항상 교회의 중요한 요소들이 있다. 이것은 그가 친교에 대해 왜 그렇게 강조하는가에 대한 이유이다. 그는 결코 기독론을 따로 떼어 연구하지 않았다. 심지어 기독론 주제들이 그의 책 《친교로서 존재》에서 특히 분명하게 드러날 때조차도 그랬다. 그러므로 지지울러스의 기독론에 대한 분석은 주로 교회에 대한 그의 글에 기초하여 살펴야 한다.

## '사람'과 '개인'

지지울러스는 '생물학적' 존재와 '교회 공동체의' 존재 간을 구별한다. 전자는 하나님과 타자와의 친교가 없는 인간 존재를 가리키는 반면, 후자는 친교 속에서 활동하는 인간을 나타낸다. 타락의 결과로, 인간 존재는 '생물학적으로' 개인주의로, 왜곡된 실존으로 존재한다. 개인으로서 인간 존재는 그 자신을 하나님과 다른 인간 존재와 맞서서 확인한다. 이에 대한 최종적인 결과는 사망이다. 지지울러스에게 있어서 죄란 하나님과 다른 동료 인간과의 인격적 친교로부터 벗어나서 오직 피조된 세계와의 친교만을 뜻한다. 이런 형태의 '개인'은 용어상 진정한 의미에서 결코 '사람'(인격)일 수 없다.

그러나 그런 개인이 세례와 신앙을 통한 교회 친교에 참여함으로서 생물학적 존재에서 이제 교회 공동체적 존재로, 하나님과 타자와의 친교 속에 있는 존재로 나갈 수 있다. 인간이 단절된 개인들로 존재하는 그런 생물학적 실존과는 대조적으로, 교회에서 인간은 사람이 되고, 친교 속에서 사람이 된다. 세례와 신앙을 통하여 생물학적 실존은 코이노니아 속의 실존으로 변한다.

사람과 개인 간의 이 같은 구별은 지지울러스의 신학과 기독론 전체를 강조하는 근본적인 원리이다. 교회 안에서 그리고 그의 교회에서 개인으로서 실존의 방식은 이제 극복된다. 사람이 된다는 것은 그가 '친교를 향한 운동'과 함께 '황홀한' 상태에 있다는 것을 의미한다(황홀이란 '밖'과 '서다'를 뜻하는 두 가지 헬라어에서 유래한다). 다른 말로 하면, 사람은 본시 개인으로서 존재할 때는 사람이 아니고, 그 자신의 밖의 그 무엇[하나님과 타자]와 관련될 때만 사람이다. 지지울러스에게 있어서 이 기준점이 친교이다. 인간 존재는 그 자신을 초월할 수 있기 때문에, 친교를 향한 그 운동은 진정한 인간 자유를 제공한다. 개인들이 한 사람이 되고, 그 자신의 운명을 성취할 수 있는 것은 오직 (하나님을 포함하여) 타자와의 친교를 통해서뿐이다.

그러나 친교 속의 존재는 각기 개인의 독특한 개성을 경시하는 것이 아니다. "사람은 친교 없이는 존재할 수 없다. 그러나 사람(인격)을 부정하거나 혹은 짓밟은 모든 친교의 형태는 용납될 수 없다."[33]

## *그리스도: 인격과 친교

지지울러스의 기독론 토대는 다음과 같은 전제다. 한편에서 하나님은 삼위일체 위격 간의 친교에서 오직 인격으로서만 존재하고, 그리고 다른 한편에서 그리스도는 탁월한 사람이다. 그리스도는 단지 한 개인이 아니라 오히려 한 사람이다. 왜냐하면 그의 운명은 이중적 관계에 의하여 구성되어 있기 때문이다. 아버지에 대한 아들로서 그

---

33) Ibid., 18.

의 관계와 그의 몸(교회)에 대한 머리로서 그의 관계이다.

지지울러스는 동방 정교회 신학자이기에, 그리스도의 두 본성의 교리를 지지하면서 신조와 교부학에 대한 고대 기독론의 전승에 합류한다. 그러나 두 본성을 그가 특유하게 사용하는 것은 친교와 [거기에 참여한 각기] 개성에 대한 그의 기본적 확신과 연결되어 있다. 그리스도의 두 본성의 중대한 의미는, 그리스도 안에서 인간 개성(예수)이 역사적 실재가 되었다는 것이다. 지지울러스에 따르면, 네스토리우스주의 두 본성에 대한 교부들의 반대는 나사렛 예수의 존재가 하나님의 아들의 개성과 일치한다는 것을 확인하려는 요구에 의해서 자극을 받았다. 이처럼 예수의 동정녀 탄생은 그리스도의 인성(사람)이 하나이며 진정한 친교인 삼위일체 안에서 아들의 본질과 동일하다는 것을 확보한다는 점에서 중요하다.

그리스도의 신적 본성은 신의 아들, 삼위일체의 두 번째 위격과 같은, 그의 존재로 구성되어 있다. 신성은 그의 인성에 추가된 외부의, 부가적인 특성이 아니다. 신의 아들이 홀로 설 수 없고 다만 내적 삼위일체의 사랑의 관계에 있듯이 성육신한 아들, 예수 그리스도도 단지 그 스스로 설 수 없다. 그는 한 '개인'이 아니다. 예수 자신의 자기-이해와 초기 교회의 기독론 둘 다에서 그리스도는 많은 사람을 자신에게로 합류시키는 공동의 인격이다.

지지울러스의 해석에서, 교부들의 기독론은 "순전한 실존적 의미를 지닌 단 하나의 목표, 곧 진정한 인간을…위한 탐구가…신비나 혹은 향수가 아니라, 역사적 실재라는 확신을 사람에게 심어 주는 목표를 기대한다." 예수 그리스도는 그가 하나님의 계시의 담지자이기 때문에 세상의 구세주가 아니라, "그가 역사 속에서 그 사람(인성)의 참 실재를 실현하고", 그것을 모든 남녀 인간을 위한 개성의 기초로 삼게 하기 때문에, 그가 구세주이다.

인간 존재의 기본적 요구가 만일 개인주의와 비인간화로부터 자유하게 되는 것이라면, 그땐, 구원은 '자신들의 개성(인격)을 실현시키는 존재론적 비개인화에 두어야'만 한다. 이것은 또한 다음 말로 표현할 수 있다. "구원을 가져오는 은총은 왜곡된 피조물의 실존을-인간 존재를 개인화함으로서 오는 왜곡된 실존을-이제 변화시켜서 자신의 존재를 사람(인격)과 그들의 공동의 피조물로 나타낼 수 있는 실존에서만 가능하다." 이 일이 하나님의 아들의 성육신에서 전형적으로 일어났다. 그리스도의 인성에서 이 소외시키는 개인주의는 이제 극복되었다. 기독론이란 그들의 개인적 본성이 그리스도의 인성 안으로 '당연하게 취해질' 수 있고, 개인주의로부터 이제 자유케 되어, 진정한 인성과 친교 속으로 들어갈 수 있다(롬 6:3-5)는 인류에 대한 선포이다.

다른 말로 하면, 이것이 '교회 공동체'의 존재 이유이다. 교회 존재의 양식에서, 사람(인격)은 배타성을 초월할 수 있다. 그것은 마치 그분 자신이 친교인, 그리스도의 인성이 그러한 것처럼 말이다. 인간 존재가 생물학적 단계에서 살아갈 때에, 필연적으로 배타주의가 존재한다. 가정은 낯선 사람들에 대한 사랑에서 우선순위를 갖는다. 남편은 그의 아내에 대한 사랑에 있어 배타적 주장을 한다는 것 등이다. 이것이 진짜 '자연의' 생물학적 실존이다. 교회 공동체의 존재에서 이들 생물학적 한계는 초월된다. 심지어 참 인간으로서 그리스도는 교회적으로 구성된다. 왜냐하면 그는 그의 아버지와 교회와의 친교에서만 오직 존재하기 때문이다.

구원의 목표를 신성화 혹은 신성시로 자유롭게 진술하고 있는, 동방교회 구원론의 전통에서 지지울러스는 모든 인간 존재는 그리스도를 아버지의 아들로 구성시키는 그 동일한 자식의 관계에 기초하여, '그리스도'가 됨으로서 그리스도 안에서 한 사람으로 구성된다고 주장한다. 그리스도 안에서 한 인간 존재는 하나님과 연합된다.

### *진리로서 그리스도

지지울러스는 예수를 진리라고 이름을 붙인 요한복음 14장 6절을 문자적으로 받아들인다. 기독론은 진리에 대한 기독교 이해의 유일한 출발점이다. 그러나 신학은 어떻게 진리로서 그리스도를 이해해야 하는가? 다시 한 번 지지울러스는 사람(인격)과 친교에 대한 자신의 개념에 의지한다. 그리스도가 길이요, 진리요, 생명이라는 그 방식은 친교이다. 그리스도, 성육신한 그리스도는 진리이다. "왜냐하면 그는 하나님의 황홀한 사랑을 궁극적이고 부단한 의지로 나타내기 때문이다. 그분의 사랑은 피조된 존재로 하여금 신적 생명과의 친교 속으로 들어가게 하고, 종국에는 이 친교의 사건에서 하나님과 그 사랑을 경험할 수 있도록 하기 때문이다." 따라서 지지울러스에게 있어서, 예수 그리스도는 진리이기 때문에 그 진리(그리스도)와의 친교가 구원이다. 구원은 그리스도를 아는 것이 아니고, 그리스도와의 친교 속에 존재하는 것이다.

결과적으로, 진리는 우선적으로 인식 행위가 아니라, 오히려 사람들(인격)간의 사랑의 사건이다. 진리 속에 거하는 존재는 친교 속에 거하는 존재이다. 진리에 대한 질문은 우선적으로 인격적 삶에 관한 것이지, 인식이나 이해에 그치는 것이 아니다. 그리스도와의 사랑 가운데서 그 친교 속에서 살아가는 사람이 아니라면, "나는 그리스도를 안다"라고 감히 말할 수 없다.

이것이 그리스도를 하나님의 계시로 이해한 지지울러스의 입장이다. 계시에 대한 전통적인 의미에서 보면 그리스도는 진리가 아니다. 오히려 그리스도는 친교와 사랑에 대한 하나님의 의지를 예증한 사람(인격)이다. 그는 하나님에 대해 우리에게 말하지 않고, 오히려 우리를 그와의 친교 속으로 이끈다. 결과적으로, 지지울러스에게 있어서 하나님의 말씀은 인식적 진술의 의미에서 진리가 아니고, 생명과 친교의 의미에서 진리이다. 우리가 마치 하나님의 말씀을 '이해'할 수 있다는 식으로, 그 말씀을 지적으로 접근해서는 안 된다. 오히려 하나님의 말씀을, 마치 '하나님의 생명의 성례전적 암시인 것처럼' 친교를 통해서 경험해야 한다. 이 견해는 그렇다고 하여 인식적 차원을 필연적으로 배제하는 것이 아니라 친교, 인격, 사랑의 경험의 우선순위를 강조한다.

### 그리스도와 성령

서방교회 전통(로마 가톨릭, 프로테스탄트, 영국 성공회)과 동방 정교회 전통 사이에서 가장 근본적인 차이를 보이는 성향 중 하나는, 동방교회가 취한 깊은 성령론 강조와 관련되어 있다. 동방교회는 그리스도의 중심성을 손상시키지 않은 방식을 취하면서도 '성령-감화' 신학이다. 거기서 모든 신학의 중심이 기독론을 포함하여 성령에 의해 영향을 받기 때문이다. 동방신학자로서 지지울러스에게, 교회론을 위한 기초로서 기독론과 성령론 간의 적절한 종합 작업이 중요하다. 그는 신약성서에서 부활절(그리스도의 사역)과 오순절(성령의 부어 주심)은 함께 속한다는 분명한 사실을 우리에게 상기시킨다. 아들이 이 땅에 내려와 성령을 통하여 자신의 과업을 성취하였듯이, 성령 또한 아들에 의해 보내심을 받고 세상에 온 것에서처럼, 우리는 아들과 성령 간의 상호 관계를 확인한다(요 15:26). 성령의 사역은 아들의 사역에 종속이 아니고, 오순절은 성육신의 지속이 아니라, 오히려 후편이고 결과이다.[34]

---

34) Zizioulas, 《친교로서 존재》의 제3장은 기독론과 성령론의 관계 그리고 교회를 위한 이들 위격들의 함의를 다루고 있다.

지지울러스는 신약성서가 아들과 성령 간의 어느 한쪽의 우선순위보다는 오히려 그들 간에 상호의존을 보여준다고 지적한다. 한편에서 성령은 그리스도에 의해 보내심을 받는다(요 7:39). 다른 한편 성령께서 그리스도의 세례(마가) 혹은 그의 탄생(마태, 누가)에서 역사할 때까지는 그리스도는 존재하지 않는다. 이들 두 견해가 하나요 동일한 경전에서 공존할 수 있다. 동방교회 예전에서 아들과 성령의 이 같은 상호 의존은 두 가지 중요한 구원론 사건들이 함께 전개되고 있는 방식에서 분명하게 예증되고 있다. 바로 세례이다. 이는 그리스도의 죽음과 부활에서 그 세례의 의미를 상징한다. 견진이다. 이는 세례와 동시에 발생하는, 성령을 덧입는 경우이다. 이와는 대조적으로 서방교회에서는 세례와 견진은 분리된다. 사실, 몇몇 교회에서는 견진은 세례 이후 상당한 해가 지난 뒤 시행된다.

지지울러스의 독특한 용어를 응용해 볼 것 같으면, 그리스도는 성령 안에서만 역사적 사람(인격)이 된다(마 1:18-20; 눅 1:35). 지지울러스는 심지어 "그리스도는 오직 성령론적으로만 존재한다"라고 말하고 있다. 동방교회의 삼위일체적 감각을 갖고서, 그는 그리스도에 대해 진술하는 것은 동시에 아버지와 성령에 대해 진술하는 것을 의미한다고 덧붙인다. 이 동일한 원리는 지지울러스의 신학의 주요 관점인, 교회 친교에 또한 적용된다. "따라서 교회의 신비는 삼위일체의 전체 경륜(구원 과정)과 성령론적으로 제정된 기독론에 그 기원을 둔다."[35]

그의 친교 신학과 일치하여, 지지울러스는 두 가지 기독론이 있다고 강력히 주장한다. 첫째, 우리는 그리스도를 한 개인으로 이해할 수 있다. 둘째, 우리는 그를 그의 몸 된 교회와의 관계에서 '공동 인격체'로 이해할 수 있다. 그의 용어를 빌려서 전자의 경우를 설명하면, 우리는 그리스도를 '개인적으로' 진술하고, 후자에서는 '사람'(인격)

---

35) Ibid., 112.

으로 진술한다. 성령의 역할은 여기서 시간적으로 먼저 온다. "여기서 성령은 그리스도와 우리 자신간의 거리를 극복하는 데서 우리를 거드는 분이 아니라, 그는 삼위일체의 위격으로서, 우리가 역사 속에서 실제로 그리스도를 부를 수 있도록 실현한 분이다…이 경우에 우리의 기독론은, 첫 번째 경우에서처럼 2차적으로가 아니라 성령론에 의해 본질적으로 결정된다. 우리는 이 개념을 그리스도의 공동 인격체는 성령론적으로 존재한다고 표현할 수 있다. 그러므로 바울 당대 이후, 성령은 그동안 코이노니아 개념과 항상 결합되었다는 것은 의미심장하다. 성령론은 기독론에게 친교의 차원을 열어 준다.

비록 지지울러스 자신이 기독론과 성령론, 곧 그리스도와 성령 간의 적절한 통합을 선봉에 서서 발전시켰을지라도, 그는 또한 서방뿐만 아니라 또한 동방교회에서 다뤄져야 할 많은 일들이 상존해 있고 그 일을 수행함에 있어 적절한 균형을 유지하기가 쉽지 않다는 것을 인식한 첫 번째 인물이다.

## 칼 라너: 초월적 기독론

### 기독론의 인간학적-초월적 구조

존 지지울러스가 오늘날 동방정교회의 선도적인 신학자라면, 칼 라너는 최근 로마 가톨릭 신학의 중요한 인물이다. 세계의 가장 큰 교회의 경계에서-전체 기독교인의 1/2가 로마가톨릭교회에 속해 있음-뿐만 아니라 또한 세계교회일치운동에서 그 같은 보편적 영향을 끼쳤던 20세기 가톨릭 신학자는 없다. 제2차 바티칸 공의회에 대한 라너의 공헌은 어디 비길 데가 없다. 이 공의회는 로마가톨릭교회의 갱신과 현대화의 노정에서 가톨릭교회의 방향을 결정적으로 형성했던 회의였다.

그의 신학은 '인간학적'일 뿐만 아니라 또한 '초월적'이라 불릴 수 있다. 그의 기독론을 이해하기 위해 이들 용어들에 대한 기본적 파악이 필수적이다. 신학에 대한 라너의 접근이 인간학적인 것은, 그가 프로테스탄트 자유주의자들의 내재론보다는 전통적 신론을 전적으로 확인하면서도 또한 인간 존재가 하나님에 대해 알고, 신적 은총을 수용하는 방식이 세계에 대한 인간 경험을 통과해야 한다는 의미에서 그렇다. 그런 의미에서 라너는 자유주의와 그 자유주의를 반대했던 바르트 간에 제3의 길을 제시한다. 바르트 식으로 빗대서 바꿔 말하면, 라너가 하나님에 대해 '큰 소리로' 말할 수 있기 위해서는 우리는 하나님의 신성을 손상하지 않고 인간에 대해 진술할 필요가 있다. (하나님에 대한 진술의 방식에서처럼) 이것을 인간에게 돌려 진술하는 그 이유는 신학적으로 정당하며, 그 필요성은 성육신 사건과 관련이 있다. 하나님이 인간과 자기 동일시하는 최상의 형태를 나타내는 그 인간 예수의 성육신 사건에서 "하나님은 당신 자신을 인간에게 승리에 차 더할 나위 없이 말씀하셨다."[36) 라너는 이렇게 주장한다. "하나님이 당신 자신을 계시하실 때, 그분이 그렇게 하시는 것은 인간으로서 하시는 것이고, 이 일은 '말씀이 육신이 될' 때(요 1:14) 발생하였다는 것은 어엿한 신앙의 사실이다."[37) 이 같은 신적 구현(성육신)의 근거에서 우리는 하나님뿐만 아니라 또한 인간의 의미를 안다.

만일 우리가 인간의 본질이 무엇인가를, 혹은 육신이 무엇을 의미하는 시를 알기 원한다면 그땐, 말하자면, "그리고 말씀이 육신이 되어"라는

---

36) Karl Rahner, "하나님-인간 예수의 신비 이해로 이끄는 접근을 위한 탐구," in 《신학적 탐구》, trans. David Bourke (New York: Seabury, 1975), 13:200.

37) Karl Rahner, "구원의 서정에서 몸," in 《신학적 탐구》, trans. Margaret Kohl (New York: Crossroad, 1981), 17:74.

이 진술의 신학적 정의가 무엇인가를 우리는 정해야 한다. 곧, 육신, 육으로 된 인간, 구체적이고, 역사적인 존재는 [하나님 당신 자신으로]부터 나온 그 로고스가 당신 자신에게 말할 때 실제로 존재하게 된다. 그러므로 인간이란 하나님의 자기 발언으로서, 하나님이 당신 자신으로부터 나와서 피조물의 텅 빈 무(無) 속으로 들어가는 것이다.[38]

이런 인간학적, 성육신-주도의 신학으로부터 '초월적 방법'(그리고 '초월적 경험')에 대한 라너의 핵심 개념이 또한 파악될 수 있다.[39] 그의 기본 주제는, 각기 인간이 비록 유한하지만 하나님과 신적 계시에 여전히 개방되어 있는 그 초월성의 경험에서 하나님이 당신 자신을 모든 사람에게 계시한다는 것이다. 라너의 난해한 학술적 언어에서, "인간은 그 자신의 모든 지식과 그의 모든 의식 활동이 '존재'의 전(前) 이해에 근거하는 한, 언표 불가능하지만 실재의 무한성에 대한 지식을 늘 지니고 있는 한, 그것 자체로 초월적 존재이다."[40] (인간 존재가 삶의 일상에서 그가 단지 바라보는 바 그 이상이라는 사실을 확인할 때마다 갖는) 초월적 경험은 계시에 대한 이 같은 개방성의 증거를 드러낸다. 그리고 그리스도를 통한 하나님의 은총은 인간 존재의 구조에 결코 이질적이지 않고 오히려 그 구조의 핵심에 속한다. 이를 예를 들어 생각해 보라. 사람은 종종 어떤 것을 직감으로 알지만, 그것을 확실히 아직 알지 못한다. 혹은 '초월적' 범주를 앎의 조건으로 생각해 보라. 라너의 학술적 용어로 말하면, 인간성의 자연스런 초월적 본성은 선천적으로 구비되어 있는 '듣는(순종하는) 능력'이라 할 수 있다. 그에게 있어서,

인간은 본성상 하나님께 항상 개방되어('들을 수 있는 능력') 있을 뿐만

---

38) Ibid.
39) 기본적인 정의와 논의를 위해서, Karl Rahner, 《기독교 신앙의 토대들: 기독교의 사상 개론》, trans. William V. Dych (New York: Crossroad, 1982), 20-22.를 보라.
40) Ibid., 33.

아니라 또한 그 초월적 개방성에서 하나님에 의해 항상 초자연적으로 승화된다. 그래서 그러한 승화는 인간의 모든 일상에서 하나님을 실제적으로 경험하게 한다. 하나님은 실제로 후히 주시는 은총의 제시로 당신 자신을 모든 이들과 소통하며 전달한다. 이렇게 해서 이제 하나님의 현존은 모든 인간의 삶에서 실존적이고 구성적인 요소가 된다.[41]

### 진화적 기독론과 성육신

이제 기독론에 적용해 보면, 초월적 기독론은 "인간 안에 있는 선험적 가능성을 질문하게 하여, 그 가능성에서 그리스도의 메시지가 현실적으로 인간에게 다가오게 한다"고 말할 수 있다.[42] 그 기독론은 "인간 존재 안에 있는 내적 역동성 혹은 초자연적 실존, 나아가 하나님 그분을 향한 갈망과 친밀감을 발견한다. 이는 종국에 예수 그리스도 안에서 그 성취를 이룬다."[43] 그 정반대의 경우, 곧 로마가톨릭이나 프로테스탄트 전통들이 내세웠던 그 많은 전통적인 기독론들의 유형들("비본질적인" 접근들이라 명명될 수 있는 것들)을 한번 생각해 보라. 그런 접근에서는 하나님이 "예수 그리스도 안에서 인간 실존에 맡은 거시는 교서는 전적으로 '외부'로부터 나와서, 인간의 관심사와 인간 자유의 내적 절박한 사정에 반(反)한다."[44]

이제 인간학적('내적으로 이해하라')인 것과 초월적인 것이 전체적으로 함께 속해 있다는 것을 쉽게 알 수 있다. 라너의 그리스도의 성육신 신학을 좀 더 깊게 살펴봄으로서 이를 더 분명하게 이해할 수 있

---

41) Stanley J. Grenz and Roger E. Olson, 《20세기 신학: 전환 시대에서 하나님과 세계》(Downers Grove: IL: InterVarsity, 1992), 245; Rahner, 《토대들》, 116. 그렌츠와 올슨은 라너의 [신학의] 초월적 방법과 기독론(238-45)을 포함하여, 그의 신학에 대한 상세한 논의를 제공한다.
42) Rahner, 《토대들》, 207; 예수 그리스도에 대한 제6장의 3항의 제목이 "초월적 기독론"임을 주목하라.
43) Mark F. Fischer, "칼 라너의 초월적 기독론," 이 제목은 칼 라너의 자문회의(2013년 6월 5일 플로리다 주 마이애미에서 개최된 연례 미주가톨릭신학회)에서 제시된 것이다.
44) Roger Haight, 《예수, 하나님의 상징》(Maryknoll, NY: Orbis, 1999), 17.

다. 그의 성육신론은 이런 인간학적-초월적 지향에 근거를 둘 뿐만 아니라 또한 작금의 과학적 진화론 이해를 고려한다.[45] 이것은 오늘날 우리의 지식에 의하면, 인류는 오랜 진화 과정의 결과라는 사실을 비추어보아 이해할 만한다. 그러므로 인류 안으로 신의 다가오심은 그 진화로부터 전적으로 분리될 수 없다.

그의 인간학적-초월적 지향을 따르면서, 라너에게 하나님의 형상으로서 인간은 "하나님의 자유롭고 분에 넘치고, 용서하는 절대적인 자아-소통의 사건이다." 이는 "하나님께서…그의 성령 안에서 항상 당신 자신을 이미 전달하였고, 당신 자신의 실존의 가장 내밀한 중심으로 어디서나 누구에게나 소통하였기" 때문이다.[46] 결과적으로, 인간 본성은 신성에 연합되어야 할 가장 적합한 그릇이다. 이런 예수회 수사에 따르면, 성육신은 그렇기 때문에 "인류가 본래 의미하는 바의 자유롭고, 분에 넘치고, 고유하고, 절대적인 최상의 성취로 이해될 수 있다." 이런 견해는 성육신을 난해하고, 반(反)-이성적인 역설보다는 오히려 "사리에 맞는" 신비가 된다.[47] 다른 말로 하면, 라너는 "창조와 성육신을 하나님 당신 자신의 내어줌과 자아-표현의 하나의 과정에 대한 두 순간 혹은 두 단계로 이해한다. 비록 그것이 본질적으로 구별되는 과정일지라도 말이다."[48] 세상-좀 더 엄밀하게 말하면, 세상 속의 인류는 신과 인간의 합치를 위해 오랫동안 준비되어 왔다.[49]

인간 주도와 세계를 껴안는 이런 기독론의 견해가 어떻게 우리의 다원주의 세계에서 곧, 그리스도의 규범성과 다른 종교 간의 문제들

---

45) Rahner, 《토대들》, 제6장의 1항의 제목이 "세계 진화 관점에서 본 기독론"임을 주목하라.
46) Rahner, 《토대들》, 116, 139.
47) Karl Rahner, "예수 그리스도, III.B.," in 《신학과 교회를 위한 어휘사전》, ed. Josef Hofer and Karl Rahner, 2nd ed. (Freiburg: Herder, 1957~68), 5:956; Wolfhart Pannenberg, 《조직신학》, trans. Geoffrey W. Bromiley (Grand Rapids: Eerdmans, 1994), 2:293에서 인용.
48) Rahner, 《토대들》, 197.
49) 이 부분은 Kärkkäinen, 《그리스도와 화해: 다원주의 세계를 위한 건설적인 기독교 신학》(Grand Rapids: Eerdmans, 2013), 150-51에 의존하고 있다.

속에서 가장 긴박한 문제에 관련되는가? 그 질문이 지난 10년간 라너를 신경 쓰이게 했고, 그는 소위 말하는 종교 신학 문제에서 형성기의 선구자였다.

## 익명의 그리스도인들과 그리스도의 규범성

라너는 그의 당대의 다른 종교들과의 관계에서 결정적인 전환을 목격했던, 로마가톨릭의 선도적인 신학자였다. 그 자신은 타종교들에 대한 제2차 바티칸 종교회의의 권위 있는 공식화 뒤에서 활동했던 형성 사상가였다. 라너 자신의 몇 가지 제안들, 특히 그 유명한(혹은 매우 평판이 나쁜) '익명의 기독교'가 공식적인 로마가톨릭 입장을 나타내지는 못했지만, 그 전개 과정은 확실히 그의 교회의 관점에 심대한 영향을 끼쳤다. 제2차 바티칸 회의에서 로마가톨릭교회는 타종교들의 '포용성'을 문서로 공식화하였다. 이는 다음과 같은 방식으로 매우 간략하게 요약될 수 있다. 그리스도가 구원의 유일한 길이면서도, 복음을 듣지 못했던 타종교들의 사람들도 그리스도의 속죄 행위의 보편적(우주적) 효력 때문에 여전히 구원을 받을 수 있다. 두 가지 조건이 구원의 은택을 받기 위해 제시되었다. 곧, 사람은 각기 자신의 신앙 전통의 교훈을 신실하게 따르고 그가 할 수 있는 한 최선을 다해 윤리적 선행을 추구한다. 이것들은 자신들의 공로가 아니라 오히려 기독교 신앙에서만 오직 그 성취를 발견할 수 있는 시초의 '익명의' 신앙의 표시들이다. 이 견해는 타종교들의 사람들이 구원에 함께 포함될 수 있다는 점에서 또한 '포괄주의자'이다. 동시에 이 견해는 유일한 구세주로서 그리스도의 규범성을 여전히 지지한 만큼 다원주의를 거부한다.[50]

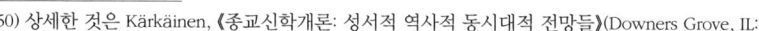

50) 상세한 것은 Kärkäinen, 《종교신학개론: 성서적 역사적 동시대적 전망들》(Downers Grove, IL:

라너에게 있어서 종교들이란, 각기 자신들의 생애 가운데서 그리스도에 대해 들을 기회조차 없었던 사람들에게도 하나님을 추구하라고 주신 신적 허용의 수단들이다. 그런 한정된 의미에서, 모든 종교적 전통들은 성령을 통하여 그리스도 안에서 하나님의 자기 전달(소통)에 관한 진리를 잠재적으로 표현한다. 그러므로 그 종교 전통들은 계시 역사의 중요한 부분이다. 물론 그렇다 하여 이것이 모든 종교가 신적 자기 계시의 유효한 표현을 동등하게 다 제시한다는 말은 아니다. 어떤 종교에도 오류가 있다. 그리스도의 죽음과 부활을 통하여 성령 안에서 하나님의 은혜로운 자기 전달은 역사 속에서 그리고 하나님의 형상으로 창조된 인간들 가운데 나타났다.
　라너는 (또 다른 유명한 가톨릭 사상가요 프랑스의 신학자 이브 콩가르와 함께) 인간은 심지어 복음을 듣기 전에도 하나님의 은총에 적극적으로 반응할 수 있는 존재의 상태(아직 기독교인 상태가 아닌 자연인)가 가능하다고 주장하였다. 이 상태에 있는 사람은 이 같은 은총의 수용이 "함축적인 형태로 현존하는 한" 그는 "익명의 그리스도인"의 자격을 갖춘다. "그것에 의해서 [그] 사람은 인내의 평온한 신실함으로 그리고 그의 중대한 의무와 그가 마땅히 감당해야 할 요구에 대한 헌신으로 매일 일상의 주어진 의무를 수행하며 살아간다."[51] 라너에 따르면, 그리스도는 비-기독교 신자들(혹은 비-기독교 종교들) 가운데서도 그의 성령을 통하여 현존하며 효험이 있다. 라너는 심지어 익명의 그리스도인들이 하나님의 은총에 의해 의롭게 되고 성령을 모신다고 주장하는 것처럼 보인다.
　조셉 윙은 라너의 기독론 주도의 성령론적 종교 신학을 적절하게 이렇게 요약한다.

---

InterVarsity, 2003), 제19장.
51) Karl Rahner, "익명의 그리스도인들," in 《신학적 탐구》(Baltimore: Helicon, 1969), 6:394.

사람들이 어디서라도 그 이름이 무엇이든 간에 하나님께 혹은 궁극적인 실재에 스스로를 맡기고 정의, 평화, 우애, 연대에 헌신하는 곳이면, 그들은 사실 그리스도를 암묵적으로 수용한 것이고, 어느 정도 이런 기독교의 삶 속으로 들어왔다. 그리스도가 이 새로운 삶의 범위를 확립하였고, 동일한 방식으로 사랑과 자유의 이런 기독교의 삶 속에 들어온 사람이면 누구나 그리스도의 영의 지도 아래 활동한다.[52]

익명의 그리스도인 논제가 교회와 그 선교의 유효성을 손상시킨다고 생각하기보다는 오히려, 로마가톨릭의 입장에 일치하여, 라너는 교회가 그 복음적 위임을 순종함으로 이행하는 만큼, 각기 개인은 교회에 의해 형성된 신앙의 충만을 이뤄야 한다고 주장하였다.

바르트 이후, 동방 정교회의 한 형성적 지지울러스와 로마가톨릭의 그리스도의 신학자로 라너를 지금껏 살펴보았다. 다음엔 우리는 두 명의 프로테스탄트의 선도적인 신학자, 위르겐 몰트만과 볼프하르트 판넨베르크를 살펴보자.

## 위르겐 몰트만: 메시아적 기독론

### '노상에서' 예수 그리스도: 역동적 기독론

그의 유명한 루터교회 동료인 판넨베르크와는 다르게, 몰트만은 결코 통일된 조직신학이나 혹은 학문적 집대성 저술에 착수하지 않았다. 오히려 그는 대부분 다양한 신학적 주제들에 관한 수많은 중요

---

52) Joseph H. Wong, "익명의 그리스도인들: 칼 라너의 성령-그리스도 중심과 동-서양 교회 대화," *Theological Studies* 55 (1994): 630. Wong references Rahner, "'익명의 그리스도인들'의 문제에 대한 관찰," in 《신학적 탐구》(New York: Seabury, 1976), 10:291.

한 서적들을 출판해 냈다. 주목을 끄는 또 다른 차이점은 신학 방법론에 있다. 판넨베르크가 고도의 정밀성과 엄격성에 목적을 두었던 반면, 몰트만의 접근 방식은 보다 제한이 없고 창의적이다. 그에게 있어 "신학은 과거에도 그리고 현재에도 여전히 모험적이다. 그것은 개방되어 있는, 솔직한 노정이다."[53] 비록 그가 초창기 저술들에서, 특히 신의 고난과 관련하여 《십자가에 달리신 하나님》(1972), 삼위일체론의 정황 속에서 《삼위일체와 하나님의 나라》(1980)에서 기독론에 대해 상당히 기술하였지만, 기독론에 관한 그의 대표작은 《예수 그리스도의 길》(1987)이다.

이 책의 서론에서 이미 몰트만의 중요 기고를 다뤘기 때문에, 여기서 그 주제들의 방향을 가리키는 정도로만 요약해도 충분하다. 첫째, 기독론에 대한 몰트만의 접근은 전통적인 두 본성의 윤곽을 따르고 있지 않다. 그런 전통에서는 예수의 신성과 인성 그리고 그 후 한 인물에서 두 본성의 연합 문제는 연구의 초점이 된다. 차라리, 그 대표작의 제목이 이를 설명한 대로 몰트만의 기독론은 예수 그리스도의 길을, 즉, 그의 메시아적 미래에 이르는 길에 있는 '위치들'을 추적한다. 지상의 삶, 수난, 십자가에서 죽음, 부활, 하나님의 우편에서 현재의 통치, 그리고 파루시아(재림)의 기대이다. 둘째, 그 기독론적 저술의 부제가 "메시아적 차원에서 기독론"을 암시하듯이, 기독교 이해의 유대 배경은 몰트만에게 본질적이다. 그는 신약성서의 기독론 구조를 떠받치고 있는 유대인 신앙의 해석상의 범주들이 메시아와 인자의 인물(특히 단 7:14)에 대한 희망의 생성과 중요한 발달이었다고 주장한다.[54] 셋째, 신학적 깊이가 있으면서도, 몰트만의 접근은 '실천적

---

53) Jürgen Moltmann, 《신학에서 경험들: 기독교신학의 방법과 형태들》, trans. Margaret Kohl (Minneapolis: Fortress, 2000), xv.

54) 상세한 신학적 분석을 위해서 Jürgen Moltmann, 《예수 그리스도의 길: 메시아적 차원에서 기독론》, trans. Margaret Kohl (Minneapolis: Fortress, 1993), 5-27을 보라.

이고' '치유적'이다. 그에게 있어서 단지 기독론에 관한 지적 세부사항들을 밝히는 것은 충분치 않다. 해방, 치유, 복원의 작업이 그의 궁극적인 목표이다.

넷째, 이들 기독론의 특징들에 덧붙여, 그의 기독론 모두를 형성하고 방향을 설정해 주었던 다음 두 가지 근원적 주제들은 (그의 최초의 연구서인 《희망의 신학》(1964)에서 처음으로 정의되었던 대로) 종말론의 탁월성과 삼위일체론 구조이다. 후자는 1992년 판 《생명의 성령》이라는 성령론에 대한 저술을 포함하여 《삼위일체와 하나님의 나라》에서 가장 완벽하게 발전시켰을 뿐만 아니라, 또한 모든 주요 연구 저술에서 호평을 받았던 체계이다. 최종적으로, 21세기의 다원주의와 세계화의 상황에 중요하게도, 몰트만은 대부분 모든 유럽-아메리카 남성 신학자들보다도 현실 상황의 문제들에 훨씬 더 민감하게 반응한다. 그 자신의 유럽 상황과 그 한계를 언급할 때, 몰트만은 자신을 3인칭으로 나타내면서 이렇게 발언한다. "그에게 있어서 이것은 그동안의 순진하고 자아 중심적인 사고의 심각한 붕괴를 의미한다. 물론 그는 유럽인이다. 그러나 유럽의 신학은 더 이상 유럽 중심이어서는 안 된다. 물론, 그는 남자이다. 그러나 신학은 더 이상 남성 중심이어서는 안 된다. 물론, 그는 '제1세계'에서 살고 있다. 그러나 그가 전개시키고 있는 신학은 지배적인 국가들의 이념을 반영해서는 안 된다."55) 끝으로 몰트만은 대부분의 유럽-아메리카 신학자들과는 다르다는 것을 주목하라. 그는 자신의 신학 저술에 개인적인 경험, 특히 제2차 세계대전과 독일 전쟁포로의 참상들을 반영한다.56)

---

55) Jürgen Moltmann, 《삼위일체와 하나님의 나라: 신론》, trans. Margaret Kohl (San Francisco: Harper & Row; London: SCM, 1981), xii.
56) 그의 연구서의 대부분 서언에서 몰트만은 고통에 대한 자신의 경험에 대한 소회를 밝힌다. 특히 이것이 기독론의 저술에서 분명하게 드러난다.

## 예수의 지상 생애의 신학적 중요성

그리스도에 대한 전통적인 조직신학적 설명 혹은 심지어 동시대의 설명에 반하는 몰트만의 지속적인 비평은 예수의 지상 생애의 기이한 생략과 관계가 있다. 몰트만이 고대 신조들과 관련하여 이를 적절하게 설명하고 있듯이, 이상하게도 '동정녀 마리아 탄생'과 '본디오 빌라도에게 고난을 받아' 사이에 놓인 관심을 놓치고 있다. 참으로, 신조들에서 "'그리고 사람이 되어, 그가 고난을 받았다' 혹은 '태어나'와 '고난을 받았다' 사이에서 그것은 사실상 아무것도 아니었다거나 혹은 실제로 구두점(,)일 뿐이다."[57] 이런 주장은 복음서 내용과 확연히 다르다. 복음서에서 가르침, 치유, 악귀 축출, 죄 용서의 선언, 식탁 교제, 그리고 예언적 행위들이 지면 대부분을 차지한다. 신조들이 예수의 지상 생애에 대한 초점을 결여한 것과는 대조적으로, 몰트만은 '동정녀 마리아에게 낳으셨다' 혹은 '그리고 사람이 되셨다'는 신조에 다음과 같은 수정 혹은 추가를 제안한다.

> 세례 요한에게 세례를 받으시고,
> 성령으로 충만하셨다.
> 가난한 자들에게 하나님의 나라를 전파하시고,
> 병든 자들을 고치시고,
> 악귀로부터 해방 받은 자들을 받으시고,
> 온 나라의 구원을 위해 이스라엘을 회복하시고,
> 모든 백성에게 자비를 베푸셨다.[58]

예수의 지상 생애의 신학적 의미에 과잉으로 주의를 기울이는 것

---

57) Moltmann, 《예수 그리스도의 길》, 150.
58) Ibid.

중 하나는, 그 자신이 '그리스도 실천' 혹은 '기독론적 이론'이라 부르는 바의 재발견과 관련이 있다. "기독론적 이론은 오늘날 우리를 향한 그분의 의미에서 그리스도를 아는 것이다." 이는 결국 공동체 안에서 우리를 제자도로 안내하여 예수를 닮게 하고, 세상에 봉사하게 한다.[59] 몰트만은 '그리스도 실천'을 이렇게 구상한다. "필연적으로 그리스도의 공동체(교회)로 하여금 먼저 가난한 자, 병든 자, '과잉 인구'와 억압받은 자들…대수롭지 않은 사람, '쓸모없는' 사람에게 다가가게 한다."[60] 몰트만은 유럽과 미국의 자기 동료들에게, 이제까지 그리스도 실천은 나사렛 예수의 지상 생애의 중요성을 유념하는 데 있어 대체로 해방 기독론과 세계 남반부로부터 온 여러 기독론에만 맡겨 두었다고 상기시킨다. 그들의 주요 관심이 전통적 신조와 '아래로부터'와 '위로부터'의 진영 간에 오간 방법론적 논의에 집중되면서, 이는 결국 실천과 전혀 관련이 없는 기독론적 토론으로 끌고 나간다. 신약성서는 예수를 가난한 자, 소외된 자, 어린이, 버림받은 자의 친구로 제시한다. 어떤 방식이든 빈곤을 이상화하지 않고, 몰트만은 가난한 자들, 곧 "굶주린 자, 직업을 잃은 자, 낙담한 자, 그리고 슬퍼하고 고난 받은 자…지배 받은 자, 억압 받은 자, 그리고 억눌린 사람들(오클로스, 민중)"의 존엄에[61] 대해 바르게 언급한다.

그러나 예수의 지상 사역의 신학에 유념하는 또 다른 이점은 '성령-기독론'의 중요성, 곧 예수와 성령 간, 그리고 성령과 예수 간의 전체적인 관계의 강조이다. 몰트만은 "그리스도로서 예수의 역사는 예수 자신에게서 시작되지 않고, 그것은 '루아흐'(ruach) 성령과 함께 시작한다"고 우리에게 상기시킨다.[62] 그런 의미에서 성령의 사역이 아

---

59) Ibid., 41.
60) Ibid., 43.
61) Ibid., 99.
62) Ibid., 73.

들의 사역에 선행한다고 또한 말할 수 있다.[63] 예수는 다양한 질병을 치유하고, 악귀의 손에서 백성을 자유케 하고, 심지어 죽은 자를 소생시키는 '성령의 사람'으로 나타남이 분명하다. 예수의 사역의 카리스마적 모습들은 이런 독일 개혁주의 신학자(대부분의 유럽-아메리카 조직신학자들의 경우와는 다르게)의 기독론에서 중요한 위치를 차지한다.

## 그리스도의 십자가와 기독교의 신론

그의 두 번째 주요 저술 《십자가에 달리신 하나님》에서, 몰트만은 자신의 명성을 '십자가의 신학자'로 확립하였다. 그는 루터와 20세기 초기의 유대인 성서학자들 그리고 전쟁기의 자신의 경험으로부터 자료를 수집하여, 예수 그리스도의 고난과 죽음을 자신의 신학적 성찰의 중심으로 삼았다. 동시에 그는 고난과 십자가를 《예수 그리스도의 길》의 보다 넓은 지평에 놓고 살펴보기를 원하였다. "우리는 무엇보다도 그분의 생애와 사역에 비추어서 그리고 죽음으로부터 그분의 부활을 선포하는 종말론적 신앙의 관점에서, 그 후에 그분을 그리스도로 선포하는 그런 행위에서 십자가에 못 박힌 그리스도를 바르게 이해하려고 시도해야 할 것이다."[64]

"그리스도의 십자가를 기독교 신학의 토대와 비평으로"[65] 삼았던 몰트만보다 이를 더 강조했던 동시대의 다른 신학자는 없다. 《십자가에 달리신 하나님》의 서론에서 그는 "십자가에 못 박힌 그리스도 앞에 올 수 있는 것이면 무엇이든 그것은 참 기독교 신학이다. 거기에

---

63) Jürgen Moltmann, 《생명의 성령: 보편적 확인》, trans. Margaret Kohl (Minneapolis: Fortress, 1992), xi, 60. 구약성서에서 "성령의 메시아적 기대"에 대하여, 51-57을 보라.
64) Jürgen Moltmann, 《십자가에 달리신 하나님: 기독교 신학의 토대와 비평으로서 그리스도의 십자가》, trans. Margaret Kohl (Minneapolis: Fortress, 1993), 112.
65) 그의 《십자가에 달리신 하나님》의 부제.

올 수 없는 것이면 다 소멸되어야 한다"고 주장한다.[66]

예수는 당시 하나님의 신적 지위 침해는 물론 율법과 전통을 위반하였다고 의심을 사서 신성모독자로서 죽음에 넘겨졌다.[67] 또한 그가 반란자로 간주되었을 때, 종교 당국자들과 충돌이 있었다.[68] 예수의 고통은 진짜였다. 그러나 더 더욱 고통스러운 것은 첫째, 그의 백성들에 의해서 그리고 궁극적으로는 그의 성부에 의해서 이뤄진 거부였다. "고통을 받는 것과 거부당하는 것은 동일하지 않다. 고통은 때론 기념될 수도 있고 존경받을 수도 있다. 그것은 연민을 불러일으킬 수 있다. 그러나 거부당하는 것은 고통으로부터 오는 위엄을 제거해 버리고 그것을 불명예스러운 고통으로 만들어 버린다. 고통당하는 것과 거부당하는 것은 십자가를 의미한다."[69] 몰트만이 우리에게 상기시켜 준 대로, 기독교 신앙과 신학에서 십자가의 심대한 역할의 강조는, 일반적인 고통 혹은 특히 그리스도의 고통의 미화를 다루는 것이라면 그것이 무엇이든지 간에 아무런 상관이 없음을 이해하는 것이 중요하다. 오히려, 많은 "장미"가 잘못된 종교, 잘못된 영성, 잘못된 문화적 이유들 때문에 십자가에 추가로 장식되었음에도 불구하고 "그 십자가는 기독교 신앙에는 실제로 반종교적이다."[70]

신약성서가 전체 세계를 포함하여(요 3:16), 예수의 고통에서 '우리를 위한' 진의(眞意)에 정당한 위치를 제공하면서도, 거기엔 피조물 전체의 '진통'을 포함하여(롬 8:18-23) 또한 보다 넓은 지평이 있다. 이것이 몰트만이 소위 '그리스도의 묵시문학적 고통'이라고 불린 내용이다.

---

66) Moltmann, 《십자가에 달리신 하나님》, x; 65. 기독교 신학의 정체성에서 십자가의 의의에 대해서는 24를 보라. 그리고 바울, 루터, 기타의 십자가의 신학의 토론을 위해서는 69-75를 보라.
67) Ibid., 128-35.
68) Ibid., 136-45.
69) Ibid., 55.
70) 십자가에 대한 이 같은 오해들은 Moltmann, 《십자가에 달리신 하나님》, 제2장에서 자세히 논의되고 있다.

기독교 신앙의 중심에는 그리스도의 역사가 있다. 그리스도의 역사의 중심에는 십자가 위에서 벌어진 그의 고통과 죽음이 있다. 우리가 만일 그리스도의 신비를 바르게 이해해야 할 것 같으면, 우리는 여기서 둘 모두의 의미에서 '고통'이란 단어를 심각하게 새겨야 한다. 왜냐하면 그리스도의 역사는 하나님과 그의 나라에 대한 열정적인 항복, 곧 큰 고통의 역사이기 때문이다. 동시에 그리고 바로 그 이유 때문에, 이것은 전례 없는 고통, 치명적인 고뇌의 역사가 되었다. 기독교 신앙의 중심에는 열정적인 그리스도의 고통이 있다. 그의 생애의 역사와 고통의 역사는 서로 함께 속해 있다. 이들 역사들은 그의 고통의 적극적이고 수동적인 양면 모두를 보여준다.[71]

    그리스도의 고통과 십자가가 인류와 세계에 관련되는 만큼, 몰트만의 심오한 십자가 신학에서 이들 고통과 십자가는 궁극적으로 신론을 취급한다. 참으로, 그에게 있어서 고통이란 하나님에 관한 질문이다. 그러므로 십자가는 그의 독특한 삼위일체론을 이해하는 열쇠이다. 그 삼위일체 설명은 [신의] 방치에 대한 울부짖음으로부터 시작한다. "기본적으로 모든 기독교 신학은, 그들의 구원론이 '이런 이유 때문에' 혹은 '저런 이유 때문에'라고 말할 때, 의식적이든 혹은 의식적이지 않든 간에 '왜 당신은 나를 버리시나이까?'라는 이 물음에 대한 답변이다. 하나님에 대한 예수의 죽음의 울부짖음 앞에서 신학은 아예 불가능한 것이 되든가 아니면 구체적인 기독교 신학으로서 가능한 것이 되든가 둘 중 하나이다."[72] 이것이 의미하는 바는, 죽어 가고 있는 아들 예수 그리스도의 하나님은 그의 아들의 고통이거나 혹은 세상의 고통이거나 둘 중 어느 하나를 부끄러워 회피하는 것이 아니라, 오히려 그 고통을 자신의 것으로 삼고, 희망 가운데서 이를 극

---

71) Moltmann, 《예수 그리스도의 길》, 151.
72) Moltmann, 《십자가에 달리신 하나님》, 153.

복한다. 모든 고통은 이제 하나님의 것이 되어 하나님께서 그것을 극복하실 것이다. 십자가에서 아버지는 그의 아들을 버리면서 고통을 받는다.[73] 아들은 아버지의 생명으로부터 끊어짐으로서 존재의 아픔을 경험한다. 그리고 아버지는 자신의 아들을 포기하는 아픔을 경험한다. 바로 그렇게 함으로서, 하나님은 "또한 당신 자신 안에서 [고통을] 수용하고 취하여, 종국에는 이를 자신의 영원한 생명의 한 부분으로 삼는다."[74]

그러므로 십자가는 하나님과 인간만의 사건이 아니다. "십자가에서 발생한 일은 하나님과 하나님 간의 사건이다. 그것은 하나님이 하나님 됨을 단념하고, 스스로를 부정하는 한, 하나님 당신 자신 안에서 발생한 깊은 균열이다. 동시에 그것은 하나님이 하나님과 하나 되고, 스스로에게 교제하는 한, 하나님 안에서 발생한 일치이다."[75] 따라서 그 십자가는 하나님과 소외된 인간 사이에서 발생한 사건일 뿐만 아니라 하나님의 내적 생명에 속한다.[76] "하나님의 존재는 고통 가운데 있으며, 그 고통은 하나님의 존재 자체 안에 있다. 왜냐하면 하나님은 사랑이시기 때문이다."[77]

그렇다면 고통을 받으려는 하나님의 의지에 대한 그 이유나 혹은 동기는 무엇인가? 성서에 따르면, 그것은 사랑이다. 세계 사건들의 중립적 관찰자보다는 오히려, 하나님은 "애수에 차 있다." 거기서 "그분은 자신의 매우 풍성하고 넘쳐흐르는 사랑으로부터 고통을 받는다."[78] 아마도 인간 삶 가운데 가장 근접한 예는 자기-희생, 끈기, 어머니의 돌보는 사랑이다. 이로부터 아주 먼 예는 하나님의 자존성에

---

73) Ibid., 243.
74) Moltmann, 《삼위일체와 하나님의 나라》, 119.
75) Moltmann, 《십자가에 달리신 하나님》, 244.
76) Ibid., 249.
77) Ibid., 227.
78) Moltmann, 《삼위일체와 하나님의 나라》, 23.

대한 고전적 개념, 고통에 대한 하나님의 무감각, 그리고 하나님이 상처를 입을 수 없다는 것이다. 사랑의 본질은 또한 우리가 하나님의 고통의 개념을 심각하게 받아들일 것을 요구한다. 고통은 하나님을 덜 하나님답게 하는 것이 아니라, 오히려 진정한 사랑, 열정, 관여하는 인물로 만든다. 몰트만은 이들 용어로 신적 사랑에 대한 자신의 이해를 규정한다.

> 고통당할 수 없는 하나님은 어떤 인간 존재보다도 더 초라하다. 왜냐하면 고통이 불가능한 하나님은 전혀 관여할 수 없는 존재이기 때문이다. 고통과 불의는 그런 분에게 어떤 영향도 끼치지 못한다. 그리고 그런 분은 따라서 완전히 무감각하기 때문에, 그런 분은 어떤 일로도 영향을 받을 수 없고 혹은 흔들릴 수도 없다. 그런 하나님은 눈물이 없기 때문에 울 수도 없다. 뿐만 아니라, 고통을 당할 수 없는 그는 역시 사랑할 수도 없다. 따라서 그런 분은 또한 냉담한 존재일 뿐이다.[79]

### 십자가에 달리신 분의 부활

몰트만의 신학의 결정적인 특징들 중 하나는 폭넓은 세계교회일치에 참여. 그의 광범위한 세계 여행, 그의 신앙과 직제 작업(세계교회협의회, WCC), 그리고 오순절/카리스마적 진영과 동방정교회 신학자들은 물론 다양한 상황 속에서 일어난 해방 신학자들과의 그의 상호교류를 통해서, 그는 아주 다양한 자료들을 수집한다. 동방정교회로부터 그는 서방기독교 진영에서 일상적으로 무시되었던 주제들인, 부활과 승천의 중요성을 배웠다. 그러나 동방정교회 전통들과는 다르게 몰트만은 위에서 살펴보았던 대로, 고통과 십자가에 많은 주의를 또한 기울인다.

---

79) Moltmann, 《십자가에 달리신 하나님》, 222.

그는 '보증'과 '성취'라는 두 용어의 도움을 받아 부활의 신학적 의미를 기술한다. 전자는 그 부활이 예수의 지상 생애와 그의 주장의 정당성을 확인해 준다. 다른 한편, 그것은 성취이기도 한 우리의 부활(고전 15:12-23)을 가리키는 종말론적 사건이다. 정확하게 몰트만은 적절한 '희망의 신학'은 부활의 그 전망에서만 오직 전개될 수 있다고 우리에게 상기시킨다.[80] 부활의 이들 두 영향은 서로 함께 속해 있으며, 서로를 결정한다.

> 우리가 만일 우리 자신을 그 보증에만 국한시키기를 원한다면 '부활'은 더 이상 그분의 죽음을 위한 해석학적 신학의 범주일 수 없다. 남아 있는 것이라곤 모두가 십자가의 신학일 것이다. 우리가 만일 그 성취에만 오직 집중하려고 할 것 같으면, 부활절의 그리스도는 십자가에 못 박힌 예수를 대체하고 해고할 것이다. 그러나 만일…지상의 예수가 '노상의 메시아'라면 그리고 그의 배움의 과정에서 하나님의 아들이라면, 그땐, 부활절은 미래를 향해 열려 있는 이 예수의 삶의 역사를 보증하고 성취한다. 그러나 동시에 예수 안에서 종말론적 사건으로서 이해된 부활은 만물의 새로운 피조물의 시작이다.[81]

그 부활은 다가오는 성취를 가리키는 종말론적 사건인 만큼, 그것은 또한 이 세계의 역사적 현실에 깊숙이 정박되어 있다. 이 종말론적 사건에서 기독교 신학은 "하늘의 영원성"이 아니라, 그분의 십자가가 서 있는 바로 이 지상의 미래를 발견한다." 더욱이, "그것은 그분 안에서 바로 인간의 미래를 인식한다. 예수께서 그 인간을 위해 죽었기에 그렇다."[82]

---

80) Ibid., ix.
81) Moltmann, 《예수 그리스도의 길》, 171.
82) Moltmann, 《희망의 신학: 기독교 종말론의 근거와 의미》, trans. J. W. Leitch (London: SCM, 1967), 21.

## 그리스도의 우주적 통치

동방정교회와는 다르게 서방교회의 신학이 누락시킨 것 중 하나가 그리스도의 승천(현양)과 현재의 통치에 대한 신학적 중요성과 관련이 있다. 이런 이유 때문에 몰트만은 고전적 자유주의의 내재적·인간학적 경향, 환원주의의 '예수론' 이외에 호소하여, 교부 시대의 '우주론적' 기독론을 그 많은 결함(예를 들면, 그리스도의 신성을 무감각하게 만든 두 본성의 문제)에도 불구하고 찾아 나선다.

몰트만은 그리스도의 승천의 우주적 함의들을 인정한다. 그의 시야에서, '전능자 그리스도'(Pantocrator)로서 승천하신 그리스도는 "적의와 폭력의 정복자뿐만 아니라 화해와 조화, 지복의 삶의 영역에서"[83] 또한 자연과 진화의 세계를 다 포괄한다. 승천에 관한 그의 논의의 장은 "우주적 그리스도"라는 제목이다. 거기서 그는 또한 그리스도를 "진화의 근거와 구속자"로서 기술한다.[84] 그의 《창조 가운데서 계신 하나님》(1985)에서, 몰트만은 현재의 진화론의 상황 속에서 심오한 창조론을 구성한다. 도처에서 그는 창조론을 기독론과 그 우주적 결과에 연결시킨다.

---

83) Moltmann, 《예수 그리스도의 길》, 279.
84) Ibid., 제6장.

# 볼프하르트 판넨베르크: 보편적 기독론

## 보편적 진리를 탐구하는 신학

볼프하르트 판넨베르크에게 국제적 명성을 안겨 주었던 두 저술은, 1961년 독일에서 최초로 쓰이고 그가 공동 편집했던 《계시로서의 역사》라는 연구서와 1964년에 독일에서 출판된 그의 주요 기독론 저술로 후에는 《예수, 하나님과 인간》이라는 좀 불분명하고 다소 오해 소지가 있는 영어 제목 하에 출판된 책이다.[85] 그러므로 그의 신학적 진로의 시작부터 많은 이들이 20세기 후반기에 가장 영향력 있고 학문적 조직신학자라고 간주하고 있는 판넨베르크는, 기독론에서 기본적 쟁점들을 다뤘다. 《예수, 하나님과 인간》의 주요 초점은 바로 앞의 서론 부분에서 설명했듯이 아래로부터 방법론의 방어와 그 정밀한 적용이었다. 세 권으로 된 그의 대작 《조직신학》(1991~97)에서 그는 초기 작품의 주요 방향을 그대로 유지하였고, 심지어 사망할 때까지 그는 자아-비평적 태도로 일관하였으며, 또한 기독론의 주요 주제들을 다루기 위해서 방법론적 문제들을 넘어서 제안하였다. 그 점에서 아래로부터 방법론의 다소 일방적인 면은 아래로부터와 위로부터의 상호 조절의 원리에서 균형을 유지하였다.

앞에서 언급했듯이, 판넨베르크와 그의 독일인 상대 몰트만 간에는 현저한 차이가 있다. 그의 생애를 통하여, 판넨베르크는 그의 대규모 《신학과 과학 철학》에서 펼쳤던 것처럼, 자신의 신학 방법론을 숫돌을 갈듯 다듬어 갔다. 그는 신학을 중세의 대가들의 전통에서 '하나님의 학문'으로 여기고 논리적 일관성과 합리적 논증의 목표를

---

85) Wolfhart Pannenberg, Rolf Rendtorff, and Ulrich Wilkens, eds., 《역사로서 계시》, trans. David Granskou (New York: Macmillan, 1968); Wolfhart Pannenberg, 《예수, 하나님과 인간》, trans. Lewis L. Wilkins and Duane A. Priebe (Philadelphia: Westminster, 1977).

가지고 전개하였다.[86] 판넨베르크에게 있어서 신학은 경건의 훈련이라기보다는 오히려 공공의 학문이다. 그래서 그는 신앙과 신학의 만연한 사유화를 단호하게 반대한다. 신학은 거기에 특별한 '[개인] 종교의 진리'가 없기 때문에 우리 삶의 공통의 관심사에 대해 진술해야만 한다. 판넨베르크가 줄기차게 주장하듯이, 만일 어떤 것이 참이라면, 그것은 자신을 위해서만 참이 아니라 모든 이에게도 참이어야 한다.[87] 현대 신학의 손상에 대해 말할 것 같으면, 그 신학은 대체로 진리 질문을 뒤편에 그대로 남겨 두곤 했다. 그러나 판넨베르크는 진리를 위한 탐구를 포기하려 하지 않았다. 결과적으로 그의 신학은 이성과 논증에 초점을 맞춘다. 가설의 형식에서 신학적 진술들은 비평적 논의의 엄격함을 따라야만 한다. 신앙은 맹목적인 행위도 아니고 그 비약도 아니다. 오히려 그것은 공공의, 역사적 지식에 근거해야 한다. 진리에 대한 판넨베르크의 개념은 논리적 일관성에 가장 근접한다. 거기서 기독교 교의학의 목적은 그 내적 논리와 관련하여, 특히 과학이 포함된 나머지 인간의 지식과 관련해서 진리를 드러낸다. 판넨베르크 자신의 말을 빌리면, 그의 학술적 이력의 초두에서 밝힌 것처럼, "기독교 메시지의 진리에 관한 질문은 그것이 여전히 오늘날 우리에게 우리가 살고 있는 이 현실에서 그 실재의 통일성을 바르게 드러내고 있는지 여부와 관련이 있다."[88]

판넨베르크에게 있어서 기독론의 과제는 예수의 신성에 대한 믿음에 합리적 지원을 제공하는 것이다. 이것은 가정될 수 없고 오히려 역사적 증거들에 근거해서 주장되어야 한다. 우리가 만일 신앙을 역

---

86) Wolfhart Pannenberg, 《신학과 과학철학》, trans. Francis McDonagh (London: Darton, Longman & Todd, 1976).

87) Wolfhart Pannenberg, 《신학적 전망에서 인간학》, trans. Matthew J. O'Connell (Philadelphia: Westminster, 1985), 15.

88) Wolfhart Pannenberg, "진리란 무엇인가?" in 《신학에서 기본적 질문들》, trans. George H. Kehm (Philadelphia: Fortress, 1971), 2:1.

사적 사실들에 맡기지 않고 케리그마(선포)에만 내맡긴다면, 우리의 신앙이 자칫 위험에 처할 수 있다. 판넨베르크는 예수 사건의 역사적 토대를 밝히기 위한 비평적 역사 탐구에 관여하는 것이 필요하다고 심지어 믿고 있지만, 그는 또한 우리는 역사 연구에 개방적이어야 하며 기적이나 다른 초자연적 사건들을 일축함으로서 그 연구에 제한을 두어서는 안 된다고 주장한다. 역사적 자료들은 예수의 생애에 관련된 기적들에 대해 이야기 한다. 그중 가장 위대한 기적은 물론 부활이다. 판넨베르크에 따르면, 기독론의 기원과 역사적 근거에 대한 비판적 연구는 어떤 사건들이 역사적으로 가능할 것인지 여부를 미리 결정해서는 안 된다.

판넨베르크는 역사적 연구만으로는 예수 그리스도의 인물의 신성에 대한 신앙을 최종적으로 가지게 할 수 없다고 생각한다. 동시에, 우리가 신앙 고백을 준비하기 전에, 예를 들면, 예수의 부활 주장이 타당한 것인지 혹은 최소한 개연성이 있는 것인지에 주의깊은 연구가 필요하다. 이것이 의미하는 바는, 그리스도의 신성(인성은 판넨베르크의 접근에 그리 도전을 주지 않았다)은 역사적 연구의 결과이지 결코 그런 주장의 전제가 아니다.

## 종말론적 '새로운 아담'으로서 예수 그리스도

그의 《조직신학》의 두 번째 저술에서, 판넨베르크는 기독론이 그동안 체계상 어떻게 다뤄져 왔는지를 참작하여, 거기에 맞추어 세 부분으로 전개한다. 그는 인성과의 예수의 관계를 먼저 고찰하고(제9장), 그 이후에 그의 신성의 주장을 위한 뒷받침(제10장), 그리고 최종적으로 화해의 표제 하에 구원에 있어서 예수의 역할(제11장)을 살핀다. 그러나 이들 전통적인 기독론의 위치에 대한 그의 논법은 고유하고, 또 신학에 대한 그의 접근 방식을 독특하게 드러낸다.

판넨베르크의 신학이 하나님 중심이며 하나님에 대한 기독교 신앙이 어떻게 세계의 인간 경험을 명확히 밝힐 수 있는가에 초점을 둠에도 불구하고, 그의 신학은 또한 인간학, 혹은 인간론에 확고하게 접안되어 있다. 이러한 사실에서 칼 라너와 공통성이 있다. 판넨베르크의 접근 방식의 기본 목적중 하나는, 하나님에 대한 신앙은 인간 존재의 구조에 그리 이질적이지 않다는 것을 입증하는 것이다. 종교성은-종교의 무신론 비평가들이 주장했던 것처럼-인간 존재에 부과된 어떤 이질적인 것이 아니라, 오히려 인간 존재의 한 본질적인 일부이다. 자명한 일로서, 인간 존재는 하나님/신들로부터 오는 계시를 수용할 수 있게끔 개방되어 있다. 물론 이것이 분명하게 기독교 하나님의 존재를 증명하는 것은 아니나, 그것은 하나님에 관한 진술이 합리적이어서 인간 실존의 본성 안에서 증진될 수 있음을 보여준다.

이런 이해는 기독론에 매우 중대한 교량 역할을 한다. 그리스도의 인간성(혹은 인성)의 개념은 신학에 그리 이질적이지 않고, 오히려 예수의 출현을 인간 운명의 계시와 성취로 이해하려는 시도이다. 의미심장하게도, 판넨베르크는 자신의 조직신학에서 이 부분을 다루는 장에 "인간론과 기독론"이라는 제목을 붙인다. 그는 바울이 예수를 새로운 인간 혹은 새로운 아담으로 이해한 것에 착안하여, 예수의 인간성을 인간 운명의 성취로 파악하여 전개한다. 앞에서 설명했던 것처럼, 비록 그의 《조직신학》에서 판넨베르크는 그의 초기 연구 활동의 아래로부터 경향에서 비롯된 과도함에 균형을 잡고 있음에도 불구하고, 궁극적으로 그는 예수 그리스도의 신성의 확증에 이르는 방법은 인간 예수의 인간성을 통과해야 한다고 여전히 확신하고 있다.[89] 전통은 인간 예수의 신성을 그리스도/로고스의 인물에서 탐색

---

89) 이 부분은 Kärkkäinen, 《그리스도와 화해》, 139-40을 특히 보라.

하는 반면, 판넨베르크는 그 신성을 예수의 인간성에서 탐색한다. 판넨베르크에 따르면, 순종하는 그 아들은 자신의 영광을 구하지 않고 오히려 자신을 아버지 나라의 과업에 종속시켰다. 판넨베르크는 그 아들의 행위는 "한 분 하나님의 통치에 이 [아들의] 종속에서"처럼[90] 자신을 아버지로부터 명확하게 구별하고 있다고 여기서 훌륭하게 관찰한다. 다른 말로 하면, 예수 그리스도의 신성을 다루는 그 장의 표제를 이렇게 표현한다. "아버지로부터 아들의 자아-구별은 그분의 신적 아들 됨의 내적 근거이다." 따라서 당신 자신을 아버지에게 복종시킴으로서, 지상의 예수는 또한 자신을 하늘 아버지와 동등되게 여긴다는 비난을 피한다. 이런 관점에서 고전적 전통과는 다르게, 예수의 자아-비허(卑虛)(빌 2장)는 신적 속성들을 스스로 포기한 것이라기보다는 오히려 아버지와 자신의 동등 됨을 스스로 거부한 것이다.

판넨베르크의 해법이 현대의 신학자들에게 환영을 받기는 하지만, 그들은 판넨베르크가 신성을 인간 예수의 지상 생애에만 둠이 비록 이설은 아니지만, 전통적 확증에는 충분하지 않다고 염려한다. 판넨베르크의 견해가 전통적인 성육신 모델-곧, 성육신된 아들의 진정한 인간성에 대한 강력한 확증-이 안고 있는 주요 문제들 중 하나를 피하는데 기여하면서도, 이는 예수의 신성을 단지 예수의 인간성 문제에서만 너무 지나치게 탐색함으로서, 신성에 대한 무성한 진술을 제대로 입증하지 못한다. 이는 당연히 구원의 행위에 영향을 미친다. 십자가에서 죽음은 단지 인간 예수의 죽음이다. 그분은 오직 부활 때문에 하나님의 아들로 입증될 것이다. 그러나 칼케돈의 지속적이고 필요한 교훈은 예수 그리스도의 삶과 죽음 둘 모두가 한 인물 안에서 신성과 인성의 공동 행위이다.

바울에게 있어서 모든 인간은 새로운 아담의 형상을 지녀야 한다.

---

90) Pannenberg, 《조직신학》, 2:373.

이로부터 판넨베르크는 새로운 아담으로서 예수가 새로운 인간성의 원형이며, 인간성의 운명을 온전히 성취하게 한다고 결론을 내린다. 그러나 예수는 단지 각기 개인의 삶의 운명만이 아니다. 판넨베르크에 따르면, 바울은 또한 새로운 아담으로서 그리스도의 형상이 지닌 공동의 차원을 강조한다. 다른 말로 하며, 예수는 인간 상호간 관계에서 인간 운명의 성취이다. 필연적인 결과로서, 어느 각 개인도 인간의 운명을 성취할 수 없다. 그것은 오직 공동체에서만 가능하다.

**부활과 예수의 신성**

판넨베르크에게 있어서 역사적 사실성을 지닌 부활은 그리스도의 의미에서뿐만 아니라 또한 기독교 신학 전체에도 열쇠다. 부활은 예수의 주장과 그분의 지속적인 의의의 '확증'이다.[91]

부활절 사건은 분명히 예수의 죽음에, 그분의 지상 사역에, 그리고 그의 인물에 새로운 빛을 드리운다. 그러나 부활 사건이 없는데도 이들 사건들이 조명을 받을 때 실체일 것이라고 생각되지 않는다. 우리가 만일 그 부활절 사건을 예수의 십자가 처형과 지상 역사가 이미 그 자체로 지녔던 의미의 공표나 계시로만 해석한다면 그 부활절 가치를 떨어뜨린다. 오직 부활절 사건만이 예수의 부활절 이전 역사가 무엇이었는지 그리고 그분은 하나님과의 관계에서 어떤 인물이었는지를 결정한다.[92]

다른 말로 하면, 부활은 "이전에 예수의 인물과 역사에 붙어 다녔던 모호성을 일거에 불식시키고 제거하였다."[93] 확증은 부활 사건에

---

91) Ibid., 2:45.
92) Ibid., 2:345.
93) Ibid., 2:345-46; 283.

서 확인되었던 바가 사실은 예수의 역사의 시작점에 이미 존재했다는 것을 의미한다.[94]

성육신한 그리스도는 자신이 곧 다가올 하나님의 나라의 복음을 전파하도록 아버지에 의해 보내심을 받은 아들이라고 주장하였다. 판넨베르크는 그리스도의 신성을 바로 이 지점에서 고려하기 시작한다. 통례상 전제하고 있는 위로부터 방식의 기독론에 호소하기보다는, 오히려 판넨베르크는 예수의 주장들의 역사적 근거와 그 주장들이 결국 사망으로부터 예수의 부활을 통하여 아버지에 의해 입증된 타당성을 가지고 시작한다. 하나님의 나라가 가까이 왔다는 예수의 선포는 한 사람이 자기를 위하여 스스로 주장할 수 있는 그 범위를 넘어서서 권위를 지닌 한 인물의 주장임이 분명하다. 사실, 예수는 자신이 현재 속에서 이미 영향을 미치고 있는, 하나님의 임박한 주되심의 중재자임을 선포하였다. 그의 주장을 입증하기 위해 예수는 미래의 확증, 부활을 바라보았다. 판넨베르크에게 있어서, 부활의 사건은 예수의 신성, 하나님과의 일치를 주장하기 위한 바로 그 출발점이다.

부활의 기초 위에 세워진 예수의 신성의 주장은, 부활이 유대인의 상황에서 이해되었던 방식과 연관된다. 여기서 묵시문학의 깊숙한 영향은 부활의 의미를 이해하는 열쇠이다. 신약성서 학자들이 대체로 동의하는 바는, 가공할 우주의 사건들과 신적 개입의 용어들을 사용하여 임박한 세계의 종말에 대해 이야기하고 있는 그 성서 본문들-곧, 여러 묵시문학적 본문들-이상으로 보다 중요한 의미는 신약성서 전체가 묵시문학의 토양에서 싹터 자랐다는 데 있다. 묵시문학적 세계관은 신약성서에서 예수와 그분의 부활의 의의와 의미를 이해하는 데 열쇠를 제공한다. 묵시문학의 세 주요 특징들은 여기서 특별한

---

94) Ibid., 2.

의의를 지닌다. 첫째, 하나님의 완전한 계시는 역사의 종말에 가서야 발견될 수 있다. 둘째, 역사의 종말은 그 자체가 보편적 의의를 지닌다. 그것은 유대인과 이방인 둘 다를 포괄한다. 종말에 하나님은 모든 백성과 모든 피조물의 하나님이 되심을 드러낼 것이다. 셋째, 역사의 종말은 죽은 자의 전반적인 부활을 수반한다.

판넨베르크는 예수의 부활이 만일 역사적 사건으로 입증될 수 있으려면, 그것은 빈 무덤 전승의 기초 위에서, 다수의 증인들이 존재했다는 사실에서 그리고 그 전체 증언의 타당성이 그들의 당대 사람들에 의해 시비꺼리가 되지 않았다는 사실에서 증명이 가능하다고 생각한다. 이때는 부활은 종말에서 일어날 모든 피조물의 부활의 시작을 의미한다. 판넨베르크에게 있어서 예수의 부활은 인간 예수가 하나님과 함께하는 인물이라는 통찰을 갖게 하는 열쇠이다. 아버지는 예수를 죽은 자로부터 부활시킴으로서, 하나님 나라의 도래와 아버지의 통치에 관한 예수의 부활절 이전 주장들을 확증하였다. 예수는 이제 다니엘서 7장 13-14절의 예언대로 종말론적 인자이고 때의 묵시문학적 예기(豫期)임이 증명되었다.

예수가 십자가에서 못 박혀 죽은 뒤에, 백성들은 신적 확증이 없이는 예수와 그의 주장들에 대한 신뢰를 정당화할 수 없었다. 만일 부활이 없었다면, 그의 적대자들이 옳을 수도 있었다. 그의 권위 주장들은 신성모독이었을 것이다.

판넨베르크에 따르면, 우리는 이제 예수에게 인자, 주님, 하나님의 아들이라는 기독론적 칭호들을 적용할 수 있다. 심지어 세계의 종말은 예수의 부활과 함께 이미 시작되었다. 그의 부활은 '선취적'이어서, 종말에 우리 모두에게 적용될 것을 예시한다. 하나님의 결정적 계시는 예수의 부활을 통하여 발생하였다. 성서의 하나님은 자신을 모든 피조물의 하나님으로 드러내 보일 때이다(비록 그 최종적 성취는 종말의 때 계시를 기다리고 있지만 말이다). 그러나 우리는, 예수가 만일 하나님에게 승천하셨다면 세계의 종말은 시작되었고, 그렇다면, 하나님은 궁극적으로 예수 안에서 이미 계시되었다라고 이제 말할 수 있다.

그러나 그리스도의 십자가는 무엇인가? 그리스도의 인간성과 우리의 구원을 위한 십자가의 의미는 무엇인가? 판넨베르크는 부활에 과도하게 집중하여 결과적으로 십자가가 그의 기독론에서 중요하고도 충분한 역할을 하지 못한다는 지적을 종종 받았다. 판넨베르크가 부활을 강조하고 결과적으로 십자가 강조를 소홀이 한다는 것은 사실이다. 십자가에 대한 그의 접근은 '배타적 대속'과는 대조적으로 '포괄적 대속'의 개념을 통해서이다. 판넨베르크에 있어서, 십자가와 부활에서 예수는 우리의 대속자로 행동하였다. 예수는 배타적 견해가 주장하였던 것처럼, 우리가 사망을 피하게 하기 위해 죽지 않았다. 그 대신에 우리를 위한 죽음을 경험하면서 그분은 근본적으로 이를 바꿨다. 더 이상 우리는 죽음을 두려워할 필요가 없다. 우리는 신앙을 통하여 그리스도에 의해 초래된 새로운 생명에 참여하기 때문에, 우리는 죽음을 넘어 하나님의 생명에 참여를 기다릴 수 있다.

그동안 동방정교회, 로마 가톨릭교회, 그리고 프로테스탄트교회의 기독론들을 고찰해 왔다. 이제 현대 교회들(특히 북미 교회) 가운데서 큰 영향을 끼쳤지만, 학술적 신학계에 좀 덜 알려진 해석들을 탐색해야 할 차례이다. 이것들은 소위 복음주의운동으로부터 온 기독론과 재세례파/메노나이트의 노르만 크라우스와 침례교의 스탠리 그렌츠에 의해 대변되었던 기독론들이다.

# 노르만 크라우스: 제자들의 기독론

## 제자들에게서 제자들에 이르는 기독론

교회사와 신학자의 저술가들은 주류 신학자들이 사회적 비주류들(난외)을 그렇게 봐왔던 것처럼, '비주류들'로부터 온 신학적 기여들을 무시하거나 혹은 경시해 온 것이 그동안 관례였다. 심지어 20세기 들어서도 대부분의 교회사가들이 서구 기독교를 어떤 조언도 없이 프로테스탄트와 로마가톨릭 형태로 분리한 것은 이상한 일이 아니었다. 곧 역사 속에서 합법적 기독교교회와 공동체들의 바른 배치가 종종 배제되어 왔다. 주로 급진적 종교개혁의 후손들, 이를테면 재세례파와 후기 비국교파 교회 운동들이 여기에 속한다. 로마 가톨릭과 권위 있는 종교개혁자들은 그런 급진적 개혁가들을 '좌익' 비국교도들로 여겼다. 그러나 후에 그들은 스스로를 지상에 세워진 하나님의 참 교회, 사도적 교리와 실천의 수호자로 간주하였다.

미국인 C. 노르만 크라우스는 자신의 책 《우리의 주 예수 그리스도》에서 제자의 관점에서 기독론을 제시한다.[95] 크라우스는 아시아와 아프리카에서 가르쳤고, 자신의 저술에서 비-서구의 관심사를 다루고 있으며, 급진적 종교개혁의 시기까지 거슬러 올라가는 재세례파 전승을 대표한다. 그의 주안점은 재세례파의 주요한 강조, 곧 제자도에 대한 예수 그리스도의 의미와 중요성에 있다. 재세례파에게는 단순한 신념이나 정통교리의 확신만으로는 충분하지 않다. 주의 명령들을 순종함에 있어서 실천적 기독교 생활양식이 가시적이고 현실적이어야 한다. 크라우스는 재세례파의 유전(遺傳)과의 상호 작용의 도

---

95) C. Norman Kraus, 《우리 주 예수 그리스도: 제자의 전망에서 기독론》(Waterloo, ON: Heral Press, 1987).

움 이외에, 죄와 형벌의 범주를 사용하는 그리스도의 표준적 서구 해석들에 대해 이의를 제기하고, 부끄러움(수치)에 대한 아시아인의 개념을 참고하여 그리스도의 행위를 이해한다. 그는 재세례파의 전승에 바로 서서, 또한 기독론의 전망으로부터 '평화 신학'을 기술한다. 그 출발점은 "그분 자신이 우리의 평화"(엡 2:14)라고 하는 성서적 확증에서부터이다.

크라우스는 자신의 기독론에 가장 도움이 될 성싶은 하나님의 자기-정체성과 자기-계시의 개념들을 발견해 낸다. 우리에게 나타난 하나님의 자기-계시인 예수는 '하나님이-당신 자신을-우리에게-내어 줌'이다. 그 자기-계시는 순전한 인격적·역사적 관계의 형태를 띠고서만 우리에게 다가온다.

제자의 관점에서 기독론을 펼치기 위해 크라우스는 그리스도의 첫 제자들의 성서적 증언에 귀를 기울이면서 시작한다. 그 증언으로부터 그는 지구촌 세계의 기존 문화들에 확고하게 꽂힐 기독론을 창작한다. 사실, 크라우스는 전면적인 재세례파 기독론뿐만 아니라 또한 전반적인 기독교 신학개론 및 안내서를 기술한다. 기독론은 하나님 탐구를 위한 통로이다.

## 기독론인가 예수론인가?

19세기와 그 후의 역사적 예수 탐구는, 우리가 과연 기독론에 대해 혹은 예수론에 대해 제대로 이야기하는 것인지에 대해서 물었다. 결국, 그 질문의 초점은 나사렛 마을로부터 온 예수의 이름을 가진 그 인물의 역사적 그리고 심리학적 기원을 탐구하는 것이었다. 크라우스가 신약성서를 연구하면서 아래로부터 접근 방식의 가치를 인정하면서도, 그는 아래로부터와 위로부터의 접근 방식을 기꺼이 종합한다. 이 종합 방식은 그리스도와 '예수 안에 있는 그 진리'에 대해 이야기하고 있는 에베소서 4장 20-21절에 잘 요약되어 있다. 다른 말로 하면, 이 성서 본문은 지상의 예수와 신앙의 그리스도를 결합시키고 있다. 이로부터 크라우스는 그의 기독론 나머지를 충족시키는 체제, 곧 소개의 결론을 다음과 같이 이끌어 낸다.

> 기독론은 인간 예수가 올바르게 성서적 메시아의 고유한 범주에서만 이해될 수 있고, 그리고 이것이 어떻게 그리고 왜 그러한가를 설명하려는 신앙 확신에서 시작한다. 그러나 그것은 또한 이런 메시아적 이미지가 그리스도는 다름 아닌 나사렛 예수라는 사실에 비추어서 이해되어야 한다는 확고한 신념에서 시작한다. 기독론은 역사적 예수의 의의를 검토하려는 그 시도에서 그의 생물학적 범주들을 넘어선다. 그렇다고 하여 그것이 역사적 관련 사항들을 포기한다는 것은 아니다. 예수 안에 있는 역사적 계시는 진정한 그리스도의 이미지와 기독교인의 하나님 경험이 무엇인가를 정의하기 위한 표준 그대로이다.[96]

예수를 이해하기 위한 첫 제자들의 노력에서, 그리고 오늘날 제자들을 위한 기독론을 제시하기 위한 시도에서 크라우스는 이렇게 묻는다. 우리는 역사적 예수를 이해하기 위해서 왜 신약성서 복음서들을 그렇게 단순하게 읽어서는 안 되는가? 우리는 왜 예수에 대해서 조금이라도 신학화해야 하는가? 그 분명한 이유는, 사복음서가 하나 이상의 신학적 묘사요 하나 이상의 그리스도의 해석을 담고 있다는 사실이다. 작금의 우리의 필요한 목적을 위해 우리는 어느 것을 선택해야 하는가? 어린아이들을 축복하시는 사랑의 구주? 치료자? 기적을 행하시는 분? 권위로 가르치는 랍비-선지자? 저항하지 않고 고통을 당하는 종? 혹은 모든 피조물의 선재적 원형?

---

96) Ibid., 25.

크라우스에게 있어서, 하나의 동일한 경전에서 역사의 예수와 그 의미에 대한 신학적 해석들 양쪽이 다 존재한다는 것 자체가 기독론의 방법론을 가리킨다. 그것은 이것이냐 저것이냐 양자택일이 아니라, 아래로부터와 위로부터의 접근과 관련해서 둘 다 취하는 방식이다. 분명한 것은 다양한 문화와 우리 시대의 종교적 필요성에 정당하게 제시하기 위해서 그리스도에 대한 다수의 독특한 신학적 해석들이 필요하다.

> 이 그리스도는 아메리카의 구세주의 외관을 띠고 올 수 있다. 그의 이미지는 자유와 기회의 땅을 찾아오는 세계의 곤궁에 처해 있는 자들을 환영하는 자유의 여신상으로 동화된다. 혹은 그는 오랄 로버츠가 예측한 900피트 넘는 높이에서 기적 행하는 자로 비춰질 수도 있다.[97]

의미 있는 상황적 기독론들을 탐구하기 위한 환경은, 세계의 다양한 문화들 가운데 있는 교회의 선교 활동이다. 제자들의 기독론의 목적은 교회가 제자도의 삶과 복음의 선포 둘 다를 위해 그리스도의 메시지 내용을 이해하도록 돕는 것이다. 복음서와 나머지 신약성서에서 그리스도에 대한 최초 증언의 상황과 목적은 선교적 선포였다. 그러한 기독론의 과제는 당대 기존 이미지와 언어들을 사용하여 다양한 문화의 적절한 방식으로 그 메시지를 표현하는 것이다. 그러나 거기에 필요한 기준은 그리스도의 최초 제자들의 견해에 대한 증언인 신약성서라고 크라우스는 주장한다. "우리는 세계의 많은 문화들을 위한 복음 메시지를 구성하는 데 있어서 신약성서 이미지들의 사용에 규범을 제공할 수 있는 신학적 서술이 필요하다. 그것은 우리가 그리스도의 제자들로서 자신들의 참모습을 이해하는 데 또한 단서

---

97) Ibid., 27.

를 제공해 주며, 우리를 그분과 연관 있는 제자도로 안내한다."[98]

## 예수의 인성의 신학적 의의

예수의 완전한 인성이 제자들의 기독론에 핵심이라는 것은 그리 놀라운 일이 될 수 없다. 신실한 순종으로 그리스도를 따를 것을 매우 강조했던 16세기 재세례파들은 이 점을 명확하게 이해하였다. 그들은 순종과 순결의 새로운 인간을 위한 원형으로서 예수의 무흠과 비폭력 인성에 자신들의 주의를 집중하였다. 17~18세기로부터 취한 얼마간의 재세례파 자료들은 그리스도의 '거룩한 인성'에 대해 이야기한다. 그들에게 인간 예수는 인간성의 윤리적 갱신에 다가가는 통로이다. 그의 신성에 관한 형이상학적 설명들은, 심지어 모든 재세례파들이 신조들의 고전적 정통을 강력하게 확인했음에도 불구하고, 주안점이 아니었다.

재세례파 자료들은 그리스도의 치욕, 십자가에서 죽음, 그리고 그 이후의 하데스(지옥)에 내려감을 구원의 과정으로 관찰하였다. 구원은 권세에 의해 도달하지 않고 사망에까지 이르는 하나님의 종의 겸손한 복종에 의해 가능하다.[99] 크라우스에 따르면, 그리스도의 완전한 인성에 대한 재세례파의 강조에 내포되어 있는 것은 두 가지 확신이다. 첫째, 하나님은 우리의 필요 때문에 우리와 완전히 동일시하고자 자기를 내어 주는 창조자이다. 둘째, 우리의 인간성은 하나님의 원형 이미지이신 이 한 분(예수)에게서 진정한 성취를 발견하게 된다. 말씀이 육신이 됨은 또 다른 일종의 '상황적' 전달이 아니라, 그분이 우리 중 한 사람으로서 우리에게 다가오는 하나님의 사랑이다. 인간이

---

98) Ibid., 29-30.
99) Ibid., 63.

된 하나님의 말씀은 하나님의 형상이다. 그러므로 이는 하나님이 원했던 참 인간 존재 방식을 가리킨다. 하나님처럼 되고자 하는 이런 운명은 인간 존재의 진정한 의미이며 운명이다. 이와 관련하여, 크라우스는 판넨베르크(비록 그와는 직접적인 관계는 없지만)처럼 기본적으로 동일한 점을 중시한다.

크라우스에게 있어서 기독교의 메시지의 핵심은 예수가 우리 인간 삶을 위한 하나님의 의도의 성취이며 계시라는 확신이다. 모든 가현설은 예수의 인성을 약하게 하여 기독교 신학의 이런 핵심 교의로부터 그분의 의도를 제거하려고 시도한다. 예수의 무흠을 과거에 방어했던 방식은 그의 완전한 인성을 인정하는 과정에서 문제점을 야기하였다. 특히 죄를 음란과 유전으로 파악한 아우구스티누스의 이해는 신학자들로 하여금 죄의 모든 감염과 영향으로부터 그리스도를 방어하게끔 자극하였다. 크라우스에게 있어서 예수의 무흠의 초점은 하나님의 의지에 역행하여 자신의 의지를 내세우려는 것에 대한 자기 거부이다. 이것이 하나님의 완전한 형상인 예수의 존재의 핵심이다. "성서적 전망으로부터 비롯된" 하나님의 형상이란 "…완전한 인성이 본래 의도한 것이다."[100] 그의 인성에서 예수는 당신 자신을 인간과 전적으로 동일시하였다. 그는 인간 존재와 연대하여 살았다. 크라우스에게 있어서 십자가는 세계와의 하나님의 연대의 완성을 나타낸다.

만일 성육신이 인간에 관한 말씀이라면, 동시에 그것은 또한 하나님에 관한 말씀이다. 성육신은 신-인간이신 예수 그리스도 안에서 하나님의 자기-계시(드러냄)를 말한다. 하나님과의 예수의 일치(하나 됨)주장은 사망으로부터 그의 부활에 의하여 이제 확립되고, 또한 입증되었다. 크라우스는 여기서 다시금 판넨베르크의 노선을 따른

---

100) Ibid., 72.

다. 이들 신학자 모두에게 있어서, 부활은 예수 자신이 신적 생명의 중재자이며 다가오는 하나님 나라라는 그의 주장에 대한 신적 확증이다. 크라우스에게 있어서 부활은 그리스도의 신성의 실재를 나타내는 바로 그 기호이다. 예수의 부활은 또한 우리의 구원을 확정한다. 구원은 사망을 이겨 내는 것을 의미한다. 만일 예수가 사망으로부터 부활하지 않았다면, 사망을 넘어서는 우리의 희망은 헛된 것이 될 것이다.

**십자가, 부끄러움(수치), 그리고 죄책: 아시아의 상황 속에서 그리스도**

구원의 적절한 이미지를 탐구하는 과정에서, 크라우스는 표준적 기독론들에 다소 덜 친숙한 몇 가지를 고찰한다. 하나님의 아가페 사랑의 상당 부분을 포착하는 것으로 보이는 하나의 이미지는 부모-자녀 간 비유이다. 순전한 도덕적 반응의 참 본질은 우리의 가장 친근한 인간관계에서 최상으로 드러난다. 그것은 부모-자녀 간 은유가 왜 자녀들과 함께 하는 하나님의 방식을 밝혀 주는 잠재성을 지니는가이다. 신약성서에서 하나님에 대해 예수가 특별히 사용한 이름은 아람어 '아바'이다. 이런 점에 비추어서, 이 은유가 그동안 매우 적게 사용되었던 것은 좀 이상하게 보인다. 이런 접근은 변덕스럽고 죄 많은 자녀들을 향한 하늘 아버지의 열정적 혹은 성숙한 사랑을 밝혀 줄 수 있다. 죄는 사랑의 거부를 뜻한다. 그러므로 하늘 아버지의 사랑은 죄에 대한 보상을 뜻하고, 회개하는 아들과 딸에게 두 팔을 활짝 벌리는 것이다.

크라우스는 신약성서와 기독교 전통으로부터 온 다른 많은 은유들을 사용하여 그리스도와 우리 간의 애정 어린 연대를 강조한다. 성서에서 특히 신약성서에서 사용된 주요 이미지들 중 하나는 언약관계의 복원이다. 하나님이 이스라엘과 후에는 그리스도 안에서 우리와 맺은 그 언약은 하나님의 신실함에 근거한 구원의 제시이다. 그것은 상호 관계, 신뢰, 사랑에 관한 것이다. 특히 서구 문화 밖에서 광범위하게 사용되었던 또 다른 이미지는 적성 권력들로부터의 해방으로서 구원을 제시한다. 죄의 권세와 악귀에 속박 둘 다로부터 해방은 이런 이미지의 일부이다.

동방교회에서 하나님의 형상의 갱신으로서 구원의 개념은 크라우스의 기독론과 구원론에서 그가 가장 선호하는 이미지들 중 하나이다. 이것은 그가 인간의 운명의 완성으로서 그리스도의 인성에 애착을 갖는 것으로 볼 때 충분히 이해될 만하다. 초기 기독교 전승은 [인간의] 신성화 혹은 신성시로서 형상들의 복원에 대해 진술하였다. 그리스도가 인간이 되심으로서 우리가 신성시될 수 있다. 웨슬리안과 성결운동의 도덕적 갱신은 이 이미지를 후에 전용한 것이다.

크라우스의 《우리 주 예수 그리스도》에서 그리스도의 행위에 대한 가장 독특한 접근 방식은 아시아 문화들, 특히 일본인의 상황과 관련되어 있다.[101] 인간의 곤궁성을 설명해 주는 주요 범주로서 죄책에 대한 서구인의 개념과 부끄러움(수치)에 대한 아시아인의 개념 간에는 현저한 차이가 있다. 죄책은 그 행위에 초점을 맞춘다. 부끄러움(수치)은 그 자신에게 주목한다. 부끄러움의 문화에서 과실의 본질은 자기-기대 충족에 대한 실패이다. 죄책은 법률적 기대들에 반하는 범죄로부터 발생한다. 그 내부의 반작용은 매우 다양하다. 죄책의 문화에는 회환, 자책, 그리고 처벌의 두려움이 있다. 부끄러움의 문화에는 당혹감, 불명예, 자조, 그리고 포기의 두려움이 가득하다. 부끄러움에 대한 처방이 공감과 소통이라면, 죄책에 대한 처방은 종종 복수나 혹은 벌칙이 요구된다. 사랑이 부끄러움을 떨쳐버리는 것이라

---

101) Ibid., 제12장.

면, 칭의는 죄책을 떨쳐버린다. 이들 관점들로부터 두 가지 범주가 그리스도의 십자가에 대해 서로 다른 견해를 나타낸다. 아시아인들에게 있어서 십자가는 우리의 죄 많은 부끄러움(수치)에서 부끄러움의 도구 그리고 우리와 하나님의 궁극적인 동감(동일시)을 동시에 나타낸다. 그것은 하나님의 사랑의 표현이다. 표준적인 서구인의 구원론에서 십자가는 종종 처벌의 도구였으며, 우리의 죄 많은 죄책을 위한 하나님의 궁극적인 대속이었다. 거기서 십자가는 하나님의 공의를 표현한다.

물론 이들 두 접근이 서로 배타적이지는 않다. 그리스도의 십자가는 부끄러움과 죄책 양쪽에 다 관련되어 있다. 화해는 부끄러움의 극복과 죄책으로부터 자유를 의미한다. 자신의 희생을 통해 예수는 두 방식에서 우리를 대신하여 행동하였다. 그는 우리의 종이 되기 위하여(막 10:45) 우리 죄의 결과를 짊어졌다. 예수는 또한 그의 계시가 보편적인 한, 모든 인류를 대신하였다. 인간과 전적으로 하나 됨으로서 그리고 그 인간을 대표함으로서, 그는 십자가에서 자신의 운명을 맞이하였다. 더욱이 십자가에서 처형된 그리스도는 부끄러운 불안을 해결할 뿐만 아니라, 또한 부끄러움의 규범적 윤리적-사회적 차원을 드러낸다. "십자가는 거짓 부끄러움이 사실은 인간의 우상 숭배의 자기 정당화라고 폭로한다. 그리고 그것을 폭로하면서, 두려움을 주입시키는 우상의 권력을 깨부순다."[102] 부끄러움은 사회의 금기와 규범에서 표현된다. 신학적인 말로 표현하면, 부끄러움의 표현은 크라우스에게 있어서 인간 안에 반영되었던 하나님의 형상에 대한 사회적 개념의 부정적인 지표들이다. 그 부정적인 지표들은 진정한 인간으로 고려되어야 하는 것이 무엇인가를 정의한다. 따라서 기독교 신학이 십자가는 거짓 부끄러움을 폭로하고 인간의 부끄러움의 참 본질을

---

102) Ibid., 220.

드러낸다고 말할 때, 그것이 의미하는 바는 십자가에 못 박힌 그리스도가 인간을 위해 하나님의 진정한 형상을 계시한다는 것이다. 다른 말로 하면, 십자가에 못 박힌 예수는 올바른 인간관계를 위한 하나님의 표준을 계시하여, 우리 인간을 위해 참다운 보편적 규범이 되었다고 크라우스는 결론을 내린다.

## 스탠리 그렌츠: 복음적 기독론

### 하나님의 공동체를 위한 신학

오늘날 특히 영어권에서 복음주의라는 용어는 용법이 좀 모호하다. 개혁주의에 따르면, 그 용어는 로마 가톨릭 신학에 반대하는 프로테스탄트 신학을 의미했다. 여기에 또 다른 의미가 20세기에 첨가되었는데, 보다 더 기독교의 정통을 고수하려는 사람들이 좌익의 자유주의 신학에 반대하였을 때였다. 따라서 거기서 '복음주의적 성서론'이 제기되었는데, 그들은 하나님의 말씀은 그 기원과 신뢰성 모두에 있어서 신성하다고 주장하였다. 최근 몇 십 년간 여전히 초교파적이고 세계적인 취향의 복음주의의 운동이 (루터교로부터 장로교, 침례교, 오순절에 이르기까지) 모든 교파의 프로테스탄트들뿐만 아니라 또한 영국 성공회를 대표한다. 이 운동은 가장 근본주의자들이 스스로를 진정한 복음주의자들이라고 자처함에도 불구하고 그런 반동적 복음주의자들과는 거리를 두어 왔다. 여기서 '복음주의 신학'의 언급은 주로 영어권의 용례를 따르기에, 다른 기독교인들에게 개방적이고 여러 신조와 주류 신앙 고백에서 명백하게 표현된 고전적 기독교를 소중히 여기려는 다양한 프로테스탄트 기독교 전통들은 여전히 신학과 다른 학술적 분야에서 새로운 발전을 기대하고 있다.

스탠리 그렌츠의 《하나님의 공동체를 위한 신학》은 그 책의 제목이 시사하듯이 하나님의 공동체 곧 교회의 전망으로부터 조직신학의 본질과 과제를 탐색한다.[103] 종종 신학 일반과 특히 기독론은 그 동안 주로 구원의 필요성에서 개인의 전망을 위해서 그리고 그 전망으로부터 다뤄져 왔다. 그렌츠의 이 저술은 그 같은 환원주의를 극복하고 신학과 기독론이 지닌 공동체적 함의들을 반영하려고 시도한다. 그렌츠에게 기독론은 나사렛 예수의 역할에 대한 신학적 성찰이다. 그리하여, 기독교인들은 "삼위일체 하나님의 화해와 공동체-건설 작업에서"[104] 그리스도를 이해한다.

그렌츠의 기독론은 전통적인 노선을 따라간다. 그 연장선상에서 그리스도의 십자가와 부활에서의 그분의 공로를 토론하기 전에, 그는 먼저 그리스도의 신성과 그분의 인성, 그리고 두 본성의 연합을 고찰한다.[105] 그렌츠의 해법은 기본적인 복음주의 확신에 차 있으면서도, 현장에서는 지금 매우 시의적이고 창의적이며 개방적 발전을 도모하고 있다. 판넨베르크의 영향이 그 배경에서 뚜렷하다. (비록 그렌츠가 판넨베르크를 거의 언급하고 있지 않지만) 만일 판넨베르크가 그렌츠의 교리적 조언자였다면, 이것은 충분히 가능한 이야기이다.

그렌츠의 기독론의 독특한 접근 방식은 아래로부터와 위로부터의 방식 간의 균형을 찾으려는 그의 노력이다. 동시에 그는 아래로부터의 방식을 일방적으로 지지하는 것처럼 보이면서도 또한 그의 최종적인 결론에서는 위로부터의 접근 방식이 분명하다.

---

103) Stanley Grenz, 《하나님의 공동체를 위한 신학》(Grand Rapids: Eerdmans, 1994).
104) Ibid., 244.
105) Grenz의 《하나님의 공동체를 위한 신학》에서 기독론을 다룬 장들은 제9장(신성), 제10장(인성), 그리고 제11장(두 본성의 결합)이다. 제12장은 그리스도의 속죄를 다룬다.

## 하나님과 함께하는 그리스도 예수의 교제

만일 그렌츠가 과거의 전형적인 복음주의 신학자였다면, 그는 하나님과의 예수의 일치, 곧 그의 신성을 확증하기 위하여 예수의 주장, 기적, 그리고 다른 사역들에 관한 성서의 진술들을 단지 언급하면 될 일이었다.[106] 그러나 그것이 그의 접근 방식 전부는 아니다. 그의 스승 판넨베르크의 발자취를 따라, 그렌츠 자신은 역사적 탐구의 기초에서 그리스도의 신성을 확증하는 지루한 과제를 떠맡았다. 그렌츠는 신앙의 그리스도를 역사의 예수로부터 분리할 수 없다고 주장한다. 그런 분리 시도가 역사적 탐구로부터 우리를 좀 더 자유롭게 할 수 있다 싶어, 혹 매혹적일지 몰라도 말이다.

그렌츠는 예수의 생애의 어떤 모습이 과연 그분의 신성을 위한 토대를 제공할 수 있는가에 대해 여러 제안을 고려한다. 전통적으로 여기에 예수의 무흠이 훌륭한 조건이 되어 왔다. 그러나 이런 측면은 객관적인 역사적 토대를 결여하고 있고, 예수의 생애 동안에서조차 의심을 받았다. 이런 제안에 좀 더 심각한 반대는, 우리가 예수의 무흠을 위한 주장을 내세울 수 있다 한들, 그것이 그분의 신성을 보증할 수 없다는 데 있다. 무흠 그 자체가 신성과 동일시될 수 없다. 기껏 잘해 봐야 무흠은 한 인간을 비범한 개인으로 삼을 수는 있다. 예수의 교훈을 그분의 신성을 위한 토대로 사용하는 것은 그분의 무흠에서와 같이 동일한 문제를 야기한다. 그분의 교훈은 생애 동안에 엄격한 검증을 받았고, 심지어 검증을 받지 않았을 때조차도 권위 있는 교훈 자체가 그분에게 신성을 부여해주지 않았다.

보다 무게 있는 제안은, 그분의 신성을 위한 바로 그 토대로 인식

---

106) 이 방식은 보수적인 침례교 신학자 Millard J. Erickson의 대작 《말씀이 육신이 되다: 오늘날 성육신적 기독론》(Grand Rapids: Baker, 1991)의 접근이기도 하다.

되어 왔던 메시아의 죽음에 관한 것이다. 그분의 죽음은 그분의 정체성을 밝혀 준다. 십자가의 발밑에 서 있던 한 백부장이 관측했던 대로 '그는 진실로 하나님의 아들이었다!'(마 27:54). 그러나 고립된 상황에서, 예수의 죽음은 모호하다. 예수의 죽음이 정치적 희생양이었는가, 아니면 제물로 바치는 순교였는가? 기존 신앙의 헌신(그분은 하나님이었다는 확신)의 관점에서만, 그리스도의 죽음이 여기에 중요한 토대로 기여한다.

신성에 관한 그분 자신의 권리 주장은 무엇인가? 복음서 비평가들은, 비록 전부는 아니지만 그와 같은 주장을 담고 있는 정말 많은 성서 본문들을 탐색하였다. 학계의 일치된 의견은 예수는 그분 자신의 신성을 알고 있었으나, 예수의 이런 인식이 그분의 신성을 보증하지 않는다고 주장한다. 그분은 오류를 범할 수도 있다. 더욱이, 다른 종교 지도자들도 유사한 주장을 내세웠다. 그러나 예수의 주장을 독특하게 돋보이게 하는 것은, 곧 그분은 자신의 주장의 신실성을 내세울 수 있는 미래의 입증을 전망했다는 것이다. 부활이 그것이다.

사실, 부활은 예수의 신성을 위한 토대로 인식되었던 또 다른 측면이다. 부활만이 한 인물을 신으로 여기게 할 수는 없을 것이다. 예를 들면, 나사로도 죽음에서 부활하였으나 그는 신으로 간주되지 않았다. 예수의 경우에 있어서 부활을 타당한 토대로 삼게 하는 것은 곧 예수의 신성 주장과 부활의 관계이다. 그렌츠는 예수의 주장과 발생한 부활은 그분의 신성을 위한 증거를 함께 제공한다고 결론을 내린다. 그분의 교훈과 행위들을 통하여 예수는 자신만의 유례없는 독특한 주장을 내세웠다. 이 주장은 미래의 확증을 요구하였다. 만일 부활이 발생하였다면, 그것은 필요로 했던 확증에 해당된다. 그리고 부활에 의해 출범한 종말론적 하나님 나라의 도래가 맞이하는 보다 확장된 상황 또한 있다. "그 부활은, 예수가 자신의 사역을 통하여 정말로 신적 통치를 시작하였던, 하나님의 포고이다. 예수 안에서 하나님은 실제로 하나님의 공동체의 확립이라는 당신 자신의 종말론적 목적을 실행해 옮긴다."[107] 이로부터 우리는 한 발짝 물러서서 다른 제안을 할 수 있다. 곧 하나님으로서 그리스도는 무흠하다. 그의 교훈에는 신적 권위가 있다. 그리고 그의 죽음 안에서 그는 우리의 구원을 위해 행동하였다.

그렌츠는 자신의 논증을 지지 받기 위해서는 부활의 역사적 특성을 내세워야만 한다. 그는 다시 한 번 판넨베르크를 따르면서, 빈 무덤 전승과 독립된 증언자들의 생존이 복음서 주장들의 사실성을 위한 역사적 증거를 제공한다고 주장한다. 그렌츠는 부활을 그리스도의 신성을 확립할 수단으로 사용하면서도, 한편 예수는 부활 때문에 하나님의 아들이 되었다는 그런 양자론적 해석을 피하고 싶어한다. 예수는 이미 하나님이었다. 부활은 그런 사실(예수의 신성)에 대한 역사적 증거를 단지 제공한다.

이런 방식으로 그렌츠는 역사적 탐구의 근거에서 하나님과의 예수 그리스도의 교제를 확인한다. 그 역사적 증거에 덧붙여서, 그러나 신앙의 발생은 살아 계시는 주님에 대한 인격적 경험을 요구한다. 또한 그 신앙은 어디까지나 역사적 토대의 확신에 근거해야 한다. 그 반대의 경우는 아니다. 고린도전서 15장 17-19절에서, 부활의 역사적 진실성은 기독교 메시지의 신뢰성을 위한 바울의 기준이다.

그렇다면, 하나님과의 예수의 일치가 함의하고 있는 것은 무엇인가? 신학 역사에서 두 가지, 곧 기능론적 접근 방식과 존재론적 방식 간에는 이중성이 상존해 왔다. 기능론적 접근은 그리스도에게 주어진 임무의 근거를 주장하고, 존재론적 접근은 그의 존재에 관하여

---

107) Grenz, 《하나님의 공동체를 위한 신학》, 260.

기독론을 진행한다(존재론이란 존재 자체를 탐구하려는 철학의 한 분야이다). 그렌츠에게 있어서 이들 두 가지 선택은 상호 배타적이지 않고 오히려 상호 보완적이다. 하나님의 계시자(요 14:9-10)로서 예수의 성서적 개념은 그 기능론적 대(對) 존재론적 분리를 초월하는 가능성을 지닌다. 예수의 기독론적 이해는 그가 하나님을 계시한다는 점에서 기능론적이며, 그가 하나님의 자아 계시라는 점에서 존재론적이다. 하나님을 계시하기 위해 예수 그리스도는 하나님이어야 한다. 곧 하나님과 존재론적으로 함께 일치하는 분이어야 한다.

아버지와 교제함으로서 예수는 우리에게 하나님의 연민에 찬 사랑의 마음과 아버지와의 특수한 '아바'의 관계를 계시한다. 하나님의 자아 계시로서 예수는 우리를 아버지와의 가장 친밀한 관계로 안내할 수 있다. 동시에 그리스도는 또한 아버지의 주 되심을 계시한다. 다시 한 번, '주'라는 칭호는 기능론적이고 존재론적 모두이다. 예수는 하나님과 함께하시는 분이기 때문에, 그는 세계 내에 현존하는 하나님으로 기능한다. 그는 우주의 주이며(빌 2:9-11), 역사의 주이고, 우리의 인격적 주님이다.

### 인간과 함께하는 그리스도 예수의 교제

그렌츠에 따르면, 예수는 본질적 신성일 뿐만 아니라 또한 '우리를 위한 인간' 곧 본질적 인성이다. 예수는 우리의 진정한 성정을 공유한다. 그렌츠는 예수의 지상 생애를 관찰함으로서 이 같은 사상의 노선을 발전시킨다. 예수는 이를테면 성장을 경험하고, 특정한 시대에 특정한 유대인의 인물의 삶을 살았던, 지극히 정상적인 인간 삶의 조건들에 분명히 참여하였다. 성서는 또한 그가 모든 면에서 완전히 우리와 동일시되었다고 확인한다(히 2:14, 17).

예수의 진정한 인성을 확인하기 위한 토대는 무엇인가? 그렌츠에게 있어서 그것은 예수의 지상 생애를 숙고해서만은 그 토대를 발견할 수 없다. 부활 하나만으로서는 그의 인성과 마찬가지로, 진정한 인성을 내세우는 예수의 주장과 결합된, 그의 신성에 관하여 동일한 모호성을 여전히 지닌다. 부활은 하나님이 그런 주장을 승인하였음을 보여준다. 그러므로 부활과 관련하여 진정한 인성을 내세우는 예수의 주장은 인간과의 예수의 교제를 위한 필요한 역사적 토대로 기여한다. 만일 십자가 후의 부활이 없었다면, 인간과 영원한 교제를 맺으려던 하나님의 계획은 공허한 것이 되었을 것이다. 그러나 예수의 부활은 우리의 노선이, 역시 삶의 새로움에 있을 수 있다는 것을 보여준다. 이런 맥락에서 그렌츠는 '존재론적 의미에서 예수의 인성을 이해할 수 있는 범주적 성격'에 대해 진술한다. 예수는 우리가 언젠가는 되어야 할 그 변형된 존재론적 실재를 계시한다.[108]

인간과 함께 하는 예수 그리스도의 교제는 죽음을 넘어선 희망을 가리킬 뿐만 아니라, 또한 각기 개인의 삶을 넘어서는 우리의 미래의 삶을 향한 하나님의 의도를 가리킨다. 그것은 곧 공동체를 가리킨다. 예수는 인간 교제를 위한 진정한 범주이다. 새로운 인간으로서 예수는 우리에게 의도되었던 진정한 인간성을 나타낸다. 그것으로서, 그는 소외된 자, 여성, 그리고 각기 개인에 관해서는 '우주적 인간'의 본래의 성격을 우리에게 보여준다. 예수의 인간성은 이 모두를 아울러서 여성과 남성, 젊은이와 노인, 그리고 부한 자와 가난한 자에게 삶의 자리를 제공한다.

---

108) Ibid., 283.

## 예수 안에서 신성과 인성의 교제

　예수 그리스도의 신성과 인성을 서로 분리하여 확인하고 이들 두 본성의 연합을 여전히 고찰함이 하나의 중요한 과제이다. 그렌츠에게 있어서 두 본성의 연합을 확인하기 위한 토대는 신약성서의 두 칭호에 있다. 말씀과 아들이다. '말씀' 로고스라는 용어는 헬라의 문화와 히브리어 용어 '다바르' 둘 다에 근거하고 있다. 다바르에 상응하는 이중적인 의미는 '말씀'과 '사건'이다. 요한복음의 첫 장에서 두 가지 역할이 그 말씀에 배정된다. 한편에서 그 말씀은 창조적 역할을 수행하고("지은 것이 하나도 그가 없이는 된 것이 없느니라"[1:3]), 다른 한편에서 그는 계시적 역할을 지닌다("우리가 그의 영광을 보니"[1:14]). 또 다른 성서 본문, 골로새서 1장 15-16절은 동일한 개념을 사용한다. 그렌츠에게 있어서 예수가 그 말씀이라는 포고는:

> 그러므로 예수의 역사적 생애의 의의에 관하여 신학적 진술을 구성한다. 예수 안에서 하나님의 계시는 드러나고 하나님의 권능은 발휘된다. 결과적으로 그 칭호는 나사렛 예수 안에서 하나님의 권능이 모든 실재의 의미-심지어 하나님의 본성의 의미까지도 실제로 계시한다는 것을 강력히 나타낸다. 예수를 말씀으로 언급하는 것은 곧 그가 한 인간으로서 하나님의 계시임을 확인하는 것이다.[109]

　물론, 예수를 아들로 언급하는 신약성서의 또 다른 표현은, 구약성서와 고대 근동 문화에 뿌리박고 있는 '하나님의 아들'의 성서적 개념에 근거한다. 고대 근동에서 '아들'이라는 칭호는 왕들 혹은 특별한 '신적' 권능을 지닌 자들과 같이, 신들의 자식으로 여겨졌던 자들에게나 주어졌다. 히브리인들에게 '아들'은 하나님의 위업에 참여할 수 있

---

109) Ibid., 301-2.

는 선택을 가리켰다. 그래서 아들은 세계 속에서 하나님의 임무를 수행하기 위하여 선택된 특별한 대리자였다. 복음서에서 예수와 관련하여 사용된 '하나님의 아들' 칭호는 하나님의 의지와 임무에 순종하려는 그의 고유한 특성을 가리켰다. 예수의 고유한 아들 되심과 순종의 지상 생애에 기초해 볼 때, 그는 에베소서에서 표현된 것처럼 하나님으로 인식되었다. 그러므로 '아들' 칭호는 '말씀' 칭호와 유사하게 하늘로 현양된 측면들을 수행하게 되었다. 사실, 히브리서 1장 3-4절은 하나님이 그를 통하여 우주를 창조하시고, 하나님의 본질을 계시하는 자로서 아들을 묘사함으로서 그 둘, 곧 말씀과 아들 간의 연결을 보여준다.[110]

말씀과 아들 칭호들을 함께 다룸으로서 이는 예수의 두 본성의 연합을 설명해 줄 수 있는 근거를 제공해 준다. 이 근거는 말씀과 아들 칭호가 계시의 개념과 공통으로 맺는 연결이다. 말씀과 아들로서 예수는 본질적 신성과 본질적 인성 둘 다이며, 그는 두 본성 다를 계시한다. 그러므로 두 본성의 연합은 계시적 연합이다. 이런 계시로서 예수는 두 본성을 자신의 한 인물 안에서 함께 화해시킨다. 그렌츠에 따르면, 계시를 두 본성의 연합의 초점으로서 인식하는 이런 호소는, 어떤 비평가들이 내세우는 그런 것처럼 단지 기능론적이지만은 않다. 계시에 내재된 본성은 참여이다. 예수는 신적 생명과 인적 생명을 계시할 뿐만 아니라 또한 그런 생명에 참여한다. 그러므로 그의 계시의 연합은 하나님과 인간과의 그의 존재론적 연합으로 나가게 한다.[111]

---

110) Ibid., 302-3.
111) Ibid., 303-5.

## 성육신

전통적이고 복음주의적인 기독론의 공식 표기를 충분히 고려하면서, 그렌츠 자신이 '성육신적' 기독론이라 부르는 바의 핵심 특징들을 칼케돈의 정의가 받아들였던 방식에 대해 그는 매우 비평적이다. 성육신적 기독론은, 스스로 인간의 본성을 취함으로서, 신적 로고스인 아들의 겸손과 자기-굴욕에 보다 더 초점을 둔다. 그것은 또한 신적 행위 때문에 신적 로고스와의 분리될 수 없는(학술적 신학적 용어로는 실체적) 교류에까지, 인간의 본성의 현양을 포함한다. 그러므로 그 성육신에서,

> 아들은 한 인간과 연합을 이루는 것이 아니라, 로고스와 연결됨으로서 현존하게 된 인간의 본성과 연합을 이루었다. 곧 실체적 존재를 획득하게 되었다('내(內)인격화'되었다). 성육신의 결과로, 한 사람 예수 그리스도는 두 본성의 속성들을 지닐 수 있다('속성의 교류').[112]

성육신에 대한 이 같은 전통적인 접근 방식은 여러 공통적인 특징들을 지니고 있다. 예수는 한 인물 안에서 신성과 인성을 연합시킨다. 그리고 성육신은 이들 두 본성의 연합을 가능케 하는 수단이었다. 이 행위는 삼위일체의 두 번째 위격인 로고스의 과업이었으며, 예수 안에서 신성과 인성의 '위격적 연합'으로 귀착되었다. 다른 말로 하면, 이 연합에서 지상 생애의 인격적 중심은, 로고스와의 연합을 통해서만 존재하는 인성을 함께 지닌, 영원한 아들이었다. 성육신의 역사적 행위는 마리아의 자궁을 통한 예수의 수태에서 발생하였다. 이런 후기 칼케돈 기독론이 그리스도의 완전한 인성과 완전한 신성 그리고 이들 공존을 방어할 요량에서 훌륭한 의도를 지니고 있지만, 그

---

112) Ibid., 306.

것은 심각한 문제들의 후과 때문에 수정되어야만 한다고 그렌츠는 주장한다.

성육신적 기독론에서 표적이 되었던 전형적인 비평 중 몇 가지는 다음과 같다. 당대 다른 종교의 여러 신화적 이야기와의 유사성, (그리스도의 완전한 인성을 양보해야 하는) 가현설의 위험, 혹은 (그리스도의 인성을 비인격적으로 여기는) 아폴리나리우스주의, 그리고 이들 모든 것 중에서 가장 심각한 것, 곧 로고스와 예수의 분리(곧, 성육신 전에 로고스는 무엇을 했는가?) 등이다.[113]

성육신 교리의 보다 만족스런 공식 표기의 궤도에서, 그렌츠는 신학자들이 성육신의 수태를 확고히 세웠던 핵심 성서 본문들(곧 요 1:1-4와 빌 2:5-11)로 거슬러 올라간다. 이들 성서 본문들에 대한 그렌츠의 이해에는, 선재하는 신적 로고스의 역사적 계보가 없다. 사실, 바울은 로고스에 대해 언급조차 하지 않는다. 오히려 그는 예수 그리스도에 대해 쓰고 있다. 역사적 인물 예수는 자신의 신적 대권을 붙잡으려는 것을 거부하고, 오히려 죽음에 이르는 지점에서조차 하나님의 겸손하고 순종하는 종이었다. 결국에 그는 가장 높은 명성을 얻었다. 그러므로 바울은 성육신 견해를 예수의 역사로부터 이끌어 냈다. 이와 유사하게, 그렌츠는 요한이 비록 로고스를 언급하지만, 그것까지도 예수의 역사적 생애에 근거한다고 주장한다. 요한은 영원한 로고스의 성육신 상태를 촉진했던 전달 수단으로서 예수의 탄생을 언급하지 않는다. 요한은 예수의 지상 생애를 관찰했고, 육신이 되어 이 땅에 온 분의 영광, 곧 '그의 영광을 목격했던' 바를 실제로 검증했던 증언자들에게 호소한다.

요한 문헌의 서언은 예수가 어떻게 이 땅에 실제로 존재하게 되었는가에 주안점을 두지 않는다. 그 서언은 예수의 지상 생애의 의의에

---

113) 성육신적 기독론의 비평에 대해서는 Ibid., 308-9를 보라.

대한 신학적 포고이다. 그가 예수를 성육신한 말씀이라고 고백할 때, 요한은 인간 존재로서 예수가 하나님이라는 것을 주장하고 있는 것이다. 그분은 하나님의 계시이다. 하나의 해법으로서 그렌츠는 다시 한 번 아래로부터의 기독론을 제시한다. 그는 예수의 역사적 생애를 살핌으로서 예수의 정체성에 대한 답을 강구하고 있다. 성육신의 고백은 기독론의 전제보다는 오히려, 기독론의 전제이며 시작인 예수 그리스도의 지상 생애의 탐구로부터 이끌어낸 결론이다.[114]

유럽-아메리카 기독론들을 다루는 이 부분에서 앞으로 논의해야 할 마지막 두 기독론들은 가장 독창적이고 광범위한 토론의 장이 될 것이다. 보다 전통적인 신학자들은 그런 기독론들을 기독교 전통의 경계(경계를 혹 넘지 않는다 할지라도)에서 조심스럽게 고찰한다. 존 힉스의 다원주의적 기독론과 존 캅의 과정 신학 기독론이 그것이다.


## 존 힉스: 다원주의적 기독론

### 종교의 다원주의적 혁명

종교 다원주의에 대해 세계에서 가장 명성 있고 뜨겁게 논쟁적 방어자인 존 힉스와 함께 우리는 이제 종교 신학과 비교 신학의 분야를 다룰 것이다.

종교 신학과 비교 신학이 비록 과거 몇 세기 동안 여기 저기 신학자들에게서 신학 작업을 시도해 왔지만, 뚜렷한 신학적 학문으로서 작업은 최근의 일이다. 종교 신학은 종교들의 신학적 가치와 타종교들 가운데서 기독교의 위치 그리고 기능을 살피려고 시도한다. 비교

---

114) Ibid., 309-11.

신학은 비교 종교의 누적된 결과들뿐만 아니라 그 활동위에서 작업을 한다. 비교 종교는 그 이름이 가리키는 것처럼 종교들 간의 구체적이고 상세한 비교를 달성하기 위해서, 그들 종교적 신념과 의식(儀式)들을 상호 비교한다. 다음 예는 이들 학문의 차이점들을 예시한다. 종교 신학이 (유대교와 이슬람교와 더불어 아브라함의 신앙 중의 하나로) 기독교 전통과 (말하자면, 힌두교와 불교) 같은 아시아의 전통들 간의 관계를 살피려고 할 것 같으면, 비교 신학 작업은 그리스도의 성육신의 기독교 교리와 (유일신론적) 힌두교의 신적 아바타의 개념간의 유사성과 차별성을 탐색하는 데 종사하려 한다(아바타는 이를테면 비슈누의 '성육신'인 크리슈나의 사랑스런 인물 같은 신의 형상화이다).

종교 철학자로서 힉스는 오늘날의 종교 신학 탐구를 현저하게 발전시켰다.[115] 그는 또한 비교 신학 연구에도 종사하였다. 힉스는 다양한 지구촌 이곳저곳을 광범위하게 여행하면서 가르치고 연구하면서, 아시아와 무슬림 종교 전통으로부터 많은 통찰을 얻었다.

매우 흥미롭게도, 힉스는 처음엔 자신의 신학적 활동을 보수주의자로 시작하였다. 곧, 자신의 극적인 회심 경험을 신뢰하는 거의 근본주의 신앙인으로 지냈으나, 신학 분야에서 가르치고 연구하는 동안에 그는 (종교 신학을 포함하여) 다원주의 신학을 옹호하는 선도적인 대변인이 되었다. 1970년에 이미 힉스와 그의 동료들은 《오늘과 내일을 위한 기독교 신앙의 재구성》이라는 제목으로 비평적 선언을 책으로 출판하였다.[116] 그 선언에서 그들은 신적 계시로서 성서, 무로부터 창조, 그리스도의 대속적 죽음, 동정녀 탄생, 지옥 등등을 포함하여 대

---

115) 이 주제에 관한 힉스의 주요 저술은 《종교의 해석: 초월자에 대한 인간의 반응, Gifford 강좌 1986~87》(London: Macmillan, 1989)이다. 이 책은 너무나 전문적이고 종합적이어서 초보자들에게는 권하고 싶지 않다. 다행히도, 힉스는 덜 학술적이고 좀 더 쉽게 접근할 수 있는 저술들을 펴냈다. 널리 읽히는 그의 책, 《하나님과 신앙의 세계: 종교 철학에 대한 에세이》, 2nd ed. (Oxford: One World, 1993) 등이다.
116) John Hicks, "오늘과 내일을 위한 기독교 신앙의 재구성," Theology 73(1970): 339.

부분 전통적인 기독교 신념의 문자적 의미를 의심하였다. 힉스는 또한 그에 따라서 교회 밖에는 구원이 없다거나, 혹은 복음 선포를 위한 전통적인 선교 사역의 필요성이나 회심시키기 위한 열망과 같은 옛 신학적 범주에 대해 의구심을 갖게 되었다. 다종교 세계의 수많은 잘 알려진 요소들은 그가 그리스도의 규범성에서 다원주의로 이동하는 데 영감을 주고 지지해 주었다. 이를테면 민족성과 종교 간의 연결, 기독교 교회에 의한 대규모의 노력에도 불구하고 선교 성공의 결핍, 비-기독교 종교들 가운데 있는 종교적 윤리적 삶의 높은 질, 그리고 특히 종교들의 현상학적 유사성(곧, 대부분의 종교들은 경전, 종교 의식, 의례, 예배 장소, 기도, 등을 지닌다)이다.

힉스는 자신의 종교 다원주의 신학을 설명하기 위해 익숙한 방대한 방식을 사용한다. 그래서 그는 지구-중심의 프톨레마이오스로부터 이제 태양-중심의 코페르니쿠스 사고로 이동한다.[117] 모든 종교들의 중심은, 전통적인 견해의 예수 그리스도보다는 오히려 궁극적인 진리인 하나님이다. 그 진리의 주변에서 종교들은 행성들의 방식처럼 순환한다.

> 그리고 신학에 필요했던 코페르니쿠스적 혁명이 신앙의 세계와 그 안에서 시행되는 우리 자신의 종교의 위치에 대한 개념에 일대 변화를 가져온다. 그것은 기독교가 중심에 서 있다는 교리로부터 이제 중심에는 하나님(신)이 있다는 것과 우리 자신을 포함하여 인류의 모든 종교들이 그 신을 섬기고 그를 중심으로 순환한다는 깨달음의 이동을 수반한다.[118]

---

117) 보다 상세한 토론과 문서 조사를 위해서는 Kärkkäinen, 《삼위일체와 계시: 다원주의 세계를 위한 기독교 신학의 구성》(Grand Rapids: Eerdmans, 2014), 2:343-47을 보라. 그 점에서 나는 Matti T. Amnell의 저술에 신세를 졌다.

118) John Hicks, 《제2의 기독교》, 3rd ed. 《중심에 서 있는 기독교》중 (London: SCM, 1983), 82. 보다 학술적으로 설명하면, 다원주의의 본질은 "무제한적인 한 분 초월적 신적 실재와 또한 아주 다양한 인간의 개념들, 형상들 그리고 그 실재의 경험과 반응을 둘 다"가 있다.

기독교 신학에 대한 도전은, 예를 들면, 힌두교 혹은 불교 신학에서도 '프톨레마이오스' 견해를 이제 버려야 한다는 것이다. 그런 견해에서는 기독교나 혹은 다른 종교가 중심에 있고, 타종교는 그 중심의 기준에 의해 항상 판단된다. 이 과제를 완수하기 위해 힉스는 종교들의 지지자들의 견해가 액면가 그대로 받아들일 수 없다고 주장한다. 오히려 각기 종교는 자신들의 절대적이고 배타적인 주장들을 덜 강조해야만 한다.

이 점을 설명하기 위해, 힉스는 불교의 자료들을 사용한다. 그 자료들에 의하면 열 명의 맹인이 코끼리를 손으로 만지고서 각기 자신들의 한정된 경험에 근거하여 과연 코끼리가 어떤 것인가를 묘사한다. 이를테면 야훼, 알라, 혹은 성 삼위일체와 같은 하나님/신들/신성의 다양한 개념들은 단지 신의 양상들일 뿐이다. 그 양상들은 무지개의 약도 혹은 색상과 같다.[119] 그의 후기 이력에서, 종교 언어의 본질이 무엇인가를 평가하기 위해 힉스는 '하나님'에 대한 진술로부터 인격적 용어 '하나님'보다는 보다 더 유연성 있는 '(궁극적인) 실재'란 용어로 이동했다. 힉스에게 있어서 세계의 위대한 종교들은, 인간의 인식 능력을 뛰어넘어 존재하는 그 실재에 접근하는 방식에서 서로 다르다-혹자는 이를 상호 보완적인 방식이라고 말할 수도 있다.

힉스가 신학 일반에서 특히 기독론에서 다원주의 신학으로 전환하게 된 중요한 자산은 종교 언어의 본질에 대한 그의 철저한 분석이다. 과거에 기독교 신학은 고전적 자유주의자들과 더불어, 이를테면 사실적(학술적으로 설명하면 '명제적') 주장들로써[120] 동정녀 탄생, 성

---

119) Hicks, 《하나님과 신앙의 세계》, 140-41.
120) 말하자면, 고전 신학은 또한 신적 '일들'과 특히 하나님의 생명에 관한 이런 종류의 주장들은 단지 인간의 고안들이며, 따라서 그런 주장들을 적용하는 데는 각별히 주의가 필요하다고 분명하게 이해하였다. 유비적(analogical)이란 용어는 정확하게 다음을 의미한다. 한편에서 하나님의 부성에 대한 주장과 인간의 부성에 대한 주장 간에는 진정한 유사함이 있다. 또 다른 한편에서는 이 유사함은 단지 상대적이다. 불행하게도 종교철학자로서 힉스는 고전 신학에서는 그 같은 미묘한 차이를 이해하고 있지 않는 것 같다.

육신, 부활과 같은 성서적 교리의 주장들을 취하였던 반면, 불트만의 용법에 따라, 힉스는 그런 용어들을 단지 신화로 간주한다. 혹은 그가 이를 설명하고 있듯이 '신화'는 우리가 흔히 '다른 것의 암시'를 나타내는 '은유'에 기반을 둔다.[121] 성육신 예를 들어 보자. 이는 2천 년 전에 나사렛 예수에 의해 발생한 유일회적 고유한 사건이라기보다는 오히려 '성육신'은 많은 이들 혹은 아마도 모든 인간 가운데서 다양한 사건으로서 신적 (사랑의) 현존을 의미할 수 있다.

## '신화적' 기독론

신성의 다원주의적 개념과 종교언어의 신화적/은유적 견해로 전환하면서, 힉스는 다원주의적 기독론을 구성한다. 고전적 자유주의의 유산과 역사적 예수의 처음 탐구의 측면들을 매우 창조적으로 재수행하면서, 그는 역사적 기록들보다는 오히려 신화로서 성육신, 혹은 동정녀 탄생, 혹은 부활을 평가한다. 거침없이 그는 '낮은 기독론'을 내세운다. 거기서 성육신이란 그 정도에 있어 단지 서로 다른, 모든 인간 존재들이 "성령이 충만한, 혹은 그리스도와 닮은, 혹은 진실로 성자다운"[122] 상태를 의미한다. 힉스는 이를 자신의 주요 기독론 저술 《하나님 성육신의 은유: 다원주의 시대에서 기독론》에서 제시된 대로 '신화적' 또는 은유적 이해라고 부른다.

전통적인 관점이 계속 주장되는 한 그것은 '성육신(들)'에 대한 타종교들의 주장들을 거부할 수밖에 없다는 간단한 관찰과 관계가 있

---

121) John Hicks, 《하나님 성육신의 은유: 다원주의 시대에서 기독론》(London: SCM; Louisville: Westminster John Knox, 1993), 99. Hicks에게서 은유(와 신화)에 대한 상세한 토론을 위해서는 Kärkkäinen, 《그리스도와 화해》, 215-18을 보라.

122) 다음에 인용: Gerald O'Collins, SJ, "성육신: 중요한 이슈," in 《성육신: 하나님의 아들의 성육신에 대한 학문간 토론회》, ed. Stephen T. Davis et al.(Oxford: Oxford University Press, 2004), 2 (그리고 John Hicks, "성육신," Theology 80[1977]: 205. 원래의 참고문헌을 발견할 수 없었다).

다. 전통적 기독교에서 성육신의 용어는 너무나 당연한 것으로 여겨져 왔고, 이는 배타주의를 수반한다. 곧, 하나님은 그리스도 안에서 구체적이고 고유한 방식으로 현존한다. 다른 한편 신화적 해석에서 성육신은 인간이 되시는 신에 관한 것이 아니다. 일종의 이런 사상은 현대인들에게 전적으로 혐오감을 일으킨다. 힉스에게 있어서 로고스는 어떤 특정한 종교를 초월하는 것이고, 어찌 보면 모든 종교에 다 나타나 있다. 결과적으로 앞에서 언급한 대로 성육신의 개념은 파악하기 어렵고 느슨한 것이 된다.

힉스는 또한 예수의 무흠과 그 외 다른 주장들을 거부한다. 요약의 형태로 정리하자면, 힉스의 다원주의적 기독론의 몇 가지 주요한 논점들은 다음 방식으로 열거될 수 있다.[123]

1. 예수는 그 자신이 성육신한 하나님이라고 가르치지 않았다.
2. 칼케돈의 그리스도 인물의 두 본성 교리는 종교적으로 충분한 방식으로 표현될 수 없다.
3. 역사적이고 교리적인 두 본성 교리는 이를테면 전쟁, 핍박, 탄압, 집단 학살과 같은 거악들을 정당화하는 데 그간 이용되었다.
4. 성육신의 개념은 그리스도의 인물에 관한 어떤 문자적·형이상학적 진리를 표현하는 것이기보다는 오히려 더 나은 은유로 이해되어야 한다.
5. 예수의 생애와 교훈은 우리로 하여금 하나님을 기쁘시게 하는 삶을 살도록 도전을 준다. 예수는 하나님으로 하여금 기독교인들에게 실재(현실)가 되게 하는 주님이다.
6. 성육신의 이 같은 은유적 이해는 종교 다원주의 교리에 딱 어울린다. 그것으로 인해서 그리스도의 생애와 교훈은, 세계의 주

---

123) Kärkkäinen, 《그리스도와 화해》(Cambridge: Cambridge University Press, 2007), 155-56.

요 타종교들의 다른 방식과 형태에서 또한 발견될 수 있는 종교 생활의 한 모범으로 예시될 수 있다.

힉스의 다원주의적 기독론을 위한 적절한 학명은, 칼케돈과 고전적 기독교의 '실체' 기독론과 반대되는 '정도(등급)' 기독론이다. 성육신에 대한 힉스의 견해에서 가장 잘 설명되었던 대로, 정도 기독론에서 예수 그리스도는 타 (종교적) 인물들과 단지 정도에서 있어서 차이가 날 뿐이지, 전통적인 신학에서처럼 그의 고유한 범주에서 차이가 나지 않는다. 다음의 긴 인용은 이를 잘 설명해 주고 있다.

> 인간의 삶 속에 있는 사상, 가치, 통찰이 구현되었다는 의미에서 성육신은 기본적인 은유이다. 혹자는 이렇게 말할 수도 있다. 예를 들면, 1940년에 나치스의 독일에 맞선 영국 국민들의 반항 정신은 윈스턴 처칠에게서 성육신되었다. 이제, 예수가 사랑하는 하늘의 아버지로서 하나님에 대해 매우 생생한 의식을 지니고 있었고, 하나님에 대해 아주 놀랍도록 개방적이었으며, 또한 완전한 종과 도구의 자세로 처신했다. 이로써 신적 사랑이 그의 생애 가운데 나타났으며, 이런 의미에서 성육신되었다고 그에 대해 우리는 말할 수 있기를 원한다. 이런 이해에서는 예수가 지닌 두 완전한 본성, 하나는 인성 다른 하나는 신성(흔히 공식적인 기독교 교리)이라 할 수 없다. 예수는 완전한 인간이다. 그러나 하나님의 사랑에 반응하여 자기 자신을 내어 주는 사랑이 인간 삶 속에서 생생하게 드러날 때, 그 정도에서 그 신적 사랑은 이제 지상에서 성육신된다.[124]

그리스도의 신성과 신적 아버지와의 동일성을 확립해 주었던 고대 신조들의 용어 '동일 본질'(호모우시오스) 대신에, 힉스는 '동일 사랑'(호모아가페)란 용어를 더 선호한다. 곧, 예수 안에서 신성-인성의 연합보

---

124) John Hicks, 《하나님에겐 많은 이름들이 있다》(Philadelphia: Westminster, 1982), 58-59.

다는 오히려 일종의 사랑의 하나님이 현시된다. 물론 이것은 전통적인 삼위일체론을 동시에 쓸모없게 하고 시대에 뒤떨어지게 한다.

그런 점에서 고전적 기독론의 발달은 역사의 우연이었다고 생각할수 있다. 만일 이 교리가 동방교회에 먼저 전파되었다면, 그 발달 경로가 또 다른 양상이 될 수도 있었을 것이다. 동방교회의 그리스도에 대한 힉스의 시각은 이렇다.

> 예수는 자신을 신적 로고스나 혹은 하나님의 아들로 확인하는 대신, 자신보다 약 400년 전 이른 인물 고타마처럼 보살(깨달음의 경지)로 자신을 여길 수도 있었다. 그래서 보리나 혹은 실재와 완벽한 관계를 이미 달성했으나, 타자들에게 구원의 길을 인도하기 위해 연민 가운데서 자발적으로 고통받는 인간을 위한 삶을 살수도 있었다.[125]

## 존 캅: 과정 기독론

### 새로운 세계관 탐구에서 과정 사상

'궁극적 실재'를 탐구하는 철학적 형이상학의 거부 혹은 그에 대한 경멸과 함께, 대단히 많은 현대의 유럽-아메리카 신학으로부터 현저하게 이탈한 아메리카 과정 신학은, 영-미의 수학 철학자 알프레드 N. 화이트헤드의 획기적인 저술에 근거한 과정 사상을 신학적 중요 주제로 삼는다.[126] 과정 형이상학에서 변화, 되어 감, 역동성, 관계는 정적인 실체 존재론과 (중세의 대가들에 의해 예시되었던) 고전적 철학과

---

125) Hicks, 《하나님과 신앙의 세계》, 117.
126) 수학자로서 그의 역할과 철학-신학자로서의 역할 간의 관계에 대해서는 다음을 보라. Ralph M. Martin, "화이트헤드의 하나님에 대하여," in 《오늘날 사상에서 하나님: 철학적 전망》, ed. Sebastian A. Matczak (New York: Learned Publications, 1977), 615-18.

(뉴턴의) 현대 과학의 원자론을 동시에 대체하려고 한다. 곧이어 화이트헤드의 저술은 그의 문하생 슈베르트 오그덴, W. 노르만 피텐저, 존 B. 캅 Jr., 마조리 휴잇 수하키를 포함하여, 찰스 하트숀의 지도하에 신학자들에 의해 입수되었다.[127]

화이트헤드는 자신의 역동적인 실재 이해에서 일종의 어떤 '주체적 경험'(그는 이를 '감정'이라고 부른다)이 인간뿐만 아니라 또한 모든 실재 안에 존재한다고 직관으로 알았다.[128] 화이트헤드에게 있어서 만물은 전체 구조 안에서 의미와 의의를 지닌다. 의미와 의의도 없이 벌거벗은 사실들은 존재하지 않는다. 그리고 그 의의는 모든 다른 순간과 전체 순간의 의의와 상호 연관되어 있다.[129] 과정 신학의 기독론을 설명하기 위해서, 화이트헤드에 의해 주조된 특이하고 복잡한 용어상의 장치를 너무 깊이 캘 필요는 없다. 세계와 그 과정의 역동성, 과정-중심, 관계와 '살아 있는' 직관을 식별하는 것만으로도 충분하다. 선도적인 과정 사상가 마조리 휴잇 수하키는 이를 비전문적인 말로 설명한다.

> 과정 신학은 삶과 신앙의 활력에 대한 관계적 사고방식이다. 과정-관계적 신학자들은 철저하게 독립된 우주의 함의들을 우리가 어떻게 사는지, 우리의 신앙을 어떻게 표현하는지에 접목시킨다. 우리는 만물이 역동적으로 상호 연결되고, 만물이 증대하고, 만물이 서로 영향을 끼친다

---

127) 신뢰할 만하고 이용 가능한 해설은 John B. Cobb Jr., David Ray Griffin, 《과정 신학: 개론》(Philadelphia: Westminster, 1976). 과정 기독론의 유익한 연구를 위해서는 William J. LaDue, 《신학자들 중의 예수: 그리스도에 대한 오늘날 해석》(Harrisburg, PA: Trinity Press International, 2001), 제4장을 보라.
128) 화이트헤드는 이런 새로운 형이상학을 자신의 《사상의 모험》에서 전개한다. 이 책은 1933년에 처음 출판되었다가 재판되었다(New York: Free Press, 1967). 그리고 그의 대작(그의 초기 수준을 훨씬 뛰어 넘은 것으로 발전) 《과정과 실재》는 David R. Griffin and Donald W. Sherburn이 수정하고 편집하였다. (New York: Free Press, 1978).
129) Owen Sharkey, "과정 신학에서 하나님의 신비," in 《오늘날 사상에서 하나님: 철학적 전망》, ed. Sebastian A. Matczak (New York: Learned Publications, 1977), 686-88.

는 것을 확신한다.[130]

그 신학적 입장에서, 우리는 이런 과정 사상 경향 안에는 '무로부터 창조'론 같은 것은 없고, 오히려 세계와 하나님의 협동-발전의 비전이 있음을 주목해야 한다. 곧, 하나님은 진화의 원천이고 영감이다. 고전적 신학을 좇은 결정적인 종말론적 성취의 개념은 존재하지 않는다. 심지어 하나님까지도 가장 광대하고, 지혜롭고, 가장 사랑하는 '존재'라 해도, 확실한 결과를 보증할 수 없고, 다만 [신적 사랑의] '유혹'('lure')이나 초청을 제시할 뿐이다. 그 실제적인 의미에서 심지어 하나님은 고전적 유신론과는 다르게 세계 과정 [안에 함께 있는] 내부(inside)이다. 유신론에서는 (피조되지 않은) 하나님과 (피조된) 세계 간에는 (비록 분리는 아닐지라도) 근본적인 구별이 있다.

## 과정 그리스도: 차이가 나는 해석들

비록 일반적인 직관과 화이트헤드의 비전을 공유하면서도, 다양한 과정 신학자들은 기독론의 여러 가지의 신학적 해석들을 이해할 수 있게 발전시켜 왔다.[131] 그들 모든 기독론은 예수의 인성을 높이 평가한다고 말하는 게 안전하다. 그러나 탐구의 맥락에서 간략하게라도 예수의 역사에 대한 관심은 과정 신학의 의제에는 거의 두지 않는다.[132] 데이비드 그리핀의 중요한 저술인 《과정 기독론》은 여러 전통들을 함께 다룬다. 곧 역사적 예수의 새로운 탐구, 신정통주의(칼 바르트), 폴 틸리히와 루돌프 불트만의 실존주의, 그리고 화이트헤드와

---

130) Marjorie Hewitt Suchocki, "과정신학이란 무엇인가? 매저리와 대화," *Process & Faith* (2003): 3, http://oldsite.processandfaith.org/site/default/files/pdfs/What-Is-Process-Theology.pdf.
131) 비록 다소 구식이지만, 여전히 유익하고 신뢰할 만한 안내는 H. D. McDonald, "과정 기독론," *Vox Evangelica* 20 (1990): 43-56.
132) 좀 더 상세한 것과 Pittenger에 대한 참고는 ibid., 45를 보라.

이를테면 찰스 하트숀 같은 다른 과정 철학자들이다.[133]

그리스도에 대해 기술하는 과정 신학자들이 비록 고전적 기독론 전통들을 어떤 점에서도 멸시하는 것은 아니지만, 그렇다고 그들이 그런 고백들에 속박된 것도 아니다. 그들의 기독론은 확고하게 건설적이며 신학적 접근이다. 이 진영에서 개척자적인 기독론자 노르만 피텐저 같은 신학자에게 있어서, 그리스도는 고전적 용어의 의미에서 특별 계시라기보다는 오히려 주로 비범한 사람으로 보인다. 그렇지 않으면, 우리는 그의 성숙한 저술 《재고해 본 기독론》에서 이 진술을 어떻게 달리 이해할 수 있을까?

> 예수는 역동적 삶 가운데서 자신의 잠재성을 능히 실현하였다. 또한 자신만의 방식으로 자기와 함께하는 동료들에게 강한 인상을 심어 주었다. 그것도 성인의 평범한 조건들을 유린하지 않은 채, 비범한 방식으로 그랬다…그의 실현의 정도는 그의 동료들이 알았던 다른 사람들의 정도와 동일하지 않았다. 그 정도는 어느 성인의 경험과는 헤아릴 수 없이 다르지만, 그렇다고 하여 그들의 경험으로부터 전적으로 배제된 것도 아니었다.[134]

예수의 '신성'에 대한 마조리 휴잇 수하키의 정의는 거의 동일한 경향을 나타낸다고 보인다.

> 예수는 우리를 위해 하나님을 대표한다. 왜냐하면 우리는 예수가 하나님의 시시각각의 소명에 능동적이고 지속적으로 반응하고 있음을 알기 때문이다. 그 소명이란 그가 하나님으로 살아감이 모든 상황에서 그로 하여금 그렇게 살게 한다. 그는 자신을 하나님의 의지에 철저하게 일치

---

133) David Griffin, 《과정 신학》(Philadelphia: Westminster, 1973).
134) Norman Pittenger, 《재고된 기독론》(London: SCM, 1970), 119-20; 또한 이와 유사한 진술은 "기독론적 기획에서 세 가지 본질적인 요소들"(6-7)을 보라.

시킨다. 그의 인물과 행위 안과 밖을 통해서 우리는 하나님이 어떤 분인가를 분명하게 안다.[135]

이 부분에서 우리의 초점은 미국의 선도적인 과정 신학자 존 캅의 기독론에 있다. 이와 같이, 그의 기독론은 확실히 건설적이나 몇 가지 고전적 전통들(물론 그것들이 그의 체계에서 재공식화되고 있다)의 직관들을 따른다는 점에서 매우 예리하다.

## 다원주의 시대에서 그리스도

비록 책 제목이 《다원주의 시대에서 그리스도》이지만, 미국의 형성적 과정 신학자 존 캅의 기독론의 중요한 기여는 힉스와 다른 학자들 이후 전형적인 다원주의의 의제를 대표하지 않는다는 것이다.[136] 그 이유는 이렇다. 로고스의 더 많은 보편적 영역과 나사렛 예수의 생애에서 나타난 더 많은 특수한 현시를 동등하게 취급하지 않으면서도, 과정 기독론에 대한 존 캅의 설명은 또한 그것들(로고스와 역사적 현시)을 함께 중요한 방식에서 보존하고 있다. 한편으로 그는 로고스를 마치 그것이 예술이나 신학, 혹은 '의식'에 대한 프로이드의 개념 등에서 나타난 수많은 현시들을 지녔던 우주적 혹은 보편적 원리인양 취급한다.[137] "그리스도를 창조적 변화를 주도하는 세계 내의 로고스 성육신으로 말하는 것"은 고전적 자유주의자들과 이를테면 힉스와 같은 다원주의자들 모두를 분명히 가리킨다. 다른 한편으로, 다원주의자들과는 다르게 존 캅은 "그리스도는 [역사적] 예수와 서로

---

135) Suchocki, "과정 신학이란 무엇인가?" 14.
136) 이 부분은 Kärkäinen, 《그리스도와 화해》, 213-14에 근거하고 있다.
137) John B. Cobb Jr., 《다원주의의 시대에서 그리스도》(Philadelphia: Westminster, 1975), 82-83; 보다 넓은 제1부.

분해할 수 없게끔 묶여 있다"고 주장한다.[138] 그에게는 "예술과 신학에서 뚜렷이 식별된 창조적 변화의 능력이 없이는, 그리스도 안에 현존했던 능력 또한 없다. 그리고 그 능력이 말씀 [로고스]을 통하여 지속적으로 역사하지 않는다면, [예술과 다른 곳 내의 로고스의 현시에 관한] 확인 또한…장담할 수 없다"[139]고 주장한다.

힉스와 같은 다원주의자들이 해왔던 대로 그리스도의 중심성을 변두리로 밀어서 떼어내기보다는, 오히려 캅은 그리스도의 의미를 이를테면 전통적 기독교 해석에서 여태껏 변두리에 머물렀던 예술, 우주적 실재, 심리, 미래 희망 등에서 현시되었던 '창조적 변화'로 확대하려고 시도한다.[140] 궁극적으로 이것은 기독론을 타종교들과 관련시킬 수 있는 더 나은 방식을 발견하는 것이다.

'실체의 모든 개념들을 거부하는 과정 사상을 따르면서, 캅은 물론 동일 본질('호모우시오스')의 신조의 고백에 찬성하여 서명할 수 없다. 그가 자신의 초기 저술 《기독교 존재의 구조》로부터[141] 자료를 수집하면서, 고대 신조의 공식 표기의 현대적 의미를 표현하려고 시도하는 방식은, 로고스의 성육신이 자아의 구성 형태에서 현시될 수 있음을 내비친다. 이를테면 매 순간에 "그 '나'는, 로고스의 소명이고 현존이기도 한 자아-실현에 대한 유혹을 얼마나 주체적으로 수용하는가에 따라 구성된다. 그래서 그것은 개인의 과거와의 연속성에 있다. 이 존재의 구조는 의미 충만한 형태에서 로고스의 성육신이라 할 수 있다."[142] 비록 캅에게 있어서 로고스가 "모든 인간 안에 그리고 실로 모든 피조물 안에 있는 성육신"[143]일지라도, 하나님의 현존이 위에서

---

138) Ibid., 62.
139) Ibid., 97.
140) 특히 ibid., 61을 보라.
141) John B. Cobb Jr., 《기독교 존재의 구조》(Philadelphia: Westminster, 1967).
142) Cobb, 《다원주의 시대에서 그리스도》, 140.
143) Ibid., 138.

설명했던 방식에서 성육신되는 것은 오로지 예수 안에서다. 다른 인간 존재들은 "밖에서 오는 도전이기도 한, 로고스에 의해 제공되었던 새로운 가능성['유혹']"을 경험한다. 이제 그들은 다양한 정도에서 도전해 오는 로고스에 자신들을 일치시킨다.[144]

우리는 수많은 유럽-아메리카의 선도적인 기독론 해석들을 이제껏 검토해 왔다. 다음의 두 장에서 전개되는 논의는, 물론 유럽-아메리카의 학자들의 견해 또한 대개 상황적 신학이라 불리지만, 이제 세계적인 상황으로 이동하여 아프리카, 아시아, 라틴 아메리카로부터 온 학자들의 견해를 다루겠다.

---

144) Ibid., 139.

# 6장

## 제3세계에서 비롯된 여러 기독론

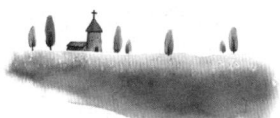

### 세계적 상황에서 제기된 기독론들: 신학에 대한 급진적인 도전

기독교 신앙이 견디어 내고, 교회들은 자신들의 사역을 감당해 나가고, 그리고 신학이 실천해 가는 세계는 지난 세기의 후반부터 극적인 변화를 겪고 있다.[1] 신학은 교회의 '세계화'의 함의를 이제 헤아리고 있다.[2] 참으로 우리는 우리 눈앞에서 기독교가 세계 북반부(유럽, 북미)에서 이제 남반부(아프리카, 아시아, 라틴 아메리카)로 급속도로 이동하면서 발생하는 '대규모 개혁'을 말할 수 있다.[3] 이런 인구통계학적 이동은 형세를 바

---

[1] 이 같은 유사한 사실과 분석을 위해서는 상세한 다음 보고서를 보라. "지구촌 상황 속에서 기독교, 1970-2020," by Gordon-Conwell Theological Seminary (June 2013); Kärkkäinen, 《그리스도와 화해: 다원주의 세계를 위한 건설적인 기독교 신학》(Grand Rapids: Eerdmans, 2013), 16-21.

[2] '세계화'가 따옴표가 있는 이유는 오늘날 철학자들, 사회학자들, (국제)정치학자들, 그리고 다른 분야에서 매우 뜨겁고 폭넓은 이슈가 되기 때문이다. 우리는 서론격인 이 평가서에서 상세히 다 살필 수 없다. 이 책에서 그 용어는 일상의 의미로 사용된다. 즉, 신학과 교회들은 다양한 문화, 국가, 영향들이 상호 밀접하게 작용하는 세계 내에서 그들 스스로를 발견한다.

[3] Justo L. González, 《내일(Mañana): 히스패닉 전망으로부터 본 기독교 신학》(Nashville: Abingdon, 1990), 49.

꾸어 놓았다.[4] 2050년에 이르면, 대략 세계의 30억 기독교인들 중 1/5이 비-히스패닉 백인일 거라는 통계이다. 제3천년기의 첫 수십 년간 전형적인 기독교인은 비-백인, 비-부유한 자, 비-북미인, 남성보다는 더 많은 여성이다. "우리가 만일 '전형적인' 동시대의 그리스도인을 마음에 떠올리기를 원한다면, 우리는 나이지리아 혹은 브라질의 빈민가(favela)의 마을에 살고 있는 여성을 생각해야 한다."[5] 그래서 "교회의 보편성의 중심지들은 더 이상 제네바, 로마, 아테네, 파리, 런던, 뉴욕이 아니라, 콩고민주공화국의 킨샤사, 부에노스아이레스, 에티오피아의 아디스아바바, 그리고 필리핀의 마닐라이다."[6] 결과적으로, "기독교는 더 이상 배타적인 서구 유럽 종교일 수 없고…오히려 세계적 종교이다. 이것은 기독교가 서구 유럽의 전망에서 배타적으로 이해될 수 없다는 것을 의미한다."[7]

지금까지는 너무나 당연히 남성 지배의 유럽-아메리카의 신학화 작업 방식이 유일한 규범적 방식이라고 여겼다. 이것은 다른 견해들의 억압과 소외를 의미했다. 쿠바 태생인 미국 교회사가 후스토 L. 곤잘레스의 진술을 숙고해 보자.

> 북미 남성 신학은 기본적이고, 규범적이며, 보편적인 신학으로 받아들여져야만 했다. 그때 거기엔, 여성, 다른 소수자들, 그리고 제3교회들(근대 이후 선교사들의 전도로 기독교를 믿게 된 아시아, 아프리카의 여러 나라의 교회들-역자주)은 자신들의 삶을 각주를 다는 정도에 지나지 않는다. 마닐라에서 언급된 내용은 단지 필리핀 사람들에게 관련될 뿐이다. 튀빙겐, 옥스퍼드, 혹은 예일에서 언급된 내용은 전체 교회에 관련된다. 백인 신학자들은 전체적인 신학을 한다. 흑인 신학자들은 흑인

---

4) 작금의 삶은 내자표를 위해서는 다음을 보라. John Parratt, "서론" in 《제3세계 신학에 대한 개론》, ed. John Parratt (Cambridge: Cambridge University Press, 2004), 1.
5) Philip Jenkins, 《이후의 기독교 세계: 세계적인 기독교의 도래》(Oxford: Oxford University Press, 2011), 2.
6) John Mbiti, 다음에서 인용, Kwame Bediako, 《아프리카에서 기독교: 비-서구 종교의 갱신》(Edinburgh: University Press; Maryknoll, N.Y: Orbis, 1995), 154.
7) Jung Young Lee, 《아시아의 전망에서 삼위일체》(Nashville: Abimgdon, 1999), 11.

신학을 한다. 남성 신학자들은 전체적인 신학을 한다. 여성 신학자들은 그들의 성에 의해 결정된 신학을 한다. 현재 권력의 부당한 분배에 기초한 '보편성'의 개념은 이제 새로운 신학에서 받아들일 수 없다.[8]

신학이 차별화하여 실천하고 있는 그 방식은 이제 유기체적 '다관점주의'와 포괄성의 배양을 필요로 한다. 이런 형태의 태도가 대화의 일부가 될 수 있도록, 다양함과 때론 모순과 반대되는 목소리와 증언들까지도 허용한다.[9] 말레이시아의 태생인 중국-아메리카인 오순절 신학자 아모스 영은 그것은 "모든 목소리, 특히 신학적 대화로부터 기존의 소외된 자들-예를 들면 여성, 가난한 자, 장애인, 심지어 이단자들까지도-은 진지하게 대한다"는 것을 의미한다고 우리를 일깨운다.[10]

아마도 신학 분야만이 기독론을 문화와 세계관에 그렇게 통합적으로 연결시킨다고 보인다. 교차 문화의 기독론들에 나타난 최근 연구의 서문은 다양한 세계적 환경에서 기독론을 위한 문화적 상황의 중요성을 잘 요약하고 있다.

> 만일 신학의 어느 단일 영역이 문화화[신학에 대한 문화의 영향 그리고 그 반대의 경우도 마찬가지로]의 성격과 실천에 관한 문제를 특히 제기해야 할 것 같으면, 그것은 단연 기독론이다. 성육신 사실 그 자체가 우리를 이미 일련의 경계선상에 서게 한다. 신성과 인성, 특수성과 보편성, 영원과 시간 등 문화에 제기되었던 질문은 기독론 담론의 전체 범위에 미친다. 예를 들면, 예수의 구체적인 탄생의 시기와 장소가 과연 어떤 의의가 있는가에서 부터, 4~5세기의 기독론 논쟁을 발진시켰던 그 문화적 언어 차이에 이르기까지에 이른다.[11]

---

8) González, 《내일》, 52.
9) Amos Young, 《모든 육체에 임하는 성령: 오순절과 세계 신학의 가능성》(Grand Rapids: Baker Academic, 2005), 239-40.
10) Ibid., 240.
11) Robert J. Schreiter, 다음 서문을 보라. Volker Küster, 《예수 그리스도의 많은 얼굴: 문화간의 기독론》, trans. John Bowden (Maryknoll, NY: Orbis, 2001), xi.

상황적이라는 용어는 이 부분에서 연구되어야 할 기독론들이 구체적인 상황에 확고하게 매여 있음을 의미한다. 그것이 문화적일 수 있고, 지성적일 수 있고 혹은 구체적인 세계관에 연관된 것일 수도 있다.[12] 그러나 이들 기독론들을 상황적이라 부른다. 그러므로 이미 연구되었던 기독론들이 상황적 영향으로부터 자유롭다는 것을 뜻하는 것은 아니다. 고전적 기독론적 신조들을 포함하여 심지어 서구에서 고전적 기독론들까지 주변의 철학적·종교적·사회적 그리고 정치적 영향을 크게 받았다. 얄궂게도 서구 신학자들이 서구 밖에서 신학을 더 연구하면 연구할수록, 그들이 지닌 그 많은 지식은 초기 신조들과 기독론적 해석들이 나타났던 그 상황의 요인들에 신세를 더 지게 된다. 그러나 다소 고전적 서구 신조들에 기초하지 않은 신학들에 대해 상황적이란 용어를 사용하는 것은 이제 다반사가 되었다. 기본적인 기독론의 공식 표기들이 발달되었을 때, 그중 잘 알려지지 않은 새로운 상황들과 질문들로부터 부상한 이들 신학적 해석들은 현대 신학의 중요한 주제들이다.

우리 앞에 놓인 과제는 복합적이고 도전적이다. 왜냐하면 기독교의 영향은 작든 크든 종합적이고 유연한 관계망으로서 때론 그것이 거부, 분기, 전복이거나, 기존의 많은 문화적 요소들의 수용에 따른 대안적 제안들이기 때문이다. 통째로 기존 문화에 유력한 충격에 관련되는 단 하나의 정확한 방식은 없다. 곧 내부로부터 온 기존 문화의 다양한 측면들을 수많은 방식으로 수용하거나, 변형시키거나 혹은 대체하는 것이 있을 뿐이다.[13]

---

12) 유익한 토론을 위해서는 Küster, 《예수 그리스도의 많은 얼굴》, 15-36.
13) Miroslav Volf, "복음과 문화가 교차할 때: 기독교의 차이점의 성격에 대한 관찰," in 《상황 속의 오순절운동: William W. Menzies에 경의를 표한 논문》, ed. Wonsuk Ma and Robert P. Menzies (Sheffield: Sheffield Academic, 2008), 233.

상황 신학은 해석의 다양성과 한 인간의 지평의 확장에 대한 개방성을 의미한다. 한편에서 그것은 독일 신학자 위르겐 몰트만이 이를 적절하게 설명하고 있듯이, 신학자는 "자신의 위치의 조건과 한계 그리고 특수한 환경의 상대성을 인식할 필요가 있음을 요구한다."[14] 다른 한편에서 그것은 또한 우리는 말하자면 우리 자신의 상황성(현장성)의 한계와 특수성에 묶여서는 안 된다는 것을 의미한다. 자신을 3인칭으로 언급하고 있는 몰트만의 말을 다시금 인용해 보자. "그에게 있어서 상황 신학은 나이브하고 자기-중심적인 사고의 중대한 붕괴를 의미한다. 물론 그는 유럽인이다. 그러나 유럽 신학이 더 이상 유럽 중심이 되어서는 안 된다. 물론 그는 남성이다. 그러나 신학이 더 이상 남성 중심이어서는 안 된다. 물론 그는 '제1세계'에서 살고 있다. 그러나 그가 전개하고 있는 신학이 지배적인 국가들의 이념을 반영해서는 안 된다."[15]

점점 더 '상황적'이고 교차 문화적으로 그리스도를 해석하는 가운데서 다음 몇 가지가 대표적인 예로 선택되었다.[16] 이 책의 제6장은 흔히 편리하게 지구 남반부의 신학자들이라 할 수 있는 라틴 아메리카, 아프리카, 아시아 신학자들 가운데서 예수 그리스도에 관한 신학 작업의 풍부한 자료들을 활용할 것이다. 이들 대륙에 상존하는 대표적인 문화들의 공동의 방향을 그대로 유지하면서, 탐색은 개개의 신학자들에 초점을 맞추고 있지 않다. 심지어 정확성과 특수성을 위해서 수많은 특이한 신학자들이 언급되고 분석되어야 할 때조차도 그렇다. 이제 지구 남반부로부터 제기된 기독론들을 탐구하면서도, 다

---

14) Jürgen Moltmann,《삼위일체와 하나님의 나라: 신론》, trans. Margaret Kohl (San Francisco: Harper & Row; London: SCM, 1981), xii.
15) Ibid.
16) 보다 집약된 토론을 위해서는 다음을 보라. Kärkkäinen, "아프리카, 아시아, 라틴 아메리카에서 기독론," in 《예수에게 흑인 동료》, ed. Delbert Burkett (Hoboken, NJ: Wiley-Blackwell, 2010), 375-93.

음 장의 토론은 지구 북반부(유럽, 북미)에서 주로 발견된 소위 상황 기독론들에 초점을 맞추어 보자. 여기엔 흑인과 여성(미국에서 흑인 여성), 히스패닉, 식민지 독립 후, 그리스도에 대한 동성애 신학들뿐만 아니라, 그리스도에 대한 다양한 형태의 여성 신학자들이 포함된다.

전개에 앞서 반드시 경고가 먼저 있어야 한다. 오늘날 시대의 문화 상황적 다양성을 강조하는 행동신학이라 하여 기독교 전통이 경시되어야 한다는 말이 아니다. 그것은 순진할 뿐만 아니라 또한 역효과를 낳는다. 특히 지역과 상황들에서 제기되는 동시대의 많은 신학은 전통과의 주의력 있고, 고되고, 때론 긴장으로 점철된 대화와 반응에서 그 에너지를 이끌어 온다. 신학적 전통은 지구 남반부의 교회뿐만 아니라, 지상의 전체 기독교 교회의 유산이다. 이레네우스, 아우구스티누스, 아퀴나스, 칼빈, 슐라이어마허는 상황들에 의존함에도 불구하고, 우리의 좁혀지는 지구의 모든 지역에서 기독교의 신학적 반성의 살아 있는 전통에 기여해 왔고 지금도 기여하고 있다. 그러므로 이 책은 전통을 단순히 순진하게 일축해 버리고 무에서부터, 다른 말로 하면 상황(들)에서만 단지 시작하기를 주장하는 그런 '상황적' 혹은 '교차 문화' 신학들에 대해 또한 비판적이다.

미국의 두 명의 선도적인 로마 가톨릭 신학자에 의해 쓰인 획기적인 책 제목 《상황 속에서 상수》는 신학이 변화하고 다양하고 때론 난처한 상황들 속에서 기독교 신념과 교리의 상수 특성을 협의해야 할 필요성을 정확하게 설명한다.[17] 기독교 신학은 문화적 도전에 '적응'하기 위해 한 가지 방식 그 이상을 시도해 왔다. 개중에는 그렇게 썩 성공하지 못한 접근 방식도 있었다.

---

17) Stephen B. Bevans and Roger P. Schroeder, 《상황 속에서 상수: 오늘을 위한 선교신학》(Maryknoll, N.Y: Orbis, 2004).

# 라틴 아메리카로부터 비롯된 기독론들: 해방자 그리스도

## 가난한 자와 소외된 자의 그리스도를 찾아서

남아메리카 원주민의 식민지화와 그들에 대한 종속의 문제들은 역사적으로 훨씬 더 멀리 거슬러 올라간다.[18] 남아메리카가 크리스토퍼 ('그리스도 담지자') 콜럼버스의 지도하에서 '발견되고' 그 정복자들(스페인 병사들)에 의해 탈취되었던 15세기 말엽에, 그리스도는 강력한 지배자의 편을 드는 자로 인디언들에게 제시되었다.[19] 그러면서도 고통받는 그리스도의 모습은 대중의 경건 속에서 묘사되었다.

[인디오들에게 제시되었던 그리스도의] 두 가지 형상은 어느 정도 식민주의자 선전의 동전의 양면이다. 십자가에서 죽어 가는 혹은 죽은 그리스도는 분기하는 희망도 없이 고통의 공감만을 나타낸다. 이때 부활은 먼 거리의 이야기다. 심지어 오늘날 라틴 아메리카의 대중적인 가톨릭교에서 성 금요일(부활절 직전의 금요일)은 가장 위대한 기념일이다. 다른 쪽에서, 지배자 그리스도는 스페인 왕과 식민지의 지배자들에게서 구현된다. 인디오들은 숭배를 위해 그들에게 무릎을 꿇는다. 이 두 경우에서 기독론은 억압의 도구로 퇴화된다. 초기 단계에서 이에 대한 저항이 일어났다.[20]

이런 아픔과 고통의 긴 역사를 지니고서, 해방 신학자들은 그런 대륙을 위해 그리스도의 인상을 수정하고 '다듬고자' 하였다.[21] 바티

---

18) 이용 가능한 설명을 위해 다음을 보라. Küster,《예수 그리스도의 많은 얼굴들》, 41-6.
19) 정복 이면의 정치적 종교적 동기를 위해서는 다음을 보라. Anton Wessels,《예수의 형상: 예수는 어떻게 비-유럽인의 문화에서 인식되고 묘사되는가?》(Grand Rapids: Eerdmans, 1990), 58-61.
20) Küster,《예수 그리스도의 많은 얼굴들》, 42.
21) 라틴 아메리카 기독론 부분에 있어, 나는 다음 자료에서 많은 통찰을 얻었다. William J. LaDue,《신학자들 중에서 예수: 그리스도에 대한 동시대의 해석》(Harrisburg, PA: Trinity Press

칸 제2차 공의회(1962~65)는 그런 의식의 진화와 공식화에 있어서 중요한 계기였다. 그 공의회 이후 곧 가톨릭 주교들은 자신들의 목표를 해방을 위한 사역으로 천명하였다. "정의를 위한 행동과 세계의 변화에 참여는 복음 전파의 중요한 구성적 차원으로, 혹은 다른 말로 하면, 억압받고 있는 모든 상황으로부터 인류와 해방의 구속을 위한 교회의 사명의 구성적 차원으로 우리에게 완벽하게 보인다."[22] 1968년 콜롬비아 북서부 안티오키아 주의 주도(州都), 메데인에서 개최된 '라틴 아메리카 주교회의'(CELAM)는 그 목표를 세 가지 상호 관련된 의제로 설정하였다. 정의와 평화를 위한 노력, 복음 전도와 신앙에서 적응을 위한 필요성, 그리고 교회의 구조 개혁이다.[23]

자유, 정의, 그리고 경제적 공유를 위한 해방 신학자의 투쟁으로부터 라틴 아메리카의 교회의 갱신에, 즉 바닥 기독교 공동체에 기여했던 교회 경험의 새로운 형태가 일어났다. 여기서 바닥이란 용어는 가난한 자, 억눌린 자, 그리고 소외된 자를 의미한다. 평신도 지도력과 평신도 사역들에 의해 새로운 의의를 품게 된 이들 공동체들은 사회에서 가난한 자와 다른 버림받은 자들의 해방을 위한 풀뿌리(민중)의 요구를 대변한다. 선도적인 해방 신학자들 중 하나인 레오나드 보프에 의하면, 이들 공동체들은 "심사숙고되고, 환영받고, 구제를 베푸는 사건들로 존경받을 만하다."[24] 바닥 공동체들은 사회 속에서 가난한 자와 약한 자들과 동감할 뿐만 아니라, 그들 자신이 곧 가난한 자들의 교회이다. 그런 면에서 바닥 공동체들은 기독교를 단지 사적 생활의 은밀한 영역으로 축소하고 있는 기독교의 만연한 풍토에 저항

---

International, 2001), 제6장.
22) "1971년의 로마 가톨릭 주교회의 선언," in 《선교 경향들》, ed. Gerald H. Anderson and Thomas F. Stransky (New York: Paulist Press, 1975), 2:255.
23) 자세한 것은 다음을 보라. "(발췌된) 1969년 메데인" 문서.
24) Leonard Boff, 《교회 탄생: 바닥 공동체들이 교회를 다시 세운다》, trans. Robert R. Barr (Maryknoll, NY: Orbis, 1986), 1.

한다. "예수는 세상에 나가 공개적으로 복음을 전파하다 죽었다. 그는 우리의 심령의 작은 구석에서뿐만 아니라 또한 사회와 우주의 주이시다."[25] 가난한 자들에게 전해지는 기쁜 소식, 복음의 설교는 가난한 자들의 삶 속에 희망의 불을 지피고 그들의 삶을 변화시킨다.

### 예수와 '완전한 해방'

브라질의 레오나드 보프에 의하면, 현재 해방 신학에 접근하는 방식은 두 가지가 있다.[26] '성례전적 접근'은 고전적 교의 용어와 몇 가지 해방 신학적 경향을 인식하면서 기독론의 재해석을 제공하려는 데 목적이 있다. 보프는, 이 방식이 해방을 위한 필요성을 인식하는 데 비록 도움은 되지만 기독론의 이런 유형은 라틴 아메리카가 처해 있는 상황에 대한 분석을 제대로 하지 못하고, 거대한 사회적 정치적 도전들에 대한 해법을 내놓지 못한다고 생각했다.

해방 기독론의 두 번째 유형은 소위 '기독론의 사회 분석적 제시'라 할 수 있다. 이는 순수한 해방론자 방식이다. 이 유형은 예리한 분석일 뿐만 아니라, 또한 사회정치적 구조 변화를 시도한다. 해방 신학의 이런 유형은 사회적 정치학의 도구를 매우 중요하게 사용하며, 사회주의자 혹은 마르크스주의적 사회 분석으로부터 방식을 차용하는 것을 두려워하지 않는다. 이 후자 방식에서 사회, 경제, 정치적 해방은 하나님 나라의 설교의 중요한 구성으로 보인다. 예를 들면, 사회 분석적 접근이라는 관점에서 경제적 종속의 추론적 문제로 무장된 자본주의의 착취의 성격이 폭로되고, 대책은 그것에 대한 반대로 작용한다. 사회 분석적 기독론은 정통(비록 작금의 의미는 '올바른 신념'이지

---

25) Ibid., 38.
26) 이 부분은 Kärkkäinen, 《그리스도와 화해》, 86-90에 근거한다.

만, 문자적으로 '올바른 예배'보다는 오히려 해방시키는 정행 곧 문자적으로 '올바른 행위')을 목적으로 삼는다.[27]

빈곤과 사회적 불평등의 문제에 있어 자기만족에 빠진 것에 대해 제대로 도전하기 위하여, '완전한 해방'이라는 용어가 1968년 메데인 회의에 이어 나온 푸에블라 문서에서 주조되었다. 이는 예수의 해방시키는 사역을 뜻하는 것으로서, 생명의 다른 차원들-그것이 사회적·정치적·경제적 혹은 문화적이든 간에-과 인간 삶에 영향을 끼치는 전체 요소들을 진지하게 고려한다. 구스타보 구티에레즈는 이 해방주의 경향을 "역사의 밑바닥으로부터 제기된 신학"이라고 불렀다.[28] 완전한 해방의 개념은 '영적'인 것과 '세속적인 것'이 서로 함께 속해 있기에, 고전적 신학에서 흔히 발생했던 것처럼 이 둘 영역이 서로 결코 분리될 수 없다. 이는 신약성서의 기독론과 일치하기도 하다. 곧 이는 하나님 나라의 해방적 복음을 위한 능력이다. 하나님의 의롭고 정의로운 통치는 나사렛 예수의 사역에 있는 분명한 목록이었다. 예수가 구해 냈던 병든 자, 귀신 들린 자, 당시 언약 공동체의 외부자들은 이제 도래하는 하나님 나라의 징표와 그 해방과 화해의 능력이 되었다.[29]

해방운동의 입장에서 성서를 읽고 이해하는 우리의 방식을 설정하는 데 있어, 라틴 아메리카의 해방 신학자들은 신학적 작업을 안내하기 위한 새로운 해석학을 제시하였다. 이는 해방운동가의 성격과 목표이기도

---

27) Leonardo Boff, 《해방자 예수 그리스도: 우리 시대를 위한 중요한 기독론》, trans. Patrick Hughes (Maryknoll, NY: Orbis, 1978), 269-78. 레오나드의 형제 Clodovis Boff는 신학을 위한 사회정치적 조건들을 설체하게 분석힐 요법으로서 사회과학과의 견고한 상호작용, 곧 신학의 '사회분석적 중재'에 대해 언급한다. Clodovis Boff, 《신학과 실천: 인식론적 토대》, trans. Robert R. Barr, rev. ed. (Maryknoll, NY: Orbis, 1987).

28) Gustavo Gutiérrez, 《역사 속에서 가난한 자들의 힘: 선집》, trans. Robert R. Barr (Maryknoll, NY: Orbis, 1983), 169.

29) Priscilla Pope-Levison and John R. Levison, 《세계적 상황 속에 처한 예수》(Louisville: Westminster John Knox, 1992), 36.

하다.³⁰⁾ 그 출발점은 성서 본문보다는 오히려 현실 상황이다. 이런 통찰과 함께, '해석학적 순환'은 다음 상호 관련된 네 단계에서 이루어진다.

1. 이념적 의구심: 아마도 어떤 것은 사회에서, 특히 기본적 인권이 충분히 인정받지 못하는 사회에서 잘못되었다는 개념의 부상
2. 사회적 가치 체계에 대한 분석적 반영: 어떤 한 상황이 성서에 의해 정당화될 수 있는지 여부, 그리고 하나님의 목적이 그 상황에서 성취될 수 있는지 여부 등을 관통하는 질문을 제기
3. 해석학적 의구심: 가난한 자와 억눌린 자의 관점을 무시하는 일방적이고 편중된 성서 이해 방식 때문에, 그런 신학은 관련성이 없다는 사실을 확인
4. 교회의 사목적 행동: 각기 개인의 성서적 책임을 결정할 수 있는 것이 무엇인가에 대한 적절한 반응을 명료하게 표현³¹⁾

다음 부분은 해방운동가의 해석학적 중요성을 예시하고자 시도한다.

**기독론의 역사에 대한 히스패닉의 성서 다시 읽기: 해방 해석학에서 활동**

성서 본문뿐만 아니라 또한 교리사와 관련하여, 이념적 의구심을 포함한 해석학의 중요성을 예시하기 위한 놀라운 방식은 쿠바-아메리카의 해방 역사신학자 유스토 L. 곤잘레스에 의해 제시된다. 그는 초기 교회의 기독론의 발달에 대해 해방운동 시각에서 다시 읽기를

---

30) Leonardo Boff와 Jon Sobrino의 접근 방식을 더 알기 위해서는 Küster, 《예수 그리스도의 많은 얼굴들》, 47-55를 보라.
31) Juan Luis Segundo, 《신학의 해방》, trans. John Drury (Maryknoll, NY: Orbis, 1976), 39-40.

제안한다.[32] 그는 영지주의의 매력적 호소를 분석함으로 시작하여, 악과 불의를 이 세상의 문제로 여기고, 다른 세상에서의 '구원'을 갈구함으로서 실제적인 억압의 조건들을 정당화했던 감춰진 방식을 고찰한다. 결과적으로, 그에 의하면 이 세상은 악의 구조에 대한 반대가 허용되지 않거나 혹은 해방을 위한 행위가 결여되었다.

영지주의자들은 이 세상에 만연된 악과 불의를 잘 알고 있었다. 그러나 그들의 해법은 그런 악에 대항하는 것이 아니라 오히려 이 세상을 악의 힘에 항복하는 것이었다. 그리고 삶의 의미와 정당성의 입증을 위한 그들의 희망을 전반적으로 다른 영역으로 돌리는 것이었다. 그들에 따르면 원래의 영역-그래서 궁극적인 영역-은 순수하게 영적이었다. 물질적 세계는 창조의 하나님의 계획의 일부가 아니고 오히려 실수의 결과이다. 우리의 영혼들이 비록 진리 안에서 영적 세계에 속해 있지만, 이 세상에 그리고 창조의 일부인 물질적 신체 안에 갇혀 있다. 따라서 구원은 이런 물질적 세계를 탈출할 수 있는 데 있다.[33]

이와 유사하게, 가현설도 매력적으로 보였다. 이 이설에서 예수는 진정한 사람이 아니었다. 그는 다만 그렇게 사람인 척 나타났을 뿐이었다. 참된 신성은 악한 물질, 육체의 형태를 띠고서는 결코 나타날 수 없다. 영지주의와 유사하게 가현설에서 악과 이 세상의 기타 모든 것은 진정한 의의가 없다. 진짜 중요한 것은 다른 세계이다. 다른 말로 하면, 영지주의와 가현설은 고통받고 있는 사람들에 의해 매력적으로 보였다. 악에 저항하거나 해방을 위한 노력 대신에, 그런 사상은 또 다른 세계를 염원하였다. 그러나 정통 기독론은 이들 이설들에 대항하고 그것들을 [구원의 교리에] 불충분한 것으로 간주하였다: 예수

---

32) González, 《내일》, 제10장.
33) Ibid., 140-41.

는 고난을 받았고, 악에 대항하여 싸웠다. 그렇다면 양자론의 매력은 어떠한가? 곤잘레스의 견해는 이렇다.

> 양자론은 소수집단과 다른 그룹들이 항상 압제적이라고 알고 있는 신화의 기독론적 표현이다. 이것은 '누구나 꾸밀 수 있는' 신화이다. 상위 계층에 속한 사람들은 이런 신화에 기득권을 가지고 있다. 왜냐하면 이것은 그들의 특권이 그들 자신의 노력과 성취에 기초한다는 것을 의미한다. 그러나 하위 계층에 속한 사람들과 자신들의 실재 삶의 소외 안으로 충분히 포교되지 못한 사람들은 이것이 신화라는 것을 안다. 그리고 신화를 꾸밀 수 있는 소수만이 사실 그 신화를 보존하기 위하여 계속 전진할 수 있도록 허용된다.[34]

다른 말로 하면, 양자론은 자신들의 사회가 사실 폐쇄되었다고 깨닫는 사람들에 의해 배재(培栽)되는 교리로 보인다.

곤잘레스는 아폴리나리우스주의와 같은 초기 이설들의 함의들을 검토한다. 히스패닉 관점에서 그 이설의 위험은 그러한 교리는 예수의 구원하는 능력을 몰락시킬 수 있다는 것이다. 만일 인간의 정신이 구원을 필요로 하지 않는다면, 아폴리나리우스주의가 함축하고 있듯이, 삶의 문제들은 영적인 것에 대립하는 육체적 본성으로만 전락한다.

그러나 네스토리우스파는 곤잘레스의 평가에 따르면, 히스패닉계 사람들에게 문제가 되지 않았다. 왜냐하면 두 본성 간의 견고한 구별(분리가 아님)은 우리가 "부러지고, 압제 당하고, 십자가에 못 박힌 예수가 하나님이시라는 것을…[또 그와 같이] 하나님이 우리와 함께 고난 받는다는 징표를 주장할 수 있도록" 허용하기 때문이다.[35]

---

34) Ibid., 144.
35) Ibid., 148.

## 진정한 역사의 예수

해방 신학이 선호하는 용어는 '이론'보다는 오히려 '실천'이다. 해방주의자들은 기독교 생활을 위한 주형(鑄型)으로서 예수가 행하시고 가르친 바를 더 살펴본다. 초점은 진정한 인간의 조건들 하에서 진정한 삶을 살았던 역사적 예수에 맞춘다. 역사적 예수에 대한 관심은 마침내 복음서 연구와 그 전용(專用)으로 이어진다. 그것은 추상적인 사색으로부터 이제 치유, 해방, 삶의 긍정, 그리고 다른 해방의 원동력의 의미를 지닌 예수의 지상 생애의 연구로 이동한다. 역사적 예수와 복음서 주제가 연구의 선두에 온 것은 조금도 놀랍지 않다.[36] 라틴 아메리카의 해방운동가들은 흔히 마태복음과 요한복음보다는 마가복음과 누가복음을 더 선호한다.

말하자면, 역사의 예수에서 해방 신학자들은 고전적 자유주의 신학자들이 실천에 옮긴 역사적 예수 탐구와는 다르다는 것을 처음부터 주목할 필요가 있다. 해방주의자들에게 있어서 그 초점은 이를테면 탐구의 주요한 욕구에서와 같은 그런 예수의 생애에 대한 역사적 사실성 여부가 아니라, 오히려 예수의 역사가 어떻게 라틴 아메리카에서의 투쟁과 관련성이 있는가를 이해하는 데 있다. "예수를 재발견하는 것과는 대조적으로, 예수를 진정 이해한다는 것은 두 가지 뚜렷한 지평들을 창조적인 통합으로 함께 일치시키는 것을 필요로 한다. 곧 복음서의 역사적 예수와 오늘날의 라틴 아메리카의 역사적 상황이다."[37] '해방 신학'이라는 이름이 제시하는 것처럼, 예수 그리스도가 묘사되고 있는 그 주요 역할은 해방자의 모습이다. 예수의 사역은 불의한 경제적 구조와의 싸움을 시작하면서, 해방의 여러 형태들을

---

36) 예를 들면, Jon Sobrino, 《교차로에 선 기독론: 라틴 아메리카의 접근》(Maryknoll, NY: Orbis, 1978), 10.
37) Pope-Levison and Levison, 《세계적 상황에서 예수》, 31.

아우른다. 예를 들면, 해방 운동가들은 마태복음 20장 1-16절의 노동자들의 비유에서 그들이 서로 다른 근로 시간에 일을 했지만 동일한 임금을 받았던 예를 중요한 증거로 삼는다. 예수는 당시 종교적 율법의 외부자들, 이를테면 매춘부나 세금 징수원 같은 사람들을 자신의 식탁 교제로 초대함으로서 사회적 구조들에 또한 맞서 싸웠다. 그런 문화에서 또한 오늘날 비-서구인의 문화들에서, 식탁 교제는 다른 사람을 환영하는 가장 명예롭게 아우르는 수단이다. 참으로 예수는;

> 인간의 필요를 그 어느 것보다, 이를테면 안식일의 정결예식 같은 가장 거룩한 전통들보다 더 우위에 놓음으로서 비인간화와 맞서 싸웠다(막 2:23-3:6). 그러므로 억압받은 자들은 예수의 현존에서 깨어 있게 되었다. 군중이 침묵시켰던 맹인 거지 바디매오는 크게 소리질러, 마침내 예수에게서 고침을 받았다(막 10:46-52). 혈루증을 앓으며 경제적 능력도 없는 한 이름 없는 여인이 예수의 옷에 손을 대고, 이어서 '그 앞에 와 모든 사실을 여쭈었다'(막 5:25-34). 예수는 하나님으로부터 그리고 자신의 이웃들로부터 사람을 소외시켰던 모든 것(그것이 종교적이든 정치적이든 경제적이든 혹은 사회적이든 간에)을 비난함으로서 죄와 맞서 싸웠다.[38]

이것이 레오나드 보프의 책 《해방자 예수 그리스도》의 날카로운 일격이다. 그는 한때 가난한 자와 다른 소외된 자들을 대변하여 말하지 말라는 강한 압박을 받은 경험이 있었다. 하나님 나라에 관한 그리스도의 메시지는 실재 세계의 완전한 실현의 약속이나 실제로 다름없었다. 보프는, 그리스도의 혁명적인 메시지가 많은 경우에서 삶의 사회적 정치적 측면들과의 충분한 관련 없이, 개인들에 의한 신앙의 결단으로만 축소되었다고 불평한다. 보프는 예수에 의해 제시

---

38) Ibid., 35.

된 해방은 개인의 영역은 물론 공적 범주에 관련된다고 주장한다. 그는 심지어 "수년 동안 교회가 지배를 반영하는 권위 형태를 갖고서 다른 사람을 권력으로 짓눌러 획득한 높은 칭호들을 사용하면서, 이방인 사회의 관습들을 도입하는 유혹에 빠졌다고 주장한다."[39] 그렇게 함으로서, 교회는 그리스도의 공동체로서 진정한 정체성을 그동안 숨겨 왔다.

언급한 대로, 곤잘레스에 따르면 그리스도에 대한 해석이 그동안 지배 계급의 바람과 희망대로 변질되었고, 그리고 추방된 자, 가난한 자, 압제 당하는 자들과 자신을 일치시켰던 그리스도의 역할은 그 역동성을 상실해 버렸다.

> 큰 고통들은 이제 가난한 목수를 통해 계시된 하나님의 스캔들(걸림돌)을 완화하도록 받아들여졌다. 그의 생애와 말씀은 부자와 권력자들의 입맛에 맞게 재해석되었다. 셀 수 없이 많은 전설들이 그 주변에서 만들어졌다. 흔히들, 많은 사람이 그를 신적 인물이라고 이해하는 단계로 그를 높여 찾았다. 즉, 그를 최고의 황제로까지 높였다. 예술은 그를 보좌에 앉은 우주의 전능한 통치자, 아니면 초인의 의지와 귀족적인 행세를 지니고 십자가의 고통을 극복한 완강한 영웅으로 묘사하였다.[40]

그러나 그렇다 하더라도, 곤잘레스는 예수께서 하나님과 그의 동료 백성에 의해 유기되었을 때 울부짖은 채, 지배 권력에 의해 십자가에 못 박혔던 목수의 참 실재와 진정한 인간 모습을 여전히 '참 하나님'으로 보여주심을 우리에게 상기시킨다. 해방 기독론은 그리스도에 관한 성서 메시지의 발견과 관련해서 그동안 전통 신학이 보였던 해석상의 부적절한 범주와 경향들을 일깨워야만 했다.

---

39) 좀 더 쉬운 정보로는 LaDue, 《신학자들 중에서 예수》, 170.
40) González, 《내일》, 140.

해방주의자들은 변두리로 버려진 그리스도가 가장 분명하게 보여 질 수 있는 것은 곧 '가난한 자의 얼굴'에서라고 우리를 상기시킨다. 이 원리는 어찌 보면 하나님은 그의 반대편에서 즉, 고통과 수치 가운데서 보여질 수 있다는 마르틴 루터의 기본적인 해석학적 원리의 현대적 번안(飜案) 같기도 하다.[41] 가난한 자 가운데서 그리스도의 현존의 확인은 의미심장하다. 왜냐하면 예수의 시대에서처럼, 오늘날 가난한 자와 추방된 자는 세계 인구의 대다수를 구성하기 때문이다. 라틴 아메리카에서 수년간을 봉사해 온 스페인 태생의 예수회 소속 해방운동주의자 혼 소브리노는 공정하게 이렇게 결론을 내린다. "창조나 혹은 종말의 근거 위에 세워진 보편적 주장들에 의해서, 기독교가 만일 제대로 특징지어져야 할 것 같으면, 대다수에게 영향을 미치는 그것은 이 보편주의의 진정성의 정도를 결정할 수 있고, 그 보편성을 역사적으로 입증할 수 있는 원리이어야 한다. 그렇지 않으면 기독교가 내세우는 그 보편성은 한낱 완곡어법이거나 혹은 반어법, 혹은 신화화된 이념일 수 있다."[42]

### 해방으로서 구원

앞서서 언급한 대로, 기독론은 전통적으로 두 가지 영역으로 나뉜다. 그리스도의 인물(인격)을 다루는 고유 기독론, 그리고 그리스도의 사역을 다루는 구원론, 곧 그리스도가 성취한 구원이다. 자연스럽게 이들 두 영역은 완전하게 상호 관련된다. 그리스도의 인물에 관해 우리가 믿는 바는 그리스도를 통한 구원의 본질에 관해 우리가 확인하는 바와 그대로 연결된다. 해방 신학에서 기독론과 구원론 간의 이

---

41) Küster, 《예수 그리스도의 많은 얼굴들》, 55.
42) Jon Sobrino, 《라틴 아메리카에서 예수》(Maryknoll, NY: Orbis, 1987), 141.

연결은, 해방의 전망으로부터 그리스도의 인물을 살펴본 결과로서, 구원은 곧 해방으로 이해된다는 점에 주목한다. 여기서 해방이라는 용어가 반드시 이 세상의 사회적 정치적 해방만을 의미하는 것은 아니다. 해방 신학자들은 특히 보다 보수적인 동료들에 의해 때로 부당하게 그런 오해(사회적 정치적 해방만을 주장)를 받는다. 오히려 해방은 단지 영혼 구원에 관한 것만이 아님을 강조한다.

구약성서의 샬롬, '평화', '안녕', '조화'의 개념에 근거한-그 용어의 성서적 의미에서 구원은-다차원적이며 포괄적 개념이다. 그것은 저 세상과 이 세상의 차원들을 연결한다. 해방운동가들은 기독교 신학자들에게 구원에 관해 너무-자주 발생했던 협의(狹義)의 관점을 바르게 지적하고, 사회정치학적 측면들이 그동안 간과되었음을 주장한다. 구티에레즈의 용어법에 따르면, 전통 신학은 구원을 아주 배타적으로 '계량적으로'만, 곧 더 많은 수의 사람을 위한 '천국 보장'으로만 인식하는 데서 잘못을 저지른다. 그에 의하면, 라틴 아메리카 상황에서 이제 질적인 의미에서 이를테면 사회적·정치적·경제적 변화의 방식처럼, 구원을 재해석할 긴급한 필요가 있다. 구티에레즈의 주의 깊은 분석은 그로 하여금 다음과 같은 결론에 이르게 한다. 곧, 기독교의 구원의 의미는 세 가지 상호 관련된 양상들을 지닌다.

1. 개인의 변화와 죄로부터 자유
2. 사회적 정치적 억압으로부터 해방
3. 소외로부터 해방(소외는 이를테면 여성과 소수자들에 대한 불의한 대우와 같이 여러 형태를 띨 수 있다).[43]

---

43) Gustavo Gutiérrez, 《해방 신학: 역사, 정치, 그리고 구원》, rev. ed., trans. and ed. Sister Caridad Inda and John Eagleson (Maryknoll, NY: Orbis, 1988), xxxviii.

구원의 보다 넓고 보다 '지구-중심'의 전망은 이제 지구 남반부로부터 제기된 기독론들을 탐구함으로서 자주 식별될 수 있다.

## 아프리카에서 제기된 기독론들: 조상 그리스도

### 그리스도와 대부분 '기독교화된' 대륙

20세기 후반에 기독교 교회의 급진적인 변화는-이전에 '선교의 땅'-아프리카를 이제 주요한 기독교 중심이 되게 하였다. 정확한 분석가들에 따르면, 2020년쯤에 아프리카는 다른 어느 대륙보다도 더 많은 기독인들로 채워질 것이다![44] 이를테면 삼위일체 같은 몇 가지 신학적 주제들이 비록 아프리카 기독교의 영성에 그렇게 많이 주목을 받지 못할지라도, "모든 기독교 신학의 핵심에 놓여 있는…기독론은…아프리카 기독교 신학에 특히 딱 들어맞는다."[45]

그런 면에서 우리는 다음 사항을 물을 수 있다. 예수 그리스도는 아프리카인들의 종교적 경험에 따라 어떤 방식에서 그들 중 한 아프리카인일 수 있는가? 그리스도는 아프리카인들에게 누구인가? 그리고 이런 그리스도의 영향은 무엇인가? "아주 오랫동안, 그리스도와 그의 메시지를 기꺼이 받아들이는 것은 아프리카의 문화적 가치의 부정을 의미하였다. 아프리카인들은 자신들의 오래된 방식이 결함이 있거나 심지어 악해서 기독교인이 되기를 희망한다면 그것을 무시해야만 한다고 교육을 받았다."[46] 모순은 역설적으로 아프리카의 가치

---

44) 이들 유사한 사실과 분석들을 위해서는 다음을 보라. "세계적 상황에서 기독교, 1970~2020."
45) John Onaiyekan, "동시대의 아프리카 신학에서 기독론의 경향들," in 《세계적인 교회에서 건설적인 기독교 신학》, ed. William R. Barr (Grand Rapids: Eerdmans, 1997), 356.
46) Robert J. Schreiter, "오늘날 아프리카에서 예수 그리스도," in 《아프리카에서 예수의 얼굴들》, ed. R. J. Schreiter (Maryknoll, NY: Orbis, 1991), viii.

와 관습들이 종종 성서의 세계와 그 문화에 보다 더 가깝다는 것이고, 그러면서도 기독교의 서구 형태는 아프리카인의 사고방식 [전환]을 자주 강요해 왔다. 그런데 역사적으로 "예수는 심지어 기독교의 개시 전에 아프리카에 이미 있었고", 그의 가족은 이집트에 은신처를 마련했으며, 그리고 첫 번째 개종자들 중 하나는 다른 초기 암시에서처럼 에티오피아인이었다는 것이 또한 사실이다.[47] 더욱이, 많은 초기 기독교 신학 일반과 특히 기독론은 이를테면 테르툴리아누스, 키프리아누스, 그리고 아우구스티누스 같은 북아프리카의 신학자들에 의해 형성되었다.[48]

아프리카의 풍부한 문화적 배경은 기독론의 다양한 접근 방식과 경향에 기여한다. 더욱이, 아프리카는 예수 그리스도의 개념과 형상들을 확산시킬 수 있는 서로 다른 기독교 정통들에 의해 영향을 받았다. 일반적으로 로마 가톨릭신학은 프로테스탄트 전통들보다 좀 더 쉽게 아프리카의 의식과 상징들로부터 기독교의 의미를 발견해낼 수 있었다.

### 아프리카 기독교 영성에서 그리스도의 독특한 역할

신약성서와 후기 기독교 전통과 유사하게, 예수 그리스도는 아프리카 기독교에서 많은 역할과 많은 칭호들로 나타난다. 그것들 중 몇 가지는 일반 기독교 전통과 유사하고, 한편 다른 것들은 새롭기도 하다. 예를 들면, '하나님의 종' 칭호는 몇몇 아프리카의 문화에서 발견

---

47) Wessels, 《예수의 형상들》, 98-99.
48) 7세기경 이슬람교의 침략 시기에, 기독교 신학과 교회들은 아프리카 땅에서 사실상 사라졌다. 아프리카에 의미 있는 규모로 기독교의 재도입은 19세기 근대 선교운동의 시작으로 가능했다. 그러나 이러한 광범위한 역사적 지적이 두 시기 동안의 아프리카에서의 기독교의 산발적인 영향력을 무시하는 것은 아니다. 포르투갈인들이 기독교를 종교개혁과 기타 시기 이전에 콩고에 다시 도입하였다.

되며 '구속자'도 마찬가지다. 그 구속자는 우리를 둘러싸고 있는 악한 세력들의 예속으로부터 우리를 구해 주는 분으로 환영받는다. 아프리카의 환경에서 유사한 다른 기독론 칭호들은 '정복자'와 '주'가 포함된다. '주' 칭호는 요루바 족의 하나인 카바(Kabba) 사람들의 '언덕 위의 주'처럼, 동일한 방식에서 권위와 권력을 나타낸다. 신약성서의 칭호 '하나님의 아들'은 아프리카의 상황에서 이해하기 쉽다. 세상에 아들을 파송하는 하나님의 개념은 신성과 최상의 존재에 익숙했던 문화에는 뜻이 아주 잘 통한다. 비록 '구세주'의 개념이 대표적인 아프리카의 문화에서 그렇게 썩 유행한 것은 아닐지라도, 그것이 그들 문화에 전적으로 이질적인 것만도 아니다. 예를 들면, 요루바 족이 자신들을 구해 줄 수 있는 그 신성들(오리스바)을 기대하는 데서 그 흔적이 분명하다.[49]

대부분의 아프리카 문화에서 공동체의 핵심적 역할과 관련된 것은 그 문화에서 이끌어 온 그리스도의 가족-관계 모습들이며, 이는 아프리카의 기독론들에 의해 사용된다. 큰 형(장자)으로서 그리스도는 '먼저 나신 이'(골 1:15-20)이라는 성서적 설명에서도 발견되는 개념으로, 삶의 우선적인 관계망인 가족과 마을에 대한 아프리카의 개념과 상통한다. 아프리카인들에게 있어서 삶은 개인을 의미하지 않고, 오히려 공동체에 속한 것을 나타낸다. 예를 들면, 이 사상은 오직 사회생활 속에서만 자신을 성취할 수 있다는, 아칸 족(Akan)의 인간에 대한 개념에서 더 뚜렷하다. J. S. 포비는 아칸 족의 기독론에 관한 가장 두드러진 특징은 공동체에서 상호 협력의 의식에서 그리스도의 친척, 할례, 세례에 대한 강조라고 제시하였다.[50]

예수의 빼어난 역할은 치유자이다. 이는 예수의 사역에 대한 신약

---

49) 이들 칭호들에 대해 유익하고 간결한 토론을 위해서는 Charles Nyamiti, "오늘날 아프리카의 기독론들," in 《아프리카에서 예수의 얼굴들》, 3-23을 보라.
50) Ibid., 6-7에서 토론함.

성서의 또 다른 중요한 묘사이기도 하다.[51] 아프리카에서 건강은 질병의 부재일 뿐만 아니라, 또한 전체적인 의미에서 행복 혹은 안녕을 뜻한다. 질병은 신체적 증상의 결과가 아니라 몹시 영적인 증상이다. 많은 아프리카의 기독론자들에게 있어서 치유는 예수 그리스도의 생애와 사역의 핵심적인 특징이다. 에일워드 쇼터는 갈릴리의 치유자들-그들의 기법은 예수에 의해 채택되었다-과 전통적인 아프리카의 의술인들을 상호 비교하고, 이들 두 전통 간에는 많은 유사성이 있음을 발견하였다.[52] 이 둘 다가 신체적·정신적·사회적 심지어 환경적 수준들에서까지 온전한 치유의 형태를 시행한다.[53] 그러나 예수의 시대와 아프리카의 상황의 그 치유자들과는 대조적으로, 그리스도는 '상처를 입은 치유자'였다. 그래서 그는 십자가의 아픔과 고통을 통하여 치유자가 되었다.

서구에서 기독교인들이 상대했던 것과는 달리, 아프리카 기독교인들은 신의 실재와 영에 대한 선교사들의 얇은 서구적 개념은 물론 세속적 세계관 모두를 거부한다. '정통'은 그들의 실제 생활 속에서 기독교인들이 거의 손쓸 수 없도록 가망 없는 상태가 되었다. 그리하여 영적인 것이 물론 포함되나, 추상적이고 저 세상적인 영적 요구에만 국한되지 않는, 삶의 전체 영역 어디에도 관계되는 대안 신학이 필요하게 되었다.

모든 기독교 전통 중에서, 오순절 운동과 후기 카리스마 운동들은 치유자로서 예수 그리스도의 역할에 대부분 초점을 맞추었다. 급속도로 성장한 '오순절 운동'은 많은 전통적 교회들이 오순절 운동-유

---

51) 이 소부분은 다음 저술에 근거한다. Kärkkäinen, 《그리스도와 화해》, 63; 또한 Timothy C. Tennent, 《세계 기독교의 상황에서 신학: 세계적 교회가 어떻게 우리의 사고와 신학 담론에 영향을 끼치는가》(Grand Rapids: Zondervan, 2007), 109-22에서 "치유자로서 그리스도에 대한 폭넓은 주제"를 참고하라.
52) Aylward Shorter, 《예수와 주술사: 치유와 온전함에 대한 접근》(Maryknoll, NY: Orbis, 1985).
53) Cece Kole, "치유자로서 예수?" in 《아프리카에서 예수의 얼굴들》, 128-50.

형의 예배 양식, 기도, 그리고 치유 사역을 수용하면서, 아프리카에서 성장을 계속하고 있다. 아프리카의 상황에서 오순절 운동의 주요한 매력은 치유에 대한 강조에 있다. 이들 문화에서 종교 사역의 전문가 혹은 하나님의 사람에게는 환자를 치유하거나 악귀나 마술을 물리칠 수 있는 능력이 있다. '영적인 것'과 '신체적인 것'을 서로 분리하지 않은 이런 통전적인 기능이 오순절 운동에서 복원되고, 많은 토착민들은 이를 인간의 요구를 충족시키는 '강력한' 종교로 인식한다.[54]

게다가 아프리카의 특정한 상황에서 반투 족 기독교인들 중에는 빼어난 "추장"[55] 같은 칭호들이 있다.[56] 그리스도는 사탄을 정복하고 이겼기 때문에 추장으로 불린다. 그래서 그는 영웅이다(참고, 골 2:15). 또한 그리스도는 추장의 아들이고 하나님의 아들이기 때문에 추장으로 불린다. 하나님이 전체 우주의 추장이라는 신념은 반투 족 종교의 일부이다. 아마도 그리스도에 대한 모든 아프리카인들의 칭호들 중 가장 빼어난-동시에 가장 신선한 칭호는 '조상'이다. 이는 다음 부분에서 취급할 것이다.

그러나 그전에, 특수한 칭호와 은유들과 더불어 그리스도의 생애에 관한 복음서의 이야기는 그것 자체로 지역 아프리카의 신학들을 보여준다는 것을 주목하자. 이를테면 탄생, 세례, 죽음과 같은 그리스도의 생애 주기에 관한 여러 사건들은 아프리카인들에게는 독특한 의미를 갖는다. 그들은 다양한 의식들, 이를테면 할례부터 성전에서 봉헌, 결혼적령기를 거쳐 성인식에 이르기까지의 의식들을 통하여 생의 중요한 전환점을 기념하고 경축한다. 예수가 경험했던 독특한 유대인 의식들과 유사하게, 다양한 아프리카의 문화들은 이들 생의 전

---

54) Allan H. Anderson, "제3세계의 오순절 선교에서 복음과 문화," *Missionalia* 27, no. 2 (1999): 220-30.
55) Wessels, 《예수의 형상들》, 11-12.
56) Francois Kabasele, "추장으로서 그리스도," in 《아프리카에서 예수의 얼굴들》, 103-15.

환점을 기념한다. 심지어 마지막 유월절 식사에서 제자들의 발을 씻기는 예수의 행위는 통과의례의 동작으로 생각된다. 주인인 예수는 이를 통해 추종자들을 자신의 생활방식으로 입회시킨다. 그래서 그리스도는 통과의례의 머리이고 주인이다. 곧 온전하게 됨으로서 그는 이제 자신에게 순종하는 자들의 머리가 된다(히 5:9). 일반적으로, 아프리카의 기독론은 히브리서 5장 8절에서 언급된 것처럼, 그리스도의 삶 가운데서 온전한 목표를 향해 나가는 점진적 이동을 발견한다.[57]

### 조상으로서 예수 그리스도

아프리카의 상황에만 국한되지는 않지만,[58] 아프리카의 기독론들의 특징은 조상들과 관계를 맺고 있다.[59] 그 이유는 간단하다. "많은 아프리카 사회에서 조상 숭배는 전통적 숭배로서 심지어 오늘날도 숭배의 핵심이고 기본 중의 하나다."[60] 《우리의 조상으로서 그리스도》(1984)라는 저술로 널리 찬사를 받은 가톨릭의 찰스 느야미티는 아프리카의 상황에서 조상 주제의 중요성을 간결하게 요약한다.[61]

- 죽은 자와 산 자 친척 간의 강한 유대감
- 죽음을 통해 흔히 획득되는 신성한 신분
- 인간과 하나님 간의 중재

---

57) Kärkkäinen, 《그리스도와 화해》, 74.
58) 아시아의 전망에서 다음의 예를 보라. J. Y. Lee, "조상 숭배: 한 신학적 전망에서," in 《한국에서 조상 숭배와 기독교》, ed. J. Y. Lee, *Studies in Asian Thought and Religion* 8 (Lampeter, UK: Mellen House, 1988), 83-91.
59) Bediako, 《아프리카에서 기독교》, 84-06; F. Kabasele, "조상과 장자로서 그리스도," in 《아프리카에서 예수의 얼굴들》, 116-27. 이곳은 Kärkkäinen, 《그리스도와 화해》, 74-77.에 근거한다.
60) Charles Nyamiti, "아프리카의 조상 숭배와 아프리카의 교회들과의 관련성," 아프리카 기독교 연구 (ACS)(Nairobi) 9, no. 3 (1993): 14.
61) Charles Nyamiti, "아프리카의 조상의 관점에서 삼위일체," 아프리카 기독교 연구(ACS) 12, no. 4 (1996): 41.

- 공동체 안에서 행위의 모범
- 기도와 제사(의식)를 통해 살아 있는 자와의 규칙적인 소통의 권리

조상의 신성한 신분의 중요한 특성은 또한 특별한 접근으로부터 이제 절대적인 존재에 이르는 '초인적 생명력'의 소유이다. 그것은 조상에게 중재자가 될 수 있는 권리를 부여한다.

크웨시 딕슨은 구약성서로부터 온 익숙한 주제, 곧 공동체의 의미와 '협동(법) 인격의 개념'을 대표하는 데 있어서 그리고 아프리카의 문화를 이해하는 데 있어서 핵심인 조상들의 역할의 중요성을 우리에게 상기시킨다.[62] 여기서 아직 태어나지 않은 자들은 물론, 조상들은 공동체의 일원으로 여겨진다. 그들의 존재로 인하여 그들은 공동체의 연대를 표현한다. 조상들의 정령들은 공동체의 안녕을 위해 자신들의 능력을 사용한다. 조상들은 생의 중요한 순간에 초청된다.[63]

조상 주제의 관계적이고 가족적인 형태는, 히브리서(2:10-12)에서 "우리의 형제"로서 예수 그리스도의 이름과 연계된 은유인 "형제 조상"[64]으로서 그리스도이다. 콩고민주공화국(전에는 자이레) 베네젯 부조에 따르면, "원-조상(시조)", 고유한 조상, 생명의 근원 그리고 조상직의 최상의 모델은[65] 말씀이 육신이 되었다는 신약성서의 핵심 사상을 설명하는 데 있어 매우 적절한 방식이다.[66] 우리는 예수에게서 최상 수준의 아프리카 조상-이상을 살았던 분뿐만 아니라 또한 그 이상을 함께 새로운 성취를 실현했던 분을 본다. 그는 이를테면 병자

---

62) Kwesi A. Dickson, 《아프리카에서 신학》(London: Darton, Longman & Todd, 1984), 170; 172-74.
63) Peter Fulljames, 《문화 간 전망에서 본 하나님과 창조》(Frankfurt am Main and New York: Peter Lang, 1993), 47.
64) Charles Nyamiti, 《우리의 조상으로서 그리스도: 아프리카의 전망으로부터 기독론》(Gweru, Zimbabwe: Mambo Press, 1984), 74-76.
65) Béneézet Bujo, 사회적 상황에서 아프리카의 신학 (Maryknoll, NY: Orbis, 1992), 79. 조상의 주제에 대해서는 특히 79-121을 보라.
66) Ibid., 83.

를 치유하고, 맹인을 눈 눈뜨게 하고, 죽은 자를 생명으로 소생시킨 그런 기적들을 행하였다. 요약하면 그는 완전하게 생명과 생명력을 불러일으켰다.[67]

'조상' 칭호와 연계된 것이 '친족(혈통)' 칭호이다. 이는 "모든 피조물보다 먼저 나신 이"(골 1:15)로서 그리스도에 대한 신약성서의 사상과 유사하게 보일 수 있다. 우리 친족에 참여하면서 하나님께로부터 난 자로서(요 1:13), 이제 우리는 '하나님의 자녀들'이 되는 희망을 갖게 되어 예수와 같은 친족의 신분을 획득하게 된다. 아프리카의 친족은 수평적 그리고 수직적 둘 다로 강한 결속력을 갖는다.

다양한 아프리카의 문화적 모체는 그리스도의 의미를 때마다 늘 새롭게 활용하게 하였다. 다음을 한번 고려해 보라. 에워-미나 족에게 그리스도는 생명의 근원인 즈테(Jete) 조상을 대표한다. "에워-미나 족에 따르면, 한 조상은 생명의 공동-수태자여서, 그 종족에서 새롭게 태어난 많은 어린아이들에게 정령을 위해 필수적인 생명력을 제공할 수 있다. 즈테 조상으로서 그리스도는 그가 생명의 근원이며 세계에서 우주-신-인간을 온전하게 성취한 조상임을 의미한다."[68]

## 아시아에서 제기된 기독론들: 우주의 구세주로서 그리스도

### 깜짝 놀랄 만한 아시아 상황의 다양성

아시아의 기독교들은 예수 그리스도에 대한 믿음과 예수 그리스도에 관한 진술을 오늘날 아시아에 살고 있는 자신들의 삶 가운데서 책임적으로 표현해야 한다는 상당한 결의를 가지고 있다. 그러한 신학을 살아

---

67) Ibid., 79.
68) Ibid., 5.

있는 신학이라고 할 수 있다…그래서 아시아 신학은 아시아에서의 삶과 하나님의 말씀 간의 인격적 만남을 진지하게 추구한다.[69]

이 인용구를 시작으로, 일본에서 가장 잘 알려진 아시아 신학자 중 한 사람인 코스케 코야마는 부상하는 아시아의 신학의 주제들에 대한 논문 선집을 소개한다. 아시아가 세계의 대부분 종교들의 중요한 요람인데도, 20세기 종반까지는 여기에 기독교 신학에 대한 기여가 대체로 나타나지 못했다. 아시아 신학에 관한 고유한 특성은 기독교 신학과 아시아 종교성의 다원주의 간에 있는 지속적인 상관관계이다. 스리랑카의 가톨릭 신학자 알로이스 피에리스는 이렇게 진술한다. "아시아의 상황은 심오한 종교성의 혼합(아마도 아시아의 최대 자원)과 견디기 어려울 정도의 빈곤으로 묘사될 수 있다."[70]

우리는 어떻게 아시아를 신학적으로 접근해야 하는가? 우리는 아시아를 신학적으로 어떻게 이해해야 하는가? 아시아는 인구가 가장 많은 대륙인데 이를 신학적 단위로 설명할 수 있는가? 단지, 여기서 현실적으로 만족할 만한 수준의 발견적 교수법으로 아래의 신학적 방향과 대표성을 먼저 기술해 봄도 적절할 것 같다.

아시아의 신학을 성찰함에 있어서 그 선두에는 강력한 힌두교 영양을 받은 인도와 스리랑카가 있다. 이를테면 라이문도 파니카, 스와미 아비시크타난다, M. M. 토머스, 스텐리 J. 사마르타, 그리고 알로이스 피에리스 같은 신학자들이 국제적 신학 학술계에서는 잘 알려진 인물들이다. 부상하는 신학적 사고의 중심에는 괄목할 만한 교회 성장을 보인 한국이 있다. 한국 신학의 강력한 확산은 그 범위가 교단적 경계를 넘나드는 보수적 복음주의 신학에서부터 아시아의 다원주의와 민중 신학의 자유

---

69) Kosuke Koyama, "아시아 신학자의 서문," in 《아시아 기독교 신학: 부상하는 주제들》, ed. Douglas J. Elwood (Philadelphia: Westminster, 1980), 13.
70) Aloysius Pieris, "서구 기독교와 아시아의 불교," in *Dialogue* 7 (May-August 1980): 60-61.

주의 경향을 아우르는 데까지 이른다. 아시아의 국가들의 또 다른 무리 중에, 불교는 주요한 역할을 해왔다. 중국, 대만, 태국, 일본이다. 태국에서 여러 해 동안 선교사로 활동했던 일본인 신학자 코스케 코야마는 대만 태생인 신학자 송천성처럼 그의 동료들 가운데 잘 알려진 인물이다. 그렇게 많은 그들의 관계자들처럼, 이들 아시아의 신학자들도 현재 미국 대학에서 가르치고 있으며 또한 부상하는 아시아-아메리카의 신학협회에 공헌하고 있다. 주로 가톨릭 국가인 필리핀은 그들만의 생활방식을 보이고 있다. 인도네시아 역시 이슬람교에 의해 강한 영향을 받고 있으며 어떤 지역에서는 힌두교와 불교에 의해 영향을 받고 있다.[71]

거의 모든 아시아 국가에서 기독교인들은 소수이다.[72] 이 사실은 한 사회에서 주요 영향력을 행사하고 있는 기독교의 관점으로부터 기록된 유럽이나 미국 신학계에 비교해 볼 때 종종 아시아 신학계에는 상당한 의미가 함축되어 있다. 아시아 신학의 논쟁은 먼저 기독교의 정체성 대(對) 타종교의 신앙 고백을 살피는 것이다. 코야마는 아시아의 기독교를 아시아인들로서 구성하고 있는 다양한 세력들이 다음 질문, '사람들이 인자를 누구라 하느냐?'(마 16:13)와 씨름한다고 적절하게 언급한다.

이 질문은 가장 큰 종교 전통들, 현대화된 충격, 좌우의 이념 대결, 국제적 갈등, 굶주림, 가난, 군사 독재, 인종주의의 세계에서 살고 있는 아시아의 기독교인들에게 던지는 것이다. 이들 역사의 혼란스럽고 잔인한 현실에서 그 질문은 그들에게 들어맞는다. 여기서 동양 정신의 깊이는

---

71) Veli-Matti Kärkkäinen, 《삼위일체: 세계적 전망》(Louisville: Westminster John Knox, 2007), 309. 이런 구상은 다음의 문헌의 분류를 따르고 있다. George Gispert-Sauch, SJ, "아시아 신학," in 《현대 신학사들: 20세기의 기독교 신학 개론》, ed. David F, Ford, 2nd ed (Cambridge: Cambridge University Press, 2004). 이 책은 또한 아시아 신학자들을 두 진영, 인도와 동아시아로 구분한다. 정보를 더 얻으려면 다음을 보라. Kirsteen Kim, "인도," 44-73 그리고 Edmond Tang, "동아시아," 74-104.
72) 한국에서는 예외이다. 20세기에 기독교가 소개되었으나 후반에 상당한 신·구교 모두 교회 성장을 보이고 있다. 기독교인이 전체 인구의 1/3를 나타내고 있으며, 오직 필리핀에서 기독교인들이 다른 종교인에 비해 압도적으로 많다.

하나님의 말씀과의 이 진지한 대화에 참여해야 할 책임이 있다. 예수는 자신이 피상적으로 취급받는 것을 거부한다.[73]

비록 아시아의 기독교가, 나머지 지구 남반부의 기독교와 유사하게 최근까지 유럽-아메리카의 영향에 의해 지배를 받아왔지만,[74] 이 대륙은 풍부한 아시아에 기초한 신학을 내놓았다. 대만 태생이지만 주로 미국에 거주하면서 많은 저술 활동을 펼쳤던 신학자 송천성은 "아시아의 자궁으로부터 신학"[75]이라는 말을 사용하여 아시아인들을 격려한다. '제3의 눈'의 신학이라는 그의 신학은 중국, 일본, 또 다른 아시아의 눈을 통해서 뿐만 아니라, 또한 아프리카, 라틴 아메리카, 또 다른 시야를 통에 그리스도를 인식하는 쪽으로 전환한다. '제3의 눈'은 알려지지 않았던 영역들을 볼 수 있도록 눈을 뜨게 하는 불교의 대가(大家)를 말한다. 이런 유의 진정한 아시아 신학의 목표는 "아시아인들의 고통과 희망의 장정에서 그들을 지탱해 주는 영성의 깊이에서 구세주 예수와 인격적으로 만날 수 있는 자유"이다.[76] 여러 아시아 신학자들은 자신들의 신학에 주요한 안내로서 그 '비평적인 아시아의 원리'에 관해 진술한다. 그 원리를 따르면서, 그들은 아시아인의 고유한 정체성이 무엇인지, 그리고 기독교 교회의 삶과 사명 그리고 신학을 다루고 판단하는 일에 있어서 그 고유한 특성을 어떻게 사용할 수 있는지를 시도한다.

아시아의 사유의 고유한 특성 중 하나는, 서구식의 이것이냐 저것이냐의 변증법 사용에 대한 주저함이다. 대신에 대부분 아시아인들은 음(陰)-양(陽) 포용성의 용어에서 편안하게 사유한다. 이 용어는 중

---

73) Koyama, "아시아의 신학자의 서문," 14.
74) 선도적인 아시아 신학자들에 의한 논평과 분석을 위해 Kärkkäinen,《삼위일체》, 309-10보라.
75) Choan-Seng Song,《아시아의 자궁으로부터 신학》(Maryknoll, NY: Orbis, 1986).
76) Ibid., 3.

국식의 도교와 공자의 유교에까지 거슬러 올라간다. 그러한 철학에 의하면, 변화 혹은 주역(周易)은 음-양의 상호작용이다. 대부분의 동양 사상(아시아의 언어에서 서로 다르게 그리고 다양한 술어로 사상 체계가 표현된다)에 매우 중요한 이들 두 용어는 여성과 남성, 연약함과 강함, 빛과 어두움 등을 의미한다. 그러나 이들 양극은 서로 반대되는 것처럼 보이나 실은 상호 보완적이다. 혹자는 이런 포용성의 사유 방식이 자신들의 기독론에 영향을 미치고 있음을 쉽게 상상할 수 있다.

하나님이자 인간으로서 그리스도로서 예수는 이것이냐 저것이냐 식의 용어로는 실제로 이해될 수 없다. 인간이 어떻게 하나님일 수 있는가? 서구에서 우리는 그리스도의 실재를 정당화하기 위하여 역설이나 혹은 신비의 용어로 진술해야만 한다. 그러나 음-양의 용어로 그리스도는 동시에 하나님과 인간 둘 모두로 생각될 수 있다. 그 안에서 하나님은 인간과 서로 분리되지 않고, 인간 또한 하나님과 분리되지 않는다. 음-양은 상호보완적 관계에 있다. 곧 그는 인간이기 때문에 하나님이다. 그는 하나님이기 때문에 인간이다.[77]

그 어떤 백과사전적이거나 혹은 종합적인 방식보다도 오히려, 그리스도의 이해에 몇 가지 독특한 아시아인의 기고들을 부각시키기 위하여 다음 개관을 살펴본다.[78]

---

77) Jung Young Lee, "음-양의 사유 방식," in 《아시아 기독교 신학》, 87.
78) 아시아의 기독론들에 대한 이 부분에서 나는 다음 자료에 의존하고 있다. Levison-Pope and Levison, 《세계적 상황에서 예수》, 제3장; Küster, 《예수 그리스도의 많은 얼굴들》, D부분(77-134).

## 신-힌두교 개혁의 해석에서 그리스도

19세기 말엽에 시작된 식민지 기업의 전성기에 인도에서, 소위 대표적인 인도식 문예부흥 혹은 신-힌두교 개혁 중에서 그리스도의 해석에 대한 새로운 물결이 일기 시작하였다.[79] 우리에게 오늘날 인도 신학자 스탠리 J. 사마르타는 신-힌두교에 의해 일반적으로 알려진 그리스도를 어디에도 '속박(束縛)되지 않은' 분으로 묘사한다. 그가 이것으로 의미하는 바는, 많은 힌두교인들이 예수 그리스도의 인물에 끌리기는 하지만 그들은 제도적 교회로부터 그 인물을 분리하여 받아들인다는 것이다.[80] 19세기 인도의 철학자 사회개혁가 케샵 천더 센에게 있어서, 그리스도는 개인적 헌신(박티, 신애)의 대상이었다. 센은 자신의 기독론을 '신적 인간의 교리'로 요약하였다. 이런 관점에 "중재자로서" 그리스도는 "투명하며, 우리는 그리스도를 통하여 진리의 하나님을 그리고 그 안에 내주하는 거룩함을 분명하게 인식한다."[81]

비록 그리스도의 신성에 대한 기독교적 이해를 부인하지만, 여러 힌두교 저술가들은 그리스도의 윤리적-사회적 가르침을 수용하였다.[82] 스와미 프라바바난다의 《베단타[인도 철학의 관념론적 일원론]에 따른 산상수훈》은 그 유명한 윤리적 설교를 "그리스도의 복음서의 진수"라고 고찰한다.[83] 환상 가운데 예수를 보았다는 그의 영적인 교사 스와미 프라바바난다는, 그에게 예수의 교훈을 최상으로 여

---

79) 이 부분은 다음에 근거하고 있다. Kärkkäinen, 《그리스도와 화해》, 277-80.
80) 짧은 진술과 자료를 위해서는 다음을 보라. Jacques Dupuis, 《세계 종교들과의 만남에서 예수 그리스도》(Maryknoll, NY: Orbis, 1991), 15.
81) Ibid., 24에서 인용. Keshub Chunder Sen, 《인도에서 케샵 천더 센의 강좌》, 2$^{nd}$ ed. (Calcutta: The Brahmo Tract Society, 1886), 290.
82) 다음을 주목하라. 신론적 힌두교인들이 예수 그리스도와 같은 인물을 하나님으로 상상하는 것은 그리 문제가 되지 않는데 비하여, 유사하게 그들 자신의 전통에서 이런 비슷한 유의 신적 인물의 영웅(판테온)들에게 그 같은 확언은 그리스도의 신성에 대한 고유한 기독교의 신상 고백과는 별 상관이 없다.
83) Swami Prabhavananda, 《베단타에 따른 산상수훈》(Hollywood, CA: Vedanta Society of Southern Calfornia, 1992[1963]), 7.

기라고 가르쳤다. 스리 라마크리슈나의 수도회에서 프라바바난다의 첫날, 곧 크리스마스 날에 수도승들은 "각자 자신 안에 있는 그리스도를 묵상하고 그의 살아 있는 현존을 경험"하라는 권면을 받았다. 강렬한 영적 분위기가 그 예배실에 스며들었다고 스와미 프라바바난다는 회상한다. 이런 분위기는 당시 "그리스도가 마치 우리 자신의 크리슈나, 붓다, 혹은 우리가 경배했던 위대한 각성된 교사들인 것처럼 처음으로 와 닿는다는 것을 깨닫게 하였다."[84]

잘 알려진 대로, 마하트마 간디에게 있어서 예수는 새로운 공동체와 삶의 방식의 이상을 제시하는 윤리적 교사였다. 그 점에서 간디는 인도인의 해방을 위한 자신의 평화주의 싸움의 근간을 안내했던 동일한 원리를 알았다. 간디가 예수의 교훈에, 특히 산상수훈에 깊이 헌신했던 대로, 그는 기독교 교회의 공동체에 헌신할 준비는 결코 되어 있지 않았으나, 그리스도의 인물과 가르침을 따를 준비가 되어 있었다.

> 내가 이해하는 대로 예수의 메시지는 산상수훈에 담겨 있다. 산상수훈의 정신은 내 마음을 지배하는 바가바드기타와 거의 동일한 수준으로 가치 있다. 예수를 내게 다가오게 한 것은 그 수훈이다…내가 비록 종파적 의미에서 기독교인이 될 수는 없지만, 고통을 받는 예수의 모범은 비폭력에 대한 나의 근원적인 신앙의 구도에서 중요한 요인이다. 이는 잠시 잠깐 이 세상의 삶에서 나의 모든 행동을 지배한다.[85]

또한 기독교 신앙인이 되었지만 힌두교를 포기하지 않았던 몇몇 유명한 힌두교 사람들도 있다. 이들 중 가장 잘 알려진 이는 브라흐마반답 우파디야야이다. 그의 영성은 동시에 그의 구루(지도자)와 친

---

84) Ibid., 8-9.
85) Mohandas K. Gandhi, 《예수 그리스도의 메시지》(Bombay: Bharatiya Bidya Bhavan, 1963), 표지 설명과 79.

구가 되는, 하나님의 아들로서 예수라는 인물에 대한 깊은 인격적 경험이다. 예수가 하나님이었는지 여부는 요점이 아니다. 중요한 것은 그리스도가 하나님의 아들이라는 주장이었다.[86] 예수에 대한 이 같은 경향에 대해, 가톨릭의 전문가 자크 뒤퓌는 적절하게 진술한다.

> 힌두교에 의해 승인된 그리스도는 종종 교회 없는 그리스도이다. 그 점에 있어서 힌두교에 의해 승인된 그리스도는 종종 전통적인 기독교에 의해 짐 지워진 수많은 '묶인 것'의 장애물로부터 해방된 그리스도이다. 힌두교는 그리스도의 인물에 대한 기독교인의 주장을 거부하기도 하고, 한편에서 그를 다양하게 존재하는 신적 하강들(아바타들)의 목록 중에 나타난 하나의 신적 현시로 수용하기도 하면서, 그리스도의 메시지를 중시하여 환영한다.[87]

신-힌두교 개혁에서 나타난 기독론적 묘사와 해석들의 다양성은 작금의 해석자들의 칭호들을 서로 다르게 그러나 보완하면서 아름답게 반영하고 있다. 라이문도 파니카르의 《힌두교의 알려지지 않은 그리스도》 그리고 M. M. 토머스의 《인도 문예부흥의 승인된 그리스도》등이 좋은 예이다.[88]

### 하나의 그리스도–많은 종교들

비록 오늘날 대부분의 기독교인들이 다른 종교들의 이웃을 향해 전적으로 부정적인 태도를 취할 마음이 없다 할지라도, 많은 부분에서 그리스도를 위해 자신들의 배타적인 주장들의 근거를 재검토하는 데는 상당히

---

86) 간략한 토론을 위해서 다음을 보라. Jacob Kavunkal, "힌두교 안에 있는 하나님의 신비," in 《아시아에서 기독교 신학》, ed. Sebastian C. H. Kim (Cambridge: Cambridge University Press, 2008), 28-30.
87) Dupuis, 《예수 그리스도》, 15.
88) M. M. Thomas, 《인도 문예부흥의 승인된 그리스도》(London: SCM, 1969).

주저하는 것처럼 보인다. 다종교 사회에서 그리스도의 위치는 이제 새로운 종교 신학들을 추구하는 데 있어서 중요한 쟁점이 된다.[89]

남부 인도의 교회에서 안수 받고 일찍부터 신학 교육에 봉직했던 스탠리 J. 사마르타는 그동안 그가 주도한 세계교회협의회(WCC) 대화 프로그램의 총무 직책을 수행하면서 상당한 영향력을 행사하였다.[90] 그의 생애를 통하여 사마르타는 우리 시대의 요구로서 세계 종교간 대화를 주창하였다. 그는 자신의 신학적 사유를 온건한 그리스도 중심주의로 시작하고 후에는 보다 분명한 다원주의적 방식으로 나갔다. 《하나의 그리스도-많은 종교들: 수정된 기독론을 향하여》에서 그는 그리스도 중심주의는 기독교인들에게만 오직 적용 가능하다고 주장한다. 이는 신의 신비에 다가가는 유일한 방식으로는 결코 고려될 수 없다.[91] 그러므로 그리스도 중심주의는 다양한 종교적 전통들이 가치 있게 여겨질 수 있는 규범일 수 없다.

사마르타의 종교 신학 이면에는 신을 '신비 자체'로 이해하려는 의도가 있다. 이것은 그의 기독론을 또한 형성한다.

> 진리 중의 진리(*Satyasya Satyam*), 이 신비는 우리 인간이 이해하는 전체를 다 합쳐 놓아도 그런 이해를 항상 넘어서고 더 위대한 채로 있는 초월적 중심이다. 이 신비는 인식적 지식(*tarka*)을 넘어서나 비전(*dristi*)과 직관(*anubhava*)에 개방적이다. 이는 가까이 있으나 멀리 있고, 알 수 있으나 알 수 없고, 은밀하나 궁극적이고, 한 특수한 힌두교 견해에 따르면 '하나'라고 감히 묘사될 수도 없다. 신비는 그 다양성이 존재 그

---

89) Stanley J. Samartha, "그리스도와 무지개: 다종교적 문화에서 그리스도," in 《기독교의 고유성의 신화》, ed. J. Hick and P. Knitter (Maryknoll, NY: Orbis, 1987), 69.
90) Konrad Raiser, "스탠리 J. 사마르타에 대한 찬사," (World Council of Churches, 2002), 다음을 참고하라. at www.wcc-coe.org/wcc/what/interreligious/cd38-02.html.
91) Stanley J. Samartha, 《한 그리스도-많은 종교들: 수정된 기독론을 향하여》(Maryknoll, NY: Orbis, 1991).

자체 안에 있고, 그리하여 또한 인간 본성에 고유하다고 가리키면서도 "두 개는 아니다"(불이이원론).[92]

사마르타는 신비의 본질은 배타적이거나 혹은 고유의 지식을 지닌 한 종교 공동체의 편에서 증거로 인정할 수 없는 것을 내세운다고 주장한다.[93] 그리스도가 이런 의미에서 볼 때 [신비의] 중심을 주장하지만, 그는 그렇게 배타적이지 않다. "이 타자[신비스런 타자로서 하나님]는 기타 모든 것을 상대화한다. 사실, 그런 상대화를 수용하려는 의지는 아마도 우리 인간이 그 타자를 궁극적 실재에 직면했다는 유일한 보증이다."[94] 사마르타는 배타적인 주장을 거부하는 과정 그리고 하나님과 인간에 대한 예수 그리스도의 관계를 새롭게 이해하려는 방식의 탐구는 이미 진행 중임을 목격한다. 한 변화가 그리스도의 "규범적 배타성"으로부터 이제 그리스도의 "관계적 특수성"이라고 부른 형태로 일어나고 있다. 관계적이란 용어는 그리스도가 다른 이웃의 종교들과 관계없는 체로 존재하지 않는다는 사실을 나타내는 반면, 특수성은 위대한 종교적 전통들이 하나님의 신비에 대한 서로 다른 반응이라는 인식을 나타낸다."[95]

결과적으로, 사마르타에게 있어서 성육신은 규범적 역사적 사건이라기보다는 오히려 신성의 상징이다. 또한 그리스도의 죽음과 부활이, 심지어 하나님이 누구신가에 대한 계시이기는 하지만, 그것들을 보편적 가치의 범주로 여겨서는 안 된다. 사마르타에게는 예수 그리스도의 인성과 신성을 확언하는 데 있어 문제가 없으나, 그는 그리스도가 곧 하나님이라는 정통의 가르침을 확언하려는 의도는 없다. 그

---

92) Samartha, "십자가와 무지개," 75.
93) 좀 더 자세한 것을 위해서, Kärkkäinen,《삼위일체와 화해》, 341-43.
94) Stanley J. Samartha,《대화를 위한 용기: 종교 간 관계에서 교회일치운동의 이슈》(Maryknoll, NY: Orbis, 1982), 151-52.
95) Samartha,《한 그리스도-많은 종교들》, 77.

이유는 간단하다. 곧, "예수 그리스도와 하나님의 존재론적 동등성은 이웃 타종교들과 혹은 세속적 인본주의와의 진지한 토론이 되기 어렵다."[96]

사마르타는 그리스도의 성육신을 포함하여, 역사 속에서 모든 특수한 종교적 표현과 형태들을 상대화하나, 그 특수성의 필요성을 부정하려는 것은 아니다. 신비스런 타자는 특수한 중재들을 통하여 우리와 대면한다. 그러므로 사마르타는 모든 종교들의 동등성을 그렇게 순진하게 추측하지는 않는다. 그가 주장하는 바는 각기 그리고 모든 종교와 그 모습은 다 제한적이라는 것이다: "특수한 종교는 어떤 사람에게는 결정적일 수 있다고 주장할 수 있다. 그리고 어떤 사람은 특수한 종교가 자신들에게 결정적이라고 주장할 수 있다. 그러나 어떤 종교도 그것이 모든 사람에게 다 결정적이라고 주장할 수는 없다."[97]

사마르타에게 있어서 고전 신학은 예수 그리스도의 절대적 궁극성에 대한 주장을 펼치는 데 있어서 오히려 '그리스도 일원론'의 위험을 초래한다. 이것은 예수를 타종교의 모습들 앞에 있는 일종의 '숭배 대상자'로 만든다. 타종교들에 대한 그리스도 일원론의 접근 대신에, 사마르타는 나사렛 예수의 신-중심적 메시지에 보다 더 일치하는 신 중심적 접근을 내세운다. 그는 하나님의 계시로서 그리스도의 규범적 의의와, 타종교들과의 관계에서 개방성의 요구 사이에 놓여 있는 긴장을 유지하려고 한다.

> 누구도 나사렛 예수의 삶과 죽음에서 하나님의 현존을 미리 기대할 수 없었다. 그 현존에는 다 이해할 수 없는 차원이 있다. 예수가 하나님의

---

96) Samartha, "십자가와 무지개," 80.
97) Samartha, 《대화를 위한 용기》, 153; 또한 다음을 보라. Stanley J. Samartha, "매이지 않은 그리스도: 오늘날 인도의 기독론을 향하여," in 《아시아의 기독교 신학》, 146.

그리스도라는 것은 기독교 공동체에 의한 신앙 고백이다. 이것은 기독교인들에게는 어디에서나 규범이 된다. 그러나 이를 '절대적 유일성'으로 삼고, 신의 신비의 의미가 특별한 시점에서 특별한 사람에게서만 오직 드러난다고 주장하게 된다. 결국 그것은 아무데서도 다른 기준이 될 수 있는 이웃 타종교들을 무시한다. 우리의 특수한 전통들을 배타적으로 주장하는 것은 우리 자신과 우리의 이웃들을 사랑하는 데 있어서 최상의 방식이 아니다.[98]

## 그리스도의 '우주 신인적' 시각

"힌두교-가톨릭"[99]의 라이문도 파니카의 신학은 다양성과 영향력은 물론 힌두교와 기독교에 대한 통찰의 특이한 혼합이다.[100] 그의 가장 독특한 기여는 자신의 전체 신학과 세계관을 형성시켜 주는 '우주 신인적'이라는 용어다. 세 가지 용어-'신', '인간' 그리고 '우주'-에서, 우주 신인적 시각은 세 가지 실재를 함께 다루고 있음을 말한다. 혹은 파니카가 이를 간결하게 설명하고 있듯이 "우주 신인적 원리는 우리가 감히 하나님, 인간, 그리고 세속적인 것이라고 부르기 좋아하는 이것들은 즉 그것이 실재하는 한 어떤 실재이든, 실재를 구성하는 세 가지의 되돌릴 수 없는 차원들이다."[101] 기독교인들에게 있어서 우주 신인적 원리는 그들의 독특한 교리 즉 삼위일체론에서 표현된다. 신이 인간 안에 내주하기 위해 오심 같은 성육신은 그 원리의 중심이다.

---

98) Samartha, "십자가와 무지개," 76.
99) 종종 인용되는 자서전적 논평에서, 파니카는 기독교인 유럽인으로 '출발해서' 자신을 힌두교인으로 '발견하고' 그리고 다시 불자로 '회귀했다'고 한다. 이것은 다양한 배경과 경향을 아주 적절하게 표현하는 것으로 보인다. Raimundo Panikkar, 《종교간 대화》(New York: Paulist Press, 1978), 2.
100) Kärkkäinen, 《그리스도와 화해》, 226-29.
101) R. Panikkar, 《우주 신인적 경험: 부상하는 종교적 의식들》, ed. Scott Eastham (Maryknoll, NY: Orbis, 1993), ix.

이제는 다원주의 세계에 중요하게도, 파니카는 우주 신인주의의 진술의 기독교적 방식이 독특한 반면에 삼위일체는 배타적인 기독교 실재가 아니라고 주장한다. 오히려 삼위일체는 "모든 종교들의 진정한 영적 차원들이 만나는 합류점이다"라고 한다.[102] 다른 말로 하면, 기독교의 삼위일체론은 우주 신인주의에 대해 '기독교적'으로 이름을 붙인 것이다. 그래서 다른 신앙 전통들은 그들의 독특한 학명과 전망을 사용한다.

파니카의 사유는 복합적이어서 파악하기 매우 어렵다. 기독교의 신앙과 타종교 전통들과의 관계에서, 그는 역동적 긴장으로 두 종류의 경향 모두를 붙잡으려는 것처럼 보인다. 한편에서 이를테면 힉스 같은 동료 다원주의자와는 다르게, 파니카는 비록 다가오는 종교적 직관들의 집중을 또한 인식하고 있지만, 그리스도에 대한 기독교의 신앙 고백의 독특한 모습들을 버릴 준비가 되어 있지 않다. 기독교가 타종교들로부터 배울 수 있는 한편, 그것은 또한 "모든 종교들의 풍요와 회심으로" 이끄는 데 있어서 중요한 역할을 한다.[103] 필경, 이 과정의 목적(그리고 기독교의 목표)은 "인간의 공익"이다. 기독교는 "인류의 근원적이고 최초의 전통들을 간단히 구체화한다."[104]

다른 한편, 자신의 가장 의미 있는 기독론적 저술로써 1981년에 개정된 《힌두교의 알려지지 않은 그리스도》에서, 파니카는 의심의 여지 없이 기독론의 다원주의적 형태로 이동하였다. 그 점에서 그는 세계와 그 세계에 대한 우리의 주관적 경험이 기독교의 기독론이 최초로 형성된 이후로 급진적으로 변화했다고 주장함으로서, 기독교의 타종교들에 대한 우월성 혹은 타종교들의 실현이라는 식의 모든 개념들

---

102) R. Panikkar, 《삼위일체와 인간의 종교적 경험: 성상-사람-신비》(Maryknoll, NY: Orbis; London: Darton, Longman & Todd, 1973), 42.
103) Ibid., 4.
104) R. Panikkar, "요르단, 티베르, 그리고 갠지스: 그리스도의 자아-의식의 세 가지 카이로스 순간들," in 《기독교의 독특함의 신화》, 102.

을 거부한다. 많은 동료 다원주의자들과 똑같은 것은 아니지만, 그는 우주적 그리스도와 특수한 예수 간을 구분한다. "그리스도는…실재의 전체를 위한 살아 있는 상징이다. 곧 인간, 하나님, 그리고 우주의 상징이다."105) 가톨릭 신학과 함께, 그는 로고스 혹은 그리스도는 나사렛 예수 안에서 성육신되었다는 것을 확인한다. 그러나 그는 이 성육신이 예수 안에서 단독으로 그리고 최종적으로 발생했다는 것을 부인함으로서 정통으로부터 이탈한다. 그가 그리스도와 예수 간의 일치를 단정했던 책, 《힌두교의 알려지지 않은 그리스도》의 첫 번째 출판에서 내세웠던 바의 반대를 주장하면서, 이제 그는 이 일치를 부인한다. 그의 수정된 기독론에 따르면, 어떤 역사적 형태도 우주적 그리스도의 완전하고도 최종적인 표현일 수 없다. 파니카는 "그리스도는 지상에서 완전하게 결코 알려질 수 없다"고 주장한다. "왜냐하면 그것은 결국 아무도 볼 수 없는 아버지를 본다는 것과 다를 바 없기 때문이다."106)

### 연꽃과 십자가

중국계 미국인인 송천성은 불교 학자와 기독교 신학자 간에 다리를 놓으려고 시도하였다. 그는 불교의 연꽃과 기독교의 십자가가 밀접한 관계로 나란히 병립할 수 있음에 놀라워한다. 그리스도의 십자가가 기독교의 영성과 신학의 초점인 것처럼, 연꽃 위 좌불 완상의 부처의 형상은 불자의 헌신을 상징해 왔다. 그러나 그 상징들은 서로 다르다. 연꽃은 비옥한 물로부터 나와서 피고 고요함을 상징한다. 이

---

105) R. Panikkar, 《힌두교의 알려지지 않은 그리스도: 세계교회일치운동의 그리스도의 현현》, rev. ed. (Maryknoll, NY: Orbis, 1981), 27.
106) Paul F. Knitter, 《다른 이름은 없다? 세계 종교들을 향한 기독교 태도의 비평적 연구》(Maryknoll, NY: Orbis, 1985), 156.

에 비해 뿌리째 잘린, 돌이 많은 언덕 위에 세워진 거친 나무의 조각, 십자가는 잔인함과 수치심을 대표한다. 그러나 그 상징들은 고통의 문제에 반응한다는 점에서 서로 일치한다. "아시아인의 불자들은 그 연꽃을 통해 그리고 기독교인들은 그 십자가를 통해 인간의 고통에 참여한다."[107]

송천성의 《십자가에 못 박힌 사람, 예수》는 그리스도의 고통과 죽음을 깊이 파고든다. 그는 '십자가에 못 박힌 하나님'보다는 오히려 '십자가에 못 박힌 사람들'을 더 강조하면서, 삼위일체의 두 번째 위격이 첫 번째 위격에 의해 버려진 바 된 것보다 오히려 '인간 존재가 인간 존재를 포기해 왔던 것'을 더 진술하면서, 십자가에 못 박힌 사건에 참여한 인간을 강조하여 수정된 해석을 또한 제시한다.[108] 송천성은 주류 기독교의 전통과는 다르게 '십자가 폐지를 향한 작업'을 시도한다. 왜냐하면 십자가는 그 잔인성과 이를테면 고통, 빈곤, 불의 같은 현실 세계의 문제들을 해결하는 데 있어 무능력하기 때문이다.[109]

송천성의 신학에서 아주 독특한 용어는 '전위'(轉位)이다. 전위란 이스라엘 중심의 역사관에서 이제 다른 국가들을 하나님의 역사 계획의 구성적 일부로 여기려는 견해이다.[110] 이 견해에서 하나님의 백성으로서 이스라엘의 역할은 하나님이 다른 민족들을 구속적으로 다루는 방식을 설명하는 상징이었다. 아시아의 국가들에게는 율법, 포로를 허용하는 등과 같은 이스라엘의 출애굽에 평행하는 자신들만의 구원 역사의 특별한 순간들이 있다. 더욱이 아시아 종교들의

---

107) Choan-Seng Song, 《제3의 눈의 신학: 아시아의 상황에서 형성 중인 신학》(Maryknoll, NY: Orbis, 1979), 123.
108) Choan-Seng Song, 《십자가에 못 박힌 사람, 예수》(New York: Crossroad, 1990), 88-89.
109) Choan-Seng Song, "십자가의 폐지를 향한 기독교의 선교," in 《십자가에 못 박힌 세계의 스캔들》, ed. Yacob Tesfai (Maryknoll, NY: Orbis, 1994), 130-48.
110) Choan-Seng Song, 《연민에 찬 하나님: 교차 신학의 훈련》(London: SCM, 1982). 간결한 설명을 위해서 다음을 보라. Hwa Yung, 《망고 혹은 바나나? 진정한 아시아의 기독교 신학을 위한 탐구》(Oxford: Regnum, 1997), 168-71.

구원자 인물들은 기독교 신앙의 구세주 인물, 예수 그리스도와 유사하였다.

> 그의 서약에서 중생(衆生)을 위한 붓다의 연민의 표현 그리고 그가 아픔과 고통으로부터 중생의 해방을 위해 이타적으로 애썼던 방식은 구속적 의의가 없는 것이 아니다. 우리는 붓다의 방식이 하나님께서 예수 그리스도의 인물과 사역에서 완전하게 행동으로 옮겼던, 구원의 드라마의 한 일부라고 또한 말할 수 없는가?[111]

결과적으로, 아시아의 토양에서 그리스도의 선포 과제는 개종에 있지 않고, 세계 속에서 역사하는 하나님의 구원 사역의 지식과 경험을 아시아인들과 함께 증대시키는 것이다. 기독교 선교의 기여는 아시아의 문화와 종교들에 의해 형성된 아시아의 영성에게 예수 그리스도 안에 나타난 하나님의 사랑을 알리는 것이다. 이는 결국 아시아 사회가 자유, 정의, 그리고 사랑을 향하여 좀 더 나아갈 수 있게 한다고 송천성은 믿는다.[112]

### "완전한 인간성을 위한 아시아의 투쟁: 하나의 관련 신학을 향하여"

해방 신학과 자유를 향한 갈망은 해방운동의 요람인 라틴 아메리카로만 국한되지 않는다. 아시아의 기독교인들은 진정한 해방운동의 기독론들을 개발하기 위한 세력을 규합하였다. 1979년에 제3세계 신학자들의 아시아회의가 "완전한 인간성을 위한 아시아의 투쟁: 하나의 관련 신학을 향하여"라는 주제 하에 스리랑카에서 개최되었다.

---

111) Choan-Seng Song, "이스라엘에서 아시아로: 신학적 도약," in 《선교 경향들》, 212. "불교의 상황에서 기독론"에 대한 유익한 토론을 위해서 Küster, 《예수 그리스도의 많은 얼굴들》 제8장을 보라.
112) 유익한 토론을 위해 다음을 보라. Küster, 《예수 그리스도의 많은 얼굴들》, 129-33.

그 회의는 빈곤, 실업, 아동 노동 그리고 여성 착취 등과 같은 문제를 심각하게 주목하고, 신학의 '급진적 변화'를 위해 꾸준히 헌신하기로 하였다. 이런 형태의 신학은 "해방의식을 지닌 가난한 자들로부터 분명 발생한다."[113]

'CELAM'이라 불린 라틴 아메리카 가톨릭 주교회의는 라틴 아메리카를 위한 것이었고, 1979년의 아시아 회의는 아시아를 위한 것이었다. 그 출발점은 지역 문화, 아시아 종교적 전통들, 사람들의 삶, 특히 가난한 자들의 삶을 다루는 상황과 그들과의 대화였다. 아시아의 주교들이 확인한 바는, 지역 교회가 복음 전도와 대화의 초점을 본질적 방식으로 삼아 그들이 아시아의 기독교인들로 하여금 그 지역의 고대 종교들과의 진정한 대화를 시도하는 것은 물론, 가난한 자와 억눌린 자들의 구원과 연대를 위한 사역을 가능하게 하였다는 것이다.[114]

몇몇 예외는 있지만, 대부분 아시아 국가들은 가난하다. 서구의 관점에서 보면, 그렇게 많은 아시아 국가들의 빈곤의 주요한 원인은-딱 이것만은 혹 아닐지 몰라도-식민지화의 비극적 역사이다. 이 역사적 사실은 많은 아시아인들이 기독교의 서구 설교자들의 메시지, 즉, 과거 주인들의 메시지를 귀담아 청취하는 데 있어 어려움이 있음을 그들 설교자들은 깨닫게 될 것이다.

인간화의 투쟁을 위한 기독론에서 어떤 함의들을 이끌어 내려고 시도했던 가장 저명한 아시아 신학자는 남부 인도의 마르 토마 교회의 평신도 M. M. 토머스이다. 그는 마르크스 철학으로부터 얻은 정치적 사회적 의식의 통로를 통해 신학에 입문하였다. 그의 주요 저서

---

113) Donald K. McKim, 《신학과 설교에서 성서》(Nashville: Abingdon, 1994), 160.
114) 《완전한 인간성을 위한 아시아의 투쟁: 관련된 신학을 향하여; 아시아 신학회의, 1979.1.7~20. Wennappuwa, Sri Lanka의 보고서》, ed. Virginia Fabella (Maryknoll, NY: Orbis, 1980).

인 《구원과 인간화》는 그의 사상의 핵심적 경향을 드러낸다.[115] 토머스에게 있어서 기독론의 타당성은 교리적 정통에 있기보다는 삶의 질적 향상과 정의를 위한 인간의 추구에 기여하는 데 있다. 《그리스도 자신을 위해 모험하는 그리스도》에서, 토머스는 종교들의 혼합주의적 견해에 기초하여 '그리스도 중심의 인본주의'를 전개하려고 시도한다.[116] 이런 모험적인 교회일치운동과 종교 간 사역을 위한 강력한 원천은 예수 그리스도의 십자가와 부활로부터 나온다. 거기서 그는 삶의 현장에서 그리스도를 믿는 신앙의 함의들을 해명할 목적으로 해방 신학을 제시한다.

토머스의 신학은 정의를 위한 모든 투쟁에서, 그것이 기독교의 것이든 아니든, 그리스도의 현존을 인식한다. 게다가 그 신학은 정의를 위한 영적 투쟁을 고무시키는 모든 종교적 영성에서 그리스도의 현존을 깨닫는다. 그리스도는 이들 투쟁 속에서 역사의 우주적 주로서 현존한다. 기독교뿐만 아니라 또한 모든 아시아 종교들은 따라서 정의를 위한 싸움을 위해 영적 기준을 제공한다. 골로새서 1장과 에베소서 1장에 근거하여, 토머스는 만일 창조의 원리와 목표로서 그리스도가 모든 피조물 안에 현존한다면, 그때는 피조물과 그 피조물의 생명을 보다 낫게 개선하려는 모든 시도는 변화의 행위자들에 의해 그것이 인정되든 혹은 안 되든 간에, 그리스도와 연관되어 있다고 주장한다. 사람들이 어떻게 예수의 능력을 세상의 현장 속에서 인식하는가와 관련하여 토머스의 이해 방식에는 신기한 변증법이 있다. "그리스도는 이 목적을 위해 세속적인 혹은 비세속적인 것 다들 오직 교회와 기독교인들 가운데서만 오직 활동한다고 보는 그런 개념은 어

---

115) M. M. Thomas, 《구원과 인간화: 오늘날 인도에서 선교신학의 몇 가지 중요한 이슈들》(Madras: Christian Institute on the Study of Religion and Society, 1971).

116) M. M. Thomas, 《그리스도 자신을 위해 모험하는 그리스도: 다원주의 교회일치운동 신학을 향하여》(Geneva: WCC, 1987).

리석고 어처구니없다. 그러나 우리 시대의 활동과 사건들에서 그리스도를 인식할 수 있는 것은 교회와 기독교인들이다."[117]

역사의 우주적 주로서, 토머스의 그리스도는 신적 신비(그리스도에 대한 다른 많은 아시아의 해석들에게서처럼)에 관련되기보다는 역사적 계획, 곧 평등, 정의, 평화를 위한 투쟁과 더 관련되어 있다. 토머스의 해방 신학은 아시아를 위한 것이다.

> 토머스의 기독론은 모든 종교들을 위한 공통의 근거를 제공하기 위해 역사의 중요성을 부인하지 않는다. 오히려 역사와 우주의 주는 종교들이 정의를 위해 투쟁할 때 종교들의 접점이 된다. 그리스도는 비역사적 신비에서가 아니라, 보다 나은 삶을 위한 인간의 추구에 현존한다. 그러므로 토머스에게 있어서 역사와 우주의 주와 가난한 자 사이에서 사역했던 역사적 예수는 같은 목적을 공유하는 동일한 한 인물이다.[118]

사회정의의 분야에서 활동했던 또 다른 기독론자는 스리랑카의 예수회 소속으로 기독인-불자 간의 대화를 증진시키는 지역 연구소의 감독인 알로이스 피에리스이다. 토머스처럼 그는 타종교들의 해방 세력을 제대로 인식하고 있지 못하는 다른 해방운동들에 대해 비판한다. 기독교를 특정한 해방운동 종교라고 이름 붙이는 것은 결국 타종교들은 해방운동 종교가 아니라고 보기 때문에 타종교들로부터 기독교의 건전치 못한 고립을 자초한다.

피에리스는 아시아의 빈곤과 영성을 "아시아 종교들의 요단과 아시아의 빈곤의 갈보리"에서 예수의 "2중 세례"에 연계시킨다.[119] 예수의 세례와 죽음은 아시아의 상황과 삶속에 다시 그를 침례로 베풀었

---

117) Küster, 《예수 그리스도의 많은 얼굴들》, 84. 이 부분은 그의 간결한 설명에 빚을 지고 있다. 79-81, 81-88을 보라.
118) Pope-Levison and Levison, 《세계적 상황 속에서 예수》, 73.
119) Aloysius Pieris, 《아시아의 해방 신학》(Maryknoll, NY: Orbis, 1988), 48.

다. 세례자 요한의 세례에 순종함으로서, 예수는 당시 급진적인 정치적 좌익인 열심당 운동의 이데올로기(이념)와 당대 다른 운동들에, 이를테면 귀족적인 사두개인의 특권과 권력에 호소를 거부하였다. 대신에 그는 자신을 사회의 힘없는 경계선상의 사람들과 동일시하였다. 예수는 금욕주의자 요한을 하나님 나라의 진정한 영성의 원형이라고 지적하고, 부의 축적에 대한 갈망과 재물에 대한 신뢰를 비난하였다. 피에리스의 분석에서 예수의 급진적인 사회적 프로그램은 그를 마침내 십자가에 이르게 하였고, 거기서 예수는 권력 엘리트에 의해 처형되었다. 권력자들은 그를 "십자가에 못 박았다. 당시 돈에 오염된 종교성은 갈보리에 식민지 권력의 원조로 자리잡게 하였다(눅 23:1-23). 이것이 요단에서 시작되었던 그 여정이 끝났던 지점이다."[120]

### 그리스도, 민중, 그리고 달리트(불가촉천민)

진정한 아시아의 기독론은 아시아인의 고통과 상처를 파고들지 않을 수 없다. 한국 시인 김지하는 《금관의 예수》라는 제목의 희곡을 썼다.[121] 그 무대는 한 가톨릭 교회 앞에서 펼쳐진다. 거기엔 금관을 머리에 쓴 예수의 시멘트 동상이 있다. 어느 추운 겨울 날, 거지들이 그 동상 아래 누워 있다. 금관의 예수를 바라보면서, 거지 중 하나가 저런 구세주 인물이 어디 갈 곳도 없는 거지와 어떤 관련성이 있을까 하고 궁금해 한다. 고민하던 차에 그 거지는 자신의 머리 위로 떨어지는 비에 축축함을 느낀다. 위를 올려다 보자, 시멘트 상의 예수가 울고 있다. 금관이 어떤 가치도 있을 성싶지 않다. 거지가 예수의 목소리를 듣고서 그는 이내 그 금관을 벗기려는 참에 그가 말한다. "제

---

120) Ibid., 49.
121) Chi-Ha Kim, 《금관의 예수와 다른 선집》(Maryknoll, NY: Orbis, 1978).

발! 이를 벗기어 주소. 너무나 오랫동안 나는 이 시멘트에 가두어 두지 않았는가? 마침내 그대가 내게 와서 나로 입을 열게 하였다오. 그대가 나를 구해 주었다오."[122]

보통사람(민중)을 위해 예수를 해방시키는 것이 아시아 기독론의 과제이다. 민중이라는 용어는 '대중'을 의미한다. 이는 1960년대 이후 군사 독재 치하에 살면서 사회적 행동을 위한 정당한 권리도 없이 경제적으로 착취당하고 사회학적으로 소외되었던 사람들을 위한 한국의 해방운동의 이름이기도 하다. 민중운동은 인권, 사회정의, 그리고 민주화를 나타낸다.[123]

이 운동과 관련된 가장 유명한 신학자 안병무는, 지금 기독교 신학이 서구의 예속으로부터 케리그마의 기독론을 해방시키고, 살아 있는 예수가 보통사람과 접촉할 시간이라고 주장한다. 그 살아 있는 예수는 가난한 자, 병든 자, 여성과 함께 지내면서 그들을 치유하고, 그들을 먹이고, 그들을 옹호하였다. 안병무에 따르면, 예수의 행동은 그칠 줄 모른다. '케리그마의 그리스도'와 같지 않게, 예수는 교회 안의 흔들리지 않은 보좌에 고정된 채 앉아 있지 않다. 그와 반대로, 예수는 민중과 연대하고 그들과 함께 산다. 마가복음은 특히 오클로스(헬라어로 '보통사람'을 뜻함)와 연대하는 예수의 삶을 강조한다. 물론 다른 복음서들도 동일한 강조를 보인다.

전통적인 기독론과 안병무에 의해 개발된 민중 신학의 기독론 간의 주요 차이는, 전자는 예수가 하나님의 뜻에 순종하여 성취하였다는 의미에서 그는 참된 메시아로 묘사된다는 것이다. 민중 기독론은 이런 순종의 측면을 부정하지 않으나 거기엔 또 다른 전통이 있다.

---

122) 다음 자료에서 인용함. Byung-Mu Ahn, "예수와 민중(사람)" in 《예수의 아시아의 얼굴들》, ed. R. S. Sugirtharajah (Maryknoll, NY: Orbis, 1995), 163-64.
123) 세계적인 다양한 학자들에 의한 다양한 논문 모음집을 참고하기 위해서는, Paul S. Chung, ed. and trans., Kim Kyoung-Jae and Veli-Matti Kärkkäinen, eds.,《제3천년을 위한 아시아의 상황 신학: 제4의 눈의 형성에서 민중 신학》(Eugene, OR: Pickwick, 2006).

고통받고 있는 민중의 울부짖음과 염원에 공감하는 예수의 전혀 다른 이미지를 전달하는 전통이다. 그것은 예수의 이 형상을 노출시키는 특별한 치유의 이야기들이다. 병든 사람을 치유하는 그 예수는 사전에 설계된 프로그램을 완성하는 어떤 인물로 결코 묘사될 수 없다. 예수는 결코 자발적으로 환자들을 찾아 나서지 않는다. 그들을 돕기 위한 이전의 의도(계획)를 따르지도 않는다. 그와 반대로 요구가 항상 민중 편에서 먼저 온다. 따라서 예수의 치유 사역은 그가 환자들의 염원에 순종하는 모습처럼 보인다…민중의 고통과 직접적으로 관련된 예수의 치유 능력은 민중의 의지에 의해 충족될 때만이 제대로 실현될 수 있다.[124]

병든 자, 가난한 자, 소외된 자, 그리고 여성을 위한 대변인으로서 예수는 그 민중을 대신하여 하나님께 이야기한다. 기독교 신앙은 하늘로부터 와서 인간이 소유할 수 있도록 주어진 "제조된 생산물"이 아니라, 오히려 "예수가 민중의 울부짖음에 귀를 기울이고 반응함으로서 스스로를 변화시키는 행위를 통해 실현했던 구원"에 참여하는 것이다."[125]

북부 태국의 착취 당하고 가난한 시골 사람들과 함께 사역했던 일본인 신학자 코야마는, 인간 능력에 도전하는 십자가에 못 박힌 예수에 관해 진술할 때 동일한 감정을 드러낸다. 그리스도는 사치스러운 안락의자로부터 나온 것이 아니라, 심지어 십자가에 못 박힘 등 스스로 인간의 지배에 대한 단념을 통해서 오는 그런 인간의 능력을 노출시킨다. 코야마는 말한다. 누구도 그를 더 훼손할 수 없다. 왜냐하면 그는 이미 다 훼손되었기 때문이다. 누구도 그를 십자가에 더 못 박을 수 없다. 왜냐하면 그는 이미 십자가에 못 박혔기 때문이다. "십자가에 못 박힌 그리스도 안에서 우리는 하나님의 궁극적인 신실성에

---

124) Ahn, "예수와 민중(사람)," 169.
125) Ibid.

직면한다."[126]

사회에서 최소한의 삶을 살아가는 사람에게 초점을 맞춘 또 다른 아시아의 기독론은 인도로부터 나온다. 달리트(Dalit)는 오늘날 인도의 버림받은 자들의 자아-호칭이다. 1980년대 초에 '달리트 신학'이라는 용어를 처음으로 만들어 냈던 알빈드 니르말은 그 용어의 여섯 가지 의미를 열거한다. "(1) 부러지고, 찢겨지고, 조각나고, 터지고, 쪼개진 자, (2) 열리고, 확장된 자, (3) 이등분된 자, (4) 내몰려 갈가리 찢어진 자, (5) 짓밟힌 자, 부서진 자, 파괴된 자, (6) 드러낸 자, 전시된 자"이다.[127] 달리트 기독론은 사회의 밑바닥에서 살아가는 이들 사람들을 위한 해방운동을 나타낸다. 니르말은 예수 자신이 달리트였다고 주장한다. 예수는 자신을 당시의 '달리트들'과 동일시하였다. 그의 "나사렛의 정책 강령"(눅 4:18-19)에서 그는 포로 된 자들에게 자유(해방)를 약속하였다. 십자가 위에서 "예수는 다리가 부러지고 몸이 부서지고, 쪼개지고, 찢겨지고, 갈가리 찢어진 사람이었다. 그는 그 용어의 완전한 의미를 다 담고 있는 달리트였다." 그러므로 하나님의 구원하는 영광이 드러나고 혹은 전시되는 것은 "정확하게 힘이 없는 자, 짓밟힌 자, 부서진 자, 억눌린 자, 소외된 자들 안에서 그리고 그들을 통해서이다. 이것은 부러진 자들이 하나님의 그 존재에 속하기 때문이다."[128]

---

126) Kosuke Koyama, "십자가에 못 박힌 그리스도는 인간 능력을 시험한다," in 《예수의 아시아의 얼굴들》, 149.
127) Küster, 《예수 그리스도의 많은 얼굴들》, 164.
128) Ibid., 172.

# 7장
# 유럽과 북미에서 제기된 '상황적' 기독론

    그동안 얼마간 라틴 아메리카, 아프리카, 그리고 아시아의 신학자들과 신학운동들의 몇몇 대표적인 기독론 해석들을 탐구해 왔다. 우리는 이제 사회적 여건에서 중심에 있는 백인 여성들에 강조를 두고서, 여성 신학자들의 견해에 먼저 주목하여, 풍성하고도 다양한 '상황적' 기독론들을 계속해서 살펴보자. 독자라면 '교차 문화' 신학자들을 이제까지 주목해 왔을 터, 그러나 여성들의 관점은 이 책에서 개진되지 않았다. 그런 누락을 바로 잡기 위해, 여성들의 목소리가 이 장에서 확고하게 조명되어야 할 것이다.

    페미니스트의 목소리 이후, 논의는 여성과 남성에 의해 수행된 아프리카-아메리카(흑인)의 기독론들을 시작으로, 북미(그리고 어느 정도 유럽) 토양으로부터 제기된 다른 다양한 '상황적' 신학들의 보고(寶庫)로부터 살펴볼 것이다. 그러고 나서, 히스패닉 혹은 라티노의 해석들도 검토할 것이다. 이장의 논의는 그리스도에 대한 후기 식민주의 신학들을 살피면서 끝난다. 거기서 우리는 아시아-아메리카 여성들의 기여들에 특히 주목해야 할 것이다.

## 페미니스트의 기독론들

### 여성신학과 그 접근 방식들의 다양성

얼마 전에는 여성 신학자들의 전망에 의해 그리고 거기서부터 모든 신학적 접근들에 대해 언급할 때 자연스럽게 '페미니스트' 기독론들을 말하는 것이 관례였다. 지금은 그것은 환원주의적 관점이기도 하고 올바르지도 않다. 흔히 (현재 진행하고 있는 논의의 목적을 위해) '여성' 기독론들이라 이름 붙일 수 있는 방식들이 너무나 많고 다르고 다양하다. 해방의 핵심적 과제를 연합시키기면서도, 신학에서 여성들의 목소리는 더 이상 일치된 것을 내놓지 못하고 오히려 제3천년기의 시작쯤에서 어떤 신학에서도 예상될 수 있는 다양한 형태를 보여주고 있다. 그러므로 포괄적 용어로 '페미니스트' 신학을 언급하는 것은 상당히 오도될 수 있다.

'페미니스트'라는 용어는 대체로 백인 여성들의 접근 방식들을 가리킨다. 이에 비해 '우머니스트'는 아프리카-아메리카(흑인) 여성신학을, 뮤헤리스타(mujerista)는 라틴 아메리카 여성신학에 대해 언급한다. 그 견해들의 확산은 아프리카, 라틴 아메리카, 그리고 아시아로부터의 여성들의 긴급한 주장에 의해 강화된다. 백인 여성들의 목소리는 (이 책의 논의에서조차) 좀 더 크게 들린다. 그 이유는 그들의 우월성 때문이 아니고, 이제까지 그들은 독특한 여성 해석학들을 개발하는 데 있어 좀 더 나은 (학술적·재정적·사회적) 위치를 지녔다는 단순한 사실 때문이다. 어떤 점에서 이들 다양한 그룹들을 함께 묶지 않고도,

"그들 모든 다양성에도 불구하고, 페미니스트, 우머니스트, 뮤헤리스타 신학들에는 한 가지 공통된 점이 있다. 그 신학들은 여성 해방을 신학적 과제의 핵심으로 삼는다"는 것이 그 경우이다."[1]

"로고스-중심 신학의 남권주의자적 지배는 회복될 수 있다"고 모든 페미니스트 신학자들이 다 확신하는 것은 아님을 주목할 필요가 있다.[2] 몇몇 페미니스트들은 예수 그리스도가 '여성 해방을 상징화할 수 있다는 모든 희망을 상실하였다. 그러한 만큼 "여성 해방 신학을 개발하기 위하여, 페미니스트들은 그리스도와 성서를 버려야 한다."[3] 그러나 대부분 여성신학자들은 균형 있고 새 방향의 시정 과제가 가능하기도 하고 바람직하다고 생각한다. 이들 신학자들은 남성 신학자들이 주도했을 성싶은 기독론적 성찰의 풍부한 전통을 버리지 않고, 오히려 그것을 갱신하고 새로운 방향으로 재교육한다.

7장의 첫 주요 부분은 페미니스트 해석학에 주로 집중한다. 그리고 다른 여성 신학자들의 주장들은 흑인신학과 더불어, 히스패닉 혹은 라티노의 뮤헤리스타의 기독론 등을 포함하여 뒤이은 부분에서 다룰 것이다. 우리는 각 경우의 구체적인 상황 정보를 반복해서 다룰 필요는 없을 것 같다. 이 첫 부분은 또한 구체적인 여성 해석학을 그들 각각의 후원자 단체와 연결을 보여줄 것이며, 부분적으로는 그 자체의 다양성을 설명할 것이다.

---

1) Mary McClintock Fulkerson, "페미니스트 신학," in 《후기-현대 신학에 대한 케임브리지 안내서》, ed. Kevin J. Vanhoozer (Cambridge: Cambridge University Press, 2003), 109.
2) 이런 공식화는 다음으로부터 온다. Wonhee Anne Joh, 《십자가의 마음: 식민지 이후의 기독론》(Louisville: Westminster John Knox, 2006), 93. 그녀(Joh) 자신은 이런 비평을 완벽하게 지지하지 않는다.
3) Naomi Goldenberg, 《신들의 변화: 페미니즘과 전통적 종교들의 종말》(Boston: Beacon, 1979), 22; 다음을 보라. Daphne Hampson, 《기독교 이후》(Valley Forge: PA: Trinity Press International, 1996).

## 남성-독점적인 기독론과 여성들의 경험

나는 교회를 앞서 나가는 것이 어렵다는 것을 항상 알게 되었다. 그렇다고 또한 교회와 함께 걷는 것도 어렵다는 것도 알게 되었다…이런 소외는 많은 다른 여성과 남성들도 공감한다. 그들의 아픔과 분노는 교회 생활의 모순에서 그들로 하여금 교회의 여성 해석학 바로 그 개념의 진술에 이의를 제기하게 한다. 그 소외는 또한 나와 같은 여성들을 교회 그 자체보다는 오히려 문제로 여기는 이들 신학자들과 교회 관계자들의 경멸과 분노를 알아차림으로서 더 증대된다.[4]

미국의 선도적인 페미니스트 신학자 래티 M. 러셀로부터의 이런 인용은 기독교 교회와 신학이 그동안 여성을 취급해 왔던 방식에 대해 많은 여성들이 경험했던 비통함을 그대로 드러낸다. 동시에 그녀는 이렇게 고백한다. "그러나 나와 그리고 많은 다른 소외된 여성과 남성들이 교회를 떠나 도망치는 것은 불가능하다. 왜냐하면 교회는 예수 그리스도의 이야기와 하나님 사랑의 기쁜 소식의 담지자이기 때문이다."[5]

'의구심의 해석학'의 시대에서 살아가면서, 우리는 종교 위협에 대한 많은 정형화된 진술 방식을 발견한다. 많은 페미니스트 사상가들은, 하나님을 아버지로 인격화하는 것은 여성들의 억압을 정당화시켰던 메커니즘(장치)을 강요하는 가부장제의 형태라고 주장한다. 이로부터 남성 지배가 증가된다. 종교에서 하나님의 대부분 형상은 그 사회의 위계구조를 반영한다는 것은 부정할 수 없다.[6] 일반적으로 말해서, 비록 신적 부성의 상징이 그동안 폭력, 강간, 전쟁을 위한 권력

---

4) Letty M. Russell, 《원형의 교회: 교회에 대한 페미니스트 해석》(Louisville: Westminster John Knox, 1993), 11.
5) Ibid.
6) Rosemary Radford Ruether, 《성차별과 하나님-이야기》(Boston: Beacon, 1983).

의 악용의 원천이었다는 것이 과장일지라도, 그 언어가 실재를 반영할 뿐만 아니라 또한 그것을 구성한다는 것은 사실이다.

비록 여성들의 경험이 문화에서 문화로 그리고 상황에서 상황으로 아주 다양할지라도, 거기엔 공통된 특징들이 있다. 그중 세 가지는 기독론을 위한 가장 중요한 함의들을 지니고 있다고 생각된다. 첫째 서로 다른 상황으로부터 온 여성들은 자신들의 구체적 상황을 많은 기독론 전통에서 부정적인 것으로 경험하였다. 특히 서구 신학은 육체 위에 영혼 그리고 여성 위에 남성을 우위에 두었던 이원론적 세계관에 근거해 왔다. 초기 기독교의 문헌에는 여성 풍자만화들이 풍부하다. 예를 들면, 여성들은 '지옥으로 가는 관문' 그리고 '남성보다 못한 이'로 불렸다. 비록 기독교가 성육신 종교라 할지라도, 그것은 육체와 관련하여, 특히 다음 세대에 자녀를 남겨야 할 여성들의 의무와 관련하여 종종 매우 불쾌감을 주었다. 성육신 교리와 관련해서, 예수의 남성성은 종종 여성의 완전한 인성에 대한 적대적 논쟁으로 사용되어 왔다. "오직 완벽한 남성 형태만이 하나님을 온전하게 성육신할 수 있고 구원할 수 있다는 그 교리는, 여성의 육체 안에 있는 우리[여성]의 개인의 삶을 거의 하나님에게 대항하는 감옥으로 만들고, 신적 활동의 장(무대)으로서의 우리의 실제적이고 감각적인 변화적 자아를 부인한다."[7]

둘째, 다른 상황으로부터 온 여성들은 그동안 억압을 경험해 왔다. 지배와 굴종의 형태들은 아주 다양하나, 그 형태는 지금도 전 세계적으로 존재한다. 몸인 교회 위의 그리스도의 머리 됨은 자신의 아내 위의 남편의 머리 됨에서 반영되어, 종종 여성들의 종속을 합법화해 왔다.

셋째, 상호관계는 여성들이 경험하는 한 부분이 되어 왔다. 여성들은 전통적으로 이를테면 어머니, 아내, 자매, 딸들 같은 다른 역할

---

7) Rita Nakashima Brook, "그리스도의 페미니스트 구속," in 《기독교 페미니즘: 새로운 인간성의 비전》, ed. Judith L. Weidman (San Francisco: Harper & Row, 1984), 68.

들과 관련하여 자신의 정체성을 발견해 왔다. 과거에 독신 남성 개인은 모든 인간을 대표할 수 있었다. 그러나 현재는 피조물을 포함하여 모든 생명의 상호관계는 논의의 앞부분에 온다. 하나의 자극은 앞에서 살펴본 대로, 과정 사상의 출현이다. 상호관계의 개념의 연장선에서, 위르겐 몰트만은 공동체의 보다 넓은 전망에서 하나님과 관련하여 성차별의 문제를 제기한다. 신학적으로 페미니스트 용어 사용에 소홀히 한 전통적인 신학들을 비평하고, 남성 용어들을 다른 제한된, 배타적인 용어들로 대체하려는 시도만으로는 충분하지 않다. 몰트만은 성서적 개념들에 따르면, 우리를 '하나님의 형상'으로 창조한 것은 육체를 제외한 영혼이 아니라고 주장한다. 하나님의 형상은 그들 상호간에 그 온전함에서 완전하고 성적으로도 구체적인 공동체에서 남성과 여성으로 구성된다. 하나님은 내적인 마음속에 혹은 연대 장소에서가 아니라, 여성과 남성의 진정한 공동체에서 인식된다. 결과적으로 하나님의 경험은 "자아의 사회적 경험이며 사회성(교제)의 인격적 경험이다."[8] 혹자는 교회를 '연결점'으로 묘사함으로서 페미니스트 교회론의 핵심을 또한 표현할 수도 있다. 거기에 남성과 여성 그리고 하나님과 인간 존재 간의 살아 있고 역동적인 관계가 있다. "식탁이 만일 하나님에 의해 펼쳐지고 그리스도에 의해 주최된다면, 그것은 많은 관계성을 수반한 식탁임이 분명하다."[9]

### "남성 구세주가 여성을 구원할 수 있는가?"

기독론과 관련하여 페미니스트 신학자들에 의해 제기된 질문들은 이렇게 지적된다. 하나님의 아들이 하나님의 아들과 딸들의 구세

---

8) Jürgen Moltmann, 《생명의 성령: 보편적 확언》, trans. Margaret Kohl (Minneapolis: Fortress, 1992), 94.
9) Russell, 《원형의 교회》, 18.

주와 대표가 된다는 게 가능할까? 예수의 '남성성'이 어떻게 여성과 관련되는가? 하나님은 남성인가 혹은 여성인가, 아니면 그것을 넘어서는가? 그리스도의 형상은 오늘날 많은 여성들에게 모호하다. 왜냐하면 그것은 생명의 원천과 억압의 합법자 모두로 기여하기 때문이다. 얼마간 극단적인 목소리는 기독교 신학이 붙박이 긴장을 극복할 수는 있을까 묻는다. 나오미 골덴버그에 따르면, "예수 그리스도는 여성 해방을 상징할 수 없다. 최상의 신성의 남성 이미지를 유지하고 있는 문화는 그 여성들로 하여금 스스로 남성들과 동등하게 경험할 수 있게 허용하지 않는다. 여성들의 해방 신학을 발전시키기 위해서 페미니스트들은 그리스도와 교회를 떠나야 한다."10) 그 목표로서 해방과 평등을 지닌 페미니스트 분석의 이 '비평적 원리'는 다양한 종류의 해방 신학들로부터 차용한다. 그것은 해방 신학자 구스타보 구티에레즈가 "역사의 밑바닥으로부터의 신학"11)이라고 불렀던 바이다. 페미니스트 사상가들은 사회의 중심에 있는 이들 질문들로부터 이제 힘이 없고 대수롭지 않아 인간 이하로 여겨졌던 이들의 질문들로 이동하면서 이 해방 전통에 참여한다.

지금 페미니스트 로즈메리 R. 류터의 고전적 질문, "남성 구세주가 여성을 구원할 수 있는가?"12)는 우리의 세계화된 세상에서 그리스도의 의미에 대한 여성의 성찰을 위한 명쾌한 요구에 도움이 된다. 이 같은 성찰에서 중요한 도전들 중 하나가 우리가 삼위일체 하나님에 대해 사용하는 용어와 관계가 있다. 로마 가톨릭 페미니스트 엘리자베스 존슨은 "그동안 배타적이고 문자적이고 가부장적 남성인 은

---

10) Goldenberg, 《신들의 변화》, 22.
11) Gustavo Gutiérrez, 《역사 속에서 가난한 자의 힘: 선집》(Maryknoll, NY: Orbis, 1983). 183.
12) Rosemary R. Ruether, 《세계의 변화를 위하여: 기독론과 문화비평》(New York: Crossroad, 1981), 45-56. 이 부분은 Kärkkäinen, 《그리스도와 화해: 다원주의 세계를 위한 건설적인 기독교 신학》(Grand Rapids: Eerdmans, 2013), 79-84에 기초한다.

유들에서 사용된 하나님에 관한 규범적 언어"에 탄식한다.[13] 왜냐하면 그 용법이 실재 세계에 대한 우리의 견해를 점차로 형성하기 때문이다. 수년에 걸쳐서, 기독교인들은 "하나님은 남성이고, 최소한 여성보다는 남성에 가깝거나 혹은 최소한 여성보다는 남성으로 언표되는 것이 보다 적합하다"고 상상하고 느끼기 시작한다.[14]

이들 불행한 결과들을 초래한 근본 원인은, 배타적이고 따라서 가부장제로 이어질 수 있는 하나님-말에 대한 문자적 이해이다. 온건한 페미니스트 존슨에게 있어서 그 선택은 남성 상징들의 적법성의 부인이 아니라, 오히려 여성 상징들과의 균형에 있다. 여성 이미지들이 "해방을 위한 변화의 신적 담론"[15]의 대안적 상징과 은유들을 도입함으로서 가부장제의 지배적인 구조들에 이의를 제기하고 수정할 필요가 있다.[16] 결국, 모든 신학이 항상 주장해 왔던 것처럼, "하나님의 거룩한 신비는 모든 상상력을 뛰어넘는다."[17] 따라서 하나님에 관한 어떤 진술도 신성의 실재를 다만 가늠할 뿐이다.

### '로고스(말씀)이 육신이 되다'의 재해석

신약성서에 있는 기본적인 기독론적 고백은 '말씀[로고스]이 육신이 되다'이다(요 1:14). 전체 칼케돈의 정의도 그에 대한 상세한 해설일 뿐이다. 여기에 포괄적인 이슈들을 위한 어떤 함의들이 있는가? 엘리자베스 존슨은, 그것은 언어의 포괄적이고 은유적 사용을 그대로 간

---

13) Elizabeth Johnson, 《그녀가 누구인가: 페미니스트 신학 담론에서 하나님의 신비》(New York: Crossroad, 1993), 44.
14) Ibid., 5, 36-37.
15) Ibid., 33; 또한 8-9, 17, 31을 보라. "해방을 위한 신적 담론" 문구는 Rebecca Chopp에 따른 것이다. Ibid., 5쪽에서 인용됨.
16) Ibid., 33; 또한 4-5를 보라.
17) Ibid., 45.

직한 채, 다수 차이의 상호 의존에서 하나이면서도 다차원적 인간 본성을 기념하는 것을 뜻한다고 주장한다. 그래서 그것은 "완전히 미리 결정된 남성과 여성의 본성에 대한 2원체의 견해도 아니고 혹은 단일 개념의 축약어도 아니다. 오히려 그것은 인간 존재 방식의 다양성이다. 인격적인 성은 하나인, 본질적인 인간 구성요소들이 결합된 다극적인 세트다."[18] 뛰어난 문장을 사용하여 존슨은 예수의 남성성을 가부장제와 배타성에 맞서서 건설적으로 비평한다. 곧 "가부장제가 자신들의 정체성과 관계성을 [그렇게] 정의하는 한에 있어서, 그 문제의 핵심은 예수가 인간이었다는 것이 아니라 더 많은 사람들이 예수와 같지 않다는 것이다."[19]

신약성서에서 로고스가 나사렛 예수와 연결되어 있는 데 비하여, 구약성서 배경은 또한 지혜의 개념에서 나타난다. 물론 그 지혜의 개념은 구체적 성별이 아니라-'성령'보다 더한 개념인 바, 이는 예수 그리스도 안에 현시된 신의 현존을 진술하는 중요한 성서적 방식이다. 특히 구약성서의 지혜 문학에서 호크마('지혜')는 하나님의 현존에 대해 최상으로 발달된 의인화이다. 존슨은 성서에서 많은 여성의 특색들, 이를테면 "자매, 어머니, 사랑받는 여성, 주방장, 여주인, 설교자, 판사, 해방자, 정의의 확립자 그리고 무수히 많은 다른 여성의 역할들"이 시사적으로 사용되고 있음을 발견한다.[20] 소피아('지혜'를 뜻한 헬라어)가 남성 혹은 여성 상징으로 최상으로 묘사될 수 있는지 여부에 대해 주석가들 사이에서 의견 일치가 없는 데 반하여, 존슨은 소피아를 하나님의 여성 의인화로 검토하는 선택에 대해 믿을 만하다고 생각한다.[21] 다른 칭호들과 더불어, 신적 소피아는 예수 그리스도에 대해

---

18) Ibid., 155.
19) Ibid., 161.
20) Ibid., 87.
21) Ibid., 91. 이를테면 엘리자베스 S. 피오렌자 같은 여성 신학자들에 관하여, 존슨은 유대교 지혜 작가들은-고전적 예언자의 전승과는 다르게-하나님의 여성 측면의 개념을 도입하는 데

이야기할 때도 활용될 수 있다. 더욱 중요하게도, 존슨은 "예수-소피아"의 것으로 여겨지는 많은 행위들은 죽어 가고 소생하는 것뿐만 아니라, 남성은 물론 여성의 활동들인 설교, 군중 모음, [종적들과의] 대결을 다 포함한다는 것에 주목한다. 이들 모든 행위들에서 예수-소피아는 인격화된 지혜의 여성 모습과 또한 연결된다.[22] 결국, 실재의 보편적 원리로서 (신약성서에서 예수 그리스도에 대해 사용된) 로고스는 성차별을 넘어선다.

더욱이, 만일 로고스의 성육신이 여성성(젠더)의 형태로 발생했다면, 상응하여 제기되는 문제는 어떻게 거기에 남성성을 포함시킬 수 있는가이다. 그러므로 신성에 대한 남성 지배적인 진술을 여성 지배적인 진술로 대체하는 것은 불필요할 뿐만 아니라, 또한 철저히 역효과를 낳는 일이다. 그것은 포괄성의 부재 문제를 해결하기보다는 오히려 더 높일 수 있다. 진정한 인간 존재는 남성이거나 아니면 여성이거나 둘 중 하나로 존재할 수 있다. 두 성 모두 하나님의 형상에 따라 창조된, 완전한 인간 존재이다. 따라서 남성이든 혹은 여성이든 모두 인간을 온전하게 대표할 수 있는 능력이 있다. 그런 점에서 오직-남성만의 성직 서임을 지지하는 로마 가톨릭 진술의 불행한 주장은 매우 의심스럽다. 가톨릭은 전부터 널리 인정된 대로 남성 사제만을 하나님의 유효한 대리인으로 여긴다.[23]

---

있어 그들 주변 문화들의 여신 전승들을 이용하는 것을 두려워하지 않았다고 주장한다.
22) Ibid., 165-67.
23) 1976년 10월 15일 "교회 사제직에 대한 여성의 승인 선언." 다음을 보라. Sacred Congregation for the Doctrine of the Faith, section 5. 또한 www.ewtn.com/library/curia/cdfinsig.htm.을 보다.

# 흑인과 우머니스트 기독론들

## 흑인의 경험과 신학

흑인 기독론은 주로 아프리카-아메리카(북미)의 상황뿐 아니라 또한 아프리카-예를 들면 남아프리카의 상황에서 제기된 다양한 그룹의 신학적 접근 방식들을 언급한다. 이들 접근은 아프리카의 혈통의 사람들에 의해 부상된 도전의 측면에서 기독론의 쟁점을 다룬다. 비록 흑인 기독론이 오직 아프리카-아메리카 기독론들만을 다루는지 혹은 아프리카 기독론을 포함하는지 여부는 그렇게 분명하지 않지만, 이 장은 아프리카-아메리카의 상황에 초점을 두고 살핀다. 이 마지막 장은 세계의 다양한 지역들에서 부상한 흑인신학의 고유한 가치의 모범으로서 남아프리카의 상황의 흑인 기독론을 검토한다.

일반적으로 흑인신학 그리고 특히 기독론을 위한 출발점은 흑인의 경험이다. 이 상황 신학적 운동의 옹호자들은 흔히 행동 신학에서 반드시 고려되어야 할 흑인 역사와 현재의 경험이 지닌 고유성을 내세운다. 종종 그들의 주장에 의하면, 신학은 서구 남성들에 의해 이뤄져 왔고, 기독교는 그동안 흑인의 고통을 정당화해 왔다.[24] 그러므로 아프리카-아메리카인들의 해방은 흑인신학의 중심에 있다. 우수한 원로 학자이며 흑인신학의 개척자인 제임스 콘은 해방을 다음과 같은 활동으로 정의한다. "눌린 자의 공동체가 해방을 위한 그 내부의 추력(推力)은 복음과 일치할 뿐만 아니라 또한 그 자체로 예수 그리스도의 복음으로 인식하려 한다."[25]

---

24) 아메리카(그리고 남아프리카)의 흑인신학에 대한 정확한 정의 작업을 Dwight N. Hopkins, 《USA와 남아프리카의 흑인신학: 정치, 문화, 그리고 해방》(repr., Eugene, OR: Wipf & Stock, 2005). 제1부는 그 배경을, 제2부는 주요 인물과 주제들에 대해 백과사전적으로 다룬다.
25) James H. Cone, 《흑인 해방 신학》, 2nd ed. (Maryknoll, NY: Orbis, 1986), 1.

흑인신학은 아프리카-아메리카의 기독교가 유럽이나 백인 중심의 북미의 기독교와 다르듯이, 많은 면에서 전통 신학과 다르다. 그 신학은 아프리카의 전통과 문화의 뿌리에 근거하고 있다. 아마도 그 전통의 가장 고유한 특징들은 노예의 유산과 가혹하고 부당한 억압 아래서 진행된 생존을 위한 투쟁이다. "기독교를 적극적으로 받아들였던 아프리카 노예들은 또한 이를 부분적으로 수정하고 새로운 형태로 만들어 자신들의 실존적 필요를 충족시켰고, 심지어 얼마간의 백인들에 의한 복음의 일그러진 제시 속에서도 아프리카에서 그들이 알았던 하나님과 성서의 하나님간의 연속성을 보았다."[26] 흑인신학자들은 "하나님은 당신 자신을 친히 흑인 공동체에 계시하였고, 이 계시는 해방을 위한 흑인들의 역사적 투쟁과 분리될 수 없다"고 믿는다.[27]

흑인신학은 여러 자료와 영향력과의 창의적이며 매력적이고 책임 있는 대화이다. 제임스 콘에 의하면, 여섯 가지 자료들이 있다.

1. 흑인의 경험: 억압과 착취의 백인 세계에서 흑인들의 총체적 실존, 곧 자신들의 삶에 대한 흑인들의 결정, 흑인 됨의 가치의 확언
2. 흑인의 역사: 백인들이 그동안 흑인들을 어떻게 취급하여 왔고, 또한 흑인들은 이 억압에 어떻게 저항하여 왔는지에 대한 탐구
3. 흑인의 문화: 음악, 예술, 문학, 그리고 다른 창의적인 형태에서, 흑인 공동체의 자기-표현
4. 계시: 과거의 사건(콘은 사건으로서 계시를 무척 강조한다)뿐만 아니라 또한 흑인들을 대신한, 하나님의 현재적 구속 활동
5. 성서: 신정통주의, 칼 바르트의 견해와 보조를 맞추어, 콘은 성

---

26) James H. Evans Jr., 《우리에겐 믿는 자들이 있다: 아프리카-아메리카의 조직신학》(Minneapolis: Fortress, 1992), 3.
27) Ibid., 11.

서가 계시 자체와 동일하다고 생각하지 않는다. 곧 성서에는 하나님과 인간 존재가 하나님에 의해 시작된 사건에서 인격적 만남이 이뤄질 때 계시가 될 능력이 있다. 성서는 증언이며 해방자로서 행동하는 하나님에 대한 안내이다.

6. 전통: 교회가 다양한 상황들에서 복음을 어떻게 이해해 왔는가에 대한 비평적 수용[28]

## 그리스도는 흑인인가?

제임스 콘은 흑인신학의 계획과 도전을 진술하면서, 그 신학의 어조를 다음과 같이 드러낸다.[29]

예수 그리스도가 만일 우리에게 어떤 의미를 갖는다면, 그는 흑인들의 여건에서 그들과 합류함으로서 외곽의 안전을 떠나야만 한다. 우리가 백인이 아니고 흑인일진대 백인 예수에게 우리는 무엇이 필요할까? 예수 그리스도가 만일 백인이고 흑인이 아니라면, 그는 압제자이기에 우리는 그를 반드시 죽여야 한다. 흑인신학의 출현은 흑인 공동체가 이제 백인 예수에 대해 중요한 무엇인가 할 준비가 되어 있음을 의미한다. 그러므로 그는 우리의 혁명의 방식에 가담할 수 없다.[30]

비록 성숙한 콘이 '백인 그리스도'에 맞서서 자신의 수사법을 완화시키기는 했지만, 그런 지배에 대한 근원적 반대는 흑인 기독론들의 많은 의제들을 여전히 활기 있게 한다. 이면에는 "흑인 이야기가 될 성싶은 모든 하나님의 이야기의 규범은 흑인 해방에 필요한 정신을

---

28) Cone, 《흑인 해방 신학》, 33-34.
29) Kärkkäinen, 《그리스도와 화해》, 84-86.
30) Cone, 《흑인 해방 신학》, 117.

제공하는 흑인 그리스도로서 예수의 표명"이라는 확신이 있다.[31]

콘만이 예수의 흑인임을 주장한 것은 아니다. 일찍이 1829년에 알렉산더 영의 "에티오피아인의 매니페스토(선언)"은 흑인 메시아를 기획하였다. 아프리카-아메리카의 신학을 위한 흑인 메시아의 의미를 보다 상세히 제시한 첫 저술이 하워드 서먼의 1949년 판 《예수와 유산을 뺏긴 자들》이다.[32] 서먼의 접근 방식은 콘과 다른 이들과는 다르게 아프리카-아메리카의 기독론의 아프리카인만의 경험으로부터 과하게 이끌어 낸다. 콘과의 또 다른 차이점으로, 서먼의 기독론은 정치적 행동주의를 적극적으로 언급하지 않고, 오히려 '우리 안에' 계신 예수를 통한 하나님 나라의 개념을 주장한다. 그 강조는 악의 세력, 죄의 결과, 그리고 구속의 능력 간의 중재자로서 덕분에 해방을 몰고 오는 메시아 예수의 역할에 있다. 그런 의미에서, 그의 기독론은 (사회정치적인 것과는 반대로) 보다 더 '영적' 경향을 띤다.

정치적 경향은 앨버트 클리지의 《흑인 메시아》(1968)의 앞부분에 게재되었다.[33] 클리지의 가장 논쟁적인 주장은 나사렛 예수가 실제로 흑인이었다는 것이다. 그는 심지어 성서가 흑인 유대인들에 의해 기록되었다고 주장하였다. 그는 또한 예수가 이스라엘의 흑인 국가를 일으키기 위해 투신했던 극단적 민족주의의 열심당운동과 자신을 동일시하였다고도 주장하였다. 당연히, 아프리카-아메리카인들을 포함하여 학자 단체도 이를 확신하지 않는다. 그런 주장을 뒷받침할 만한 역사적 근거가 없다.

온건한 상대자 톰 스키너의 《흑인이 어떻게 복음인가?》가 보다 주목을 끈다.[34] 클리지와는 다르게 스키너의 '흑인 메시아'는 인종적 분

---

31) Ibid., 38.
32) Howard Thurman, 《예수와 유산을 뺏긴 자들》(Nashville: Abingdon, 1949).
33) Albert Cleage, 《흑인 메시아》(New York: Sheed & Ward, 1968).
34) Tom Skinner, 《흑인이 어떻게 복음인가?》(New YorK; J. B. Lippincott, 197).

열을 넘어선다. 그리스도는 해방자이나 자신을 어떤 특정한 유색인으로 동일시하지 않는다. 예수의 유일한 충성은 그의 아버지와 그가 전파했던 하나님 나라에 대한 것이었다.[35] 거의 동일한 형태의 온건하고 균형 잡힌 접근 방식은 J. 디오티스 로버츠의 《대화 중의 흑인신학》(1987)에서 더 분명하다. 이 책은 (콘과 유사하게) 소위 폴 틸리히의 상관관계 방식을 활용하고 있다.[36] 틸리히의 신학 방법론과 맥을 같이 하면서, 로버츠는 실제적/역사적인 흑인보다는 오히려 상징적으로 '흑인 메시아'를 직관으로 알았다. 로버츠에게 흑인 메시아는 흑인들의 부정적인 관련 단체를 극복하기 위한 하나의 신화적 구성이다. 그러나 궁극적으로, 흑인 메시아는 인종적으로 '무색의 그리스도'일 수밖에 없다.

### 남아프리카로부터 제기된 흑인 기독론

콘과 다른 동료들이 지닌 많은 선도적인 개념들은 자신들의 방식을 아파르트헤이트(분리)의 억압 하에서 살았던 남아프리카의 교회에서 발견하였다.[37] 그러나 남아프리카인들, 특히 앨런 보에사크는 콘에 의해 제시되었던 몇 가지 개념들에 맞서 비평적 입장을 또한 취하였다.[38] 한때 감옥에 수감되었던 보에사크는 남아프리카의 목사이며 또한 1982~1991년에 세계개혁교회연맹의 회장이었다. 그에게 있어서

---

35) 다른 많은 흑인 기독론들은 클리지의 극단과 스키너 사이에서 논의된다. 온건한 견해는 다음의 글에서 제시된다. J. Deotis Roberts, 《대화 중의 흑인 신학》(Philadelphia: Westminster, 1987). 책명이 암시하듯이, 이 책은 그리스도의 의미에 대해 백인과 흑인간의 대화를 촉진하려고 시도한다.
36) 폴 틸리히에게 있어서 신학 방법은 철학과 문화와의 "상관관계"와 관련이 있다. 철학/문화가 질문들을 제기하는 것이라면, 신학은 그에 대한 답변을 구하는 것이다.
37) 보다 자세한 설명을 위해서, Hopkins, 《USA와 남아프리카의 흑인 신학》의 제3부; 그리고 좀 더 간략한 정보와 토론은 위해서는, Priscilla Pope-Levison and John R. Levison, 《세계적인 상황에서 예수》(Louisville: Westminster John Knox, 1992), 97-117을 보라.
38) 콘과 보에사크 간의 유익한 비교를 위해서는 Volker Küster, 《예수 그리스도의 많은 얼굴들: 문화 간 기독론》(Maryknoll, NY: Orbis, 2001), 145-51을 보라.

흑인신학은 흑인 기독교인들이 남아프리카에서 살고 있는 그 상황의 신학적 반영이다. 흑인들은 자신들이 흑인이고 백인의 인종차별주의자들에 의해 통제되고 있는 세상에서 살아갈 때, 예수 그리스도를 믿는다는 것이 과연 무슨 의미가 있는가라고 묻는다. 보에사크는 역사적 예수의 실재와 오늘날 세계에서 예수의 현존을 분리하려고 하지는 않는다. 콘과 맥을 같이 하면서 보에사크는 또한 해방의 개념이 기독교 복음의 단지 일부가 아니라고 확인한다. 그것은 그리스도의 복음 그 자체이다. 보에사크에게 있어서 그리스도는 기독론뿐만 아니라 또한 모든 신학의 중심이다. 그는 심지어 '기독론적 신학'이란 표현을 사용한다.

보에사크는 '흑인의식'과 '흑인의 힘'이라는 용어로 자신의 신학적 이해를 펼친다. 그는, 흑인의식을 흑인의 정체성을 발견하는 과정으로 국한하는 것은 그 개념을 제한하는 것이라고 말한다. 그것은 남아프리카 사회에서 아파르트헤이트의 제도화된 억압 구조를 극복하는 행위로 또한 이끌 수 있다. 그의 견해를 명확하게 설명하기 위하여, 그는 콘의 흑인신학 이해를 비평한다. 보에사크에 따르면, 콘은 그리스도 안에 나타난 하나님의 계시보다는 오히려 흑인 경험에 자신의 신학을 두고, 그래서 실제로 흑인의 힘을 복음과 동일시한다는 의미에서 그 경험을 '계시적'이라고 주장한다. 모두가 다 콘의 입장에 동의하는 것은 아니다. 보에사크의 비평은 콘의 부족함을 발견하려고하는 그 균형 잡힌 태도에서 반영된다. 그러나 보에사크가 흑인의 힘을 최종적으로 인식하는 그 방식은 그렇게 분명하지 않다. 예를 들면, 그는 폭력의 사용에 관한 자신의 입장을 분명하게 드러내지 않는다. 그는 폭력의 옹호자는 아니나, 어느 정도까지 폭력 사용을 허용할 것인가가 그의 글에서 분명하게 나타나 있지 않다. 분명하게, 그는 백인 신학자들이 폭력의 문제를 흑인신학의 주제로 더욱 삼고 있는 경향에 대해 매우 비판적이다.

보에사크 사상의 중심적 특징은 흑인과 백인 둘 다의 화해자로서 그리스도의 개념이다. "해방과 화해는 상호를 전제한다."[39] 화해가 일어나기 위해서는 백인들의 인종차별주의가 철폐되어야 한다. 콘에 동의하면서, 보에사크는 흑인들은 자신들의 내면화된 노예 심리 상태를 떨쳐버리고 그들 자신이 흑인임을 스스로 수용해야 한다고 주장한다. 그럴 때 그들은 그리스도 안에 있는 하나님 앞에서 자신들의 존엄성을 위한 하나님의 약속을 주장할 수 있다.

### 우머니스트의 해방 기독론

흑인 여성들(우머니스트)이 어떻게 예수 그리스도를 자신들의 구세주로 고백할 수 있는가?[40] 어떤 흑인 여성학자들은 독특한 흑인 '페미니스트' 신학에 그럴 필요가 없다고 생각할지 모르나, 많은 이들은 그런 고백을 할 수 있다고 생각한다. 부상하는 흑인 페미니스트 기독론들은 자연스럽게 흑인신학의 전반적인 관심사를 공유한다. 백인의 억압으로부터 해방, 자유를 향한 요구, 그리고 자아-실현이다. 그들은 또한 페미니스트 신학들의 일반적인 목적을 다 공유한다. 곧 가부장제와 남성 지배로부터 여성들의 해방이다.[41]

흑인 페미니즘에 따른 당연한 중요한 결과는, 인간 삶의 전체적인 측면들을 하나의 신학적 전망으로 통합시키는 전체 신학과 기독론에 대한 갈망이다. 아프리카-아메리카 문화, 그 대부분 2/3 세계 문화

---

39) Allan A. Boesak, 《순수에 대한 작별: 흑인 신학과 흑인의 힘에 대한 사회-윤리적 연구》(Maryknoll, NY: Orbis, 1977), 92.

40) 짧고 유익한 안내는 Victor I. Ezigbo, 《기독교 신학 개론》 제1권, 《세계적 기독교 공동체들로부터 목소리》(Eugene, OR:n Cascade, 2013), 179-82를 보라.

41) 초기 형성의 저술은 Delores S. Williams, 《황야에 선 자매들: 우머니스트의 하나님-이야기의 도전》(Maryknoll, NY: Orbis, 1993). 유익한 개관서는 Stephanie Y. Mitchem, 《우머니스트 신학 개론》(Maryknoll, NY: Orbis, 2002).

는 거의 이원론적 서구의 세계관보다 오히려 통전적 성향을 지닌다. 동시에 우머니스트 신학자들은 종종 자신들의 백인 여성 동료들에게 해방의 주안점의 차이를 상기시킨다. 그들이 비록 성평등에 관심을 두기는 하지만 관심을 덜 갖는 편이고, 오히려 사회경제적·교육적·일자리 기회 문제와 관련된 문제들에 더 관심을 갖는다. 어떤 우머니스트들은 또한 흑인 공동체 내에서 흑인 남성들에 의해 자행되고 강화되는 불평들과 열세에 대해 오히려 그들을 비난한다.

켈리 브라운 더글러스의 《흑인 그리스도》는 고전적 신조들의 상세한 지적 교양보다도 더욱 더 중요한 것은 예수의 사역에 관한 복음서의 이야기라고 우리에게 상기시킨다. 그렇다고 하여 이것이 니케아와 칼케돈 신조의 전통들을 포기하는 것이 아니라, 오히려 이것들을 올바른 균형에서 해명하려는 것이다.[42] 이와 유사하게, 재클린 그랜트의 《백인 여성의 그리스도와 흑인 여성의 예수》라는 제목이 말해 주듯, 주요 논점을 예수의 인성과 지상 사역으로 이동시킨다.[43] 다른 많은 해방운동가들의 형태들과 같은 선에서, 우머니스트 신학자들은 기독론 연구에서 아래로부터 접근 방식을 더 선호한다. 그리하여 이는 "종교 공동체의 해방 전통들을 그대로 유지하면서도 이상화된 그리스도가 아니라 역사적 예수의 행위들"에 집중한다.[44] 그러나 그렇게 함에 있어서, 그들은 해방, 포용성, 평등의 사업에서 아래로부터 통찰을 추구하면서 전통적인 방법론적 질문에 관심을 덜 갖게 된다. 더글러스는 성육신과 다른 고전적 주제들에 초점을 맞추는 주류 신학이 지배 계급을 형성하여 그동안 노예와 억압의 죄악에 철저히 눈을 감았다고 판단한다. "가난한 자와 억압받

---

42) Kelly Brown Douglas, 《흑인 그리스도》(Maryknoll, NY: Orbis, 1994), 111-13.
43) Jacquelyn Grant, 《백인 여성의 그리스도와 흑인 여성의 예수: 페미니스트 기독론과 우머니스트 반응》(Atlanta: Scholars Press, 1989), 217.
44) JoAnne Marie Terrell, 《혈통의 힘? 아프리카-아메리카의 경험에서 십자가》(Maryknoll, NY: 1998), 108.

는 자들에 대한 예수의 사역은 기독교의 이런 해석에는 사실상 별 다른 의미가 없는 듯하다."45)

흑인 여성 신학자들은 예수가 당대 사회에서 여성과 소외된 사람들을 사랑으로 감싸주었던 신약성서의 이야기에 크게 감흥하고 있다. 재클린 그랜트에 따르면, 흑인 여성들은 그들이 내세웠던 예수를 그 이야기에서 발견하였고, 그들을 위한 예수의 주장이 또한 자신들의 존엄성과 자아 존중을 확증해 준다고 믿었다. 예수는 흑인들에게 여러 가지 일들을 함의한다. 그러나 이들 중 가장 주요한 것은, 억압 받고 있는 상황 속에서 자신들의 권리를 부여해 주는 '신이며 함께 공동-고통받는 자'로서 예수에 대한 신앙이다. 흑인 여성들은 다음과 같이 생각한다.

> 그녀들은 스스로를 예수와 동일시한다. 왜냐하면 그들은 예수가 친히 자신들과 동일시하였다고 믿기 때문이다. 예수가 핍박받고 부당하게 고통을 당할 때, 그들 또한 그랬다. 그의 고통은 십자가 사건에서 절정에 이르렀다. 흑인 여성들의 십자가 사건에는 강간, 남편에게 버려짐(실제로 그리고 은유적 표현으로도 그랬다), 아이 매매, 다른 잔인하고 종종 살인적인 학대가 포함되었다. 그러나 예수의 고통은 단지 한 인간의 고통이 아니다. 왜냐하면 예수는 성육신한 하나님으로 이해되어야 했기 때문이다.46)

예수는 '신이며 함께 공동-고통받는 자'일 뿐만 아니라 또한 약한 자에게 권능을 부여해 주는 이다. 그의 사랑은 단순한 감상적이거나 수동적인 사랑이 아니라, 오히려 강한 행동을 수반하는 사랑이다. 따

---

45) Douglas, 《흑인 그리스도》, 13.
46) Jacquelyn Grant, "우머니스트 신학: 특히 기독론과 관련하여, 행동 신학을 위한 자료로서 흑인 여성들의 경험," in 《전세계적 교회에서 건설적인 기독교 신학》, ed. William R. Barr (Grand Rapids: Eerdmans, 1997), 346-47.

라서 예수의 신성뿐만 아니라 또한 그의 생애는 흑인 여성 페미니스트 사고와 영성에게 막대한 함의를 지닌다. 예수는 정치적 메시아로서, 그의 과제는 모든 백성을 자유롭게 하는 데 있었다.

## 히스패닉 아메리카인과 라티노의 기독론들

### '경계선상'의 신학

히스패닉과 라티노의 북미인-그들 대부분은 '메스티소'-스페인계 백인과 아메리카 원주민의 혼혈인들-은 종종 자신들이 북미나 혹은 남미 혹은 멕시코에 사는 주요한 백인 인구 중 어디에도 속하지 않는다고 생각한다.[47] 일리가 있게도, 히스패닉 혹은 라티오의 신학은 그동안 "경계선상 신학"이라고 불렸다.[48] '하이브리드'(혼종)라는 표현으로서, 메스티소 기독교의 이런 역동적이고 살아 있는 전통은 프로테스탄트와 로마 가톨릭 신학 둘 다를 질적으로 향상시킬 수 있는 많은 잠재력을 갖는다.[49]

북미의 히스패닉 혹은 라티노의 신학은 다른 이민자 신학들과 더불어, 사회적 소외의 투쟁과 정체성 형성을 공유하고 있다. 히스패닉인 혹은 라티노인들은 북미에 새로운 이민자들이 아니다. 역사적으로 새로운 이민자들은 사실 현재 주요한 인구인 코카시안(백인) 인종이다.[50] (그 백인들은 그동안 신학 일반과 특히 해방 신학에 맞서서 자신들의

---

47) Virgilio P. Elizondo, 다음 책의 서문을 보라. Justo L. González, 《내일(Mañana): 히스패닉의 전망에서 본 기독교 신학》(Nashville: Abingdon, 1990), 13-14.
48) Ibid., 19.
49) González, 《내일(Mañana)》, 13-14; 북미의 히스패닉에 관한 배경을 알기 위해서는 제2장을 보라.
50) Yolanda Tarango and Timothy Matovina, "US 히스패닉과 라틴 아메리칸 신학들: 결정적 구별," *Catholic Theological Society of America: Proceedings* 48 (1993): 128. 다음을 또한 보라. M.

신학을 정립하려고 노력해 왔다.) 그렇다하여 이것이 북미의 많은 히스패닉과 라티노 신학자들이 해방 신학들의 기본적 의제들을 공유하지 않는다는 말이 아니다. 그러나 삶의 지역 또한 다른 것처럼 종종 그들의 접근과 방법은 그들이 상대하는 라틴 아메리카의 것과는 크게 다르다.

북미에서 히스패닉의 뚜렷한 목소리의 증가는 사회와 교회, 특히 로마 가톨릭교회에서 시민 권리를 위한 히스패닉의 '운동'(무비미엔또)과 연결되어 있었다. 북미의 라티노 신학의 형성 단계는 비르질리오 엘리존도 사제의 지도력 하에서 1960년대에 시작되었다. 그 사제의 책 《갈릴리 여행: 멕시코-아메리카의 약속》은 강력한 신학적 자료인 히스패닉 가톨릭의 대중적 경건에 기초하여 쓰였다.[51] 1980년 초기는 신학 학술지 〈'정경', Apuntes〉 설립 같은 여러 중요한 발전을 이루었다. 이 학술지는 1993년 들어 〈히스패닉/라티노 신학 저널〉이 출간될 때까지 히스패닉 신학의 형태를 위한 유일한 학술적 통로였다. '미국 가톨릭의 히스패닉 신학자들의 학술원'(ACHTUS)의 출현은 또한 당시 중요한 사건이었다. 모든 아메리카의 라티노 신학자들의 1/4를 대략 구성하고 있는 여성들은, '뮤헤리스타'(라틴 아메리카 여성) 신학과 다른 페미니스트 히스패닉 관점(앞으로 살펴볼 것임)의 발전에 참여하였다.[52] 히스패닉과 라티노 기독론들은 어떤 기여를 했는가?[53]

---

Shawn Copeland, "흑인, 히스패닉/라티오, 그리고 토착 아메리카 신학들," in 《현대 신학자들: 20세기 기독교 신학 개론》, 2nd ed. David F. Ford (Cambridge: Blackwell, 1997), 367.

51) Allan Figueroa Deck, ed., 《미국에서 히스패닉의 신학의 개척자들》(Maryknoll, NY: Orbis, 1992), xii-xiii.

52) Copeland, "흑인, 히스패닉/라티오, 그리고 토착 아메리카의 신학들," 367-72.

53) 아주 풍부하고 다양한 자료는 다음 선집을 보라. Harold Joseph Recinos and Hugo Magallanes, eds., 《히스패닉 공동체에서 예수: 신학에서 대중 종교로의 그리스도의 이미지들》(Louisville: Westminster John Knox, 2009). 또한 오순절 계열의 젊은 학자의 주목할 만한 다음 기고를 보라. Sammy Alfaro, 《신의 동료들(Divino Companero): 히스패닉 오순절의 기독론》(Eugene, OR: Pickwick, 2010).

## 편파적 성향 기독론

위에서 우리는 쿠바계 미국 교회사가인 유스토 L. 곤잘레스의《내일(Mañana): 히스패닉의 전망에서 본 기독교 신학》이 몇 가지 중요한 기독론과 관련된 이단들의 사상적 분파들을 비평했던 방식을 살펴보았다. 이것은 기독론을 포함하여 어쩌면 상황에 의해서 형성된 모든 신학의 상황적 성격을 드러낸다. 그러나 행동 신학이 지닌 인간적 방식의 편파적 성격은 단지 장애물만은 아니다. 조금은 반직관적으로, 곤잘레스는 신학을 위한 정당한 편파적 성향과 같은 중요한 것이 또한 있다고 주장한다. 성서에서조차 그것은 때론 전면에 나온다. "하나님은 피조물을 위한 분명한 목적을 갖고 있으며, 이들 목적의 성취를 향해 세계와 인류를 움직여 나간다. 그런 의미에서 이것이 뜻하는 바는, 하나님은 이들 목표의 방식에서 그리고 그 목표를 지원하는 모든 호의에서 때로는 편파적이다."54) 성서의 이 같은 편파적 성격은, "스페인어로 성서를 읽을" 때55) 따라야 할 삶의 모델인 "가난한 자들을 더 우선하는 선택"에 의해서 강조된다.

히스패닉 혹은 라티노의 전망에서 기독론의 전통들의 발달을 비평적으로 그리고 '편파적으로' 읽기를 지속하면서, 곤잘레스는 예수의 고난과 죽음에 대한 복음서들의 강조에도 불구하고, 일찍이 거기에 반대하여 "연약한" 하나님-인간의 형태가 기독론에서 발생하였다는 사실을 한탄한다. 하나님/신성이 고통을 받을 수 있다는 모든 개념에 대한 헬라-유대인들의 반감은 초기 신학이 깨지기 쉽고 덧없는 세상에 대한 하나님의 실재 관계를 사유할 수 있는 방식을 거의 차단하여 버렸다. 아리우스주의는 물론 여기서 그 전예(全例)이다. 곤잘레스

---

54) González,《내일》, 21-22.
55) González,《내일》의 제5장의 제목을 보라.

는, "아리우스의 무감각 하나님은…성서의 살아 계신 하나님보다는, 심지어 완화된 니케아 신조형태보다 더 로마 제국의 권위에 대한 지지이다"라고 주장한다.[56] 그런 점에서 곤잘레스는 성부수난설이 대중들에게 매력적이었다는 것은 그리 놀랍지 않다고 생각한다. 하나님이 사실 아들 안에서 고통을 받았다는 양태론적 개념, 곧 성부수난설은;

> 하나님은 세 위격 중의 하나였음을 분명하게 보여주었다. 하나님은 높은 지위에서 수월한 삶을 살았던 황제나 귀족 같은 이가 아니었다. 하나님은 [대중들이] 일상에서 매일 수고하고 고통받는 것처럼, 수고하고 고통을 받았다. 이 점에 관해서 성부수난설 주창자는, 교회의 보다 강력한 지도자들이 놓치기 시작했던 성서적 하나님의 특성에 대한 통찰을 지니고 있었다고 보여진다.[57]

비록 곤잘레스가 성부수난설의 거부를 올바른 신학적 선택으로 여겼지만, 그는 그 이면의 주장에 있는 하나님의 고통을 단언하는 동기가 무시되어서는 안 된다고 생각한다. 매우 흥미롭게도, 기독교 교리의 빼어난 이 역사가는 적절한 사회정치학적 그리고 신학적 전망에서 이단들에 대한 '정통' 해법을 이렇게 설명한다.

아리우스주의에 대한 승리는, 중세시대와 근대의 대부분 교회에서조차, 그 음성이 억압받는 민족에 속한 초라한 목수의 육체가 된 소수자 하나님을 대변할 수 있음을 확보하였다. 성부수난설에 대한 승리도 모든 시대의 기독교인들에게 고통, 억압, 그리고 절망은 최종적인 말이 결코 아님을 확신시켰다. 왜냐하면 고통받는 아들 그리고 고통받는 인류는 그 아들과 그 아들처럼 억압과 불의로 고통받는 모든 사람을 변호하는 그분을 대변하기 때문이다. 영광의 우편 보좌에, 전에 살해되었던

---

56) Ibid., 108-9.
57) Ibid., 109.

어린양들 같은 모든 자들을 대표하여 하나님의 어린양이 있다. 그러나 니케아 신앙의 심오한 통찰은 기독교인들이 이제 강력한 조직이 되고, 곧 실제로 다수의 기득권이 될 것이라는 사실에 의해서 종종 보잘것없게 되었다.[58]

## 라티노 뮤헤리스타의 전망에서 기독론의 이미지들

라티노, 곧 여성 히스패닉 학자들의 의제를 공개적으로 주목받게 한 저술은 아다 마리아 이사시 디아즈(성공회 여성 사제)와 욜란다 타랑고에 의해 편집된 《히스패닉 여성: 교회에서 예언자적 목소리》이었다.[59] 이것은 소위 뮤헤리스타 신학이라 불린 라티노 신학의 주요한 개념들을 함께 모으려는 첫 번째 시도였다. "뮤헤리스타는 해방을 위한 우리의 투쟁을 라티노 여성에게 우선시되는 선택으로 삼는 이들이다."[60] 또 다른 혼종 개념이란, 이는 '메스티자에'(백인과 라틴 아메리카의 원주민의 혼혈인 남아메리카 사람)와 '뮤라테즈'(흑인과 백인의 혼혈인)를 함께 일컫는다. 그리고 종족적으로 그리고 문화적으로 조건을 갖춘 혼혈인을 말한다.[61] 뮤헤리스타는 "라티노의 전망에서 나온 신학"을 위한 시도이다.[62] 대중 종교를 종종 원시 형태로 간주하는 주류 학문적 신학과는 다르게, 뮤헤리스타 신학은 "그 대중 종교를 신에 대한 믿을 수 있는 경험으로 인식한다."[63]

자신의 《엔 라 루카: 히스패닉 여성의 해방 신학》에서, 오늘날 이 운동의 선구자적 사상가 이사시 디아즈는 "풀뿌리 라티노의 종교적

---

58) Ibid., 110.
59) Ada María Isasi-Díaz, 《뮤헤리스타 신학: 21세기를 위한 신학》(Maryknoll, NY: Orbis, 2001), 61; 개척자적 라틴 아메리카의 기고에 대해서는 Maria Polar Aquino, 《삶을 위한 우리의 요구: 라틴 아메리카로부터의 페미니스트 신학》(Maryknoll, NY: Orbis, 1993).
60) Isasi-Díaz, 《뮤헤리스타 신학》, 62-63.
61) Ibid., 71-72.
62) Ibid., 129-30.
63) Ibid., 174.

이해와 그들의 일상의 삶을 안내하는 이들 방식"을 높게 평가한다. 왜냐하면 "이들 종교적 이해는 신앙 공동체 가운데서 드러난 하나님의 지속적인 계시의 한 부분이고, 또한 히스패닉 여성의 해방을 위한 투쟁에 힘을 제공하는 한 부분이기 때문이다."[64] 라 루카, '투쟁'은 라틴 신학에서 하나님-진술의 방식이다. 예수의 고통이 그 모형이지만, 이사시 디아즈는 예수가 다른 모든 인간의 고통보다 더 고통을 받았다고 생각하지 않는다. 또는 예수가 아버지라고 불렀던 하나님은 예수가 지상에서 자신의 사명을 성취하기 위해 고통받을 것을 요구하였다고 생각한다. 고통은 불가피했을 것이나, 그 자체로 그것은 선한 것이 아니며 바랄 것이 전혀 아니다.[65]

비록 라티노 신학적 전망들이 부상하고 있지만-그중 어떤 것은 자신들을 뮤헤리스타의 개념과 동일시하고, 또 어떤 것은 그렇지 않지만-독특한 라티노 기독론은, 이 책을 저술하는 시점에서 볼 때 아직 걸음마 단계일 뿐이다. 이 분야의 개척자인 이사시 디아즈는 그리스도의 메시지의 중심, 곧 하나님 나라에 대해 진술하기 위해 흥미진진한 새로운 신조어를 만들어 냈다. 그녀는 이를 하나님의 "친척(kin)-세력 범위"(dom)라고 이름을 붙였다. 전통적인 명칭이 남성 지배와 정치적 권력 남용의 의미와 역사를 담고 있는 것이라면, 그 신조어는 모든 라티노에게 지고한 가치-공동체, 가정, 공유 등과 관련된다.[66] 그것은 라티노가 각기 개인과 공동체의 수준 모두에서 하나님과의 "깊고 친밀한 관계"[67]를 개발하기 위한 필요와 관련된다.

한 라티노의 기독론 연구 중 최근의 진행 중인 생산적인 논문에서, 알리시아 바르가스는 탄탄한 신학적 전망을 경계지(境界地)에 서

---

64) Ada María Isasi-Díaz, 《엔 라 루카: 히스패닉 여성 해방 신학》(Minneapolis: Fortress, 1993), 21.
65) Isasi-Díaz, 《뮤헤리스타 신학》, 163.
66) Ada María Isasi-Díaz, "뮤헤리스타 신학에서 그리스도," in 《그리스도에 대한 사유: 선포, 설명, 의미》, ed. Tatha Wiley (New York: Continuum, 2003), 160-64.
67) Ibid., 172.

있는 히스패닉 여성의 고통스런 위치와 그리고 그리스도의 고통과 부활과 연결시켜 전개한다.

미국에서 라티노의 삶에 대한 담론은, 언제나 해체와 재건을 반복하면서 상황적 정체성들을 변화시켜야 하는 지속적인 과제이다. 우리의 지속적인 갈등 상황에 대한 개인과 공동체의 새로운 전망들을 반복적으로 비평하고 정면으로 맞서서 건설하기 위한, 고통스럽고 생명을 내어 주는 경험은, 예수 그리스도의 삶과 부활에서 특히 라티노들에게 새롭게 체현된다. 십자가에서 예수의 인간적 고통은 라틴 아메리카 사람으로서 그리고 아메리카 문화적 산물로서 그리고 인종차별 제도로서 우리 자신의 상속을 능히 해체하는 가운데서 라티노들의 고통을 수반한다. 앞의 이것들은 우리를 대체로 세속 공동체 가운데서 그리고 미국 내의 기독교 공동체 모두에서 소외시켜 왔다. [그러나] 우리가 죽음과 새로운 삶이 동시에 교차되는 이 세상에서 풍성하게 살기 위해 우리의 분열된 정체성들을 재건할 때, 그리스도의 부활은 또한 우리 가운데서 그 자체를 분명하게 드러낸다.[68]

다른 많은 소외된 사람들과 유사하게, 라티노에게 있어서 그리스도와 부활에 대한 신앙은 강력한 활력을 주는 힘이며 자아-확증에 도움을 준다. "우리의 구세주 예수 그리스도에 대한 라티노의 신앙은 라티노로 하여금 각자 개인과 공동체의 자아-확증과 책임을 능히 설명할 수 있게 하고, 우리의 다양한 현장의 실천들을 통하여 우리를 옭아매는 억압적 범주들을 해체할 수 있는 능력을 제공한다."[69] 그리고 심지어 이것을 넘어서서, "라티노의 기독론적 전망은 인종차별주의와 성차별주의 제도들에 의한 문화적 사회적 정체성의 불확정성과 심지어 우리의 소외까지도 견디어 이겨낼 수 있도록 힘을 불어넣어

---

68) Alicia Vargas, "라티노의 기독론의 건설: 대화로의 초대," *Currents in Theology and Mission* 34, no. 4 (2007): 271-77.
69) Ibid., 273.

준다."⁷⁰⁾ 이런 형태의 기독론을 간단히 "실천"⁷¹⁾ 기독론이라 부를 수 있다. 이는 또한 앞에서 살펴본 대로, 몰트만이 "그리스도 실천"이라 불렀던 그 자세를 떠오르게 한다. 이 기독론은 교리적 뉘앙스에 관한 사색적 탐색에는 관심을 덜 두고 그리스도의 이야기 자체에 보다 더 관심을 둔다. 이런 태도는 복음서 기자들과도 유사하다. "종교적 이야기는 우리로 하여금 기독교 신앙을 제대로 이해할 뿐만 아니라 또한 우리가 매일 직면하는 삶의 온전한 해방을 위한 투쟁을 진지하게 다룰 수 있게 한다."⁷²⁾

## 후기 식민주의 기독론과 동성애의 기독론

### 부상하는 후기 식민주의 의식과 혼종성

기독교 신학자들을 포함하여 후기 식민주의 사상가들이-문화, 민족, 인종, 정체성, 그리고 쉽게 인식 가능한 다른 표시들의 용어에서-제3천년기를 어리둥절하게 만드는 다양한 사회와 공동체들을 묘사하고자 시도한 방식 중의 하나가 '혼종'(혹은 혼종성)이라는 용어 사용이다. 이런 '새롭고'도 복잡한 혼종 세계에서 "국제적인 것이 이제 국가적인 것과 한데 섞이게 된다. '우리'(We)는 '우리'(us)가 누구인지 그리고 '그들'(them)이 누구인지 그렇게 썩 잘 알지 못한다. 인종도 언어도 더 이상 민족을 어떻게 정의할 수 없다."⁷³⁾ 개척자적인 후기 식민주의의 이론가 호미 K. 바바는 그 용어들을 "사이의 전망"이란 말로 출시

---

70) Ibid., 274.
71) Isasi-Díaz, "뮤헤리스타 신학에서 그리스도," 158.
72) Ibid., 159.
73) Catherine Keller, Michael Nausner, and Mayra Rivera, eds., "개론: 외국인/국민, 해방, 그리고 후기 식민주의 지하조직," in 《후기 식민주의 신학: 신성과 제국》(St. Louis: Chalice, 2004), 1.

하여, 틈새의 공간, 경계지(境界地), 그리고 '사이의 주체성'을 보여주었다. 여기서 사이의 주체성이란 정체성을 인식하는 데 있어서 복합적이어서 한정되지 않은 방식들을 나타낸다.[74] 복잡성의 한 실례는 대도시 지역의 지하철일 수 있다. 그것은 "마치 커다란 지하 동굴의 뱀처럼…서로 다른 피부색, 인종, 의상, 언어, 방언, 그리고 다른 특색 있는 모습의 혼합된 사람들로 가득 채워진, 도시의 지하의 미로를 달리는 지하철 같다."[75]

수많은 신학자들은 후기 식민주의의 분석 자료들을 활용하였다. 한 그룹은 이민자 신학자들로 구성되어 있다. 그들에게 '경계선상'의 삶은 혼종성의 표명에 결정적인 동기이다. 아시아 계 미국 여성의 '사이'를 묘사하기 위한 일본계 미국인 리타 나카시마 브록이 선호하는 표현은 바바의 용어 "틈새"이다.[76] 또 다른 어떤 아시아계 미국인들은 다른 용어를 사용하여 동일한 것을 나타낸다. 한국계 미국인 신학자 이상현은 "경계성"이란 용어로 그 자신의 동포의 주변성을 이야기한다. 여기서 경계성이란 "둘 혹은 그 이상의 세계 사이의 삶의 정황을 말하며, 주변 혹은 한 사회의 가장자리에 처해 있는 삶의 의미를 포함한다."[77] 베트남계 미국인 피터 C. 판은 "틈새와 사이의 삶" 곧, "이 일도 아니고 저 일로 아닌 삶"이라는 어구를 사용한다."[78]

다양한 줄무늬식 해방 신학들이 성차별, 빈곤, 다른 사회경제적 문제, 정치적 억압에 집중하는 반면, 후기 식민주의의 신학들은 다른 형태들의 더 넓은 식민주의 시각에 맞서서 이들 유사한 문제들을 살

---

74) Homi K. Bhabha, 《문화의 장소》(London: Routledge, 1994).
75) "지하철"은 다음 책의 첫 번째 부제이다, Keller, Nausner, and Rivera, "개론," 1. 이 부분은 Kärkkäinen, 《그리스도와 화해》, 90-92.
76) Rita Nakashima Brock, "틈새의 완전성: 아시아계 미국 여성 신학을 향한 성찰," in 《기독교 신학 개론: 오늘날 북미의 전망》, ed. Roger Badham (Louiville: Westminster John Knox, 1998), 제13장.
77) Sang Hyun Lee, 《한계점으로부터: 아시아계 미국 신학》(Minneapolis: Fortress, 2010), x.
78) Peter C. Phan, "틈새와 사이: 기억과 상상력을 지닌 행동 신학," in 《변방에서 여정: 아메리카-아시아의 전망에서 자서전적 신학》, ed. Peter Phan and Jung Young Lee (Collegeville, MN: Liturgical Press, 1999), 113.

피려고 시도한다. 비록 19세기의 식민주의가 대체로 종식되었다 할지라도, 다른 형태의 종속, 억압, 학대의 폭력들이 여전히 현재에도 자행되고 있다. '가진 자'와 '가지지 못한 자'와의 경제적 편중을 한번 생각해 보라. 교육적·사회적 기회 불평등, 언어의 혜택-혼성 국제어로서 영어, 대중매체, 연예 오락, 상업문화의 형태들 등의 모든 포괄적인 영향력이 그것이다. 결과적으로 "예수/그리스도에 대한 후기 식민주의의 페미니스트의 재고의 필요성"이 요구된다.[79] 비록 후기 식민주의에 부상한 기독론의 판도가 전형적인 페미니스트 신학의 가면을 다 폭로하지는 않는다 할지라도, 그에 대한 "기독교의 핵심 문제들은 구세주가 남성이었으며, 기본적인 기독교 상징이 남성 중심이었다"는 것이다.[80] 이것이 또한 성별(젠더) 문제만을 단지 다룬다고 할 때는, 제한된 페미니스트 접근 방식을 고려하게 된다(아래에서 토론할 혼종과 동성애 기독론의 실례가 보여주듯이, 후기 식민주의의 학자들은 또한 그 문제를 새로운 차원으로 제기한다). 후기 식민주의의 기독론 구성을 위한 기본적 도전은, 중국계 미국인 곽 퓌란에 의해 형성되었다.

> 예전에 식민 통치 하에서 억압받고 종속된 국민들이 그리스도의 상징을-식민지화와 지배를 정당화하는 데 익숙히 사용되었던 상징을-어떻게 생명, 자존감, 자유를 확증하는 상징으로 변화시키는 것이 과연 가능할까? 그런 속에서 그 국민들이 그리스도에 대해 말할 수 있을까? 만일 그렇다면, 어떤 조건들 하에서 가능할까?…대안적으로 생각해 보면, 우리가 만일 이 시대의 문화와 종교에서 우리의 성찰의 기초를 다질 필요가 있다면, 우리는 어떻게 [순수] 문화본질주의, 이민배척주의, 국가주의적 이념들의 치명적인 함정을 피할 수 있는가? 예수/그리스도에 대해

---

79) 다음의 부제를 참고하라. Kwok Pui-lan, 《식민지 독립 후의 상상력과 페미니스트 신학》(Louisville: Westminster John Knox, 2005), 169.

80) Ibid., 168.

무엇인가 새롭게 말한다는 게 어떻게 가능할까?[81]

## 혼종화된 예수에 대한 탐구

그리스도의 기독교 신학은 왜 후기 식민주의의 도전과 혼종성의 개념에 그렇게 관심을 갖고 살피려 하는가? 거기엔 신학적 이유들이 있는가? 그 경계들을 넘어서기 위하여 모든 시대마다 기독교 신학이 그동안 기존의 철학적 문화적 현상들에 관여하였다는 일반적인 관찰을 넘어서 최소한 두 가지 중요한 고려 사항이 있다. 첫째, "고대 교회 자체가 로마 제국과 함께 섞인 문화의 다원성에서 유대 종교의 혼종으로 출발하였다…오늘날, 또 다른 세계적 혼종성이 그 상처와 잠재력을 동시에 보유하고서, 다시금 교회가 특히 지구 남반부에서 성장하고 팽창함에 따라 기독교를 재정의하고 있다."[82] 아시아에서 기독교의 시작을 단지 생각해 보라. 비록 "예수가 제자들에게 '너희는 온 천하에 다니며 만민에게 복음을 전파하라'(막 16:15)고 말씀하셨던 곳이 대륙의 먼 서쪽 끝, 아시아의 어느 언덕이었다 할지라도,[83] 그리고 심지어 예수가 아시아인-더 정확히 말하면 서남 아시아인이었다 할지라도, "예수 그리스도가 태어난 곳은 엄연히 로마의 아시아였다"는 것 또한 사실이다. 이전 그리스와 유사하게, 로마인들은 사실 그 대륙에 침입자들이었다.[84] 이것이 의미하는 바는, 예수는 문화, 정치, 정체성, 충성이 뒤따를 수밖에 없는 식민 통치 하에서 그리고 혼종성의 문화 아래서 살았다는 것이다. 둘째, 기독론은 "신/인간의 혼종(혼합)의 상징을 그 핵심적인 교리로 제공한다. 그 교리는 그때 시각으로

---

81) Ibid., 168-69.
82) Keller, Nausner, and Rivera, "개론," 4.
83) Samuel Hugh Moffett, 《아시아에서 기독교 역사》, 제1권, 《시작부터 1500년까지》(San Francisco: Harper San Francisco, 1992), 4.
84) Ibid., 1:6.

보면 당대의 실효성이 있는 형이상학적 이원제를 동시에 흉내내어 아연실색하게 하는 것이기도 하다."[85] 따라서 곽 퓌란이 이를 훌륭하게 주조하듯이, 역사적 예수 탐구 이후에-이제 혼종화된 예수 탐구를 위한 필요성이 있다.[86]

혼종 해석의 심오한 작금의 실례는 아프리카-아시아-유대인으로서 예수이다. 이 해독의 이면에는 셈 족(유대인) 히브리인들은 아프리카의 혈통을 포함하여 덜 인종차별주의자이고 보다 혼합된 무리라는 확신이 있다.[87] 유사하게 (북아메리카의 농경 부족 사이에서 옥수수를 생겨나게 했다는 신화적 존재로서) "콘 마더"로서 예수의 은유는 "정복자의 언어와 사회적 구조들에 자기-부정과 자기-동화를[동시에] 필요로 하는 그런 문화적 구조로부터 아메리카 인디언들을 해방시키는 방식 중의 하나이다."[88] 남성성이라고만 딱 말할 수 없는 로고스를 추구했던 요한 공동체의 기독교인들과 아주 유사하게, 선도적인 인도계 미국인 신학자 조지 팅커는, 원주민 아메리카인들이 틀에 박힌 이원제적 성적 한계를 초월하는 콘 마더의 신화적 이미지를 찾았을 것이라고 직관한다. 그래서 콘 마더의 고통과 자기-희생은 사람들에게 음식과 영양을 제공한다.[89]

구체적인 상황이 무엇이든 간에, 혼종성은 기독교 신학으로 하여금 그 편안한 단계를 넘어서도록 밀어붙인다. 그 혼종성은 또한 그리스도의 성서적 이야기와 이후 세계적 기독교 전통의 역사 위에 세워졌던 복합성과 그 다양성의 섬세한 특성을 지속적으로 이해할 필요

---

85) Keller, Nausner, and Rivera, "개론," 13.
86) Pui-lan, 《후기 식민주의의 상상력》, 170.
87) Karen Baker-Fletcher and Garth Kasimu Baker-Fletcher, 《내 자매, 내 형제: 우머니스트와 하나님-이야기 탈출》(Eugene, OR: Wipf & Stock, 2002).
88) George Tinker, "예수, 콘 마더, 그리고 정복: 기독론과 식민주의", in 《토속 아메리카 종교의 정체성: 잊어버리지 않은 하나님》, ed. Jace Weaver (Maryknoll, NY: Orbis, 1998), 139.
89) Ibid., 151-52.

성을 상기시켜준다. 혼종성의 개념은 또한 동시대의 신학으로 하여금 그리스도의 틀에 박힌 해석과 공식화를 강요하는 일을 불편하게 한다. 그렇다고 하여 이것이 신조 중심의 전통에서 출발했던 교리적 지침을 다 포기하라는 것이 아니라, 오히려 세계의 복잡성에 비추어 봐서 작금의 [신앙] 공식화를 지속적으로 재평가하고 재고해야 할 책무를 요구한다.

흔히 '보편적' 범주들 위에 세워진 많은 현대 신학과 같지 않게, (후기-현대주의자들과 또 다른 이들과 더불어) 후기 식민주의의 학자들은 우리에게 특이성의 중요성을 상기시켜 준다. 그 같은 소망을 존중하기 위해 이 책의 여기 부분에서 후기 식민주의의 기독론들의 제시는 두 가지 구체적인 예에 우선 집중한다. 첫째, 여성과 남성 모두의 아시안계 미국인 해석들에서 후기 식민주의의 그리스도의 해석들이 어떠한가 하는 것이다.(이것은 또한 아시안계 미국 신학의 분리 부분의 결점을 상쇄시킨다). 둘째, 가장 기발하고 가장 광범위하게 토론되고 있는 후기 식민주의의 구성된, 동성애 (혹은 혼종) 기독론이다.

### 후기 식민주의의 아시안계 미국인 전망에서 예수

한국계 미국 여성신학자 앤(Anne) 조원희는 자신의 문화적 기원으로부터 비롯된 두 가지 개념들을 사용하여 후기 식민주의의 기독론을 구성하려고 시도한다. 한(恨)과 정(情)이다. 그녀에 따르면, 한은 고통과 아픔을 나타내는 다면적 개념이다. 그것은 "고통스러운 불의에 맞서 해소되지 않은 분노의 감정, 무력감…혹은 내장과 창자에까지 치밀어 오른 심한 아픔과 슬픔의 감정이다."90) 빼어난 한국계 미국 신

---

90) Joh, 《십자가의 마음》, xxi. (조는 이 정의를 한완상에게 돌린다. 그러나 그녀는 다른 저자에 있어 틀린 참고문헌을 제공한다. 나는 그 원래 자료를 추적할 수 없다.) 한에 대한 많은 함의들을 논의하는 유익한 토론은 다음 자료에서 찾을 수 있다. Andrew Sung Park, 《하나님의

학자 앤드루 박성에 따르면, 그 개념은 소외당하고 고통받은 사람들을 위한 예수의 삶의 의미를 뼈저리게 느끼게 한다. 십자가의 고통뿐만이 아니라 또한 예수의 삶 전체는 신적 한을 보여주었다.

> 예수의 탄생은 가난한 자의 자녀들을 위한 하나님의 한을 나타낸다. 그 탄생 이야기에 따르면, 묵을 숙소가 없었기에 마리아는 아기를 말구유에서 낳았다(눅 2:7)…하나님의 한은 하나님이 생명을 허락했던 수천의 아기들이 마땅히 이용할 수 있는 방이 세상에는 없다…십자가 위에서 3시간 동안의 예수의 고통은 바로 그 한이었다. 그의 많은 세월의 고통은…예수의 한의 심오한 원천이었다.[91]

중요하게도, 박성은 우리에게 다음을 상기시킨다. "예수 그리스도의 십자가 처형을 십자가에서 고통스러운 3시간으로만 국한시키는 것은 정당하지 않다. 예수의 십자가 처형은 그의 전체 생애로 확대하여 이해되어야 한다. 예수는 자신의 십자가를 매일 짊어지는 삶을 살았다."[92] 한의 개념은 또한 우리와 함께하는 하나님의 고통과 공감에서 나타났던 신의 진정한 본성을 강조한다.

> 전능하신 하나님이 십자가에 못 박혔다. 그 십자가는 우리의 죄에 대해 하나님 당신 자신의 취약함을 알게 하는, 하나님의 한의 상징이다…하나님의 상처받은 마음의 울부짖음은 역사 전체를 관통하여 울려 퍼진다. 하나님은 당신 자신의 한의 치유를 요청하면서, 십자가 위에서 자신의 취약함을 불명예스럽게도 드러낸다. 그 십자가는 하나님 당신 자신의 피조물에 대한 그의 흔들리지 않은 사랑이다. 자녀를 낳고 그 자녀들을 한없이 사랑하는 부모처럼, 하나님은 인간에 대한 창조적 사랑에

---

상처받은 마음: 한의 아시아인의 개념과 죄의 기독교 교리》(Nashville: Abingdon, 1993), 제1장 이후.
91) Park, 《하나님의 상처 받은 마음》, 125.
92) Ibid., 124.

잘 요약되어 있다.[93]

한과 연계된, 또 다른 한국 문화의 상징이 정이다. 조원희는 "십자가의 능력은 또한 정에 대한 한국인의 개념과도 연계될 수 있는, 급진적인 형태의 사랑의 가능성을 동시에 가리킨다"고 우리에게 알려 준다. 그 중요한 문화적 개념은 "아래의 함의들을 포함하기는 하나, 연민, 애정, 결속(연대), 관계, 타자를 위한 취약성, 그리고 용서의 개념 등으로만 제한되지 않는다."[94] 결국 "십자가는 한의 공포와 정의 능력 둘 다를 구현하는 데 있어 상징적으로 작용한다."[95]

아시안계 미국인들을 포함하여 모든 이민자들의 '경계선상'의 특성과 일치하면서, 조원희는 한국계 미국 기독교인들에게 있어서 십자가는 권리를 부여하기도 하고 그 권리를 빼앗기도 하는 상징이라고 했다. "십자가가 그들의 각박한 이민 생활에서 경험한 한과 정과의 근본적인 연대를 드러낼 때, 그것은 지속적으로 이민자들에게 권리를 부여한다. 그러나 이는 지속적으로 많은 이들의 권리를 빼앗기기도 한다…왜냐하면 예수가 십자가에서 드러냈던 바가 제대로 이해될 때, 자아-포기에 대한 전통적인 해석과 심지어 죽음에까지 이르는 희생의 감수가 따르기 때문이다."[96]

---

93) Ibid., 123.
94) Joh, 《십자가의 마음》, xiii. 간결한 해설을 위해서는 다음을 보라. Joh, "정의 초월적인 능력: 기독론의 식민지 독립 이후의 혼종성," in 《후기 식민주의 신학: 신성과 제국》, ed. Catherine Keller, Michael Nausner, and Mayra Rivera (St. Louis: Chalice, 2004), 149-63.
95) Joh, 《십자가의 마음》, xiv.
96) Ibid., 71.

## 동성애의 예수?

 전통적인 페미니스트 기독론이 예수의 덜 배타적인 남성성을 확인하려는 방식들을 찾으려고 시도하는 것이라면, 후기 식민주의의 접근 방식은 "[성 문제를] 발생시키는 그리스도"의 계획까지 확인하려고 더 멀리 나간다.[97] 앞서 인용한 류터의 질문-"남성 구세주가 여성을 구원할 수 있는가?"-은, 구세주는 남성이고 따라서 그런 질문이 남성 구세주가 여성과 무슨 관련이 있는가에 암묵적으로 동의한다. 다른 한편, 후기 식민주의의 학자들은 만일 그들이 "구세주의 성(젠더)을 문제시한다면"[98] 어떤 일이 발생할까 하고 의아해 한다. 따라서 "예수/그리스도의 소외(난외)의 이미지들"이 그동안 "신학적 성전환자(복장 도착자)"와 "두 개[성]의 그리스도(Bi/Christ)로서 예수"를[99] 포함하여 제안되었다. 후자 '두 개[성](Bi)'라는 은유는 신학과 기독론 안에 젠더와 함께 섹스와 성적 특성을 포함시키기를 원했던, 아르헨티나의 마르셀라 알트하우스-리드의 영향력 있는 저술로부터 유래한다. 그녀에게 있어서 게이나 레즈비언 신학에서 이 논의를 다루는 것으로는 충분치 않다. 두 개[성]의 그리스도에 대한 그녀의 제안은 지목된 성적 특성에 대한 것이 아니라 오히려 "사람들의 이성애 외의 성정체성과 2원체(남성/여성)의 경계 외의 더 큰 그리스도를 위한 사고 유형에 대한 것이다."[100]

 이 같은 후기 식민주의의 혼종 토양으로부터 동성애 기독론이 부

---

97) Pui-lan, 《후기 식민주의의 상상력》, 제7장의 주제.
98) Ibid., 169-70.
99) 이 문장에서 첫 번째 인용구는 Pui-lan, 《후기 식민주의의 상상력》의 부제(174쪽)이다. 예수의 두 가지 혼종 개념에 대한 논의는 179-82에 있다. 나는 이 부분의 상당한 참고문헌은 Pui-lan에게 의존하고 있다.
100) Pui-lan, 《후기 식민주의의 상상력》, 181에서 의역된 것이다. 여기 인용은 다음을 보라. Marcella Althaus-Reid, 《품위 없는 신학: 섹스, 성별, 그리고 정치에 대한 신학적 전망》(London: Routledge, 2001), 117.

상하기 시작하였고,[101] 이는 특유의 동성애 신학적 전통을 구축하려는 많은 노력 중의 일부가 되었다.[102] 파악하기 어렵고 다소 이의가 제기되는 용어 '동성애'는 "이들 정체성을 게이, 레즈비언, 양성애자, 성전환자, 어지자지(반음양), 이성애적 혹은 그것의 결합을 나타낸다."[103] 동성애 기독론 시도가 직면한 주요 반대는 "개인적 그리고 제도화된 동성애 공포증 양쪽에서 명확하게 표명된 이성애적 가부장제 논리"와 관계가 있다. 이는 결국 동성애자들 가운데서 그대로 "그리스도 공포증"으로 이어졌다.[104]

동성애 신학의 옹호자들은 나사렛 예수가 동성애 혹은 호모/양성애자이었다고 주장하는가? 그렇지 않다. 다만 그들은 확실한 성적 지향성(즉, 이성애적 섹스)만이 '규범적' 인간으로 만든다는 사고방식, 곧 본질주의에 저항하고 있다.[105] 어떤 이들은 젠더와는 다르게 성적 특성은 생물학적 필요성보다는 오히려 사회적 구성이라고 주장한다.[106] 토머스 보하헤는 동성애 기독론의 주요 목표를 간결하게 정의한다.

> 동성애 기독론은 예수의 동성애를 주장하거나 혹은 반대하지도 않는다. 그러나 동성애자들의 그리스도성이 오늘날 동성애 공동체를 포함

---

101) 최근의 중요한 입문서들은 이렇다. Thomas Bohache, 《가장자리 경계로부터 기독론》(London: SCM, 2008) (이 저술은 또한 다른 상황적 세계적 기독론들을 다루나 동성애 기독론에 집중한다). 또 다른 최근의 입문서는 Patrick S. Cheng, 《죄로부터 이제는 놀라운 은총으로: 동성애 그리스도를 발견》(New York: Seabury, 2012). 의미 있는 더 이른 시기의 저술로는 Robert Goss, 《행동을 취한(*ACTED UP*) 그리스도: 게이와 레즈비언의 표명》(New York: Harper-Collins, 1993); Goss, 《동성애 그리스도》(Cleveland: Pilgrim Press, 2002); Althaus-Reid, 《품위 없는 그리스도》.
102) 간결하고 개관과 개론서로는 Patrick S. Cheng, 《급진적인 사랑: 동성애 신학 개론》(New York: Seabury, 2011).
103) Thomas Bohache, "화신으로서 성육신: 초기의 동성애 기독론," *Theology & Sexuality* 10, no. 1 (September, 2003): 9. 이 부분은 대체로 위에서 언급한 Bohache의 논문과 저술에 근거하다.
104) Ibid., 12, 13.
105) Ibid., 17-18. 예수의 동성애적 본성을 실제로 주장하는 아주 작은 소수자들의 대표로는 다음을 보라. Robert Williams, 《나로서 나: 노출, 당당함, 그리고 기독교인에 대한 실천적 안내》(New York: Crown Publishers, 1992), 116-23.
106) 가장 유명세를 탔던 논의는 Judith Butler, 《젠더 트러블: 페미니즘과 정체성의 전복》(New York: Routledge, 1990)이다.

하여 모든 세대의 소외된 사람들에게 어떤 의미가 있는지를 탐색하려고 한다…각기 개인의 하나님 의식은 그들의 신체적 경험의 한계를 넘어선다는 사실을 보여주기 위하여, 동성애 그리스도는 그 시대나 오늘날 시대의 소외된 자들과 연대를 명료하게 표현한다.[107]

신학 연구와 구성 신학적 성찰에서 새로 부상하는 경향은, 그 최종적 단계와 기여에서 곧 드러날 것 같다. 신학에서 다른 최근의 많은 운동과 유사하게, 그 동성애 기독론은 타종교간 차원에서도 관심을 끈다.[108]

여러 지역과 상황들로부터 제기된 다양하고 독특한 해석들에 특히 주의를 기울이면서, 우리는 세계적 수준의 동시대적 기독론들을 이제껏 살펴보았다. 여기서 그 대화를 좀 더 확장하여 살펴볼 차례이다. 물론 기독교 신학은 타종교간 상황에서 중요한 위치에 있다. 예수 그리스도에 대한 유대교, 무슬림, 힌두교, 불교의 설명이 이 책의 마지막 부분의 초점이 될 것이다.

---

107) Bochache, "화신으로서 성육신," 19.
108) 유대교의 전망으로부터는 다음을 보라. Rabbi Rachel Barenblat, "정체성의 협정: 동성애 종교간 커플은 자신들의 이야기를 공유한다", in *Interfaith Family: Supporting Interfaith Families Exploring Jewish Life* (June 2003).

**4부**

## 타종교 가운데서
## 예수 그리스도

## 통일성 없는 다양성

제3천년기의 출발점에서 만일 세계화가 20세기의 그 많은 신학과 기독론에 가장 드라마틱하고 큰 도전이라면, 그것은 타종교간 문제와 종교 다원주의이다. 세계화와 종교다원주의는 물론 함께 속해 있어서 서로를 배양시킨다.

이제 기독교 신앙은 더 이상 북미건 유럽이건 간에 '그 지역의 종교'로 여겨질 수 없다. 기독교 신앙은 그동안 지구 남반부에서 결코 지배적이지 못했다.[1](앞의 언급에서 예고한 것처럼, 몇 년 안에 아프리카는 가장 기독교화된 대륙이 될 것이다). '종교와 공공생활에 대한 교회 신도들 포럼'(PFRP, 2008)은 "미국은 소수 개신교 국가가 되기 바로 직전에 있다"[2]라고 보고하였다. 이 보고서의 함의는 다른 기독교 교회뿐 아니라 심지어 로마 가톨릭교회까지고, 북미에서 주요한 종교적 역할을 더 이상 하지 못한다는 것이다(비록 가톨릭교회는 여전히 상당한 위치를 유지하고 있지만 말이다). 기독교 공동체와 신앙에 대한 헌신은 더 이상 예전같이 기대할 수 없게 되었다. 미국인 1/4 이상이 자신들의 기

---

1) Diane L. Eck, 《새로운 종교의 아메리카: '기독교 나라'가 어떻게 세계에서 가장 종교적으로 다양한 국가가 되는가》(San Francisco: HaperCollins, 2001), 5-6, 61-65.
2) Pew Forum on Religion & Public Life, "U.S. 종교 지형 조사: 종교 관련: 다양성과 역동성," February 2008, 5-7.

독교 신앙 충성을 바꾸거나 신앙 고백을 이미 중단했고,[3] 유럽에서 그 수는 더욱 극적으로 하향길이다.[4]

오늘날 종교 다양성과 만연한 세속주의는 극적인 방식으로 아메리카와 유럽의 문화를 바꿔 놓았다. 지구 남반부에서 종교적 다양성은 너무나 당연한 것으로 여겨지고, 이는 많은 지역에서 중요한 사실이다. 세속주의는 거기서 점점 더 나쁘게 영향력을 미치고 있다. 결과적으로 "우리는 '이 교회 무리에 속하지 않은' 많은 다른 사람들 가운데서 이제부터 우리의 신학을 한다. 우리가 만일 이런 사실을 제대로 인식하기만 한다면, 우리 자신의 신앙을 끊임없이 갱신해야 할 것이고, 타종교 또한 우리에게 기꺼이 유용할 수 있다는 인식을 갖게 된다."[5]

이 마지막 부분은 종교간 참여와 종교적 다원성의 새로운 도전을 소개한다. 그 후 매우 조심스럽게 비교 신학의 작업을 기독교의 기독론과 비교하여 유대교, 이슬람교, 불교, 그리고 힌두교가 예수 그리스도를 어떻게 해석하고 평가하는지를 살피면서 시도할 것이다.

---

3) Ibid.
4) Pew Research Center, Religion: websites on Europe, www.pewforum.org/topics/europe/.
5) Douglas John Hall, 《신앙에 대한 사유》(Minneapolis: Fortress, 1991), 208-9.

# 8장

# 아브라함 전통에서 예수

## 다원주의적 세계와 종교간 모체에서 신학

　(종교적) 용어, '다원성'이 하나의 종교보다 더 많은 종교가 존재한다는 것을 단지 나타내는 것이라면, 어떤 '주의'가 덧붙여진 '다원주의'는 특히 종교적 다양성의 함의들을 다룬다. 기독교 신학자들이 종교적 다양성에 어떻게 접근하는지(힉스와 라너와 관련한 제5장에서)를 위에서 간략하게 살펴보았다. 거기서 비교 신학에 대해 간략하게 또한 언급하였다. 종교의 (기독교) 신학은 기독교가 타종교 전통들과 어떤 방식으로 관련되고 존속하는지에 대한 보다 넓은 문제들에 열중하는 반면, 비교 신학은-이 책의 마지막 부분의 주안점-비교 자체를 수월하게하기 위해서 두 (혹은 그 이상) 신앙 전통들 사이에 놓여 있는 특정한 신앙 체계와 교리들을 깊이 들여다본다. 언급했던 대로, 비교 신학은 종교간 차이점과 유사점을 보다 '중립적으로' 설명하려고 하는 비교 종교의 결과와 통찰들을 활용한다.

비교 신학의 작업은 종교 간의 고유한 특성, 신념 체계, 실천들을 존중하려는 태도에서 출발한다. 그 작업은 각기 종교들이 궁극적인 진리를 주장할 수 있도록 양해한다. 상식은 수많은 주장들이 동일하게 다 옳다-혹은 다 틀렸다-와 같은 추정이 가능하지 않다는 것을 우리에게 상기시키는 한편, 비교 신학은 일반적으로 진리에 대해 현대 다원주의 부정으로 몰고 가서도 안 되며, 혹은 자기 견해만이 옳다고 주장하려는 특정한 종교를 위한 것이 되어서도 안 된다. 비교 신학은 수많은 경쟁하는 진리 주장들이 있기 때문에 어느 것도 참 진리일 수 없다고 말하려는 것이 아니다. 그것은 오히려 각기 종교 전통들이 정직하게 믿고 있는 바에 따라 그들의 경쟁력이 있는 전통들, 비교될 수 있는 개념들, 허용되는 고유한 증언 사이에서 평화적 교류를 위한 방식을 모색한다.

기독교 신학과 신학 교육의 큰 문제는, 최상의 교육을 받은 신학자들 가운데서조차 타종교에 대한 정보와 지식이 당황스러울 정도로 빈약하다는 데 있다. 힌두교-기독교 문제의 전문가인 티모시 테넌트는 이렇게 지적한다. "서구 유럽에서 타종교의 경전들을 피상적인 것을 넘어 좀 더 전문적으로 아는 사람을 발견하기란 쉽지 않다. 이와 반대로, 대다수 세계에서 살고 있는 기독교인들은 종종 타종교들에 의해 지배된 환경에서 살고 있기 때문에, 그런 기독교인들이 타종교의 경전들을 친밀하게 알고 있는 무슬림, 힌두교인, 불교인들과 조우하는 것은 흔한 일이다."[6] 그러므로 '자국에서' 그리고 '해외에서'의 종교적 다원성에 대해 주의력 있고 박식하게 다루는 것은 제3천년기를 맞이하는 신학에 소금과 같이 필요하고 급선무이다.

비교 신학의 작업을 시도할 때, 우리는 그 잠재적 위험성에 유의해

---

6) Timothy C. Tennent, 《세계 기독교의 상황 속에서 신학: 세계적 교회가 어떻게 우리가 신학에 대해 생각하고 토론하는 방식에 영향을 끼치는가?》(Grand Rapids: Zondervan, 2007), 55.

야 한다. 세계 종교들을 평상시 잘 아는 지식인 조차도, 이를테면 기독론 같은 핵심 기독론적 신념 체계들에 대한 비교 주석(注釋)이 우선 적절하고 유익한 방식으로 진행되고 있는지 여부에 대해 문제를 제기한다. 가장 분명한 예를 들어 보자. 예수 그리스도의 신성에 대한 기독교인들의 고백이 어떤 방식에서 소승불교의 무신론적 견해와 양립할 수 있는가? 다른 한편, 비교 신학을 찬성하는 쪽에는 다음과 같은 사실이 있다. 소승불교는, 대승불교 특히 그 지부격인 일본과 중국의 극락세계(정토)와는 같지 않게, 신성과는 좀 동떨어진 종교의 초점을 이제 각기 개인의 각성을 향한 윤리적 추구의 탁월함을 강조하는 쪽으로 의도적으로 이동시키려고 한다. 불교의 관점은 그 용어가 후기-계몽주의 시대 이후 북반부에서 이해된 방식의 무신론을 필요로 하지 않는다. 불교도조차도(예를 들면, 이전 유신론의 힌두교인, 고타마 붓다조차 신성의 존재를 부인하는 그룹) 근대의/동시대의 서구 세속적/과학적 무신론에는 속하지 않는다.

비교 신학의 중심에는 종교들에 관한 깊은 역동적 긴장이 있다. 한편에서 "종교들은 무한한 차이점을 발생시킨다." "다원주의의 첫 발생"에서 엿본 것처럼, 종교들 간의 진정한 차이점을 희석시키거나 혹은 부정하려는 시도는 더 설명할 것 없이 실패하는 시도이다. 이와 관련해서, 두 항목을 맹탕으로 똑같이 비교한다는 게 얼마나 쓸모없고 시시한 과제인지를 단지 숙고해 보라. 다른 한편에서, "공통점을 지닌 [현존하는 많은]…종교들의 중요 핵심에는 하나의 전통이 있다. 그렇다 하여 이것이 동일한 교리들이 정확하게 신봉되어야 한다는 것이 아니라, 다만 동일한 경향의 사상과 신앙 헌신이 현존하며, 논쟁 중에도 다양한 형태의 사상과 종교들의 특성이 적절하게 표현될 수 있다는 말이다."[7] 또한 명백하게도, 종교란 수년에 걸쳐서 발전하고

---

7) Keith Ward, 《영원성의 이미지: 5대 종교 전통의 하나님 개념들》(Oxford: Oneworld, 1998), 1.

재형성되고 형식을 바꾸는 그런식의 현재 진행형이다. 그래서 현존하는 주요 전통 내에서 그 차별성과 다양성은 종종 어떤 종교들 간에서처럼 매우 드라마틱하다.

비교 신학 작업을 그렇게 역동적이고 흥미진진하게 하는 것은 바로 비교 종교와 차이점 때문이다. 비교 신학은 소위 사심 없는 '중립적' 탐구를 목표로 하지 않는다. 그것은 신학적 학문이어서 이를테면 본래 바르게 깨닫고 고백적이다. 가톨릭교회의 선도적인 비교 신학자 프란시스 클루니는 이렇게 기술한다.

> 대화는 전반적인 신학적 환경을 상시 조성해야 한다. 그러나 신학의 주요 목표가 비록 우리가 믿고 있는 진리에 대한 명확한 표현과 하나님에 대한 온전한 지식의 깨달음(신학 방법에 의해 가능한 한)과 여전히 관계가 있지만, 그것이 대화의 주요 목표는 아니다. 전통 안에서 그리고 종교적 경계를 가로질러서, 진리는 매우 중요하고 실재에 대한 주장 간의 갈등들은 [오히려] 의미 있는 가능성을 보여주며, 진리에 대한 정당한 주장은 신학자의 과제 중 중요한 몫으로 남는다.[8]

학술 연구에서 신앙고백주의는 교조주의를 의미하지 않는다. 실로, 비교 신학 작업은 상호 환대의 정신을 요구하고 희망을 품고 그 정신을 발전시킨다. 그 작업은-대화의 양측 면에서 서로가 종교적 타자에게 양보한다. 후기 식민주의의 페미니스트 메이라 리베라는 우리는 "지속적으로 타자를 인격적 타자로 만나는 데 실패한다"고 상기시킨다. "우리는 되풀이하여 타자의 특이점을 무시하거나 혹은 부정한다. 심지어 우리 앞에 상대가 얼굴을 내민 때조차도 우리는 알아보지 못한다. 우리에겐 여전히 '보는 눈과 들을 귀'-그리고 이해하지 않

---

8) Francis X. Clooney, SJ., 《힌두교의 하나님, 기독교의 하나님: 이성이 어떻게 종교들 간의 경계를 허무는데 기여하는가?》(Oxford: Oxford University Press, 2001), 173.

고도 상대를 포용할 수 있는 몸이 필요해 보인다."[9] 다른 종교 간 관계에서 실현 가능한 환대의 적절한 예는 이를테면 "상호 초청, 반응, 그리고 참여이다."[10] 환대는 상대에게 손을 펼치고, 양보하고, 대화를 촉진한다.

몇몇 현존하는 종교 전통들 가운데서 논의되는 예수 그리스도의 역할과 의미 탐구는 두 장을 할애하여 살펴보겠다. 이 장은 서로 다른 두 가지 전통들, 곧, 자연스럽게 기독교와 맥을 같이하는 유대교와 이슬람교 가운데서 기독론들을 탐구할 것이다. 제9장은 아시아의 두 주요 종교 전통들 곧, 힌두교와 불교에서 논의되는 예수 그리스도에 대한 전망을 조명하겠다.[11]

## 유대교 평가에서 예수

### 유대인 중 한 사람으로서 예수에 대한 최근 관심 부각

기독교 신앙과 유대-기독교 관계에 대한 유대인 학자 핀커스 래피드는 대화의 적절한 전망(혹은 그것에 관한 대화의 부족)에 대해 이렇게 설명한다. "누군가가 유대인과 기독교인을 상호 구분하는 기본적 문제에 대해 물을 때, 피할 수 없는 그 대답은 이렇다. [예수는] 유대인이다. 거의 2천 년간에 걸쳐서 경건하고 헌신적인 한 유대인이 우리

---

9) Mayra Rivera, 《초월성의 접촉: 식민지 독립 후의 하나님의 신학》(Louisville: Westminster John Knox, 2007), 118.
10) George Newlands and Allen Smith, 《후대하시는 하나님: 변화시키는 꿈》(Surrey, UK: Ashgate, 2010), 32.
11) 이 책의 제4부는 전체적으로 Kärkkäinen의 다음의 책에서 자세히 논의되었던 비교 신학 탐구 부분에 기초하고 있다. 《그리스도와 화해: 다원주의 세계를 위한 건설적인 기독교 신학》(Grand Rapids: Eerdmans, 2013), 제9장과 15장. 관심 있는 독자는 보다 상세한 논의와 문서를 담고 있는 위의 9장과 15장을 참고하라.

가운데 있었다. 분명히 증오와 분열이 아닌, 조화, 일치, 그리고 평화 속에서 하늘의 왕국의 도래를 원했던 한 유대인, 그는 당신 홀로 살해되었다."[12] 이 일에 관련되었던 "유대인들은 예수가 히브리 성서(구약성서)의 메시아적 예언들을 성취하였다는 주장은 물론, 교부들에 의해 진술된 그에 관한 교리적 주장들-곧 그는 동정녀에게서 나시고, 하나님의 아들이며, 신적 삼위일체의 한 위격이며, 죽음 후에 부활하였다는 주장들을 거부하였다."[13]

유대인 신학자들이 기독론 연구에 어떤 의미 있는 관심을 내보이고 발전시킨 데에 1,800년이나 걸린 것은 놀라운 일이 아니다. 이런 기회가 있기까지 "유대인의 인식은 주로 예수를 헐뜯는 것이었다."[14] 복음서 설화의 급진적인 변경 그리고 (주후 5 혹은 6세기 경) 매우 중요한 그리스도에 대한 초기 유대인 자료인 《톨도트 예슈》(Toldot Yeshu)에 적시된, 예수에 대한 기독교인의 주장들에 대한 심한 논쟁과 조롱 등을 떠올려 보라(보다 적극적인 반례(反例)는 기독교뿐만 아니라 또한 이슬람교가 세계로 하여금 성서적 하나님의 메시지를 수용할 수 있도록 준비시키기 위한 신적 계획의 일부라고 내세운 13세기의 유대인 스페인 철학자 모세스 마이모니데스(1135~1204)의 주장이다).[15]

주후 70년 예루살렘 함락 이후 형성된 신학 전통-랍비 문헌에는 예수의 신적 아들 됨은 곧 '하나님에 대한 유대인의 이해에 반하는 신성모독'이라는 결정적인 반박이 있다. 성육신, 십자가를 통한 속죄, 그리고 삼위일체의 기독교 교리는 물론 거부된다.[16] 말하자면, 탈무

---

12) Pinchas Lapide, 《예수의 부활: 한 유대인의 전망》(Minneapolis: Augsburg, 1983), 30.
13) Susannah Heschel, "예수에 대한 유대인의 견해들," in 《세계 종교들에서 예수: 5대 종교의 선도적인 사상가가 본 예수의 의미》, ed. Gregory A. Baker (Maryknoll, NY: Orbis, 2008), 149.
14) Michael J. Cook, "예수에 대한 유대인의 인식," in 《세계 종교들에서 예수: 그의 의미에 대한 5대 종교들의 선도적인 사상가들》, ed. Gregory A. Baker (Maryknoll, NY: Orbis, 2008), 149.
15) 이 문단은 앞의 Heschel, "예수에 대한 유대인의 견해들," 149-51에 근거하고 있다.
16) Pinchas Lapide, 《이스라엘인, 유대인, 그리고 예수》, trans. Peter Heinegg (Garden City, NY: Doubleday, 1979), 76-77.

드의 후기 단계들-랍비 유대주의의 '성서'-에서 거친 어조를 사용하여 나사렛 예수의 역사적 인물은 덜했으나, 바울 신학이나 이후 교부 및 신조의 전통으로 여겨졌던 것에는 그 반발이 더 강하게 나타났다.[17]

예수의 기적들의 문제에 있어서, 그것들은 일상적으로 일어날 수 있는 '주술'로 여겼다. 곧 탈무드에 따르면 예루살렘의 산헤드린 의원들은 대체로 지혜로울 뿐만 아니라 또한 "주술에 매우 정통한" 남성들이 선택된다.[18] 예수의 기적들에 관한 유대인의 관심은 대체로 기적들에 기초하여 어떤 신조들을 세운다는 시도에 대해 상당히 회의적이다. 신명기 13장이 우리에게 상기시켜 주듯이, (메시아적) 지망자는 혹여 기적 행위로 부각될 수 있으나 자칫 하나님의 백성을 미혹할 수도 있다.

어느 시기보다도 계몽주의 여파 동안에 특히 교육받은 유럽 유대인 가운데서 예수에 대한 관심이 더 부각되었다. 선도적인 현대 지성인 모세스 멘델스존에게 있어서, 예수는 철저히 유대 종교의 인물이었다. 왜냐하면 예수의 "모든 것은, 면밀히 살펴보면, 성서뿐만 아니라 또한 [유대인] 전통에 완벽하게 부합되기 때문이다."[19] 몇몇 또 다른 동시대의 지성인들은 이와 유사한 정서를 반영하였다. 그들은 역사적 예수의 탐구에 의해 그리고 그 이후의 교의적 신조의 전통들의 층과 결별했던, '역사적·실재적' 예수에 대한 고전 자유주의의 관심에 의해 또한 고무되었다. 유대인 학자 요셉 클라우스너가 히브리어로 쓴, 예수에 대한 최초의 현대적 연구서 《나사렛 예수: 그의 생애, 시대, 그리고 교훈》은 획기적인 저술일 뿐만 아니라 또한 사실상 깊

---

17) Ibid., 77.
18) 《바빌로니안 산헤드린》 17a; Lapide, 《이스라엘인, 유대인, 그리고 예수》, 89를 보라.
19) Moses Mendelssohn, 《예루살렘; 혹은 종교적 권력과 유대교》, trans. Allan Arkush (Hannover, NH: University Press of New England, 1983), 134; Heschel, "예수에 대한 유대인의 견해들," 151에서 인용.

은 시오니스트이다.[20] 예수에 대한 현대 유대인 탐구의 주요 과제 중 하나는 과거의 허위 진술들을 수정하는 것이었다. "현대 유대인의 학술적 재평가는…예수의 이미지를 훌륭하게 복원한 입장이며, 그러고 나서 그를 한 유대인으로 되돌려, 다른 고대의 유대인 현자의 반열의 문헌에서도 적법한 위치를 차지할 수 있었던 인물로 묘사하였다."[21] 동시에 유대인들은 기독교의 기원과 영향에 대한 만연한 기독교 신학의 판을 역사적으로 일대 반전시키기를 원했던 유대인 예수를 찾는다.[22]

### 기독론은 본질적으로 반(反)-유대주의인가?

유대인 학자들 가운데서 일기 시작한 예수에 대한 관심의 재기에 맞대응하여, 홀로코스트의 공포와 범죄의 그림자가 어렴풋이 보이기 시작한다. 기독교 교회와 신학자들은 (나치의 정권의 치하에서 발생했던) 유대인들을 적대시하는 정치적 패권과 끔찍한 범죄의 관점에서 그동안 제국주의의 태도를 보였다.

기독교의 반(反)-유대주의에 대한 길고 고통스러운 기록에 비추어 보면, 많은 이들은 기독론 그 자체가 과연 반-유대주의인지 여부에 대해 놀란다. 신약성서 자체와 기독교 신학이 예수를 고려했던 방식은 유대인에 대해 다분히 부정적이고 폭력적인 방향이었으며 또 그것을 조장하여 왔다고 볼 수 있다. 그런 논조의 목소리를 낸 주창자는 《신앙과 동족 살해: 반-유대주의의 신학적 뿌리》를 펴낸 기독교 페미니스트인 로즈메리 R. 류터이다.[23] 여기서 "신학적으로 반-유대주의

---

20) Joseph Klausner, 《나사렛의 예수: 그의 생애, 시대, 그리고 교훈》, trans. Herbert Danby (New York: Macmillan, 1925).
21) Cook, "예수에 대한 유대인의 인식," 224.
22) Heschel, "예수에 대한 유대인의 견해들," 152.
23) Rosemary Raddord Ruether, 《신앙과 동족 살해: 반-유대주의 신학적 뿌리》(New York:

는 기독론의 좌편으로 전개되었다."²⁴⁾ 류터는 기독교인들이 "유대인은 지옥에 떨어져야 한다"고 말하면서 어떻게 예수가 메시아라고 동시에 고백할 수 있는지 의아해 한다.²⁵⁾

반-유대주의의 역사의 심각성을 과소평가하지 않고서는, 유대인 학자들을 포함하여 많은 학자들은 류터의 주장의 적절성에 대해 확신을 갖지 못한다. 그 같은 비난들은 신약성서에서 드러난 훌륭한 다양성의 인식(이에 대해 우리는 이미 제1장에서 살펴보았다)을 포함하여, 너무나 광범위하고 불합리한 것처럼 보인다. 흥미롭게도 유대인 학자 토머스 A. 이디노풀로스와 기독교 학자 로이 보웬 워드는 류터의 연구를 매우 주의력 있게 살펴보고서, "신약성서의 어떤 문서에 드러난 반-유대인 사상의 출현 그 자체가 필연적으로 기독론의 좌편이라는 결론에 이르게 하지는 않는다"고 결론을 내린다. 그들은 류터가 신약성서에 기술된 대표적인 반-유대주의의 전시이며 반-셈 족의 시작이라고 평가한 마가복음 12장의 포도원의 비유를 조심스럽게 살펴보고서, 류터의 해석에 이의를 제기한다.²⁶⁾ 유사하게, 그들은 "바울에게 있어서 유대교는, 인간이 하나님에 대한 진정한 예배 속에서 관계를 지속적으로 가져야 할 구원의 진행 중인 언약이 아니다. 그것은 신앙과 은총의 공동체가 결코 아니었다"고 하는 류터의 주장을 비판해야 했다. 바울 자신이 스스로 유대인임을 자랑하고, "율법의 의로는 흠이 없는 자"(빌 3:6)라고까지 말할 수 있음을 생각해 보라.²⁷⁾

반(反)-유대교적 태도를 신약성서에 책임을 서툴게 돌리는 것에 대

---

Seabury, 1974); 특히 제2장은 신약성서에 나타난 반-유대주의의 자료들에 집중한다.

24) Rosemary Raddord Ruether, 《세계를 변화시키기 위하여: 기독론과 문화 비평》(New York: Crossroad, 1981), 31.

25) Ruether, 《신앙과 동족 살해》, 246.

26) Thomas A. Idinopulos and Roy Brown Ward, "기독론은 생득적으로 반(反)-셈족적인가? Rosemary Ruether의 《신앙과 종족 살해》에 대한 비평적 재검토," Journal of the American Academy of Religions 45, no. 2 (1977): 196.

27) Ibid., 198-99; Ruether, 《신앙과 동족 살해》, 104의 본문에서 인용.

한 학술적 비평이 곧 마태복음에서 유대인들에 대한 "강박한 [심령의] 태도"[28]이거나 혹은 요한복음에서 유대인의 상당수 부정적인 제시 자체를 부정하는 것은 아니다. 유대 백성-대체로 그들의 종교적 지도자들-에 대한 비평은 올바른 관점에서 설명되어야 한다. 유대 백성에 대한,-특히 마태복음 23장의 서기관들과 바리새인들에 대한 마태의 비평은 당시 다른 유대 그룹 내에서 상호 발생한 가혹한 비평과도 필연적으로 다르지 않다.[29]

### 메시아는 도래했는가?

예수 그리스도의 인물에 관한 모든 신학적 차이 중에, 맥을 같이 하는 두 종교 중 가장 첨예한 경쟁은 곧 메시아의 문제이다. 얄궂게도 유대교 신학자와 기독교 신학자들을 통합시키는 것은 구원이 메시아를 통하여 도래한다는 확신이다. 두 종교 전통 중 가장 첨예한 차이의 초두에 오는 것이, 메시아의 의미에 대한 매우 서로 다른 해석이다. 몰트만이 이를 올바르게 지적한다. "복음서들은 예수 그리스도의 온전한 오심과 사역을 이스라엘의 메시아적 희망의 정황에서 이해한다. 그러나 '모든 이스라엘'이 예수를 이미 오신 메시아로 인식하는 것을 확실하게 불가능하게 하는 것은 바로 그 동일한 메시아적 희망이다."[30]

유대인이 메시아로서 예수를 거부하는 주요한 이유는, (하나님의 백성을 포함하여) 세계의 상태를 살펴볼 것 같으면, 메시아가 도래했다는 증거가 분명치 않다는 사실과 관련되어 있다. 유대인 철학자 마르틴

---
28) Ruether, 《신앙과 동족 살해》, 75.
29) Raymond E. Brown, 《신약성서 개론》(New York: Doubleday, 1997), 222.
30) Jürgen Moltmann, 《예수 그리스도의 길: 메시아적 차원에서 기독론》, trans. Margaret Kohl (Minneapolis: Fortress, 1993), 28.

부버가 이를 기억하기 쉽게 지적했듯이, "우리가 보다 깊이 보다 진실로 아는 바로는 세계 역사는 그 근저에까지 철저히 뒤집히지 않았고, 세계는 아직 구속되지 않았기 때문에 메시아는 어쩌면 올 수 없었다. 우리는 세계의 이 같은 비(非)구속성을 인식한다."[31] 기독교적 메시아 희망과는 매우 다르게, 유대교 신학은 메시아의 도래를 구속을 위한 모든 희망의 성취로 기대한다. 이에 비해 기독교 전통은 두 단계에서 메시아의 도래를 이해하게 되었다.[32]

유대교에서 메시아의 역할은 직접 화해시키는 행동보다는 간접 화해의 대리자로서의 섬김과 관련이 있다. 곧 오직 야훼만이 화해를 이룰 수 있다.[33] 유대인 관계자들에 의한 기독교 주장의 거부는 따라서 막대한 차별성을 보였던 제2성전의 메시아 신앙에 비추어보면 충분히 이해할 만하다. 쌍방의 대화를 촉진하기 위하여, 몰트만은 유대인 관계자들의 질문 곧, 유대인에 대한 '이방인' 문제를 제기한다. 곧 "세계가 구속되어 하나님의 직접 통치와 보편적 지배가 이뤄지기 전까지, '이 구속의 목적을 위하여' 하나님은 이미 선택된 백성을 두거나, 더욱 백성을 선택할 수 있는가?"[34]

그리스도에 대한 본질적인 기독교의 신앙이기도 한 성육신은 어떤가? 인간의 형태를 취하는 하나님의 개념은 유대인 신앙에 절대적으로 알려지지 않은 것인가? 대답은 그렇기도 하고 그렇지 않기도 하다. 성육신의 개념이 유대교 메시아 사상에서 실종되고 있다는 의미에서는 '그렇다.' 그러나 신적 구현의 개념 그 자체가 유대교 신학과 전적으로 관계가 없는 것은 아니라는 사실이 유대교 성서의 다음의 제시

---

31) Martin Buber, *Der Jude und Sein Judentum: Gesammelte Aufsatze und Redem* (Cologne, 1963), 562, Moltmann,《예수 그리스도의 길》, 28-29에서 인용.
32) Moltmann,《예수 그리스도의 길》, 30.
33) John C. Lyden, "유대교와 기독교에서 속죄: 재접근을 향하여," *Journal of Ecumenical Studies* 29, no. 1 (1992): 50-53.
34) Moltmann,《예수 그리스도의 길》, 30.

형태에서 충분이 주장될 수 있다. '날이 저물매…하나님이 동산을 거니신다'(창 3:8). 혹은 여호와께서 식사를 함께 하는 천사의 모습을 띠고 아브라함에게 나타나신다(창 18). 혹은 하나님은 야곱이 감히 씨름하여 겨누는 대상으로도 나타난다. '나는 하나님을 얼굴과 얼굴로 맞대면하여 보았다'(창 32:30). 혹은 모세 휘하의 이스라엘 지도자들이 시내 산에서 '이스라엘의 하나님을 보았다'고 주장한다(출 24:9-11). 유대인 미카엘 S. 코간은 주장하기를, "그렇다면 유대인 신자들에게 있어서 그 사상이 떠오르게 하는 바는, 하나님이 만일 자신의 성스러운 성서 본문에서 일련의 기사(記事)를 제시할 때 그런 인간의 형태로 취할 수 있다면, 동일한 하나님이 밀접히 관련된 전승에 의해 신성시된 다른 성서 본문에 제시된 기사에서 유사한 방식으로 행동할 수 있다는 가능성을 손쓰지 못하고 놓치는 우를 범할 수 있다."[35] 물론 이것이 그 유사성의 폭을 너무 크게 벌리려는 것이 아니다. 곧 그 차이점들은, 특정한 한 인물 나사렛 예수 안에서 인성과 신성의 영구적인 '위격적'(실체적) 연합을 진술하고 있는 기독교교 신조의 전통에서, 특히 더 분명하다.

### 이스라엘의 메시아와 열방의 구세주

나사렛 예수에 대한 적의와 반대가 그의 생애 기간에 일어났다. 하나님의 의로운 통치가 그의 지상 사역에서 임박했다는 선언과 함께, "예수는 그 언약 백성을 의로운 하나님에게 다가와 회개하게 하러 왔다"는 판넨베르크의 진술은 또한 진실이다.[36] 그렇게 함으로서,

---

35) Michael S. Kogan, 《열린 언약: 한 유대인의 기독교 신학》(Oxford: Oxford University Press, 2008), 115.
36) Wolfhart Pannenberg, 《조직신학》, trans. Geoffrey W. Bromiley (Grand Rapids: Eerdmans, 1994), 2:311.

신실한 유대인 예수는 첫 계명을 폐하지 않고 오히려 그것을 더욱 급진적으로 바꿨다. 기독교 신학의 조명에서 보면, 우리는 십자가 위에서 예수의 죽음이 아주 역설적으로 그를 '열방의 구세주'로 삼게 했다는 것은 그의 백성이 그를 거절한 이후였다는 결론에 이르게 된다.[37] 언약 백성의 메시아는 그 언약 밖의 백성, 다른 말로 하면 이방인들을 위해서 죽었다. 소수 몇몇 유대인들은 기독교 교회가 이방인들에게 복음을 전파하는 그 중요성을 이제 인식하기에 이르렀다. 그 중 한 사람이 영향력 있는 유대인 종교 철학자 프란츠 로렌츠바이크인데, 그의 성숙한 책, 《구속의 별》에서 그렇다.[38]

그러므로 이 토론에서 매우 중요한 것은 예수의 십자가에 대한 관점이다. 문화적·종교적 상징으로서 십자가는 유대교에게 매우 불쾌하고 공격적이다.[39] "교회가 만일 그 십자가를 이스라엘에 대한 하나님의 거부, 예수에 대한 이스라엘의 거부, 이스라엘의 계승의 상실, 그리고 교회에로의 양도로 해석하는 방식으로 전개해 왔다면, 예수가 이스라엘 백성의 경계를 넘어서 하나님의 흩어진 자녀들을 위해 죽기 전에, 유대 백성을 위해 죽었다는 사실을 고려해야만 했다."[40] 반어적으로 말해서, 만일 메시아적 백성이 자신의 메시아를 거부하지 않았다면 "기독교는 한낱 유대인 사이에 벌어진 사건으로만 잔존했을 것이다."[41] 그러나 많은 유대인은 기독교의 메시아를 거부하였으며, 신약성서의 희망에 따르면, 결과적으로 "온 이스라엘이 구원을 받으리라"(롬 11:26)란 것도 또한 사실이다.

---

37) Ibid., 2:312; Moltmann, 《예수 그리스도의 길》, 34.
38) Franz Rosenzweig, 《구속의 별》, trans. from the 2nd ed. of 1930 by William W. Hallo (New York: Holt, Rinehart & Winston, 1970).
39) D. Cohn-Sherbok, 《십자가에 못 박힌 유대인》(London: Harper Collins, 1992).
40) John G. Kelly, "십자가, 교회, 그리고 유대 백성," in 《오늘의 속죄》, ed. John Goldingay (London: S P C K, 1995), 166-67.
41) Carl E. Braaten, "개론: 유대인-기독교인 대화에서 부활," in Lapide, 《예수의 부활》, 18.

메시아에 대한 서로 다른 해석의 배후에는 인간에게 어떤 잘못이 있는지 그리고 구원을 위한 해법이 무엇인지에 대하여 두 종교 전통 간에 매우 다양한 견해들이 있다. 세계의 구원을 위한 견해도 그렇지만, 기독교의 해석에 따른 대속(代贖)의 개념은 "죄의 문제가 토라에서 이미 충분히 다뤄졌다고 보는 유대인들에게는 매우 낯설고 이질적으로 느껴진다."[42] 이는 유대교 신학이 타락에 대한 기독교 전통의 견해, 그래서 십자가의 예수의 죽음과 같은 신적 조치를 필요로 하는 그런 견해를 지지하지 않을 뿐만 아니라, 또한 내세에서 받는 구원이 유대교에서는 전혀 중심적 목표가 아니기 때문이다. 선택된 백성으로서 토라와 그 계명을 준수하고 하나님이 한 분이시고 거룩하다는 것을 몸소 증명하는 것이 그들 유대교에서는 '구원'의 방식이다.[43] 이와 관련된 이유들 때문에, 단박에 완성된 예수의 자기-희생으로서 속죄의 개념은 유대교의 사제직에 의해 집행되는 지속적인 희생제의와는 현저하게 다르다. 예수의 희생의 최종성뿐만 아니라 또한 그 희생의 보편성은 유대인의 전통의 이해와의 차이점을 뚜렷하게 드러낸다. 그러한 확연한 차이는, 속죄와 구원에 대한 기독교 견해들이 구약성서의 속죄 전통에 근거할 때도 조차도 그렇다.

맥을 같이하는 두 종교 전통들 간의 해석에서 공통된 주제와 극적인 차이점들을 고려하여, 기독교 신학은 유대인 신학자 미카엘 S. 코간의 다음과 같은 권고를 마음에 깊이 새김이 유익할 것이다. 그는 "모든 백성과 열방에게 그리스도를 전파하고 증언하라는 신약성서의 명령에 충실하면서도 동시에 아브라함과 모세를 거쳐 형성된 하나님과 이스라엘 간의 지속적인 언약의 유효성을 확언하라"고 충고한다.[44] 이 긴장의 중심에는 분명하나 중요한 다음의 사실이 놓여 있

---

42) Kogan, 《열린 언약》, 116.
43) Ibid., 11-13.
44) Ibid., xii.

다. "역사적으로 기독교는 그동안 신학적 배타성과 인문학적 보편성을 보여준 데 반하여, 유대교는 역으로 신학적 보편성과 인문학적 배타성을 드러냈다." 그러나 [다행히도] 기독교 신학의 배타주의는 그리스도께서 모든 백성을 위해 죽으셨고, 열방의 온 백성은 이제 이런 구원 사역의 수혜자들이 될 수 있다는 대등한 중요한 확신에 의해서 인정을 받게 된다.[45]

## 이슬람의 예수

타종교들에 대한 로마 가톨릭의 문서, 곧 《바티칸의 비기독교 종교에 관한 문서 II》는 무슬림에 대해 이렇게 기술한다. "그들이 비록 예수를 하나님으로 인정하지 않는다 할지라도, 그분을 한 예언자로 존경한다. 그들은 또한 마리아를 예수의 성모로 경외한다. 때때로 그들은 그녀를 신앙심을 지니고 대하기도 한다."[46] 반어법적으로 말해서, 예수는-기독교인들이 이슬람교의 창시자요 예언자 마호메트를 풍자하는 것이 만연한데도 불구하고-무슬림들에게서 가장 존경을 받는다. "이슬람교 전통에서, 예수(이사, 'Isa)는 한 사람 무슬림이었다."[47] 그러므로 우리는 이슬람교 전통에 언급된 예수에 관한 격언이나 이야기의 명시선집에서 '무슬림교도 예수'와 같은 칭호들을 찾아볼 수 있다.[48] 대부분 기독교인들에게는 잘 알려지지 않은 코란에서, 예수와 그의 모친에 관한 언급이 대략 100회 정도 발견된다.[49]

---

45) Ibid., xii-xiii.
46) Nostra Aetate, par. 3.
47) Reem A. Meshal and M. Reza Pirbhai, "예수에 대한 이슬람교의 전망," in Burkett, 《예수의 Blackwell 동료》, 232.
48) Tarif Khalidi, ed., 《무슬림 예수: 이슬람교 문헌에서 격언과 이야기들》(Cambridge, MA: Harvard University Press, 2000).
49) 30회 정도 이상의 언급에 더하여, 코란의 슈라 19장은 마리아 이름을 따서 지었다.

코란에는 신약성서 복음서의 이야기가 전혀 없다. 그 대신에 수태로부터 시작하여 지상 사역, 죽음/부활, 그의 종말론적 미래에 이르는 예수 생애의 중요한 사건들을 많이 언급하고 있다. 심지어 예수의 동정녀 탄생까지도 코란(21:91)에서 확인된다.[50] 무슬림교도들 가운데서 평가되고 있는 예수의 의미는 감성적이고 논쟁적인 문제로 진행되고 있다. 이 같은 불편함 배후에는 이슬람교 경전의 전통이 지닌 충분한 '자족'의 원리가 있다. 그 원리에 따르면, 이슬람교 전통만이 오직 예수의 정확한 모습을 제시한다. 거기엔 기독교의 기독론과의 장기간에 걸친 토론과 갈등이 또한 있다. 양측은 예수 그리스도는 누구이며 그리고 그의 의미는 무엇인가에 대해 서로 간에 거짓되고 곡해되고 비정상적인 해석으로 비난하였다. 장기간에 걸쳐 진행된 전형적인 무슬림의 개입은 코란의 기존 언급에 더하여 경전 외의 외경 문헌, 특히 《바나바의 복음서》로부터 온 자료들에 대한 것이었다. 이 외경의 영향력은 오늘날까지도 반(反)기독교 논쟁에서 대단하다.[51]

**무슬림의 기독론에서 예수의 칭호들**

이슬람은 자신들의 전통에서 예수를 매우 존경받는 칭호인, 예언자들 중의 하나로 여긴다. 예수는 노아, 아브라함, 그리고 모세로부터 시작하는 구약성서 예언자들의 반열에 있다. 예언자로서 예수는 예언자들의 '선봉'이기도 한 예언자 마호메트 다음 서열이다. 흥미롭게도, 교사로서 예수의 역할은 복음서들과 비교해 볼 때 코란에서 매

---

50) 코란(Qur'ān)의 많은 영어 번역서 중, 이 책에서 사용된 것은 《거룩한 코란 : 그 내용의 새로운 영어 번역》(Amman, Jordan: Royal Aalal-Bayt Institute for Islamic Thought, 2008). 이 코란의 번역본은 또한 http://altafsir.com에서 이용할 수 있다.
51) 보다 유용한 토론을 위해 다음을 보라. Oddbjørn Leirvik, 《이슬람에서 예수 그리스도의 이미지들》, 2nd ed. (London: Continuum, 2010), 132-44.

우 미미하다. 하나님은 예수를 가르치고 어떤 때는 예수의 가르침의 오류 때문에 그를 질책하는 경우도 있다.

코란에서 예수에게 고유하게 딱 지정될 수 있는 유일한 칭호는 메시아이다(4:171). 그러나 그 용어의 이슬람식 해석이 과연 무엇인가를 구별하여 결정하는 것은 어렵다. 분명한 것은, 그 용어가 기독교의 전통과는 달리 신성을 나타내지 않는다는 것이다.

예수의 기적들은 이슬람 전통들에 의해 열광적으로 긍정되고 확인된다. 코란은 예수의 여러 기적들, 이를테면 문둥병자 치유, 죽은 자의 소생 등을 열거한다. 코란은 또한 외경 복음서들에 근거하여 진흙으로 살아 있는 새를 빚는 그런 기적들도 소개한다(5:110).[52] 주목할 만한 기적은, 하나님과 신적 섭리를 위한 대변자로서 예수의 진실성에 대한 신성한 증거로서 맛있는 음식이 차려진 식탁이 하늘로부터 내려온 것이다(5:112-15). 무슬림의 주석문학, 시, 대중의 경건에는 예수의 기적들의 다른 형태의 진술과 이야기들을 포함하고 있다. 이런 기적 이야기들은 예수의 인물과 예언자의 지위에 대한 높은 존경을 드러낸다. 가장 잘 알려진 무슬림의 시인, 13세기 페르시안 수피(Sufi)인 잘라루딘 루미에게 있어서, 기적 사역을 동반한 예수의 기적적인 탄생과 생애는, 병든 자의 치유와 죽은 자의 소생을 포함하여 영적 중생을 위한 영감(靈感)의 원천이 된다. 페르시안 언어에서 거의 코란으로까지 불린 그의 가장 영향력 있는 《마타나위》(Mathanawi)는 죽은 자를 일으키는 그의 능력과 그의 지혜 때문에 예수를 칭송한다.

그러나 예수에게 돌려진 기적 행위의 풍부한 기록 자체가, 예수는 이슬람의 대예언자보다 더 높이 칭송을 받아야 한다는 것을 뜻하지

---

52) 코란에 기술된, 예수의 기적들에 대한 유익한 토론을 위해 다음을 보라. Neil Robinson, 《이슬람교와 기독교에서 그리스도》(New York: State University of New York Press, 1991), 제14장.

않는다. 곧 예수에 의해 행해진 기적들은 모세나 마호메트의 다른 선구자들에 의해 시행된 기적들과 유사하다. 기적들의 목적은 예언자의 신분을 확인하는 것이지 그의 신성을 확인하는 것이 아니다. 예수가 하디스[예언자 모하메드에 관한 구전 전승]와 전설적인 전통에서 무흠(無欠)으로 묘사되고는 있지만, 그것이 그를 뛰어난 인물로 만들지는 못한다. 이런 측면에서 케네스 크래그의 관찰은 정확하다. "코란이 전례 없는 기적들을 예수에게 돌리는 것은, 무슬림의 연구 주석가들을 당황하게 할 목적이 아니라는 것은 분명하다. 그와 반대로 그들 주석가들의 관점에서, 예수는 예언자이기 때문에 하나님이 그에게 특별히 허용한 기적들은 예수의 주변 인물들을 확신시키기 위해 충분히 위대해야만 했다. 그러므로 대중적 무슬림의 경건과 공통적으로, 그 주석가들은 기적들을 경시하기보다는 오히려 그것을 과장했을 경향이 있다."[53]

예수와 그의 지상 사역이 이슬람 신학에서 존경을 받는 만큼, 예수 그리스도를 마호메트와 비교하는 것은 그렇게 유익하지 않음을 유념하는 것이 필요하다. 그리스도에 대한 신앙에 의해 결정되는 기독교 종교와는 달리, 이슬람교는 마호메트에게 근거하지 않고 오히려 코란과 알라를 기반으로 한다. (가브리엘 천사를 통한) 마호메트는 신적 계시의 중재자이다. 그리스도와 다름없는 그는 신이 아니다. 오직 하나님만이 신이다. 이슬람 종교에서 그리스도에게 가장 유사한 것은, 코란의 신적 계시와 비교하여 볼 때 하나님의 살아 있는 말씀으로서 그리스도의 역할에서 발견될 수 있다.[54] 말하자면, 예수의 최상의 신분은 종종 인용되는 다음의 코란의 진술에 의해 증명된다. "예언자

---

53) Ibid., 154에서 인용.
54) 따라서 "'이슬람의 그리스도'는 코란이다"라는 제목은 in Josef Imbach, 《예수의 세 가지 얼굴들: 유대인, 기독교인, 그리고 무슬림은 어떻게 예수를 인식하는가》, trans. Jane Wilde (Springfield, IL.: Templegate, 1992), 87.

들은 서로 다른 어머니들을 두었으나 신앙 안에서 다 형제들이다. 그러나 그들의 종교는 하나이고, 우리(나와 예수 그리스도 간에) 사이에는 사도가 없다."⁵⁵⁾ 잘 알려진 바대로, 일반적으로 기독교와 기독교 전통과의 모하메드 관계, 특히 그의 초기 단계의 이력에서 그 관계는 꽤나 긍정적이고 건설적이다.

이슬람 전통에서 묘사된 예수와 그의 의미 그리고 기독교적 해석으로부터의 급진적 이탈을 파악하기 위하여, 이슬람의 기독론과 기독교의 기독론 간에 놓여 있는 가장 경쟁적인 세 가지 문제인 예수의 신성, 성육신, 그리고 십자가 처형을 더 세밀히 살펴보자.

### 기독교 신학의 그리스도 주장들에 대한 이슬람의 반박

이미 언급한 대로, 마호메트는 이슬람교에서 신성의 의미를 지니고 있지 않다. 예수나 혹은 다른 예언자들은 더 말할 것 없다. 오직 알라만이 하나님이다. 이슬람교의 엄격한 일신론은 그들의 신앙 고백의 중심에 있다. "'예수 그리스도', '영원한 로고스', 말씀이 육신이 되었다. '하나님의 독생자 예수' 그리고 삼위일체의 두 번째 위격 등은 두 종교[무슬림과 기독교인]을 갈라놓은 큰 장벽이 되어 왔다"는 게 조금도 놀랍지 않다.⁵⁶⁾

코란은 예수 그리스도의 신성을 주장하는 모든 기독교의 교리를 강력하게 정면으로 부정한다(4:171; 5:17; 9:30; 19:35). 이와 관련해서 코란은 알라에게 아들이 있음을 부정한다(2:116; 4:171; 10:68; 17:111). 아들을 두지 않았다는 이들 본문의 주요 논점은 첫째 하나님의 초월성이

---

55) *Muslim, Kitāb al-Faḍā'il*, in Leirvik, 《이슬람에서 예수 그리스도의 이미지들》, 38에서 인용.
56) Mahmud M. Ayoub, "하나님의 아들 예수: 코란과 거룩한 코란의 말라얄람어 해설[Tafsīr] 전통에서 Ibn과 Walad 용어에 대한 연구," in 《기독교인-무슬림의 만남》, ed. Y. Y. Haddad and W. Z. Haddad (Gainesville: University of Florida Press, 1995), 65.

고, 다음은 알라는 스스로 세계 안에 있는 만물을 이미 다 소유하고 있다는 사실이다(10:68). 일반적으로 아들을 낳는다는 하나님의 개념은 처음부터 부정된다(37:152; 112:3).

성육신을 반박하는 유사한 내용들이 무슬림 신학에 아주 풍부하다. 이와 반대로 코란은 종종 예수의 단순한 인성을 언급한다. 그리고 무슬림 학자들은 종종 예수의 무지, 유혹 받음, 배고픔, 목마름 등을 포함하여 그의 인성을 언급하고 있는 신약성서 본문들을 인용한다. 더욱이, 성육신의 교리 일부로서 예수의 육체적 수태와 탄생은 기독교와 무슬림의 가르침과 서로 양립할 수 없는 것으로 보인다. 무슬림의 주석가들 사이에서 제기된 우려는 하나님의 초월성과 서로 양립할 수 없는 성육신 문제이다. 육신으로 오신다는 하나님의 개념은 무슬림의 정서에서는 하나님의 영광과 위대함을 침해한다.

신성과 성육신과 함께, 두 종교 전통 간에 놓여 있는 가장 뜨거운 경쟁적인 문제는 그의 마지막 순간에 예수에게 일어났던 바와 관련되어 있다. 두 전통의 기독론은 십자가 처형의 해석에서 첨예하게 서로 다르다. "십자가는 이슬람교와 기독교 사이에 가로놓여 있다. 대화도 그 십자가의 걸림돌을 제거할 수 없다. 때가 되면 예수를 신봉하려는 무슬림은 이와 직면해야 한다."[57] 고통받는 메시아가 무슬림의 마음에 들지 않은 이유 중의 하나는, 이를테면 아브라함, 노아, 모세, 그리고 다윗 등이 지상에서 하나님의 명백한 승리의 비전과 훨씬 더 잘 어울리는 '성공과 입증의 본보기'이기 때문이다.

비록 무슬림 전통이 십자가 처형에 대해 한목소리를 내지 않는다 할지라도, 거의 모든 무슬림들은 십자가 처형이 실제로 일어나지 않았고, 다른 이가 예수를 대신하여 처형되었다(통속적으로 가룟 유다가

---

57) George H. Bebawi, "속죄와 자비: 아타나시우스와 안셀무스 간의 무슬림," in 《오늘날 속죄》, ed. John Goldingay (London: S P C K, 1995), 185.

그 역할을 맡는다)고 믿는다고 말해도 좋다. 그렇다면 예수는 죽지 않았다. 죽어 부활하여 승천했다는 그런 기독교의 일련의 사건들 대신에, 그는 "지상에 태어나서 살다가…죽지 않고, 에녹과 엘리야처럼 하늘로 올라갔다."[58] 더욱이, 전체 무슬림 신학은 만장일치로 "죄인을 위한 몸값으로의 십자가에서 그리스도의 속죄 희생을 부정한다."[59] 유대교 전통과 유사하게, 이슬람교는 (비록 코란에서만 아담의 타락 기사가 세 군데 정도에서 발견되지만) 타락과 죄에 대한 전통적인 기독교의 개념에 동의하지 않는다.

한스 큉은 예수에 대한 이슬람의 이해와 기독교적 해석과는 다른 그 정황을 올바른 균형으로 기술하고 있다. 그는 기독교인들이 코란에서 기독교적 의미를 파악하려고 하지 말라고 충고한다.

> 코란은 신약성서나 니케아회의 혹은 칼 융의 심리학의 관점에서가 아니라, 코란의 관점에서 해석되어야 한다. 코란에게 있어서 예수는 아브라함, 노아, 모세와 같은 한 예언자요, 위대한 예언자이다. 그 이상도 아니다. 이는 마치 신약성서에서 세례 요한이 예수의 선구자이듯, 코란에서 예수는 모하메드를 위한 선구자요-매우 고무적인 모범일 뿐이다.[60]

다른 한편, 한스 큉은 무슬림들은 복음서들의 역사적 자료에 근거하여 예수를 평가하기를 권고한다. "우리가 만일 기독교 측면에서 이슬람의 자료, 특히 코란에 근거하여 모하메드를 재평가하려고 시도할 것 같으면, 이미 유대인들이 시도해 오고 있는 방식대로 무슬림들도 언젠가는 역사적 자료들(곧 복음서들)에 근거하여 나사렛 예수를

---

58) Clinton Bennett, 《기독교-무슬림의 관계 이해: 과거와 현재》(London: Continuum, 2008), 51. 코란은 예수의 십자가 처형에 대해 오직 한군데서만 명백하게 언급한다.
59) Mahmoud M. Ayoub, "이슬람의 기독론을 향하여 II: 예수의 죽음, 실재 혹은 망상 (코란의 해설[Tafsīr] 전통에서 예수의 죽음에 대한 한 연구)," *The Muslim World* 70, no. 2 (1980): 94.
60) Hans Küng, 《기독교와 세계 종교들: 대화에로의 길》(New York: Doubleday, 1986), 110.

재평가하려고 시도할 것이라는 희망을 지닐 수 있다."[61)

이 책의 마지막 장은 아시아의 두 가지 대종교 전통들 곧, 힌두교와 불교에 초점을 맞추어서 이들 종교에서 예수의 역할이 무엇인가를 계속해서 살필 것이다. 우리는 아브라함의 종교들(유대교, 기독교, 이슬람교)과는 다른 이들 종교적·철학적·영적 환경을 이제 탐색하는 것은 말할 나위도 없이 분명하다.

---

61) Ibid., 111.

# 9장

# 아시아 종교전통에서 예수

## 예수에 대한 힌두교의 설명

역사적으로 고려해 보면, 기독교와 힌두교가 서로 국외자가 아님에도 불구하고, 1세기 이른 시기에 인도에 기독교가 이미 존재했을 개연성은 있다. 그러나 힌두교가 이 이른 시기부터 생존한 예수를 알고 있었다는 기록은 없다.[1] 19세기가 돼서야 힌두인이 그리스도에게 직접 반응하고 그를 이해하고 해석할 수 있음을 우리는 알 수 있다. 제6장 아시아의 기독론들의 정황에서, 신-힌두교 부흥과 인도에서의 '현대적' 예수에 대한 관심에 대해 토론하였다. 그래서 그런 문제를 여기서 다시 반복하여 취급하지 않겠다.

---

1) 그러한 상황이 결코 존재하지 않았다고 언급함으로서, 힌두교에 대한 연구를 시작하는 것은 그동안 흔한 일이 되었다. '힌두교' 연구는 학술적으로 아주 최근의 일이다. 신학적 목적을 위한 유익한 안내와 토론은 다음을 보라. Julius J. Lipner, "고대의 벵골 보리수: '힌두인'의 의미에 대한 조사," *Religious Studies* 32 (1996): 109-26.

예수에 대한 힌두인의 가장 이른 현대적 해석은 19세기 초에 라자람 모훈 로이에 의해 제시된 것인데, 주로 예수의 윤리적 의미에 초점이 맞추면서 신적 성육신은 부정하였다.[2] 많은 다른 힌두인 작가들은 (그리스도에 대한 개인적 헌신에 꼭 참여할 생각은 갖지 않고서도) 그의 사회적 교훈들에 매혹되었다. 《베단타(우파니샤드, 브라마수트라, 바가바드기타)에 따른 스와미 파라마난다의 산상수훈》는 이 수훈을 "그리스도의 복음의 본질"로 여긴다.[3] 그리 놀랄 것 없이, 마하트마 간디에게 있어서 예수는 새로운 공동체 사회의 이상과 지복의 삶 그리고 다른 교훈들을 제시하는 윤리적 교사이다. 그런 교훈에서 간디는 인도 백성의 해방을 위한 자신의 평화주의 투쟁을 안내했던 동일한 원리들을 보았다.

대체로-거의 예외 없이, 종종 식민주의 역사와 관련하여 예수에 대한 힌두인의 인식은 긍정적이다. 이것은 불교의 관점과도 유사하면서도 많은 유대교과 이슬람교의 관점과는 다르다. 일반화해서 살펴보면, 20세기 사람들을 포함하여 예수에 대한 힌두인의 인식은 다음과 같은 방식으로 기술될 수 있다. "(1) 예수는 보편적 가치를 설파한 합리적인 교사이다. (2) 예수는 다른 성육신들 가운데 있는 하나님의 성육신이다. (3) 예수는 영적 교사이다. 이런 입장들은 물론 상호 배타적이지 않다."[4]

---

2) 주요 인물들에 대한 유익한 소사나 보문을 위해 다음을 보디. R. Neufeldt, "그리스도에 대한 힌두인의 관점들," in 《힌두인-기독교인의 대화: 전망과 대면》, ed. Harold Coward (Maryknoll, NY: Orbis, 1990), 162-75.

3) Swami Prabhavananda, 《베단타에 따른 산상수훈》(Hollywood, CA: Vedanta Society of Southern Califirnia, 1992[1963]), 7.

4) Gavin Flood, "힌두교에서 예수: 가까운 성찰," in 《기독교를 뛰어넘는 예수: 고전 본문들》, ed. Gregory A. Barker and Stephen E. Gregg (Oxford: Oxford University Press, 2010), 202.

## 힌두교의 해석에서 예수의 신성과 성육신

예수의 신성에 대한 힌두교의 평가는 상당히 다양하다. 그들 중 몇 평가는, 예수를 단지 존경받는 교사로 여기지만 성육신 하나님으로는 신봉하기를 거절한다. 또한 예를 들면 인도의 철학자 사회학자 케샵 천더 센은, 삼위일체 교리를 아버지와 성령간의 이위일체로 대체하고, 예수를 성육신한 하나님에 미치지 못한다고 여겼으나, 그의 "아들 됨"은 하나님 아들의 이상의 구현으로 높이 평가하였다. 따라서 예수는 우리를 위해 "신적 인성"의 완벽한 모범을 제공하였다고 했다.[5]

아마도 오늘날 많은 대다수 힌두인의 해석자들은 예수를, 이를테면 비슈누의 아바타인 크리슈나에 유사한 인물로 여기고 예수 그리스도에게 신적 지위를 기꺼이 부여하고자 할 것이다. 그러나 그것은 신조들이 천명하는 전통적 기독교와는 매우 다르다. 인간 존재의 일부 어떤 차원이 신성을 지닌다고 믿는 것은 힌두교 사상에서는 흔한 일이다. 신성의 실현 가능성은 (대부분 인간이 비록 그 실현에 다 도달하지 못할지라도) 그 인간 존재의 성취 여하에 달려 있다. 그런 상황에서, 예수는 신성의 실현이 거의 가능했던 인물 중 하나이다. 그러므로 예수의 중요성은 한 인간에게서 일어날 수 있는 신성의 실현 가능성의 상징으로서 그의 역할에 있다. 그런 견지에서, 십자가까지도 "만연한 신성에게 자아의 희생을 내맡기는 형이상학적 의식(意識)에서" 궁극적인 자기-희생의 형태로 이해될 수도 있다.[6] 차크라바르티 람-프라시드는 심지어 오늘날 힌두교의 기독론적 평가의 이 누적된 진술을 이렇게 요약하기까지 한다. "지금껏 예수에 대한 영향력 있는 초기

---

5) 편집자들의 개론 해설서, Keshub Chunder Sen, 《인도에서 케샵 천더 센의 강좌》(London: Casssell, 1904), 2:25-27.
6) Ram-Prasad, "예수에 대한 힌두인의 견해들," in 《세계 종교들에서 예수》, 85.

힌두교의 견해들의 한 측면은, 어떻게든 예수를 의심할 바 없는 신성한 분으로 인식하는 것이라는 말이 더 맞다. 예수에 대한 체계적인 학설을 세우려는 어떤 시도도 거의 없다. 그러자 거기서 예수는 허풍선이 혹은 '단순한' 인간 혹은 어떻든 간에 영적 의의를 지니지 못한 인물로 무시된다."[7]

19세기의 인도 벵골의 지도자 라마크리슈나 파라마한사에 의해 저술된 《스리 라마크리슈나의 복음서》에서는 예수에게 최고의 신분이 부여되기까지 한다. 라마크리슈나는 수많은 신비가들이 예수를 만났다고 주장하였고, 그 자신도 그리스도와 깊은 연합을 경험하였다고 했다.

유신론적 힌두교의 핵심 신앙은 신적 존재들/신들의 구현인 아바타(화신)들과 관련이 있다. 그것 중 가장 잘 알려진 것들이 (힌두교의 주요 신 브라마와 시바와 함께 세 주요 신들 중 하나인) 평화의 신 비슈누의 열 가지 성육신(화신)들이다. 세계의 '보호자 신' 비슈누의 주요 임무는 우주와 그 질서 의지가 부당한 방식에서 파괴되지 않도록 확실하게 유지하는 것이다. 비록 아바타들이 다양한 형태일지라도, 비슈누는 세상의 여러 문제들에 개입한다. '하강'이란 용어가 문자적으로 의미한 대로, 이는 '성육신(화신)'의 용어로 바꿔서 표현될 수 있다. 인도에서 보통 사람들의 '경전'인 바가바드기타(4:7-8)에서 가장 잘 알려진 본문은 다음 방식으로 그 성육신을 기술한다.

> 7. 오 바라타의 후손, 달마(질서의 법)가 쇠락하고 아드하르마(혼돈)이 일어날 때마다, 나는 나 자신을 몸으로 드러낸다.
> 8. 선한 자를 보호하기 위하여, 익한 자를 멸하기 위하여, 그리고 달마를 바로 세우기 위하여 나는 모든 시대에 걸쳐 태어난다.[8]

---

7) Ibid., 86.
8) 위 본문은 Swami Swarupananda에 의한 번역. 이외 다른 지적이 없는 한, 모든 힌두교 경전

기독교의 해석에 따른 속죄 개념보다 오히려 신성의 '하강'의 목적은, 옳은 질서(혹은 '의'(義)인 달마를 바르게 세우는 데 있다. 예수의 희생적 죽음보다는 오히려 아바타라 크리슈나 그리고 다른 아바타들은 남자와 여자로 하여금 실재의 본질에서 '각성' 혹은 올바른 통찰을 터득하게 한다. 여기서 죄보다는 오히려 '무지'가 인간의 곤궁한 상황을 진단케 하는 주요 요소이다. 따라서 "아바타들은 그때 진리의 새로운 혹은 갱신된 계시로 나타난다. 곧 아바타들의 삶의 모범을 통하여 그 진리를 드러낸다. 이는 중생들 자신이 스스로 아바타들처럼 변화할 수 있고 또 그렇게 될 수 있음을 깨닫게 한다."9)

단 일회, 역사적으로 '말씀이 육신이 된 것'과는 다르게, 위에서 언급했던 것처럼 힌두교 신화학은 성육신(화신)의 수많은 설명을 포함하고 있다. 다수의 성육신 중에서 명백한 한 예는, 이를테면 크리슈나처럼 하나이며 동일한 인물이 다수의 아바타들로 현시되는 것이 가능하다는 것이다. 더욱이 기독교의 전통과는 다르게, 힌두교 사상은 각기 수준에 따라 성육신의 정도가 작은 부분에서부터 점점 더 채워져 마침내 충만에 이르기까지 아바타들로 배아(胚芽)될 수 있다는 것은 잘 알려진 사실이다.

### 예수 그리스도의 고유성은 어떤가?

대부분 힌두교의 전통들은 유명한 베다의 잠언, "한 실체에 대해, 현자들은 많은 칭호를 부여한다"10)의 표현처럼, 강력한 포용의 경향을 보인다. 거의 대부분 힌두인은 예수 그리스도의 신적 지위를 확

---

언급은 다음의 웹사이트에서 인용한 것이다. www.sacred-texts.com(이는 학술적으로 표준 영어 번역본으로 생각된다).
9) Sandy Bharat, "예수에 대한 힌두교의 관점," in 《예수의 Blackwell 동료》, ed. Delbert Burkett (Oxford: Wiley-Blackwell, 2011), 255.
10) 《리그베다》(*Rig Veda*) 1.164.46.

언할 준비가 되어 있음을 상기해 보라. 여기서 다른 전통들의 진실성과 아름다움이 종종 솔직하게 확인된다. 그러나 예수의 가치가 매우 높다 해도 힌두 종교에 비해 어떤 의미에서는 열등하거나 혹은 적어도 우수하지 않다는 인식도 있다. 어떤 의미에서 전형적인 힌두교 견해는, 로마 가톨릭의 종교 성취 이론을 닮고 있으나 어쩌면 보다 더 근본적인 형태를 띤다. 곧 선하고 진실된 모든 것은 현실에서 확인된다. 그러나 그 '완전함'은 각기 자신의 종교에서 발견될 것이라는 기대가 있다.

기독교의 신학자에게 있어서 예수의 성육신과 힌두교의 아바타들 간의 유사성을 발견하고, 예수에게 신적 지위를 부여하는 것까지도 결코 기독교적 의미에서 예수를 고유하게 하지는 않는다는 것을 기억하는 것이 매우 중요하다. 오히려 힌두인은 신이 인간 삶 속에서 다양한 방식으로 계속 개입한다고 믿는다. "인간으로서(as) 하나님"(말씀이 육신이 되었다)의 기독교적 견해의 맞은편에, 힌두교의 신앙 공식 "인간 안에(in) 있는 하나님"이 있다. 이 같은 힌두교의 관점에서 "신과 인간은 궁극적으로 동일하며 혹은 신은 인간 안에 있는 잠재성의 불꽃 혹은 그 무엇이다…그것들 중에, 모든 인간은 잠재적으로 신이며, 예수는 자신의 신성을 빼어나게 실현시켰던 인간의 구현이다."[11]

힌두교의 체계에서 예수의 '고유성'을 진술하기 위한 유일한 방식은 《우파니샤드 찬도갸》(6.2.1)로부터 종종 인용된 공식에서 설명되고 있듯이, 이를 [브라만의] 하나이심(oneness), 만물의 근원적 하나이심과 연결하는 것이다. "태초에…하나이심이 있었다.…제2는 없고 하나이심만 있었다. 다른 이들은 이렇게 노래한다. 태초에…없지 아니하고 있는 하나이심이 있었네…제2는 없고 하나이심만 있었네. 그로부

---

11) Ram-Prasa, "예수에 대한 힌두인의 견해들," 88.

터는 태어나지 않은 것이 아무것도 없네."[12] 그러나 이런 종류의 고유성은 전통적 기독교가 주창하는 예수 그리스도의 '배타적' 고유성과는 동일하지 않다. 힌두 사상은 예수를 신성이 드러난 많은 다른 '고유성' 중 하나의 '고유성'으로 존중한다.

## 예수에 대한 불교의 설명

### 예수와 붓다

예수 전통과 불교 전통 간의 교류는 거의 20세기까지는 이뤄지지 않았다. 그 이유는 많고 매우 다양하다. 기독교 신앙이 처음 발생할 시기에, 불교운동은 기독교의 선교 지역으로부터 아주 먼 세계에서 정착되어 가던 중이었다. 20세기 전에 두 종교 전통 간의 매우 의미 있는 교류는, 첫 1천 년 후반 즈음에 경교(景敎)의 형태를 띠고 중국 당나라 태종 때 시작되었다.

삶의 역사의 견지에서 보면, 석가모니(고타마) 붓다와 나사렛 예수 간에는 분명한 유사성들이 있다. 이것은 고타마의 정확한 탄생 기록 부재를 포함하여 그의 생애의 자세한 역사 정보가 매우 부족할 때조차도 그렇게 말할 수 있다. 이들 종교의 두 창시자들은 자신들의 탄생에 덧붙여진 불길한 위협뿐만 아니라, 우주적 징조와 현상들을 포함하여 기적적인 요소들을 보여주고 있다. 그들 두 창시자들은 유혹을 받았다. 한 사람은 숲속에서 다른 한 사람은 광야에서 그랬다. 또한 두 사람 모두 기적을 행하는 자로서, 순회 설교자요 교사로 활약

---

12) 위 본문은 Max Mueller에 의한 번역. www.sacred-texts.com/hin/sbe01/sbe0112.htm; see Ravi Ravindra, "예수는 우상이 아니다," in 《세계 종교들에서 예수》, 96-97.

하였다. 둘 모두는 기도와 명상의 사람이었다.[13]

의심할 여지없이, 불교의 해석에서 볼 때 예수의 인물과 사역의 가장 중요한 특징은 그의 교훈과 연민(사랑)이다. 최근의 많은 불교의 해석자들은 예수를 각성된 교사로 평가한다.[14] 소승불교의 스님 아찬 붓다다사는 예수를 고타마와 동등하게 사도와 예언자로 여겼다. 그는 예수의 메시지는 '구원'에 충분하다고 생각하였다. 베트남의 대가 틱낫한은 비록 예수 본성의 현시(顯示)에 대한 연구와 노력이 많이 필요로 하지만 "우리 모두는 예수와 동일한 성정이다"라고까지 말했다.[15]

불교의 모든 전통들은 교사의 역할을 높이 중시한다. 이는 전통의 원래 세 가지 서약과도 일치한다. 부처에게 귀의, 승가(승단), 달라(불법, 가르침)이다. 불교에 의해 가장 중시되었던 예수의 교훈의 측면은 산상수훈, 원수에 대한 사랑, 악을 선으로 갚으라는 훈계, 자비와 평등에 대한 강조가 포함된다. 불교인들이 예수의 교훈에서 누락을 발견하는 부분은 지혜와 영적 실천뿐만 아니라 인간과 다른 생명체에 대한 강조가 미진한 영역이다. 불교도의 견해에 매우 낯설 뿐만 아니라 또한 혐오감을 일으키는 것은 하나님 나라와 그의 종말론적 통치에 대한 강조이다. 특히 인간의 운명이 한 번만으로도 봉인된다는 "기독교 묵시의 완전하고도 결정적인 종말"개념이다.[16]

결국 초월적이고 절대적인 하나님 아버지에 대한 언급 없이 교사로서의 예수로만 있다면, 불교도들은 그의 교훈을 존경할 수 있다. 선종(禪宗)의 다이세츠 테이타로 스즈키가 이를 간결하게 설명하고 있다. "예수께서 말씀하셨다. '너희가 구제할 때는 너희의 오른손이

---

13) Leo D. Lefebure, 《붓다와 그리스도: 불교인과 기독교인의 대화에서 탐구》(Maryknoll, NY: Orbis, 1993), 제2장을 보라.
14) 예를 들면 Gregory A. Baker, 《세계 종교들에서 예수》의 서론(3쪽)을 보라.
15) José Ignacio Cabezón, "예수에 대한 불교의 견해들", in 《세계 종교들에서 예수》, 16.
16) Ibid., 20-21.

한 일을 너희의 왼손이 모르게 하라. 너희의 구제를 은밀히 하도록 하라." 이는 불교의 '은밀한 덕행'이다. 그러나 '은밀히 보시는 너의 하나님이 너희에게 갚아 주실 것이다'라고까지 그 설명이 나갈 때, 우리는 불교와 기독교 간의 깊은 균열을 보게 된다."[17]

원래 소승불교 전통이 비록, 특히 대승불교 전통에서 실재 세계의 카르마(업)와 삼사라(윤회) 본질을 끊는 것을 회피하기 위하여, 다른 사람의 고통에 너무 적극적으로 개입해서는 안 된다고 가르치고 있지만, 거기엔 모든 지각 있는 존재뿐만 아니라 또한 모든 다른 존재들을 향한 고타마의 뛰어난 연민에 대한 강조가 있다. 대승불교에서 고타마는 지혜의 교사일 뿐만 아니라 또한 벽을 통과한다거나 하늘을 난다거나 혹은 물위를 걷는 행위를 포함하여 마법의 치유자와 기적 행하는 자로 알려진다. 대승불교 전통은 이를테면 비마라키르티(유마거사(維摩居士))의 이야기에서처럼, 자기-희생의 치유 행위와 타자의 고통의 완화를 또한 알고 있다. 덕망 있는 보살로서 그는 (고타마) 석가모니의 앞에서 병들었고, 그의 제자들은 무지와 삶에 대한 갈망 때문에 삶에는 질병이 있다고 설명하였다. 동료 남자와 여자로 하여금 이를 깨닫게 하기 위해, 그는 자신의 치유를 타자들의 치유에 연결하였다. 여전히 기독교인들은 이들 대승불교 설명에서 어떤 종류의 속죄론도 해석하려 하지 않는다.

### 불교의 평가에서 예수 그리스도의 신성과 성육신

힌두교와 유사하게, 예수 그리스도의 고유한 신성을 내세우는 기독교의 주장은 불교인들에게도 역시 장애물이다. 참으로 예수의 윤리적 삶, 사역 그리고 교훈을 충분히 이해하면서도 "그들에게 예수의

---

17) D. T. Suzuki, 《선불교 개론》, ed. Christmas Humphreys (London: Rider, 1995), 101.

정체성의 단 하나 가장 의심스러운 측면은 기독교인들이 예수를 하나님으로서 신봉하는 데 있다"고 최고의 티베트 불교학자요 숙련자인 호세 이그나시오 카베존은 말한다. 그는 그 문제를 이렇게 상술한다. "문제는 예수가 신의 성육신이나 혹은 신의 현시라는 주장에 있지 않다. 내가 발견한 반대할 만한 이유는 첫째, 기독교인들이 신의 성육신을 꼭 예수에게 한정하여 묘사하고 있으며, 둘째, 예수가 유일한 성육신 존재라고 주장하는 데 있다."[18]

성육신 개념 그 자체가 불교인들에게 문제가 되지 않은 것은, 우주에는 깨달(각성)은 존재들이 거주하며 살아간다는 (대승불교 가운데서 만연한) 신앙에 근거한다. 그들은 깨달음의 경지(보리菩堤, 부처님)에 도달하였고, 타자들의 행복을 위해 성불할 수 있는 도량을 지닌다. 대승불교에서 보살(菩薩)은 소승불교의 아라한(阿羅漢)과는 다르게, 다른 사람들이 열반의 목표에 도달할 수 있도록 돕기 위해 열반에 들어가는 것조차 기꺼이 연기하려 한다. 그러나 그 일이 '구세주'의 역할이 아니고 오히려 '선한 이웃'일 때도, 보살은 심지어 타자를 돕기 위해 자기 자신의 공덕을 부여하기도 한다. 그런 면에서 불교인이, 기독교의 해석 그대로만 따라가지 않은 한, 예수에게 신적 현시의 지위를 부여하는 것은 그렇게 어려운 일은 아니다.

부처 자신을 따라-어떤 의미에서는 보다 더 가까이-대승불교의 보살 이해는 예수 그리스도와의 유사성을 보인다. 보살은 '수련 중에 형성된 부처'로서 타자들을 위하여 기꺼이 고통을 받으며 자신의 깨달음(각성)까지도 연기하려 한다. (대승불교의) 정토(淨土, 부처가 있는 청정한 국토)의 전통은, 보살의 개념이 아미타불의 현시이며 '무한한 빛'의 하나님이란 점에서 특별하고 고유하다. 아미타불은 자신의 추종자 중생들을 위해 축복의 극락세계의 현존을 준비시킨다. 소승

---

18) Cabezón, "예수에 대한 불교의 견해들," 21.

불교의 전통과 예수에 대한 기독교의 해석 간에는 차이의 폭이 보다 크다. 예를 들면 소승불교에는 다른 중생들을 위해 신이 성육신하여 각성된 모습으로 나타난다는 그런 현시 개념이 강조되지 않는다.

불교인들이 예수에게 구세주의 역할을 부여하기를 거절하는 이면에는 많은 교리적 전제들이 있다. 불교 전통에서 깨어 있는 모든 사람은 각기 자신의 운명에 책임이 있다. 구원을 필요로 하는 궁극적 원인, 고(苦, 사실상 다양한 의미를 지닌 용어, dukkha)는 각기 모든 사람에 의해 발생한다. 결과적으로 인간은 자신의 노력 없이 구원과 해탈의 다른 원인을 찾을 수 없다. "구세주는 불교인의 세계관에서는 어디에도 없다. 각자 개인은 자신의 운명을 책임지기 위해 스스로 제어할 수 있어야 한다."[19] 각기 남성과 여성의 구원이 십자가와 같은 어떤 역사적 사건에 달려 있다는 개념은 불교에는 전적으로 통하지 않는다. 심지어 부처까지도 구세주가 아니며 오히려 깨달음에 이르는 방식을 따르는 데 있어 고유한 원형일 수 없다. 불교도 리타 M. 그로스는 "불교가 메시지에 집중하려는 경향이 있는 반면, 기독교의 전통은 메신저에게서 진리를 발견하려는 경향이 있다"라는 통찰력 있는 전망을 내놓는다. 이는 "불교도들이 궁극적 실재에 대해 비인격적 은유들을 지향하는 반면, 기독교의 전통은 궁극적 실재를 인격화"하려는 경향을 지닌다는 사실에서 그렇다.[20] 게다가 불교인들이 예수를 신성으로 인정하는 데 따르는 큰 장애는 기독교의 삼위일체 교리로부터 비롯된다. 그리스도가 만일 신성이라면 그땐 이는 성서의 하나님을 인정할 수밖에 없음을 의미한다.

다음 사항을 조금도 놀라지 마시라! 비록 타자를 위한 속죄의 포괄적

---

19) Satanun Boonyakiat, "태국의 소승불교의 상황에서 고(통)에 대한 기독교 신학" (Ph.D diss., School of Theology, Fuller Theological Seminary, 2009), 114.
20) Rita M. Gross, "예수에 대한 명상," in 《예수에 대한 불교도들의 대화, 부처에 대한 기독교인의 대화》, ed. Rita M. Gross and Terry C. Muck (New York: Continuum, 2000), 44.

인 개념 혹은 '대리적' 고통이, 위에서 언급했듯이[21] 불교에 전혀 알려지지 않은 것은 아닐지라도, 다른 사람의 죄와 구원을 위해 구세주가 십자가에서 죽었다는 사상은 불교의 모든 전통에 매우 생소한 개념이다. 어쨌거나, 누군가 대단한 사람이 죄를 보상하기 위해 고통(죽음)을 받는다는 개념이나 혹은 다른 사람의 고통을 스스로 짊어진다는 사상은 소승불교의 전통에는 아주 이질적이다.[22] 다른 사람에 의해, 심지어 신에 의해 이뤄진 대속 행위에 의존하는 것은 자신의 업(카르마)을 스스로 해결할 수 있는 책임을 축소시키거나 면하려는 것을 의미한다.

이 책의 마지막 장들은 예수 그리스도에 대한 기독교의 신앙 고백의 의미와 역할과 관련하여 현존하는 4대 종교 전통들을 간략하게 다뤄왔다. 교리 신학자들에 의해 관련 자료들이 점점 더 모일 때, 이 분야에 더 많은 연구 작업이 이뤄질 것이다. 신학자를 위한 주요 도전은 타종교 전통들을 어떻게 얼마나 많이 알고 있는가와 관계가 있다. 종교다원주의 세계에서 비교 기독론 작업은 타종교들의 성서적·교리적 그리고 영적 전통에 대한 지속적이고 끈기 있는 연구를 필요로 한다.

---

21) 예를 들면 잘 알려진 이야기, 곧 16세기 태국(소승) 불교도인 Srisuriyothai 공주가 버마 왕의 위협 하에 있는 백성을 구원하기 위해 자기-희생을 감행한 사례를 단지 떠올려 보라.
22) See further Judith Simmer-Brown, "고통과 사회 정의: 누가복음에 대한 한 불교도의 반응," Buddhist-Christian Studies 16 (1996): 특히 107-9.

| 끝맺음 |

# 기독론의 미래

창시자의 인물과 사역 그리고 신앙의 중심인 나사렛 예수를 위한 해명을 힘들지만 흥미진진하게 수행하면서, 기독교 신학이 직면한 도전들은 그동안 수없이 많고 다양했다. 그러나 종교 신학의 긴급하고도 중대한 질문, 곧 타종교와의 관계의 질문은 이제 누구도 피해 갈 수 없다. 물론 그 질문은 종교 일반과 특히 종교들의 구체적인 형태들과 관련해서 예수 그리스도와 그의 역할에 집중한다. 16세기 기독교의 위대한 소설가 존 번연은 타종교들의 진리 그리고 다른 구세주 인물들과 관련해서 제기된 그리스도의 역할에 관한 고통스런 질문들로 자신을 공격했던 악마와 투쟁하였다.

우리가 예수는 누구이신가를 입증해야 하듯이 튀르크 사람들이 훌륭한 성서를 가지고 자신들의 구세주 마호메트를 입증해야 한다고 할 때, 여러분은 이를 어떻게 생각하는가? 그리고 그렇게 많은 나라와 왕국에서 수만 명, 곧 수많은 사람이 하늘에 이르는 올바른 길을 알지 못하고 있다고 나는 생각할 수 있는가?…이 땅의 한 구석에서 외롭게 살고 있는 우리가 거기서 그냥 홀로 행복할 수 있을까? 모든 사람은 자신들이 유대인이든 무어인[인도의 이슬람교도]이든 혹은 이방인이든 자신의 종교를 가장 올바르다고 생각한다. 그렇다면 우리의 신앙과 그리스도와 성서는 어떻게 생각되는가?[1]

번연이 이렇게 투쟁하기 오래 전, 기독교 신학은 다른 구세주들과 비교해서 예수 그리스도는 과연 누구신가라는 질문에 직면하였다. 기독교는 구약성서의 전신, 유대인의 신앙이 그랬던 것처럼, 다신교의 환경에서 나와서 자신의 초기 형태를 점차로 띄게 되었다. 그러나 이 도전의 새로움과 신선함이 얼마나 신학자들과 신학생들을 신나게 해 주었는지는 역사적으로 잘 소개되지는 않았다. 초기 기독교 변증가들은 종교들의 풍부한 토양에 뿌려진 '로고스의 씨앗들'에 대해 언급하였다. 그리고 여러 명의 중세의 영웅들, 이를테면 《한 철학자와 한 유대인과 한 기독교인의 대화》를 저술했던 피터 아벨라드 그리고 《이방인의 책과 현명한 세 남자들》을 썼던 라몬 룰은 기독교의 배타주의의 한계에 이의를 제기하였다.

"기독교 신학의 미래는 기독교와 타종교들과의 만남에 있다"는 것은 논의의 여지가 없는 듯하다.[2] 그것은 도전일 뿐만이 아니라 또한 과제이다. 앨런 레이스가 기술한 대로, 기독교 신학은 "기독교 역사의 다음 단계에서 변방(邊方)에 있음을 기뻐해야 한다."[3] 타종교들 가운데서 상당한 삶의 시간을 함께 보냈던 기독교 신학의 학생들은 다원주의를 이제 기독교 신앙에 필수적인 부분으로 경험한다. 그 같은 일은, 종교다원주의 기독교 신학 쪽으로 이동하기를 원하는 신학적

---

1) John Bunyan, 《죄인들의 우두머리에 미치는 풍부한 은총》, ed. Robert Sharrock (New York: Oxford University Press, 1962), 31.
2) Alan Race, 《기독교인들과 종교 다원주의: 종교의 기독교 신학의 유형들》(Maryknoll, NY: Orbis, 1982), xi.
3) Ibid.

중도의 가톨릭 신부 자크 뒤퓌 SJ의 꿈이기도 하다.[4] 매우 중요한 점은, 그의 초기 저술이 《세계 종교들과의 만남에서 예수 그리스도》라는 책명이다.[5]

사실 기독교 신학 일반과 특히 기독론 연구의 모든 전환 중에서 '타종교에로의 전환'은 매우 겁이 날 일이기도 하지만, 동시에 기독교 교회의 지속적인 선교와 관련하여 잠재적으로 가장 성과가 많을 것이다. 어쩌면 기독교 교회와 기독교 신학 양쪽 모두에 붕괴에 분열을 더 가져올지도 모른다. 그러나 그 도전을 피하지 말고 대면해야 한다.[6]

기독론 연구와 기독교 신학에 또 다른 도전은 상황 신학들의 질문에 관한 것이다. 이 책이 보여 주었듯이, 기독교 신학은 이미 이런 문제와 처음부터 씨름하여 왔다. 예수 그리스도에 대한 해석들을 세계적 상황 속에서-어떤 때는 반어적으로 '지역'에 어울리게-기대에 차 풍부하게 엿보인 것은 이미 우리의 다양한 세계에서 나타나고 있다. 이 해석들은 기독론 전통들의 모자이크 상을, 말하자면 다양한 필요와 요구를 추가할 뿐만 아니라 또한 한쪽으로 치우친 고전적 서구 관점들을 수정할 수 있는 잠재력을 보인다. 더 나아가 고전 신학 자체도 상황에 항상 의존해 왔음을 확인하게 한다. 모든 신학자들은 그런 면에서 자신들의 학문적·사회적·심리학적 그리고 종교적 환경에 의해 형성되고 좌우된다.

상황화와 타종교들의 도전은 이제 그리스도의 사역과 그분의 인물과의 관계에, 다른 말로 하면 구원론과 기독론 자체와의 관계에 새로운 질문을 제기한다. 어느 다른 경우에서처럼, 구체적 상황들의 다

---

4) Jacques Dupuis, SJ, 《종교다원주의의 기독교 신학을 향하여》(Maryknoll, NY: Orbis, 1997).
5) Jacques Dupuis, SJ, 《세계 종교들과의 만남에서 예수 그리스도》(Maryknoll, NY: Orbis, 1991).
6) 이 부분을 처음 대하는 자들은 다음을 보라. Kärkkäinen, 《종교의 기독교 신학: 개론》(Downers Grove, IL: InterVarsity, 2003).

양하고 변화하는 요구들에 대해 절박하게 언급할 필요성이 있다. 그 도전이란 곧 성서적·역사적 전통들과 오늘날의 상황들 간의 지속적인 대화를 필요로 한다는 것이다.

아주 다양한 색채와 색조를 띤 뚜렷한 기독교 신학의 발달은-모든 기독교 신학의 근원적 자료인 성서가 그리스도는 과연 누구신가 그리고 무엇을 하셨는가에 대한 다양한 접근 방식들을 포함하고 있다는 간단한 이유 때문에, 우리는 어떠한 다원성도 억제할 의도가 없다-성서 본문과 역사적 발달 그리고 다양한 작금의 상황들 간의 힘든 대화를 필요로 한다. 여기엔 쉬운 방법이 없고 기적의 해법도 없다. 기독교 신학 작업은 세계적·교차 문화적 훈련이며, 그리고 그것을 넘어서는 교회와 신학의 영역들이다. 그 최종적인 결과는 하나의 기독론이 아니라 다양하고 풍부한 목소리이며, 아마 복음서처럼 공동의 초점을 공유한 표현들일 것이다.

기독론 연구는 여전히 또 다른 차원을 안고 있다. 창조자 성령에 대한 영적 성찰에서, 미의 위대한 가톨릭 신학자 한스 우르스 폰 발타사르는 성령론과 관련 있는 것뿐만 아니라 또한 삼위일체의 제2위격의 연구에 적절히 관련이 있는 바에 대해 경고 메시지를 내놓았다. 곧 생명과 미의 원천, 하나님은 결코 연구되어야 할 '대상'이 아니라, 오히려 필연적인 한계는 있지만 그분을 바라볼 수 있는 렌즈를 우리에게 허용하시는 주체이다. 폰 발타사르의 전망에 따르면, 만일 성령이 "은총을 볼 수 있는 눈"이라면, 미지의 제3위격으로서 성령은 우리로 하여금 성 삼위일체 안에 계신 아들과 아버지를 바라보게 하신다. 그렇다면 "동일한 방식으로 아들도 자신을 영화롭게 하는 것이 아니라 오히려 아버지만을 영화롭게 한다(요 5:41, 7:1)."[7]

---

7) Hans Urs von Balthasar, 《신학 탐구》, 제3권, 《창조자 성령》(1967; repr., San Francisco: Ignatius, 1993), 111; 106-7도 보라.

폰 발타사르가 우리에게 상기시키는 바는 이중적이다. 첫째, 우리가 예수 그리스도에 대해 진술하는 모든 것은 지고한 하나님에 대한 기독교의 구체적인 이해, 곧 성 삼위일체 교리에 의해 그리고 그와 관련하여 좌우된다. 결과적으로 교육적 이유 때문에, 비록 이 개론서가 예수 그리스도에게만 초점을 맞추어 왔지만, 우리는 예수 그리스도의 인물과 사역을 삼위일체 하나님에 대한 기독교적 이해와 분리할 수 없다. 둘째, 폰 발타사르는-비록 우리가 종종 잊곤 했지만-신학 일반과 특히 기독론 연구는 항상 '영적인 상황'에서 이뤄지는 활동이라는 옛 확신을 강조한다. 주의 깊고 힘든 연구가 얻는 모든 것에도 불구하고, 많은 것들이 여전히 설명되지 않은 채 남아 있다. 더욱 중요하게도 '핵심'은 정밀한 탐구의 '껍질' 뒤편 어디엔가 있다. 계몽주의 이전의 목가적인 사고방식으로 다시 돌아가는 것이 비록 실현 가능한 것도 아니고 바람직하지도 않을지라도, 기독론의 학생들은 기독교 신학자들이 항상 하나님에 대한 경외와 예기(豫期)를 품고서 그리스도에 대한 탐구를 수행하였음을 기억할 필요가 있다.

기독교인들이 주와 구세주로 고백한 나사렛 예수는 마지막 날에 우리의 삶과 심령의 깊이를 찾으신다. 신앙과 역사의 딜레마가 극복될 때-기독교 교회는 그렇게 고백한다-"은총을 볼 수 있는 눈"은 우리가 구세주의 아름다움을 바라볼 수 있도록 허용할 것이다. 멜란히톤과 허다한 다른 증인들과 함께, 우리는 "그리스도를 아는 것은 그분의 시료(施療)를 아는 것"[8]이라는 격언의 깊이를 다시금 확실히 새긴다.

---

8) Philipp Melanchthon, 《신학총론》, in 《멜란히톤과 부처》, ed. Wilhelm Pauck (Philadelphia: Westminster, 1969), 21.

| 색인 |

# 주제어 색인

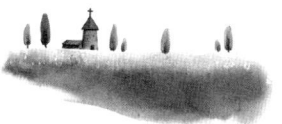

가난한 자, 17, 112, 239, 260, 264, 266, 268, 272, 301, 304, 323, 338
    그리스도의 사역, 26, 54, 206–207
    그리스도의 현존, 274
가현설, 83–84, 229, 143, 269
간디, 마하트마, 289, 369
"강도회의," 106n40
개인주의, 지지오우라스에서, 187–90
계몽주의, 21, 26, 31, 80, 117, 123, 124n2, 124–28, 134–35, 352
계시, 240–41, 317–18, 330
    기독교의 81
    성서적, 23–24
    신적, 125, 245, 363
고전 유신론, 253–54
고전적 자유주의, 19, 140, 158, 214, 247–48, 255, 271, 352
곤잘레스, 유스토, 257, 268, 327
골덴버그, 나오미, 312
공동체, 25, 151, 207, 220, 273, 278, 282, 331, 375
    스탠리 그렌츠, 233–244
교차 문화간, 260, 263

교회일치 합의, 109
구세주, 17, 57, 63–64, 83, 100–101, 114, 201, 227, 278, 286, 358, 377–78, 384
    구주의 성, 340
    라티노들, 331
    흑인 여성, 322
    페미니스트 신학, 311–12, 334
구속, 65, 69, 98, 102, 265, 319, 356
    유대교에서, 356
구약 성서
    기름 부음을 받은 자, 37
    단일신론, 82, 88
    사람의 아들(인자), 42–43
    선지자(예언자), 37, 53, 361
    속죄 전통, 359
    야훼의 "나는 .... 다", 56
    예언의 성취, 50, 137
    주, 44–45
    초기교회의 성서로서, 50
    하나님의 말씀으로서, 84
    하나님의 아들, 39–40, 241
구원, 45, 52, 65–70, 81, 93–94, 164, 201, 219, 228–31, 269–70, 355, 378

구원론, 18, 97, 117–19, 138, 210
  유대교에서, 355–56, 358–59
  해방으로서, 274–75, 297–98
구조, 인간 존재의, 198, 218
  실존(존재)의, 256
구티에레즈, 구스타보, 267, 312
군주론, 88
  양태론적, 89–93
  역동적, 88–89
권능
  신적, 122, 240
  악귀, 208, 269
  영적, [70]
  정치적, 110
그랜트, 재클린, 324
그레고리 닛사, 100n31
그레고리, 나지안(나지안주스), 100, 100n31, 118
그렌츠, 스텐리, 22, 157, 223, 233–44
그로스, *리타*, 378
그리스도
  "나는 ....다" 언급, 55–56
  가난한 자에게 사역, 26, 53, 206–207
  고난(고통) 받는 종, 47–50
  교회의 머리로서, 76
  기적 행하는 자로서, 48, 226, 374
  마지막 아담으로서, 63
  메시아로서, 37–39, 48–49, 354–56,
  무흠, 99–101, 111, 235–37, 249
  본성들, 78–79, 96–109, 118–20, 219, 234, 238–43, 250, 270
  부활, 41, 43, 52, 56, 60, 63, 77, 150, 160, 202, 229, 292, 300, 331
  선재, 25, 65, 71, 81, 87, 243
  세례, 48, 54, 89–90, 137, 195, 206, 301–302
  수난(고통), 83, 279

승천, 16, 54, 130, 160, 212, 214
신성, 18, 23, 39–40, 55, 63, 69, 120, 135–38, 348
  불교, 376
  가현설, 83–84, 229, 269
  힌두교, 288, 370
  이슬람교, 362–64
신실성, 67, 138
아버지와의 관계, 40–41, 91–92, 190, 137–38, 292–93,
역사의 주로서, 238, 301
연민, 238, 375
예언자(선지자)로서, 53, 360–62, 366,
와 의, 65, 140
우주적 인간으로서, 239
원형–조상으로서, 282
유대인, 33–34, 150–51, 238–39, 350–52
  의 의지, 118–19
인물과 사역, 16, 20, 34, 74, 298, 380, 382,
자기–비허, 122, 198, 219 또한 케노시스
장자로서, 278
재림, 71
조상으로서, 276–77, 281–83,
주로서, 44–45, 51, 150, 222, 238, 278, 357
중재자로서, 221, 230, 310
지혜로서, 65
추장으로서, 280
치유 사역, 36, 48–51, 206, 272, 278–80, 283, 362
칭호들, 35–57
크리스토스, 37, 49 또한 메시아
편재, 121–22
하나님의 어린양으로서, 56, 329
혁명의, 152, 272
형제 조상으로서, 281

희생, 142, 232, 339, 359–66
"그리스도 공포증," 341
그리스도 실천, 25, 207, 332
그리스도 일원론, 293
그리스도를 낳은 자(Christotokos), 104
그리핀, 데이비드, 253
근본주의, 233
급진적 종교개혁, 244
기도의 원리는 신앙의 원리(lex orandi lex credendi), 94
기독교의 헬레니즘화, 77, 139
기독론
  아프리칸 아메리칸, 316–22
  아시아, 283–305, 337–39
    비평적 원리, 286
    상황, 224, 231–32, 245, 368–79
    여성의, 307–308, 333
  흑인, 306, 316–22
  상황화, 156–57, 227, 262, 306–308
  우주론적, 214
  칼케돈 회의의, 26, 109–114, 219, 242, 249–50
  정도(程度), 250
  동방 정교회, 157, 187–96, 212
  복음주의적, 233–44
  진화론적, 199–201
  페미니스트, 306–315, 322, 334, 340
  성육신의, 110
  억압의 도구로서, 264
  해방, 25, 207, 272
  로고스, 84–87, 110–111
  루터(교)의, 120–23
  메시아의, 34, 203–214
  은유의, 248–49
  방법론
    기능론과 존재론적, 20, 78, 148, 237, 241

"아래로부터"와 "위로부터," 20–24, 207, 225, 234, 323
  역사 비평, 127
  신화적, 248–51
  신약 성서
    갈라디아서, 66
    고린도전서, 64–65
    고린도후서, 65
    골로새서, 69
    누가, 52–54
    데살로니가전후서, 64
    로마서, 66–67
    마가, 47–50
    마태, 50–51
    빌립보서, 67–68
    에베소서, 69–70
    요한, 54–57
  과정, 244, 251–57, 또한 과정철학
  구약성서 배경, 34–35, 85
  다원주의의, 245–49, 291, 295
  동성애, 13, 156, 263, 334, 337, 340–42 또한 양성애
  사회분석적, 266
  성령, 207
  실체, 250
  우먼니스트, 322–25
  초월적, 196–99
  후기식민주의의, 13, 156, 306, 332–340
  후기-칼케돈, 117–19, 242
과정철학(사상), 17, 311
곽 퓌란, 334

남성의 언어, 페미니스트의 비평, 311–13
남아프리카, 316, 320–22
내(內)인격화(enhypostasis), 242
네 겹의 설화(이야기), 61
네스토리우스/네스토리우스주의, 103–109,

115-16, 120, 270, 374
노예, 317, 323
논리적 일관성, 216
뉴톤의 현대 과학, 252
느야미티, 찰스, 281
니르말, 알빈드, 305
니르바나(열반), 377
니케아 신조, 94n25, 96, 118n74
니케아 회의, 94, 96

다마스쿠스의 요한, 118, [364]
다바르(davar), 240
다신론, 82, [93]
다원성
　로마제국의, 194
　신약성서에서, 16, 31, 57
　종교적, 27, 346
단성론, 98, 98n27, 106, 114, 115, 119 또한 아폴리나리우스주의; 유티케스주의
단일신론, 80, 82, 346
달리트(dalit), 305
대화, 신학적, 349-50, 356, 383,
　교회일치의, 233-34, 262, 307-308
더글러스, 켈리 브라운, 323
던, 제임스 D. G., 33n4, 151, 151n58
데카르트, 르네, 125n3
도교, 287
도마복음, 149
동성애 공포증, 341
동성애/양성애, 341, 또한 기독론: 동성애
동일본질(homoousios), 94-95, 250, 256
동일사랑(homoagapē), 250
동정녀 탄생(예수의 수태), 52, 82, 242, 365
동정녀 탄생, 82, 87, 160, 245, 247, 361
뒤퓌, 자크, 290, 382
디드로, 드니, 127
딕슨, 크웨시, 282

라너, 칼, 157, 196-203, 218
라몬, 룰, 381
라오디게아의 아폴리나리우스, 99-101
라이마루스, 헤르만, 128-31
라이트, N. T. 33n3, 150
라인하르트, F. V., 133
라틴 아메리카, 266-68, 275
라틴 여성, 또한 뮤헤리스타
람-프라시드, 차크라바르티, 370
래피드, 핀커스, 350
러셀, 레티, 309
레싱, 고트홀드, 131-32
로고스(Logos), 46-47, 54-56, 86-87, 99, 240, 249, 255-56, 296, 364, 381
　성육신, 242-44, 313-15
로렌츠바이크, 프란츠, 358
로버츠, J. 디오티스, 320
로버츠, 오랄, 227
로이, 라자 람 모훈, 369
로크, 존, 125n5, 126
루미, 잘라루딘, 362
루터, 마르틴, 19, 120-21, 124, 274
류터, 로즈매리 래포드, 110, 312, 340, 354-55
리츨, 알브레히트, 19, 137-38
리치스, K. 존, 151

마르크스주의, 266, 298
마샤, 또한 메시아.
마이모니데스, 모세스, 351
마타나위(Mathanawi), 362
마테라, 프랑크, 48-49
만인(보편)구원설, 86n12, 274
맥그래스, 앨리스터, 132, 143, 161
메데인, 265-67
메시아, 33, 42-45, 52, 61, 81-82, 130, 204, 303 또한 그리스도: 메시아로서

다윗의, 50, 53
도래, 141-43, 355-57
십자가에 못 박힌, 62
왕권, 45
정치적, 130, 325
죽음, 236, 358
메시아적 비밀, 37, 49
멘델스존, 모세스, 352
멜란히톤, 필립, 19, 384
모세, 56, 162, 357, 359, 361-63, 366
모울, C. F. D., 150
모하메드, 360-67 또한 이슬람
목회서신들, 59n1, 64-70
몬티피오리, J. C. G., 151
몰트만, 위르겐, 24-25, 34, 112, 157, 203-214, 262, 310, 332, 355, 356
몹수에스티아의 테오도르, 102-103, 117n68
무(無), 198
무슬림, 또한 이슬람
무신론, 85, 218, 348
묵시문학, 34, 140-41, 149, 221
뮤헤리스타, 308, 326, 329-32

《바나바의 복음》, 361
바닥 기독교 공동체, 265
바르가스, 알리시아, 332
바르트, 칼, 21, 145, 158, 165, 197, 253
바바, 호미 K, 332
바울
   경전 서신들, 59n1
   유대인, 60, 354-55
바이스, 요한네스, 140-44
박성, 앤드루, 338
박티(신애), 288
반(反)유대주의, 353-54
발타살, 한스 우르스 폰, 161, 383
배타적 대속, 223

범신론, 97
베자의 테오도레, 163
보살(Bodhisattva), 251, 377
보에사크, 알랜, 320-22
보컴, 리처드, 33n4
보프, 레오나르도, 266, 272
복음 비평, 236
본회퍼, 디이트리히, 113
볼테르, 프랑수아 마리 아루에, 125n3
볼펜부텔의 단편들, 78
부끄러움(수치), 225, 230-32, 274, 267
부버, 마르틴, 335-36
부조, 베네젯, 282
불트만, 루돌프, 21, 144-48, 165-75, 248, 253
번연, 존, 380
부활, 또한 그리스도: 죽은 자의 부활, 65, 132, 264
   역사적 사건으로서, 23, 130-31, 136, 217
불교, 12, 27, 115, 245, 247, 285—86, 296, 347, 369, 374-77
   보리(Buddhahood), 377
   고(통), 378
   구원, 378-79
   기독교와의 대화, 296, 374
   대승 불교, 348, 376-77
   소승 불교, 376, 377-78
   영적 각성, 348, 372, 377
   정토 불교, 348, 377
불이일원론(advaita), 292
불쾌한 넓은 도랑, 132
붓다, 289, 298, 374, 377-78
   기적행하는 자로서, 374-76
   의 연민(자비), 298, 376
   치유자로서, 376
붓다다사, 아찬, 375
브라운, 콜린, 129, 129n12

브레데, 윌리엄, 37, 144
브룬너, 에밀, 21
비신화화(entmythologisierung), 146
비신화화, 165, 167–68
비인간화, 272
빈 무덤, 222, 237

사랑, 138, 188, 212, 248, 250–51, 324, 345
  또한 하나님: 사랑
사마르타, 스탠리, 284, 288, 291–92
삼사라(윤회), 376
삼위일체 하나님, 161, 187, 234, 312, 383
삼위일체, 87, 127, 130, 187, 247, 276, 295, 351
  교리, 130, 161, 295, 370
  제2(두 번째)위격, 242, 297, 364
삼위일체론, 204, 210, 251, 294
  양태론적, 87–88
새로운 인간성, 70, 217–20, 228, 239
생명력, 282
샬롬(shalom), 70, 275
서머나의 노에투스, 89
서먼, 하워드, 319
선교 활동(사역), 227, 246
선택, 69, 163–65
성령, 48, 52, 54, 62, 81, 90, 164, 187, 200, 202, 206, 314, 370, 383
  그리스도와 성령, 194–96
  성결의 영, 41
성부수난설, 90, 121, 328
성서 비평, 127
성육신
  과 아시아의 전통들, 369, 373, 376
  상징으로서, 292
  성(젠더)과 성육신, 314–15
  신화로서, 또한 기독론: 신화의
  세계교회협의회(WCC) 대화 프로그램, 291

세례 요한, 47, 137, 142, 206, 302, 366
세례, 189, 278–81
센, 케샵 천더, 288, 370
소브리노, 존, 274
소피아, 314–15
"속박(束縛)되지 않은" 그리스도, 288
"속성의 교류," 104–105, 119–21, 242
송천성, 296–98
쇼터, 에일워드, 279
수하키, 마조리 휴잇, 252, 254
순교자 저스틴, 82, 84–85
슈바이처, 앨버트, 128–29, 141–44
슐라이에르마허, 프리드리히, 134–36
스미스, 몰튼, 152
스즈키, 다이세츠 테이타로, 375
스콜라주의
  개혁교회의, 163
  루터교의, 120–21
스킨너, 톰, 319
스토익 철학, 84
스트라우스, D. F., 134, 135–37, 146
시리아 정통(Jacobite) 교회, 116
시온주의자, 353
신(하나님)–의식, 135–38, 250, 342
신비
  교회의, 195
  신성의, 291
  예수의, 69–70, 210, 287
  제의들, 59
  종교들, 44, 150
  하나님의, 292–313
신비적 만남, 143, 371
신비적 해석, 137, 320, 336
신성모독, 62, 93, 209, 222, 351
신성화(theosis), 98, 101
신성화(시), 98, 101, 231
신수난설, 121

신정통주의, 21, 145, 160, 253, 317
신중심적 접근, 293
신학
  개혁주의, 120-21, 163-64
  민중신학, 284, 302-304
  변증법적 신학, 159
  비교신학, 244, 345, 346-49, 379
  상황신학, 262
  십자가의 신학, 120-21, 210-11, 213
  영광의 신학, 120
  유대인의 신학, 356-60
  전적 타자의, 158-59
  제3의 눈, 286
  조직신학, 30, 153, 234
  종교신학, 201-202, 244-46, 291, 346
  코페르니쿠스의 혁명, 246
  평화, 225
  프톨레미의 견해, 246-47
  하나님의 학문으로서, 215-16
  해방신학, 112, 264-68, 271, 274-76, 298, 326, 333
  희망의 신학, 204-205, 213
신화/신화학, 112, 146, 243-48, 270, 372
실존주의, 21, 145, 243, 165-73, 173-86
실체(hypostasis), 114
실천, 207, 271, 332, 375
실체적 연합, 242-44, 357
십자가, 그리스도의, 65, 67, 120, 208-213, 222-23, 230, 296, 358, 379
싸벨리우스/싸벨리우스주의, 90

아담, 42, 55, 63, 100-101, 366
아들, 87, 90-96, 111, 139, 164-65, 194, 219, 221, 242, 251, 328, 383
  구약성서에서, 240-41, *206
  다윗의, 45, 50
  사람(인자)의, 34, 39, 57, 48, 54, 53, 99, 130, 143, 149-50, 204, 221-22
  아버지와의 관계, 39-42, 54-56, 80, 87-88, 91-92, 96, 108, 189-90
  이슬람에서, 364
  페미니스트 신학에서, 311-12
  하나님의, 39-40, 48-52, 56, 82, 210, 213, 219, 222, 236, 278, 290
  힌두교에서, 370
아람어, 42, 230
아리우스/아리우스주의, 91-96, 104, 327-28
아바, 40, 230, 238
아바타라, 112, 245, 290, 370
아버지로서 하나님, 35, 62, 68, 87-95, 120-21, 309, 375
*아벨라드, 피터*, 381
*아비시크타난다, 스와미*, 284
*아우구스티누스*, 107n41, 107n42, 163, 263, 271
*아퀴나스, 토마스*, 125, 161, 263 또한 토마스 아퀴나스
*아타나시우스*, 18, 93-94, 97
*아폴리나리우스주의*, 99-101, 104, 108, 114, 243, 270
아프리카의 상황, 156, 262, 276-83, 286, 316, 319-20
악의 세력, 278, 319
안디옥 학파, 96-97, 101-103, 107
안디옥의 마카리우스, 118
*안병무*, 303
알라, 247, 362, 364 또한 이슬람
알렉산드리아의 시릴, 98-99, 102n33, 105
알렉산드라 학파, 97-101, 106, 107, 118
알렉산더의 필로, 84
야훼, 37, 44, 56, 247, 356
  고통 속에 개입하는, [93]
  야훼의 말씀, 48

양식비평, 145, 166
양자론, 270
양태론, 88–90, 95, 121, 328
억압
  흑인의, 316–17, 321
  흑인 여성의, 322–25
언약, 66, 162–65, 230–31, 354, 358–59
언어의 은유적 사용, 313
에베소, 제2차 회의, 106n40
에비온니즘, 82–83
엘리존도, 비르질리오, 326
역사적 예수 탐구, 22, 26, 74, 124, 128–32, 225, 253, 271, 352
  새로운 탐구, 144–48
  제3의 탐구, 148–53
역사적 예수,
  새로운 탐구, 145–48
  제3의 탐구, 148–53
  최초의 탐구, 128–32
  탐구, 74, 128, 335
역사적 토대들,
  그리스도의 신성, 234
  예수 사건, 217
  예수의 주장들, 221
연꽃과 십자가, 296–98
열심당 운동, 152, 302, 319
영(들), 81, 83, 279
  영의 조상들, 282
  악귀, 55, 280
  인간의 정신, 127
영, *아모스*, 2604
영, *알렉산더*, 319
영성, 83, 276, 286, 296, 298–302, 325
영적인, 45, 130, 209, 267, 269, 300, 319, 371, 383
  교사, 288, 369
  권능, 70

중생, 362
차원들, 295
통치자, 143
힘, 143
영지(gnōsis), 83
영지주의, 65, 83, 269
예루살렘, 52, 351
예수 세미나, 148
예수, 또한 그리스도,
예수론, 20, 22, 214, 225
오그덴, 슈벌트, 252
오리겐, 86–87, 86n12, 100
오순절/카리스마틱, 157, 212, 233, 279
와일스, 모리스, 109
완전한 해방, 266
요루바족, 278
용서, 48, 52, 53, 61, 69, 206, 339
우시아(ousia), 92
우주의 주, 214, 238, 300–301
*우파디야야, 브라흐마반답*, 289
워드, 로이 보웬, 354
웡, 죠셉, 202
웨어, 디모시 (칼리스토스), 186
위더링턴3세, 벤, 149
유교, 287
유기(遺棄), 163–65
유대 묵시문학, 34, 141
유대인과 기독교의 관계, 39, 350, 353–55, 358
유대인의 메시아, 33, 50–51, 66, 203–205, 355–57
유대인의 신앙, 88, 204, 356, 381
유대인의 신학, 356–60
유대인의 종교, 59, 335
유사본질(homoiousios), 94–95
유카리스트, 121–22 또한 주의 만찬
유티케티즘(단성론), 101, 106, 107–108, 114

은유, 34, 34n5, 56, 91, 230, 280, 312–13, 366, 340
음(陰)–양(陽), 286–87
의, 또한 그리스도의 의
의구심의 해석학, 268, 309
의술인들, 279
이 세상의 실재, 149
*이디노풀로스, 토머스 A.* 354
*이레네우스*, 86, 86n14, 263
이마고 데이(하나님의 형상), 311
*이상현*, 333
이슬람, 18, 245, 284, 350, 360–67, 369
　성육신에서, 365
　하디스, 363–64
이원론(물질/영), 83, 310
이중 예정론, 163
이중적 부동성(不同性) 원리, 145–47, 150
익명의 그리스도인들, 201–203
인간을 낳으신 자(anthropotokos), 104
인류의 빛(Lumen gentium), 188
인본주의, 293
　그리스도의 중심, 300
인종주의, 285, 321

자기–정체성, 225, 314
자기–희생, 336, 370, 376, 376n21
자립의 실체, 89
자아–중심적 사고, 205, 262
자유주의, 137, 139, 145
　고전적, 19, 137–40, 158, 214, 248, 271, 352
　프로테스탄트, 197
자존의 신(autotheos), 86
재침례파 전통, 224, 228
쟈코바이트파 시리아 정통 교회, 116
전위(轉位), 297
전체론

성령, 또한 영
아프리카 문화, 279–80
아프리칸 아메리칸 문화, 322
페미니즘, 322
히브리/유대의, 79
정(情), 337–39
정행(orthopraxis), 267
제2(두 번째)위격, 삼위일체의, 242, 297, 364, 383
제2의 유대 성전, 34, 150, 356
제2차 바티칸회의, 188, 196, 201, 264–65, 360
제자도, 25, 101, 207, 224–25, 227
조상, 281–83 또한 조상으로서 그리스도
*조원희 앤*, 337
*존슨, 엘리자베스*, 312–13, 314n21
존재론, 237
　인격의, 지지울러스, 187–89
종교 언어, 247–48
종교간 사역, 300
종교개혁, 가톨릭, 124
종교개혁, 프로테스탄트, 124
종교사학파, 60, 145, 159
종교회의, 또한 안디옥 학파; 콘스탄틴노플, 에베소, 제2차 니케아회의
종말론, 25, 35, 50, 63–64, 138, 141–42, 149, 204, 213, 236, 253, 375
죄, 63, 67, 99, 118, 189, 229–31, 275, 319, 338, 359, 372
　원죄, 127
　죄의 속박, 102, 230
죄책, 230–233
주술, 279, 352
주의 만찬(성만찬), 121, 281 또한 유카리스트
지식(Tarka), 291
*지지울러스, 존*, 157, 186–96
지혜, 또한 호크마, 소피아를 보라

구약성서에서, 84, 313-15
오리겐, 86-87
인간의, 69
필로의 개념, 84
헬라의 개념, 55
진리(들)
계시의, 372
궁극적, 246, 347
역사적, 128, 131
우연한, 131
이성의, 131
진리중의 진리(Satyasya Satyam), 291

창조, 46, 55, 79, 81, 84, 212, 268, 274, 300
  무로부터(ex nihilo), 245, 253
창조자 성령, 383
출애굽, 297
츠잉글리, 율리히, 121
친교(교제), 111, 157, 240
침례교 전승, 159, 233

카베존, 호세 이그나시오, 377
칼빈, 요한, 121, 163, 263
칼빈주의, 162-65
CELAM(라틴아메리카주교회의), 264, 299
칼케돈 회의, 80, 106-108, 106n40, 109-115, 114, 313,
  제2차 칼케돈 회의, 117n68
카르마(업), 376, 379
카바(Kabha)인, 278
칸트, 임마누엘, 19, 125, 134, [137]
캅, 존, 157, 244, 251-57
케노시스, 122 또한 그리스도: 자기-비허
케리그마, 21, 47, 145-47, 167, 217, 303
케제만, 에른스트, 128, 144
켄더베리의 안셀무스, 125
켈러, 마르틴, 144

코간, 미카엘, 357, 359
코란, 126, 361-66, 361n50 또한 이슬람
코야마, 코스케, 284
코클리, 사라, 113
콘, 제임스, 8, 64, 182-85
콘스탄틴노플, 94, 97, 101
  회의, 94n24, 106n40, 115, 119
콩가르, 이브, 202
쿨만, 오스카, 148
퀴리오스, 44
큉, 한스, 366
크라우스, 노르만, 224-233
크라우스너, 요셉, 352
크로산, 존 도미닉, 148
크리슈나, 245, 289, 370-72
클루니, 프란시스, 349
클리지, 앨버트, 319
키프리아누스, 277

타락, 63, 127, 189, 359
타락한 인간성, 160
테르툴리아누스, 90-91, 107, 107n41, 277
토머스, M. M., 284, 290, 299-300
토머스, 아퀴나스, 125, 161, 263
톨돗 예수(Toldot Yeshu), 351
트웰프트리, 그래함, 152
틱낫한, 375
틸리히, 폴, 175
  상관관계방법, 175-77, 320, 320n36
  새로운 존재, 180-83
  타락 설화, 183-86
팅거, 조지, 336

파니카, 라이문도, 284, 290, 294
파라마한사, 라마크리슈나, 371
파루시아, 64, 67, 204 또한 그리스도: 두 번째 오심(재림)

파울러스, H. E. G., 133
판넨베르그, 볼프하르트, 6, 94, 108, 115-20, 124, 127, 211
펑크, 로버트, 148
포괄적 대속, 223
포비, J. S., 278
폭력, 309, 321, 353
표적들, 요한복음의, 54-57
푸아티에의 힐라리오, 107n41
프라바바난다, 스와미, 289
프락세아스, 89
프래처, 윌리엄, 103
플라톤 철학, 84
피에리스, 알로이스, 284, 301
피오렌자, 엘리자베스 S, 314n21
피텐저, W. 노르만, 252, 254

하나님
  고통(고난), 121, 212
  내재, 157, 197, 214
  무고통, 92-93
  불변성, 92-93
  사랑, 159, 228, 230-32, 250-51, 298, 309, 338-39
  의지(뜻), 41, 163-65, 254
  자기-전달, 200, 202
하나님 나라, 36, 50, 138-39, 149, 204-205, 221, 230, 267, 272, 302, 319-20, 330
하나님을 낳은 자(theotokos), 104
하나님의 말씀, 56, 84, 229, 233, 284, 363
하나님의 형상, 188, 200, 228-32, 311, 315
하데스(지옥), 228
하르낙, 아돌프 본, 78, 78n1, 138, 158
하이데거, 마르틴, 145
하트숀, 찰스, 252
해방, 25, 61, 205, 266, 269, 290, 303-305, 317, 322-24 또한 신학: 해방
  흑인의, 318
  인도 백성, 369
  여성의, 312, 329
해석학적 순환, 268
헤겔, G. W. F, 136, 136n30
헤스, J. J., 132
호크마(지혜), 318
화이트헤드, 알프레드, 251-52
화해, 232, 322
  화해의 대리자로서 그리스도, 65, 69, 162, 214
회심, 54, 295, 298, 357,
  바울의 경험, 60, 67
  존 힉스의 경험, 245
후기 계몽주의, 348
후기 식민주의, 156, 263, 306, 349
후기비국교파교회운동, 224
흄, 데이비드, 127
흑인 메시아, 318-20
흑인 힘, 321
흑인의 경험, 316-18, 321
흑인의식, 321
힉스, 존, 157, 244-51, 255-56, 295, 346
힌두교, 244, 284, 289-91, 350, 367, 368-74
  기독교와의 대화, 368-70
  브라마, 371
  비슈누, 112, 245, 370-71
  시바, 371
  신-힌두교, 288

| 색인 |

# 성서 본문 색인

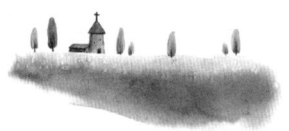

## 구약성서

**창세기**
1  55, 86
3:8  357
12  66
15  65–66
18  357–58
32:30  357

**출애굽기**
4:22  40
24:9–11  357

**레위기**
21:10–12  37

**신명기**
6:4  88–89
13  350–52
21:23  62

**사무엘상**
9–10  37

**사무엘하**
7:12–16  45
7:14  40

**열왕기상**
19:16  37

**시편**
2:7  48
8:4  42
110:1  44

**이사야**
6:10  57
42:1  48
61  53

**다니엘서**
7:13–14  42, 222
7:14  34, 204

## 신약성서

**마태**
1–2  45
1:1–17  50
1:18–20  195
2  52–53
4:17  35
5–7  50
8  51
8:19  51
8:20  42n20
9  51
9:6  42n20
9:11  51
10  50
10:23  42n20
11:27  40
12:28  35–36
13  50
13:37  42n20
13:41  42n20
16:15  285

17:9  42n20
17:12  42n20
18  50
19:16  51
20:1–16  272
24–25  50–51
26:2  42n20
26:24  42n20
26:45  42n20
26:64  42n20
27:54  236
28:18–20  51

## 마가
1:1  47–48
1:11  48
1:15  35
2:10  42n20, 43
2:23–3:6  272
2:28  42n20, 43
4  48
5:25–34  272
7:36  37
8:29  38, 48
8:29–30  49
8:31  42n20, 43
8:38  42n20, 43
9:1  35
9:9  42n20, 43
9:12  42n20
9:31  42n20
10:33  43
10:45  232
10:46–52  272
12  354
12:6  40
12:35–37  44

13:26  43
13:32  40
14:21  49n20
14:32–42  41
14:36  40
14:41  42n20
14:62  42n20
16:15  335

## 누가
1:35  195
2:25–32  53
3:21  53
4:16–30  53
4:18–19  305
4:25–27  53
5:24  42n20, 53
6:5  42n20
6:22  42n20
7:12  53
7:16  53
7:34  42n20
7:36–50  53
8:40–56  53
9  52
9:7–9  53
9:22  42n20
9:26  42n20
9:44  42n20
9:58  42n20
10:22  40
10:38–42  53
11:2  35
11:20  53
13:10–13  53
15:8–10  53
18:1–8  53

18:8  42n20
18:31  42n20
19  53
19:10  42n20, 53
20:41–44  53
21:1–4  53
22:67–71  53
23:1–23  302
23:55–56  53
24  53
24:6–7  42n20
24:26–27  53
24:44–47  53

## 요한
1  240–41
1:1  46–47, 55–56
1:1–4  243
1:1–18  55, 61
1:3  240
1:13  283
1:14  46–47, 83, 98,
    197, 240, 282

1:18  55–56
1:19–12:50  55
1:29  56
1:36  56
1:38  56
1:41  56
1:42  56
1:45  56
1:49  56
1:51  42n20
2:1  56
2:18  57
3:13  42n20, 43

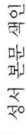

3:14  42n20, 43
3:16  209
4:6  56
4:26  56
5  19, 56
5:27  42n20
5:41  383
6:15  37
6:20  56
6:30  56
6:35  56
6:48  57
7:1–10  56
7:18  383
7:39  56, 195
7:46  56
8:12  56
8:28  42n20, 43
8:54  56
9:5  56
9:35  42n20
10:7  56
10:11  56
11  55–56
11:25  56
11:33  56
12:23  42n20
12:27  56
12:34  42, 42n20, 43, 56
12:40  57
13–20  55
13:31  42n20
14:6  23, 56
14:9–10  238
15:11  56
15:26  194
20:30–31  54

21  56
21:11  56

사도행전
7:56  42

로마서
1–3  67
1:3–4  63
1:4  42, 60
3:21–33  67
4  67
5  63, 67
5:17–19  63
6–8  67
7  67
8:18–23  209
8:20–22  62
9:4–5  61
9–11  67
10:4  65, 67
10:9  44
11:26  358
15:14–33  66

고린도전서
1:17  65
1:22–23  58
1:23  62
1:23–24  65
1:30  65
2:1–9  65
2:2  58
7:31  61
8:6  65
9:1  60
10:4  65

10:9  66
12:3  44
15  62, 65–66
15:12–23  213
15:17–29  237

고린도후서
5:16  60
5:17  62
5:17–21  65
6:1–9  65

갈라디아서
1:7  60
1:11–23  60
1:15–16  60
2:21  66
3:1  66
3:13  62
3:13–14  66
4:4  61

에베소서
1  300
1:3  69
1:4  69
1:6  69
1:7  69
1:9–12  70
1:10  70
1:20–23  70
2:1–2  70
2:11–12  70
2:14  70, 225
4:13  70
4:20–21  226

**빌립보서**
1:2  62
1:6  68
1:21  68
2:5–11  60, 68, 243
2:6–11  61
2:7  63, 122
2:9–11  238
2:10–11  45
2:11  46, 63
3:6  354
3:7–8  68
3:9–11  68

**골로새서**
1  300
1:9  70
1:15  283
1:15–16  240
1:15–18a  68
1:15–20  61, 68, 278
1:18b–20  68
2:1–5  69
2:6–23  69
2:9  69
2:15  280
3:11  69

**데살로니가전서**
1:4–5  64
1:9–10  64
2:11–12  64
5:9  64

**히브리서**
1:2–4  61
1:3–4  241
2:10–12  282
2:14  238
2:17  238
5:8  281
5:9  281

**베드로전서**
1:11  38
2:21  38
3:18  38

**요한1서**
4:2–3  81

기독론에 대한 세계적 개관
# 예수 그리스도 이해

1판 1쇄 인쇄 _ 2018년 3월 30일
1판 1쇄 발행 _ 2018년 4월 5일

**지은이** _ 벨리-마틴 카르카넨
**옮긴이** _ 정남수
**펴낸이** _ 이형규
**펴낸곳** _ 쿰란출판사

**주소** _ 서울특별시 종로구 이화장길 6
**편집부** _ 745-1007, 745-1301~2, 747-1212, 743-1300
**영업부** _ 747-1004, FAX 745-8490
**본사평생전화번호** _ 0502-756-1004
**홈페이지** _ http://www.qumran.co.kr
**E-mail** _ qrbooks@gmail.com / qrbooks@daum.net
**한글인터넷주소** _ 쿰란, 쿰란출판사
**등록** _ 제1-670호(1988.2.27)
**책임교열** _ 이화정

© 벨리-마틴 카르카넨 2016  ISBN 979-11-6143-114-7 93230

책값은 뒤표지에 있습니다.
이 출판물은 저작권법에 의해 보호를 받는 저작물이므로 무단 복제할 수 없습니다.
파본(破本)은 구입처에서 교환해 드립니다.